신라는 정말 삼국을 통일했을까

'삼국통일'을 둘러싼 해석과 논쟁

신라는 정말 삼국을 통일했을까 — '삼국통일'을 둘러싼 해석과 논쟁

1판 1쇄 인쇄 2023년 5월 24일
1판 1쇄 발행 2023년 5월 31일

엮은이 정요근
지은이 기경량, 김종복, 여호규, 윤경진, 이기천, 이재석, 이재환, 이정빈, 임기환, 전덕재, 정요근, 홍보식
펴낸이 정순구
책임편집 조수정
기획편집 조원식 정윤경
마케팅 황주영

출력 블루엔
용지 한서지업사
인쇄 한영문화사
제본 한영제책사

펴낸곳 (주) 역사비평사
등록 제300-2007-139호. (2007.9.20)
주소 10497 : 경기도 고양시 덕양구 화중로 100(비전타워21) 506호
전화 02-741-6123~5
팩스 02-741-6126
홈페이지 www.yukbi.com
이메일 yukbi88@naver.com

ⓒ 윤경진 외, 2023

ISBN 978-89-7696-581-3   93910

기경량, 김종복, 여호규, 윤경진, 이기천, 이재석, 이재환, 이정빈, 임기환, 전덕재, 정요근, 홍보식 지음

정요근 엮음

역사비평사

신라는 정말 삼국을 통일했을까

삼국을 통일했을까

— '삼국통일'을 둘러싼 해석과 논쟁

平壤已南百濟土地

2부 전쟁과 외교, 그리고 교류

책머리에

　신라의 '삼국통일'은 한국사의 전개에서 워낙 비중이 높은 사건인 만큼 근대 이전의 역사가들도 주요하게 다루었던 주제이다. 근래에도 신라의 '삼국통일'을 주제로 한 논쟁이 치열하게 전개된 바 있는데 크게 두 가지 논점으로 좁혀볼 수 있다. 하나는 7세기 중·후반 한반도 일대에서 벌어졌던 전쟁(이하 '7세기 중·후반 전쟁'으로 칭함)을 어떻게 규정할 것인가이고, 다른 하나는 신라의 일통삼한—統三韓(삼한일통) 의식이 어떤 과정과 맥락에서 생성되었는가이다.

　국내 학계의 연구사적 흐름에서 보면, 신라의 '삼국통일'과 관련해서는 7세기 중·후반 전쟁을 '삼국통일전쟁'으로 이해하는 삼국통일전쟁론이 오랫동안 주류 통설의 위치에 있었다. 이 입장은 신라의 삼국통일을 적극적으로 해석하고 일통삼한 의식을 '삼국통일전쟁'의 과정에서 형성된 역사적 산물로 이해하였다.

　하지만 7세기 중·후반 전쟁을 '백제통합전쟁'으로 보는 반론이 1980년대부터 본격적으로 제기되었다. 백제통합전쟁론의 입장에서는 신라가 당초 고구려를 통합의 대상으로 삼지 않았고 백제의 병합만을 목적으로 했음을 강조하였다. 또한, 고구려의 통합까지 포함하는 일통삼한 의식은 삼국통일전쟁론에서 주장하듯이 7세기 중·후반 전쟁의 과정에서 형성된 것이 아니라 전쟁이 끝난 뒤 신라와 당 사이에 진행되던 외교 분쟁 속에서 나타난 허위의식으로 이해하였다. 이러한 백제통합전쟁론은 고구려가 발해로 계승되었다는 측면을 중시하고 신라의 '삼국통일'을 불완전한 것으로 파악하여, 한국사 속에서 발해의 위상을 부각하는 남북국시대론의 주요한 이론적 기반이 되어왔다.

이후 삼국통일전쟁론과 백제통합전쟁론은 신라의 '삼국통일'과 일통삼한 의식의 성립을 바라보는 중요한 두 축으로 이해되었다. 그러나 2010년대에 들어와 일통삼한 의식이 9세기에 신라에서 처음 생겨났다고 보는 견해(이하 '9세기 일통삼한 의식 성립설'로 칭함)가 제기되면서 '삼국통일'과 일통삼한 의식에 대한 논쟁은 새로운 국면으로 접어들었다.

9세기 일통삼한 의식 성립설은 7세기 중·후반 전쟁의 궁극적인 목표가 백제를 병합하는 데 있었다는 점에서는 백제통합전쟁론과 유사하나, 일통삼한 의식이 형성된 시점을 9세기로 내려본다는 점에서 큰 차이가 있다. 이 입장은 9세기에 신라에서 성립된 일통삼한 의식이 후삼국의 분열 시기를 거쳐 고려의 후삼국통일을 통해 실현되었음을 강조한다. 이 입장에 따른다면 7세기에는 사실이든 허위이든 일통삼한 의식 자체가 없었고 그에 기반한 삼국통일에 대한 인식조차 없었던 셈이 된다. 따라서 7세기 중·후반 전쟁의 결과물로 여겨져왔던 '삼국통일'의 역사적 의미는 훨씬 퇴색할 수밖에 없다.

9세기 일통삼한 의식 성립설의 등장과 이를 둘러싼 논쟁을 계기로, 계간 『역사비평』 편집위원회에서는 신라의 '삼국통일'을 두고 벌어진 학계의 의견을 정리하면서 논쟁을 이어나갈 필요성을 느꼈다. 이에 편집위원인 필자가 중심이 되어 '삼국통일과 통일신라의 재조명'이라는 주제로 연속 기획을 구성하였다. 다행히도 이 주제에 관심을 가진 다수의 연구자가 기획의 취지에 긍정적으로 호응하여 기획에 참여하였다. 이들의 논문은 2019년 2월부터 2020년 8월까지 모두 6회에 걸쳐 계간 『역사비평』에 차례로 발표되었다. 이 책은 그중 선별된 12편의 논문으로 구성한 것이다.

　1부에서는 '일통삼한 의식'을 주제로 한 5편의 글을 실었다. 전덕재와 기경량, 임기환은 일통삼한 의식이 7세기에 형성되었다는 통설의 입장에서 서술을 전개한 반면, 윤경진은 9세기에 일통삼한 의식이 생겨났다는 관점을 기반으로 통설의 입장을 비판하였다. 다만 백제통합전쟁론의 관점에 입각한 글을 싣지 못한 점이 아쉬움으로 남는다.

　먼저, 윤경진은 「신라의 영토의식과 삼한일통 의식」에서 신라의 일통삼한 의식이 7세기 중·후반 전쟁의 이념적 근거가 되었다고 보는 통설을 전면적으로 반박하였다. 이 글에서는 기존의 통설적 이해에 따른 7세기 일통삼한 의식의 존재를 실증하는 자료들이 모두 7세기 당대가 아니라 후대의 것들이라고 보면서, 실제 신라의 일통삼한 의식은 9세기에 들어서 비로소 출현했다고 주장하였다. 즉, 일통삼한 의식의 수립은 9세기 김헌창 부자의 반란으로 인한 국가 분열의 위기를 극복하고자 나온 것으로 파악하였다.

　이에 대해 전덕재와 기경량은 일통삼한 의식이 7세기에 성립되었다는 통설적 이해에 기반하여 윤경진의 주장을 비판하였다. 전덕재는 「신라는 삼국을 통일하려고 하였을까」에서 7세기 중·후반 전쟁은 신라와 당이 영토와 인민을 확대하기 위해 벌인 정복전쟁이었으며, 당대의 신라인들은 그 전쟁을 삼국의 인민들을 하나로 융합 또는 통합하기 위한 전쟁으로 의미 부여했다고 이해하였다. 또한, 신라가 비록 고구려의 영역이나 주민을 제대로 포괄하지 못한 채 '삼국통일'을 달성하였지만, 신라와의 합의를 일방적으로 파기한 당과 전쟁을 벌여 평양 이남 고구려 영역 일부를 신라의 군현으로 편제했다는 점을 강조하였다. 그에 따라 7세기 중·후반 전쟁은 '신라에 의한 삼국통일(또는 삼국통합)전쟁'이라고 보는 이해가 가장 합리적이라고 역설하였다.

기경량은 「'일통삼한 의식'과 표상으로서의 '삼한'」에서 일통삼한 의식이 역사적 실체로서의 삼한이 아니라 표상적 공간으로 7세기에 대두한 삼한 개념에서 성립한 것으로 보았다. 다만 당대 신라인들이 사용했던 일통삼한의 개념은 현대인이 구사하는 삼국통일의 개념과는 분명한 차이가 있지만, '삼국통일'이나 '삼국통일전쟁'이라는 용어의 사용은 현재에도 여전히 유효하다고 강조하였다. 반면, 발해의 역사성은 고구려의 복원과 계승이라는 관점에서만 찾을 수는 없는 까닭에 남북국시대론과 밀접하게 연결되는 백제통합전쟁론 역시 한계가 있다고 보았다.

한편, 윤경진은 「신라 '삼국통일' 논쟁의 논점과 방향」에서 전덕재와 기경량의 견해에 반론을 제기하였다. 이 글에서는 신라의 '삼국통일'이 7세기에 이루어졌다는 통설적 입장을 취한 논고들이 실증적 차원에서 여전히 한계가 있음을 지적하고, 더욱 엄밀한 사료적 근거를 기반으로 일통삼한 의식의 형성 시기에 관한 실증적 논쟁을 이어나갈 것을 강조하였다.

마지막으로, 임기환은 「김춘추, 당 태종의 협약과 '일통삼한'」에서 7세기에 신라는 자신에게 귀속되는 평양 이남의 모든 영토에 대해 '삼한'이라는 개념을 적용했으며 백제와 고구려 옛 영역의 통합을 '일통삼한'이라는 이념으로 구성했음을 역설하였다. 즉, '삼한'은 삼국이라는 개념을 포함하지만 공간적으로는 평양 이남의 영토로 한정된 개념임을 주장하였다. 요컨대 7세기에 일통삼한 의식이 형성되었다는 통설적 이해에 기반하면서도 '삼국통일전쟁'이라는 용어가 지닌 한계를 분명히 지적하였다.

2부에서는 '전쟁과 외교, 그리고 교류'를 주제로 7편의 글을 실었다. 이재환, 이정빈, 여호규는 7세기 중·후반 전쟁이 동북아시아 전반의 정세 변화와 역사적 흐름에 끼친 영향을 중점적으로 살펴보았다. 이는 통설로 이해되었던

'삼국통일전쟁'이나 '백제통합전쟁'의 관점과 비교하여 7세기 중·후반 전쟁의 의의와 성격을 좀 더 거시적 관점에서 파악하려는 시도로 평가할 수 있다. 한편, 김종복은 백제통합전쟁론의 입장에서 신라의 외교 관계 추이를 살펴보고 일통삼한 의식의 한계를 지적하였다. 이기천과 이재석은 각각 당과 왜국(일본)의 입장에서 7세기 중·후반 전쟁의 영향과 의미를 고찰하였으며, 홍보식은 물질문화의 교류와 전파라는 관점에서 신라의 '삼국통일'이 지닌 의의를 서술하였다. 이상 7편의 글은 7세기에 일통삼한 의식이 형성되었다는 관점을 가지고 집필되었다. 각각의 논문에 대한 개략적인 소개는 다음과 같다.

이재환은 「7세기 중·후반 동북아시아의 전쟁을 어떻게 부를 것인가?」에서 7세기 중·후반 전쟁을 '7세기 중·후반 동북아시아 전쟁'으로 부르자고 제안하면서, 기존에 불려왔던 '삼국통일전쟁'이나 '신라의 백제통합전쟁'이라는 용어를 대신할 것을 주장하였다. 즉, '한국사'라는 일국사적 또는 민족사적 관점에서 벗어나 동북아시아 전체를 조망하는 넓은 시야에서 '삼국통일'을 비롯한 동아시아 전체의 역사적 흐름을 바라보고 해석할 것을 역설하였다.

이정빈은 「고구려-수·당 전쟁, 무엇을 바꾸었나?」에서 7세기가 동북아시아 고대사회의 일대 전환기였음을 전제한 뒤, 그 중심에는 장기간 이어진 이른바 '7세기 동아시아 대전', 즉 '7세기 전쟁'이 있었음을 강조하였다. '7세기 전쟁'은 동아시아 여러 나라의 중앙집권적 성격을 강화하였고, 각 지역의 사회경제적 성장, 그리고 그에 토대를 둔 교류의 확대를 통해 동아시아 국제관계망을 더욱 활성화했다고 보았다. 이 글에서 '7세기 전쟁'은 7세기 중·후반 전쟁뿐 아니라 7세기 전반 고구려와 수 사이의 전쟁까지 포함한 개념이다.

여호규는 「7세기 만주·한반도 전쟁과 지정학 구도의 재편」에서 한반도 일대에서 벌어진 7세기 중·후반 전쟁이 대규모 국제전이었으며, 이 전쟁의 결과 한반도 서북방과 요동 지역이 각각 국경지대와 완충지대로 변모했음에 주목하였다. 또한 7세기 중·후반 전쟁을 계기로 만주와 한반도가 지정학적으로 분리되었던 까닭에, 이 전쟁을 만주와 한반도 일대 역사의 물줄기를 획기적으로 바꾼 사건이라고 평가하면서 '7세기 만주·한반도 전쟁'으로 부르자고 제안하였다.

김종복은 「7~8세기 나당 관계의 추이」에서 신라가 표방한 일통삼한은 백제에 대한 실제적 통합과 고구려에 대한 관념적 통합을 결합하여 형성된 의식에 지나지 않으므로 그 한계가 분명함을 역설하였다. 즉, 신라는 당 중심의 세계질서를 인정하는 토대 위에서 당과 연합하여 백제와 고구려를 멸망시켰는데, 백제의 옛 땅을 확보하겠다는 의지는 강력했던 반면 고구려의 옛 땅을 차지하겠다는 의도는 애초부터 없었다고 보았다. 또한 신라는 고구려 옛 땅에서 고구려 유민이 말갈족을 규합하여 건국한 발해를 미개한 말갈의 나라로 치부하면서 허위적인 관념으로서 일통삼한의 가치를 견지해나갔다고 이해하였다.

이기천은 「당의 입장에서 본 신라의 통일」에서 동부 유라시아 세계의 주요 구성 지역이자 '삼국통일전쟁'의 조연이었던 당의 입장에서 신라의 통일 과정을 살펴보았다. 그는 나당전쟁의 승리와 함께 성취된 신라의 '삼국통일'이 단순히 평양 이남의 고구려와 백제 옛 땅을 통합한 데에 그치지 않았고 기미지배로 대표되는 당의 이민족 지배 방식을 변화시킨 도화선이 되었음에 주목하였다. 즉, 신라의 '삼국통일' 이후 옛 백제·고구려 지역 및 신라 지역에 대한 당의 기미지배가 좌절됨에 이어서 북쪽의 돌궐 지역과 서쪽의 하서회랑 지역에 대한 당의 통제력도 약해졌던 점을 지적하였다.

이재석은 「왜국(일본)에서 본 백제·고구려의 멸망」에서 7세기 중·후반기 백제와 고구려의 멸망을 바라보는 왜국(일본)의 시선과 관점을 살펴보았다. 그에 따르면, 7세기 동북아 정세의 변화 속에서 왜국의 지배층에게 중요한 문제는 상대방에 대한 자신의 자리매김을 어떻게 설정하느냐에 있었다. 당시 신라의 지배층에게는 일통삼한의 인식이 중요한 의미를 지녔겠지만, 왜국의 지배층에게는 '삼한복속'이라는 이데올로기의 설정이 훨씬 더 중요한 의미가 되었음을 역설하였다.

홍보식은 「물질문화로 보는 삼국통일─고고학적 접근」에서 7세기 신라의 '삼국통일'을 계기로 삼국 사이에 나타났던 문물의 교류와 전파 양상을 살펴보았다. 우선, 신라가 '삼국통일' 직후 왕궁을 방형의 평면 형태로 확장하여 통일왕조의 천하관을 뚜렷하게 드러냈음을 강조하였다. 한편, 건축 문화의 경우에는 '삼국통일' 이후 상당 기간 각 지역의 독자적인 기술이나 기법이 유지되었지만, 생활 문화의 경우에는 지역 간 교류와 전파가 활발히 진행되었음을 실증하였다. 특히 토기와 시루(찜 조리기)를 사례로 들어, 문물의 교류와 전파 양상은 정복국인 신라와 피정복국인 백제 및 고구려 사이에 어느 한쪽이 일방적으로 압도하는 형태가 아니었음에 주목하였다.

필자는 몇 년 전 '조선 건국 다시 보기'를 계간 『역사비평』의 기획 주제로 제안하고, 기획에 참여한 연구자들과 모임을 가지면서 각자의 문제의식을 공유하고 논문을 집필했던 경험이 있다. 기획 주제 연구의 결과물들은 2017년부터 2018년에 걸쳐 계간 『역사비평』을 통해 순차적으로 발표되었으며, 발표 논문들은 2019년에 『고려에서 조선으로─여말선초, 단절인가 계승인가』라는 제목의 단행본으로 출간되었다. 미숙함과 부족함이 없지는 않았지만 기획 설정에서 단행본 출간에 이르는 일련의 과정을 통해 여말선초의 역사상을 다양하고 풍부하게 이해하는 계기가 마련되었다는 점에서 그 나름의 연구사적 의미를 찾을 수 있었다.

필자는 이번 '삼국통일과 통일신라의 재조명' 기획을 추진하면서 마찬가지로 단행본의 발간까지 이어지는 형태로 구상하였다. 논문의 발표가 마무리되고 3년 가까이 지난 시점에서 이 책의 출간이 실현되었으므로 늦은 감이 없지는 않다. 그러나 여전히 '삼국통일'과 일통삼한 의식에 관한 연구는 더 진행될 필요가 있다. 다만 12편의 글을 수록한 이 책의 발간은 다음의 측면에서 중요한 의의가 있다고 생각한다.

첫째, 이 책의 필진이 다양한 연령층의 연구자들로 구성되었다는 점을 들 수 있다. 이 책의 공동 필자들은 60대의 원로급 학자부터 40대 초·중반의 소장층 학자에 이르기까지 그 연차가 최대 20년에 달한다. 즉, 어느 특정 세대 연구자들의 인식과 관점만을 담지 않고 폭넓은 연령층에서 해당 주제에 대한 다양한 시각과 생각을 담은 논문들이 수록될 수 있도록 노력하였다.

둘째, 한국사 전공자뿐만 아니라 인접 전공 분야의 관점과 시각이 반영된 논문도 실었다는 점을 들 수 있다. 과거에는 '삼국통일'이나 일통삼한 의식과 관련된 주제는 한국 고대사 전공자의 전유물이었으나, 이번 기획에서는 인접 전공 분야의 관점과 시각을 적극적으로 반영하고자 하였다. 물론 이 책에 실린 12편의 논문 중 한국사 전공자의 논문이 9편으로 여전히 절대다수를 차지한다. 하지만 중국사와 일본사, 그리고 고고학 전공자의 글을 1편씩 수록하여 부족하나마 인접 전공 분야의 관점과 시각을 담고자 노력하였다.

셋째, 한국사 전공자 사이에서도 일국사적·민족사적 관점에서 탈피하여 한국 고대사를 이해하려는 시도가 이루어지고 있다는 점을 들 수 있다. 무엇보다도 7세기 중·후반 전쟁의 성격을 파악하는 데 한반도의 범위를 벗어나 만주와 동북아시아, 그리고 동부 유라시아의 범위까지 연동되는 사건으로 이해하려는 노력이 인상적이었다.

근래 한국사학계에서는 학술 논쟁이 많이 줄어들었다고들 한다. 아마도 거시적 관점을 과감하게 드러내는 연구보다 미시적 분석에 기반한 연구 성과가 늘어나는 학계의 추세와 무관하지 않을 것이다. 그렇게 본다면, '삼국통일' 과 일통삼한 의식에 관한 주제는 시대가 흘러도 변하기 어려운 한국 고대사 분야의 핵심적인 논쟁 주제에 해당한다. 이 책의 발간을 계기로 '삼국통일' 과 일통삼한 의식에 관한 논쟁이 더욱 발전적으로 진행되기를 바라며, 학계 의 연구 활성화로 연결될 수 있기를 기원한다. 다만, 한국 고대사 분야의 전공 자도 아닌 필자가 계간 『역사비평』의 편집위원이라는 이유로 이 책의 기획과 발간에 깊게 관여한 점이 공동 필자들에게 누가 되지나 않을까 걱정과 두려 움이 앞선다. 너그러운 양해가 있기를 바란다.

아울러 바쁜 가운데에도 귀한 시간을 쪼개어 이 책의 기획에 참여하고 논 문의 게재를 허락한 공동 필자들에게 감사의 뜻을 표한다. 계간 『역사비평』 의 '삼국통일과 통일신라의 재조명' 기획에는 수록되었으나 이런저런 이유로 본서에 실리지 못한 논문들이 여럿 있다. 해당 논문들의 필진에게는 이 지면 을 통해 양해의 뜻을 전한다.

마지막으로 이 책의 출간을 맡은 역사비평사 관계자 여러분에게도 감사의 뜻을 표한다. 앞으로도 '삼국통일'과 관련된 주제뿐만 아니라 한국 고대사 전 반에 관한 더욱 의미 있는 학술 토론과 논쟁이 활성화되기를 기원한다.

2023년 5월 8일

정요근

정요근
서울대학교 국사학과 부교수. 고려시대사를 전공했으며, 고려~조선시대 지방사회와 한국 역사지 리, 디지털 역사학 등에 관심을 갖고 있다. 대표 논문으로 「고려 중~후기 수령관의 증치增置와 고 을 읍격邑格 및 관격官格 변화의 역사성—경상도와 전라도 지역의 분석을 중심으로」, 「고려~조선 시대 院 시설 유적의 특성과 院 시설의 유형 분류」, 「고려 시대 전통 대읍 읍치 공간의 실증적 검토 와 산성읍치설 비판—충청도와 경기도, 강원도 대읍의 분석을 중심으로」 등이 있다.

1부

일통삼한 의식

신라의 영토의식과 삼한일통 의식

__윤경진

1 신라 '삼국통일'론과 삼한일통 의식

신라가 7세기 전쟁을 통해 '통일'을 달성했다는 것은 학계와 사회의 상식이 되어 있다. 일각에서 신라는 백제를 병합한 것에 불과하며 발해와 더불어 남북국南北國을 구성했다고 주장하고 있지만, '삼국통일'은 여전히 우리 사회의 보편적 역사의식으로 자리잡고 있다. 발해를 우리 역사로 보아야 한다는 당위에도 불구하고 이 명제가 유지되는 이유 중의 하나는 삼국을 아우르는 통일의식, 이른바 '삼한일통 의식'을 수립했다는 데 있다.

삼한일통 의식은 '삼한'이라는 역사적 정체를 통해 제시되는 동질성을 기반으로 삼국을 하나로 합쳐야 한다는 이념, 혹은 이들이 하나로 합쳐졌다는 의식을 말한다. 그 성립 시기는 신라의 '통일'을 보는 시각에 따라 차이가 있다. '통일'을 긍정하는 견해에서는 대개 신라가 이 이념에 입각해 '통일'을 위한 전쟁을 수행했다고 본다.[1] 반면 '통일'을 부정하는 견해에서는 백제 통합 후 체제 정비를 위해 만든 이념으로 보고 있다.[2] 하지만 7세기에 삼한일통 의식이 성립했다는 점에서는 차이가 없다(이하 '7세기설'). 그런데 근래에는 그 근거 자료에 대한 비판과 재해석이 이루어지면서 삼한일통 의식이 9세기에 비로소 출현했다는 주장이 제기되었다(이하 '9세기설'). 이에 기존 견해에서 반론이 나오고 또다시 그에 대한 반박이 이어지면서 논쟁이 진행 중이다.[3]

그동안 9세기설은 주요 지표에 대해 개별적으로 논의를 전개했기 때문에 그 입론을 종합적으로 파악하기 곤란한 면이 있었다. 이에 주요 논점을 모아 정리함으로써 논쟁의 내용을 체계적으로 이해하고 앞으로 논의를 진전시키는 기반을 마련하고자 한다.

이를 위해 2장에서는 '통일'을 논하는 준거의 하나로 영토의 문제를 짚어볼 것이다. 신라의 영토의식 속에 '고구려 영토'가 포함되었는지를 검토함으로써 7세기 삼한일통 의식의 존재 여부를 가늠할 수 있다. 3장에서는 '청주 운천동 사적비'를 비롯하여 7세기설의 핵심 근거에 대해 살펴볼 것이며, 4장에서는 9세기에 삼한일통 의식이 성립하는 과정을 정리할 것이다.

이 글은 신라의 '통일'을 둘러싼 학계의 논쟁을 정리한다는 기획에 따라 삼한일통 의식 논쟁의 한 축인 9세기설의 입론을 제시하는 데 초점이 있다. 따라서 주요 지표와 관련된 논쟁의 세부 내용은 다루지 않는다. 이에 대해서는 일차로 정리한 바 있으니 그 글을 참조하길 바란다.[4]

2 7세기 신라의 영토의식

'평양이남 백제토지'와 비열성의 귀속 문제

신라의 '통일'은 기존의 신라 영토와 백제 영토, 그리고 고구려 영토 일부가 포함된 것에서 그 준거를 확보하고 있다. 고구려를 계승하고 그 영토의 대부분을 확보한 발해의 존재에도 불구하고 영토상 불완전하나마 신라의 '통일'이 성립할 수 있는 것이다. 이것은 7세기 삼한일통 의식을 설정하는 현실적 조건이 된다.

그러나 영토를 매개로 한 '통일' 인식은 그 기준을 명확히 이해할 필요가 있다. 영토는 정복과 개척, 분열과 상실을 통해 늘 바뀌었다. 따라서 영토의 귀속은 '지금 누구의 것인가'에 의해서만 규정되지 않으며, '본래 누구의 것이었는가'라는 속성을 통해서도 설정된다.

마찬가지로 신라의 '통일'을 영토의 관점에서 논한다면 그 기준부터 확정해야 한다. 여기에는 신라 자신이 전쟁을 통해 확보하고자 한, 또는 확보하게 되는 영토를 어떤 기준에서 바라보았는가가 중요하다. 다시 말해 신라는 새로 확보한 땅을 '누구의 것'으로 인식했는가 하는 것이다. 이 문제를 이해하는 단서가 바로 「답설인귀서答薛仁貴書」에서 발견된다.

671년에 신라 문무왕은 백제와 고구려 공멸 이후 신라의 행보를 질책한 설인귀의 글에 답서를 보내서 해명과 반론을 폈다. 당시 당은 신라가 백제 구지舊地를 무단으로 점거하고 고구려의 반란 세력을 받아들였다는 것을 문제 삼았다.

「답설인귀서」에는 당과 신라 사이의 영토 분쟁과 관련하여 두 가지 내용이 보인다.[5] 하나는 '백제토지'에 대한 것이다. 문무왕은 진덕여왕 때 사신으로 간 김춘추(무열왕)에게 당 태종이 "고구려와 백제를 공멸한 후에 '평양이남平壤已南 백제토지百濟土地'를 신라에게 주겠다"라고 약속했음을 내세우며 권리를 주장했다.[6]

이 구문에 대해 '통일' 긍정론 측은 "평양 이남의 고구려 토지와 백제 토지"라는 의미로 해석했고, 부정론 측에서는 "평양 이남 중에서 백제 토지"라고 해석했다. 이런 해석이 나온 까닭은 전쟁 당시에 고구려가 임진강 이북 지역을 점유하고 있었고, 훗날 대동강 이남이 신라로 귀속되었기 때문이다. 이 상황을 준거로 각각의 입론에 맞추어 해석한 것이다.

그러나 두 해석 모두 통상적인 문법에서 벗어나 있다. 이 구문은 '평양이남이 곧 백제토지'라는 의미로 해석해야 한다. '평양이남'은 신라에 귀속될 영토의 지리적 범위를 나타내고, '백제토지'는 이 지역이 신라로 귀속되는 이유 또는 속성을 나타낸다.

이러한 문장 구조는 고려 공민왕 때 요동의 동녕부를 공격한 후 포고한 글의 "요하이동遼河以東 본국강내本國疆內"라는 구문을 통해 입증된다.[7] 고려는 요하 동쪽이 고려의 고유 영토라는 주장을 펴면서 해당 지역의 주민들에게 고려에 복속할 것을 주문했다. 이에 근거해 보면 "평양이남 백제토지"는 신라가 백제 토지에 대해서만 영유권을 주장했음을 확인할 수 있다.

이것은 삼국의 영토에 대해 전쟁 당시의 점유 지역을 준거로 하지 않고 그 역사적 귀속을 통해 설정했음을 보여준다. 『삼국사기』 백제본기를 보면 온조왕이 정한 영토의 북방 경계가 패하浿河, 곧 대동강이었다.[8] 근초고왕 때 백제는 평양을 공격하여 고국원왕을 전사시켰다. 이를 통해 백제가 평양 또는 대동강을 영토의 북방 경계로 인식했음을 알 수 있다. 백제의 부흥을 도모한 후백제 견훤이 고려에 보낸 글에서 "평양의 누각에 활을 걸고 패강의 물로 말을 먹이겠다"[9]라고 천명한 것도 같은 맥락이다. 신라는 이를 준거로 백제 병합 후 자신의 영토 범위를 규정했다.

다음으로 당과 신라의 분쟁이 발생한 또 하나의 지역은 비열성卑列城(비열홀比列忽), 곧 현재 북한의 강원도 안변이다. 이곳은 진흥왕 때 개척해 비열홀 주를 두었으나 이후 고구려의 남진으로 상실했고, 고구려 공멸 과정에서 신라가 다시 확보했다. 그런데 당은 이곳이 고구려 영토라는 이유로 환속을 통보했다. 신라는 자신의 고유 영토임을 주장했으나 받아들여지지 않았다.

이 사례들에서 다음 두 가지 사실을 확인할 수 있다. 하나는 신라와 당이 연합하여 백제와 고구려를 공멸한 뒤 백제 토지는 신라에, 고구려 토지는 당에 귀속시키기로 합의했다는 점이다. 신라는 평양 이남이 백제의 영토라는 이유로 신라 귀속을 주장했고, 당은 비열성이 고구려의 영토라는 이유로 환속을 통보했다.

다른 하나는 이 영토 귀속을 판단하는 준거가 서로 달랐다는 점이다. 신라는 그 준거를 '본래 누구의 것이었는가'로 판단했다. 반면 당은 전쟁 당시 점유 상황을 기준으로 인식했고, 이에 임진강 이북을 고구려 영토로 간주했다. 나당전쟁은 신라가 이 지역을 무력으로라도 차지하겠다고 나서면서 발생한 것인데, 이에 대해서는 뒤에서 다시 언급할 것이다.

『삼국사기』 지리지의 삼국 분속과 '고구려 남경'

지금까지 7세기 전쟁 후의 신라[10] 영토에 고구려 영토 일부가 포함되었다고 본 주된 근거는 『삼국사기』 지리지이다. 신라, 고구려, 백제 항목의 서두에는 공통적으로 신라가 백제 영토 및 '고구려 남경南境'을 차지했으며, 세 곳에 각각 3주씩 설치했다고 밝혀놓았다. 지리지 본문에도 상주·양주·강주 소속 군현의 '본本' 읍호는 모두 신라로, 한주·삭주·명주 소속 군현의 '본' 읍호는 모두 고구려로,[11] 웅주·전주·무주 소속 군현의 '본' 읍호는 모두 백제로 분속分屬되어 있다.

그러나 이것은 실제 역사적 사실을 담은 것이 아니라 고려 때의 인식을 투영한 것이다. 특정 군현의 삼국 분속과 해당 지역의 역사적 귀속은 일치하지 않는 경우가 많다. 가장 단적인 예는 동해안 남부의 명주 소속 군현들이다. 실직(삼척) 이남 지역은 이른 시기부터 신라 영토가 되었으며, 이후 고구려에 귀속된 적이 없다. 그럼에도 모두 고구려로 분속되어 있다. 이는 지리지 찬자가 의도적으로 삼국에 3주씩 분속시킨 결과이다.[12]

'고구려 남경' 구절을 둘러싼 또 하나의 논점은 675년 나당전쟁의 종결과 관련 있다. 『삼국사기』 신라본기에는 675년 2월 문무왕의 관작 복구에 이어 "하지만 백제 땅을 많이 차지하고 마침내 '고구려 남경'에 이르러 주군으로 삼았다(然多取百濟地 遂抵高句麗南境 爲州郡)"[13]라는 구절이 있다. 여기서 '저抵'는 '이르다(至)'의 의미로서 그 목적어인 '남경'은 '경계'를 나타낸다. 따라서 "주군으로 삼았다"는 내용에 고구려 영토는 들어가지 않는다.[14] 『삼국사기』 지리지 서문에서 '남경'이 '영역'의 의미를 가지는 것과 대비된다.

이 구문을 포함한 기사는 본래 『신당서』의 기사를 토대로 재구성한 것이다. 그런데 『신당서』에는 문무왕의 관작 복구 앞에 매초성買肖城[15] 전투 기사가 있고, 전투 결과는 신라의 패전으로 되어 있다. 반면 『삼국사기』는 다른 계통의 자료를 채용하여 매초성 전투를 9월 기사로 분리했고, 그 결과도 신라의 승리로 적었다. 이에 상응하여 2월 기사에서는 매초성 전투를 삭제하고 내용도 재구성했다.

원전에 근거할 때 나당전쟁은 675년 2월 매초성 전투로 종결되었으며, '고구려 남경' 기사는 이후 신라의 체제 정비를 담은 것이 된다. 곧 성덕왕 때 대동강 이남의 땅을 공인받은 이후의 상황인 것이다. "주군으로 삼았다"에 해당하는 부분에 9주 편성과 관리 임명에 대한 기사가 있다는 점도 이를 뒷받침한다. '고구려 남경'은 신라가 최종 확보한 영토 상한인 대동강을 나타내며, 이는 "평양이남 백제토지"와 부합한다.

남평양

7세기 전쟁 후의 신라 영토에 고구려 옛 땅이 포함되었는가 하는 문제를 가늠하는 또 하나의 지표는 남평양南平壤이다. 남평양이란 양주, 곧 현재의 서울 지역에 있었다는 또 하나의 평양을 가리킨다. 『삼국사기』 범문의 반란 기사에는 태조 왕건이 지은 「장의사재문莊義寺齋文」의 "고려구양高麗舊壤 평양명산平壤名山" 구문을 근거로 범문이 도읍하고자 한 평양이 양주라고 해석하는 주기가 들어 있다. 장의사는 양주에 있었던 사찰이다.

그러나 이것은 고려에 들어와 형성된 영토의식을 반영한다.[16] 고구려의 계승자로서 고려는 옛 고구려 땅에서 발흥했음을 입증하기 위해 고구려 영토를 한강까지 끌어내리고 양주 지역에 또 하나의 평양을 설정했다. 그에 따라 고구려와 백제의 경계가 평양–대동강에서 (남)평양–한강으로 바뀌었다. 『고려사』 지리지에서 한강을 경계로 북쪽이 고구려, 남쪽이 백제라고 한 것이나 거란의 1차 침입 때 서희가 할지론割地論에 반대하면서 "고구려 땅을 내어줄 경우 삼각산 이북이 모두 거란에 넘어간다"라고 한 것은 이러한 영토의식을 반영한다.

남평양의 존재가 일반적으로 받아들여진 것은 『일본서기』의 기사 때문이다. 여기에는 백제 성왕이 신라 등과 함께 고구려를 정벌하고 한성을 획득한 뒤 진군하여 평양을 토벌하고 6군의 땅을 취함으로써 옛 땅을 수복했다는 기사,[17] 그리고 곧이어 백제가 한성과 평양을 버리자 신라가 한성에 들어왔다는 기사가 있다.[18] 당시 백제가 고구려 도읍까지 올라간 것이 아니기 때문에 여기에서 말하는 평양을 남평양으로 보고 있다.

그런데 백제가 한성을 취한 뒤 '진군'하여 평양에 이르고 그 결과로 6군을 취했다면 평양은 한성과 마주한 양주가 될 수 없다. 또한 백제가 두 곳을 버린 후 신라는 한성만 취한 것으로 나오는데, 진흥왕이 북한산까지 진출했으므로 평양이 양주라면 한성과 함께 평양을 취했다는 기사가 나와야 한다. 『일본서기』에서 말하는 평양은 명백히 고구려 도읍을 가리키는 것이다.

『삼국사기』 거칠부 열전에는 당시 상황에 대해 "백제인이 먼저 평양을 공파했다"는 구절이 나온다. 이로 미루어 『일본서기』 기사가 신라 자료를 채용했다는 것을 추정할 수 있다. 이 기사는 실제 사실을 나타낸 것이 아니라 평양 이남에 대한 신라의 영유권을 주장하기 위해 만들어진 것이다. 곧 백제의 평양 공파와 구지 회복은 평양까지 백제 땅임을 표상한다. 그리고 백제가 이를 포기함으로써 신라가 접수했다는 것은 신라의 영유권을 뒷받침하는 역사적 준거가 된다.

이후에도 신라는 평양 이남이 백제 토지로서 신라에게 영유권이 있다는 인식을 유지했고 결국 성덕왕 때 이를 실현했다. 『일본서기』 평양 기사의 원전은 백제 성왕의 구지 회복을 평양까지로 설정함으로써 신라의 영토의식을 뒷받침하고자 했던 것이다.

3   7세기 삼한일통 의식의 근거 자료 비판

청주 운천동 사적비

삼한일통 의식의 성립 시기를 둘러싼 논란에 출발점이 된 것은 '청주 운천동 사적비'(이하 '운천동비')이다.[19] 이 비문에는 "삼한을 합쳤다(合三韓)"라는 구절이 나와 삼한일통 의식을 분명하게 보여준다. 문제는 비편碑片이기에 제작 시기를 정확히 알 수 없다는 점이다.

기존에 이 비가 7세기의 것이라고 본 주된 근거는 비문 중에 등장하는 "수공壽拱(垂拱) 2년"(686)이다. 사찰에 대한 어떤 조치와 관련된 것으로 추정되는 이 시점이 비의 건립 시기와 멀지 않다고 본 것이다. 그러나 양자를 직접 연결할 수 있는 어떤 단서도 없다. 그리고 비문에 나오는 시점과 비의 제작 시점이 가까울 것이라는 심증 또한 성립하지 않는다. 경문왕 때 작성된 「찰주본기刹柱本記」에는 황룡사 구층목탑을 처음 세운 선덕여왕 때의 사적이 인용되고 있다. 둘 사이에는 200년 이상의 시차가 존재한다.

따라서 비의 건립 시점은 '시간성'을 가진 비문 내용을 통해 추적해야 한다. '운천동비'는 비문에 보이는 시대상, 사해四海의 천하관, 단월 명단의 표기 방식 등 크게 세 가지 지표를 통해 건립 시점을 찾을 수 있다.

먼저 시대상에서 주목할 부분은 "하락영도河洛靈圖"이다. 하도河圖·낙서洛書를 가리키는 이 말은 통상 천명을 받은 창업주의 출현을 표상한다. 7세기 전쟁을 주도한 무열왕은 진평왕계를 대신해 새 왕계를 열었고 이후 그 후손이 왕위를 이었다. 그러나 그 또한 진흥왕의 후손이고 진지왕의 손자이다. 무열왕계는 미추왕으로 파악되는 성한星漢을 시조(태조)로 삼고 있었으므로 그 자신이 '창업주'가 될 수는 없다. 후술할 '태종' 칭호가 이를 입증한다.

비문 내용은 전쟁의 종식을 말하고 있다. 이 전쟁은 외침이나 정복전쟁이 아니라 내전內戰의 성격을 띠고 있다. 비문의 창업주는 내전을 종식시키고 백성을 구제한 존재이다. 그런데 7세기 신라의 전쟁은 외적 평정으로 규정되고 있었다. 비문에 나타난 시대상은 10세기 고려의 후삼국 통일에 정확히 부합한다. 천명을 받은 창업주로서 태조 왕건의 면모와 통일을 이룬 공업에 대한 평가는 고려 초기에 건립된 고승 비문에 보편적으로 나타난다.[20] '운천동비' 또한 이들과 맥을 같이하고 있다.

다음으로 '사해'는 중국의 사방이 바다로 둘러싸여 있다는 관념에서 나온 것으로서 그 자체가 천하를 상징하며, 중국의 교화가 미치는 해내海內와 그렇지 않은 해외海外로 구성된다. 중국의 관점에서 한반도는 해외에 속하며, 동쪽에 있다는 의미의 '해동海東'으로 지칭된다. 여기서 '바다'는 실물이 아니라 관념이다. 실제 바다가 없는 중국 서쪽 또한 '해서海西'로 지칭된다. 해서는 지금의 칭하이성靑海省 지역을 가리킨다.

사해는 가장 강력한 천하관으로서 중국에 사대하는 제후는 사용할 수 없었다. 이 때문에 그 용례는 주로 중국 황제의 조칙이나 그를 찬양하는 글에 등장한다. 그런데 '운천동비'는 전술한 창업주가 주재하는 천하로서 사해를 설정하고 있다. 한편 7세기 신라는 자국 연호를 폐지하고 당에 적극적인 사대를 표방했다. '문무왕릉비'의 "당태종문무성황제唐太宗文武聖皇帝"나 '김인문비'의 "고종대황대제高宗大皇大帝"처럼 당의 황제에 대한 극존칭은 이를 반영한다. 『삼국사기』 제사지에 '사해'의 용례가 등장하지만 이는 실물로서 바다에 대한 제사처 네 곳을 나타내며, 그런 점에서 천하관으로서의 사해와 차이가 있다.

우리나라에서 사해 관념이 본격적으로 표방된 것은 고려 초기이다. 이 시기에 건립된 고승 비문에는 사해 관념이 여럿 보인다. 가장 대표적인 것이 '무위사 선각대사비'(946)에 보이는 "사해가 끓어오르고 삼한이 소요했다(四海沸

騰 三韓騷擾)"**21**라는 구문이다. 여기서 사해와 삼한은 같은 내용을 나타낸다. 역사적 정체로서 삼한이 동시에 자신의 천하로서 사해가 되는 것이다.

또한 '서운사 요오화상비'(937)에는 태조에 대해 "외역은 왕에게 귀부하는 공물을 올리고, 중화는 성인을 하례하는 의식을 바친다(外域申歸王之貢 中華獻 賀聖之儀)"**22**라고 한 구문이 보인다. 고려는 천하의 주인으로서 외역의 조공을 받으며, 기존 천하인 중화의 하례를 받을 만큼 대등한 위치로 간주되었다.

백제 통합 후 신라의 천하 인식은 687년(신문왕 7) 종묘 제문을 통해 그 일단을 살필 수 있다. 여기에는 종묘의 보호에 힘입어 "건곤乾坤은 복을 내리고 사변四邊은 안정되며 백성은 화평하고 이역異域은 내빈來賓한다"**23**라는 구절이 있다. '사변'은 '이역'과 구별되는 신라의 영토를 나타내며, '내빈'은 개념적으로 우호 선린의 의미를 갖는 것으로서 사대를 표상하는 '내공來貢'과 차이가 있다. 외교는 양자를 아우르는 것이어서 개념 또한 혼용될 수 있지만 위 구문에서 '이역의 복속'이라는 의미를 도출할 수는 없다. 이에 비해 '운천동비'에 보이는 "옥백을 받들어(奉玉帛)"는 명확히 조공 관계를 나타낸다.

한편 비의 측면에는 사업에 참여한 단월 명단이 새겨져 있다. 결락이 심해 판독이 어렵기는 하지만, 현재 파악된 바로는 "□□阿干 □□□□ □□□□ 天仁阿干 □□□"으로 구성된다. 문장의 시작점과 두 차례 보이는 아간阿干, 그리고 인명으로 보이는 천인天仁의 조합을 고려하면, 이 명단은 4자 단위로 나뉘며 각각 2자의 이름과 아간 혹은 기타 직위로 구성된다. 이러한 표기 방식은 나말여초 비문에서 전형적으로 나타난다.

이에 비추어 '운천동비'의 내용은 7세기 상황을 반영한 것으로 볼 수 없다. 여러 지표가 모두 나말여초 상황에 조응한다. 따라서 '운천동비'는 나말여초로부터 멀지 않은 시기에 고려에서 건립한 것으로 보는 것이 타당하다.

태종 시호 논변 기사

'운천동비'가 발견되기 이전에 7세기 삼한일통 의식을 설명하는 핵심 근거는 무열왕의 '태종太宗' 칭호였다. 『삼국사기』 신라본기에는 692년(신문왕 12) 무열왕의 '태종' 칭호에 대해 당이 문제를 제기했고 신라가 변론을 통해 허가를 받았다는 기사가 있다. 그리고 같은 내용의 기사가 『삼국유사』에도 보인다.[24]

먼저 『삼국사기』 기사의 개략을 보면[25] ① 당의 중종中宗이 무열왕의 '태종' 칭호가 당 태종에 저촉되므로 개정할 것을 구두로 요구했고, ② 신라는 무열왕이 '양신良臣' 김유신과 함께 '삼한'을 일통一統했기에 칭호를 올린 것이라며 사신에게 전달을 요청했고, ③ 이에 당은 더 이상 문제삼지 않았다는 것이다. 이에 따르면 신문왕대 삼한일통 의식의 성립이 인정된다.

그러나 이 기사는 신문왕 사망 기사의 바로 앞에 들어가 있다. 이는 신문왕 때의 일이라는 것만 판단한 데 따른 것으로서 그 시점을 692년으로 단정할 수 없다. 그리고 무열왕의 공업에 김유신을 전제로 삼은 것은 기사의 주인공이 김유신임을 의미한다. 또한 당시 당은 측천무후가 집권한 시기로서 폐위된 중종은 외교권이 없었다. 더구나 황제와 관련된 논의가 문서가 아닌 구두로 오갔다는 것이나 신라의 주장만으로 당이 요구를 철회했다는 것은 현실성이 없다.

한편 『삼국유사』 기사의 개략을 보면,[26] ① 신문왕 때 당 고종高宗이 사신을 보내서 당 태종이 위징과 이순풍을 얻어 천하를 일통하고 '태종'이라 했는데, 신라가 이 칭호를 쓴 것은 잘못이니 개정하라고 요구했고, ② 이에 신라가 표를 올려 무열왕이 '성신聖臣' 김유신을 얻어 '삼국'을 일통했기에 '태종'이라 했다고 논변했으며, ③ 표를 본 고종이 자신의 태자 시절 하늘로부터 김유신이 '33천天'의 하나라는 말을 듣고 책에 적어둔 것이 기억나서 그것을 꺼내 본

뒤 놀라, 다시 사신을 보내 개정하지 않아도 된다고 허락했다는 것이다. ③은 누가 봐도 허무맹랑한 이야기다.

두 기사의 골자는 같다. 당이 무열왕의 '태종' 칭호를 문제삼았고, 신라는 무열왕이 김유신을 얻어 삼한(삼국)을 일통했다고 변론했으며, 마침내 당이 이를 받아들였다는 것이다. 따라서 두 기사가 서로 다른 사실을 담았다고 보기 어렵다. 하지만 구체적인 내용에서는 차이가 크다.

첫째, 논변 주체가 각각 중종과 고종으로서 다르다. 둘째, 논변 방식도 구두와 문서로서 차이가 있다. 셋째, 당 태종의 '일통천하'에 대한 서술은 『삼국사기』에는 없다. 넷째, 김유신에 대한 설명이 '양신'과 '성신'으로서 다르다. 다섯째, 무열왕의 일통 대상이 '삼한'과 '삼국'으로서 차이가 있다. 여섯째, 김유신이 33천의 하나라는 내용은 『삼국사기』에 없다.

두 기사를 대조하면 『삼국유사』 기사가 원전에 가깝다는 것을 알 수 있다. 『삼국사기』에서는 당 태종의 공업 및 김유신이 33천의 하나라는 내용이 빠지고 '성신'이 '양신'으로 바뀌었다. 이는 문제되는 내용을 삭제 또는 수정하고 재편집했음을 보여준다. 위징과 이순풍은 당 태종의 '일통천하'와 직접적인 관련이 없고, 김유신이 33천의 하나라는 주장은 허구적 설화로 볼 수밖에 없기 때문이다.

이 기사의 실제 주인공은 무열왕이 아니라 김유신이다. '태종' 칭호를 가능하게 한 무열왕의 공업은 신성성을 가진 김유신으로 인해 가능했다는 취지이다. 기사의 원전은 김유신을 부각하기 위해 가공된 것이며, 무열왕에 대한 평가에도 후대의 시각이 반영되었다.

이 기사의 원전은 「김유신행록」으로 추정된다. 김유신 열전의 저본이 된 이 책은 김유신의 현손 장청이 하대 초기에 만든 것으로 파악되며, 조작된 내용이 많다는 지적을 받았다. 세력의 위축과 하대 왕실의 성립에 대응하여 가문의 역사적 명분을 되살리기 위해 찬술됨으로써 김유신의 행적을 과장하거나 가공했다. 나라를 지키던 김유신의 혼령이 후손의 억울한 죽음으로 인해 떠나려 한 것을 시조 미추왕이 만류했다는 설화도 이와 같은 맥락이다.

한편 '태종'은 본래 태조의 정통 계승자라는 의미로 부여되는 묘호廟號다. 특히 당초 예정된 계승자를 대체한 이로부터 왕통이 이어질 때 채용되는 경우가 많다. 태종 칭호의 표본이 되는 당 태종은 태자였던 형을 제거하고 제위를 차지했으며, 명 태종 영락제는 정난靖難을 일으켜 조카 건문제를 밀어냈다. 태종은 태조와의 연계를 통해 명분을 확보하는 의미를 가지고 있다.[27]

무열왕은 진평왕계를 대체하여 즉위했고 이후 그 후손들이 왕위를 이어갔다. 진평왕계가 불교적 이념을 통해 신성화를 도모한 것에 대응하여 무열왕계는 종묘 제도를 도입하여 권위를 확보하고자 했다. 태조 성한을 출발점으로 삼고 무열왕에게 '태종' 칭호를 올림으로써 성한의 정통 계승자로서 무열왕계의 위상을 확립한 것이다. 그 결과 '태종'은 기존 '무열'을 대신하는 시호諡號처럼 사용되어 '태종왕'이 일반화되었다. 이를 '일통삼한'과 연결한 것은 후대의 인식이 투영된 결과이다.

김유신 헌의

7세기 삼한일통 의식을 주장하는 또 하나의 문헌 자료는 『삼국사기』 김유신 열전에 보인다. 김유신은 죽기 전에 문무왕에게 당부의 말을 올렸다. 여기서 김유신은 자신이 왕의 신임을 받아 이룬 공업에 대해 "삼한은 한집안이 되고, 백성은 두 마음이 없다(三韓爲一家 百姓無二心)"라고 평가했다. 그리고 수성守成의 어려움을 말하며 "소인을 멀리하고 군자를 가까이 할 것"을 당부했다. "삼한이 한집안이 되었다"라는 것은 삼한의 일통을 가리킨다.

그러나 이 기사 또한 엄정한 비판이 요구된다.[28] 우선 신하인 김유신이 일통의 공업을 자신의 것으로 규정하고 있다는 점부터 걸린다. 왕조 국가에서 이 공업은 당연히 왕의 것이 되어야 하며, 신하인 김유신은 이를 도운 존재로 나와야 정상이다. 또한 무열왕대에는 백제만 병합했고 고구려 공멸은 문무왕 때의 일인데, 문무왕에게 '수성'만 당부한 것도 의아하다. 더구나 당시는 나당 전쟁이 종료되기 전이다. 이는 이 내용이 "무열왕이 삼한을 일통했다"라는 인식이 수립된 후에 만들어진 것임을 보여준다.

헌의 내용이 유교정치 이념을 뚜렷이 담고 있다는 점도 유의해야 한다. 신하에 대한 신임을 표현한 "사용함에 의심하지 않고 임용함에 두 마음을 가지지 않는다(用之不疑 任之勿貳)"라는 구문은 『서경』의 "어진 사람을 임용했으면 두 마음을 갖지 말고, 사악한 사람을 내쳤으면 의심하지 말라(任賢勿貳 去邪勿疑)"는 구문을 변형한 것이다. 유교 경전에 대한 깊은 지식이 있거나 그 내용이 사회에 일반화된 상황에서나 나올 수 있는 말이다. 김유신은 평생 무장으로 지낸 사람이고, 신라에 국학國學이 설치되어 유교 경전을 교육한 것은 신문왕 때의 일이다. "군자를 가까이하고 소인을 멀리 하라"는 말 또한 유교정치 이념이 일반화된 상황을 반영한다.

특히 주목할 부분은 이 기사가 위징의 유표遺表를 차용한 것이라는 사실이다.[29] 위징 또한 죽기 전에 황제에게 당부의 말을 하면서 "사악한 자를 물리치는 데 의심이 없고 어진 이를 쓰는 데 두 마음이 없으면(去邪勿疑 任賢勿貳)"이라고 말했다.[30] 동일하게 임종 때 올렸다는 점과 내용의 초점이 같다는 데서 김유신 헌의가 위징의 사례를 차용한 것임을 알 수 있다.

위징은 당 태종의 업적을 말할 때 항상 언급되는 인물이다. 다만 그의 역할은 거침없는 간언에 있었고, 태종의 위대함은 그의 간언을 적극 받아들인 데 있었다. 이러한 이미지는 현종 때 『정관정요』가 편찬되면서 일반화되었다. 이 관계는 그대로 무열왕과 김유신의 관계에 투영되었다. 무열왕과 김유신의

'일통삼국'은 당 태종과 위징의 '일통천하'와 맞물려 구성되었다. 태종 시호 기사나 김유신 헌의는 모두 무열왕의 공업이 김유신으로 인해 비로소 가능했다는 취지를 담고 있다.

그리고 태종 시호 기사의 원전이 불교적 색채의 신비성을 띤 것과 달리 김유신 헌의에 유교정치 이념이 뚜렷한 것은 김유신 헌의가 더 후대에 생성되었음을 시사한다. 곧 이 내용은 신라 말에 만들어졌을 가능성이 높다. 기사에 보이는 삼한일통 의식 또한 그 시기가 크게 내려갈 수밖에 없는 것이다.

4 9세기 삼한일통 의식의 성립 과정

김헌창 부자의 난

나말여초에 이르면 삼한일통 의식은 보편화되어 있었다. 이것이 7세기에 만들어진 게 아니라면 언제 어떤 배경에서 나타난 것일까. 『삼국사기』나 『삼국유사』의 관련 자료들은 후대에 만들어진 것인 만큼 현전하는 금석문 자료에 근거하여 접근할 필요가 있다.

'운천동비'를 제외하고 삼한일통 의식이 확인되는 가장 빠른 자료로는 '이차돈순교비(백률사 석당기)'가 제시된다. 이 비는 결락이 심해 내용 파악이 어려운데, 비문의 서두에 보이는 원화元和 13년을 준거로 818년(헌덕왕 10)경에 건립된 것으로 보고 있다. 이 비문에는 불법의 전래에 대해 "삼한에 통하고 또 사해로 확장된다(可通三韓 亦廣四海)"라는 구절이 있어 삼한일통 의식과 사해 관념을 확인할 수 있다.

그러나 이 또한 '운천동비'와 동일한 문제가 따른다.[31] 우선 원화 13년이 비의 건립 시점이라고 단정할 수 없다. 핵심 사적은 이차돈의 순교인데, 이를 비의 건립과 연결하는 매개가 되는 사적이 상정되는 것이다. '운천동비'의 수공 2년 사적과 유사하다. '사해'의 천하관이 나타나는 점을 감안하면 이 또한 나말여초 이후의 것일 가능성이 있다. '이차돈순교비'까지 제외하면 삼한일통 의식이 확인되는 가장 이른 시기의 사례는 문성왕 때 건립된 '성주사비'이다. 이에 앞서 삼한일통 의식 출현의 계기가 상정되는데, 그것은 822년(헌덕왕 14)에 발생한 김헌창의 난이다.[32]

혜공왕 사후 왕위 계승 경쟁에서 밀려난 김주원의 아들 김헌창은 웅천주 도독으로 재임하면서 반란을 일으켜 국호를 장안長安, 연호를 경운慶雲이라 했다. 이는 단순히 왕위를 차지하기 위한 정변이 아니라 지방에서 새 나라를 세운 것으로서 국가 분열을 의미했다.

신라 정부는 무력으로 반란을 진압하기는 했지만 분열의 위기를 체감하지 않을 수 없었다. 특히 김헌창의 반란은 옛 백제의 도읍이었던 웅천주에서 발생했기에 역사적으로 보면 백제의 복구를 전망할 수 있었다. 적어도 신라 지배층은 그 위험성을 인지했을 것이다. 「답설인귀서」를 보면, 당이 백제 구지를 조사하여 회수하려 하자 신라는 후일 후손들이 백제에게 멸망당할 것이라는 우려를 피력했다. 웅천주의 반란은 이 우려가 현실화된 셈이었다.

이어 김헌창의 아들 범문이 고달산적과 합세하여 평양 도읍을 목표로 봉기했으나 실패했다. 그가 목표로 삼은 평양을 남평양으로 이해하는 경우가 많지만, 앞서 서술했듯이 남평양은 실재하지 않는다. 범문은 아버지의 반란이 실패한 것을 감안하여 신라 영토 밖에서 새 나라의 건설을 도모한 것이다. 이 또한 고구려의 복구를 전망할 수 있었다.

백제와 고구려의 부활은 7세기 삼국으로의 회귀를 의미했기에 신라 정부는 이를 막을 수 있는 이념이 필요했다. 그것은 삼국이 본래 같은 연원을 갖고 있으므로 다시 나뉘어서는 안 된다는 논리로 모아진다. 신라가 '외적'인 백제와 고구려를 병탄한 것이라면, 이들의 부활을 통한 분열의 당위성이 마련될 수 있다. 반면 동질성에 기반한 '일통'을 내세운다면 분열의 명분은 사라진다.

이러한 이념적 전환을 반영하는 지표가 김유신을 흥무대왕興武大王으로 추봉追封한 조치이다. 신하를 왕으로 올려주는 예외적 조치는 단순히 그 후손의 정치적 부상이라는 맥락에서만 이해할 수 없다. 그 본령은 김유신이 갖는 상징성을 극적으로 활용하는 데 있었다. 「김유신행록」은 그를 7세기 전쟁의 주역으로 부각했다. '백제병합'이라는 7세기 전쟁의 역사성은 그의 행적을 통해 백제와 고구려를 아우르는 '삼국통합'의 맥락으로 전환될 수 있었다. 이것이 자신에 선행한 역사적 정체로서 삼한에 대한 인식과 결부되면서 삼한일통 의식이 출현하게 된 것이다.

성주사비와 「찰주본기」

현재 남아 있는 금석문 자료로 신라의 삼한일통 의식이 확인되는 가장 이른 사례는 김입지가 찬술한 '성주사비'이다.[33] 성주사는 무열왕의 후손인 김흔의 지원으로 창건되었고, 같은 집안의 김양이 이어받아 완성했다. 이곳은 선조 김인문이 분봉받은 곳이었다. 비문은 이곳에 백제 때의 사찰이 있었음을 말하면서 당시를 "삼한정족三韓鼎足"으로 표현했다. 그리고 그에 상응하여 신라를 진한辰韓으로 지칭하여 삼한일통 의식의 출현을 확인할 수 있다.

흥덕왕 사후 신라 정계에서는 왕위를 둘러싼 정변이 연속되었다. 희강왕을 밀어내고 즉위한 민애왕은 장보고의 지원을 받은 신무왕의 공격으로 피살되었다. 김양은 군대를 이끌고 왕경에 진입하여 신무왕을 세우는 데 혁혁한 공을 세웠다. 그는 실권을 장악하고 딸을 문성왕의 차비次妃로 들이도록 했으며 연이은 모반 사건을 제압하여 왕권을 안정시켰다. 그의 사후 모든 의례는 김유신의 구례를 따르도록 했고 묘소도 무열왕릉 곁에 마련했다.[34]

이는 무열왕계의 복권을 의미했다. 혜공왕 때 불천지주不遷之主가 되었던 무열왕과 문무왕은 애장왕 때 별묘別廟로 밀려났다. 내물왕계는 무열왕의 공업을 희석시켰지만, 김양의 활동으로 무열왕이 통합의 주역으로 재인식되었다. 흥덕왕 때 김유신을 추봉하면서 통합을 강조한 데는 무열왕과 문무왕의 공업을 제한하는 측면도 있었다. 그러나 문성왕 때 무열왕의 공업이 공인되면서 그가 '일통삼한'의 주인공으로 자리잡게 된 것이다.

'월광사 원랑선사비'(890)에서 무열왕의 공업을 삼한의 일통으로 제시한 것은 그 산물이다. 김양이 지원한 성주사 창건을 담은 비문에 삼한일통 의식이 뚜렷하게 나타나는 것 또한 같은 맥락이다.

정치 이념으로서 삼한일통 의식의 확립을 보여주는 것은 경문왕의 황룡사 구층목탑 개건改建이다.[35] 이 탑은 선덕여왕 때 건립된 것이었다. 『삼국유사』에 수록된 연기설화를 보면, 탑의 건립을 통해 구한九韓의 내공來貢을 희구한 내용이 보인다. 구한은 구이九夷에서 차용한 것으로, 신라 주변의 외이外夷를 총칭한다. 당연히 신라는 포함되지 않는다.

그런데 탑의 개건과 함께 새긴 사리함 명문, 이른바 「찰주본기」(872)에는 탑을 건립한 목적이 "구한의 내공"에서 "해동제국海東諸國의 항복"으로 바뀌었고, 그 결과를 "과연 삼한을 합쳤다(果合三韓)"라고 제시했다. 해동제국의 항복은 고구려와 백제를 포함한 주변 국가의 복속을 말하는데, 그것이 삼한의 일통으로 실현되었다는 것이다.

경문왕은 연이은 왕위 쟁탈전을 종식시키고 일시적이나마 체제 안정을 이루면서 여러 계파의 통합을 강조했다. 황룡사 구층목탑의 개건은 그런 이념을 구현하는 방안이었다. 이 탑은 심한 퇴락으로 인해 문성왕 때부터 개건이 모색되다가 경문왕 때 실현을 보았다. 이 점에서 문성왕대 부상한 삼한일통 의식이 황룡사탑의 개건을 통해 체제 이념으로서 확립되었다고 정리할 수 있다.

후삼국 분열과 삼한일통 의식

경문왕대 확립된 삼한일통 의식은 이후 역사의식의 근간이 되었다. 이는 신라 말에 건립된 여러 비문을 통해 확인할 수 있다.[36] 최치원이 찬술한 '봉암사 지증대사비'(893)는 불교가 전래한 시기에 대해 "동방이 솥발처럼 맞섰을 때(東表鼎峙)"라고 표현했는데, 이는 '성주사비'의 "삼한정족"과 같은 말이다. 또한 신라에 불교가 들어오는 과정을 언급하면서 백제와 고구려의 사적을 원용함으로써 삼국의 전통을 하나로 융합해 인식하는 태도를 보였다. 그리고 "옛날의 삼국이 지금 장대하게 한집안이 되었다(昔之蕞爾三國 今也壯哉一家)"라고 선언했다.

다만 후삼국 분열이라는 상황에서 종전과 같이 백제와 고구려를 '외적'으로 인식하는 경우도 보인다. '성주사 낭혜화상비'(890)는 무열왕의 공업을 "두 적국을 평정하고(平二敵國)"라고 표현했으며, '봉림사 진경대사비'(924)는 김유신의 공업을 "마침내 두 적을 평정했다(終平二敵)"라고 언급했다. 공통적으로 선조의 업적을 찬미한다는 점에서 시대 상황에 대한 인식과는 차이가 있다.

삼한일통 의식은 후삼국 분열 뒤에는 다시 이를 하나로 합쳐야 한다는 역사적 당위를 제공했다. 고려 태조 왕건은 즉위 당시부터 "해내海內의 겸병"을 천명했는데 역사의식으로 보면 이는 삼한의 일통을 의미했다. 통일 후 고려는 각지에 고승의 비문을 건립하여 사회 통합의 방편으로 삼았는데, 그 비문에서는 공통적으로 태조의 업적이 강조되었다. 그 핵심은 바로 삼한의 일통 및 '해동천하海東天下'의 형성에 있었다. 이것은 모두 「찰주본기」에서 제시된 이념이다. 고려의 통일은 사회 분열에 대응하여 그 이념을 다시 실현한 것이었다. 이로써 삼한일통 의식은 고려의 체제 이념으로 확립되었고, 태조 왕건은 "삼한을 일통한 군주"로서 역사적 평가를 받게 되었다.[37]

5 삼한일통 의식의 역사성

역사적으로 이질성을 가진 부류가 통합되었을 때 연원적 동질성에 의거해 제시되는 통합의 이념은 대개 분열의 위기에서 모색되었다. 특히 전쟁 등 무력에 의해 통합이 이루어진 경우, 통합 주체가 가진 힘의 우위가 분명하고 통합에 따른 권위가 확보되기 때문에 굳이 통합 대상에 대해 동질성을 천명할 필요가 없다. 그러나 체제가 붕괴하는 과정에서 연원적 이질성은 분열의 당위를 제공함으로써 이를 가속화시킨다. 자연 이를 막기 위한 이념으로써 동질 의식에 기반한 통합의 논리가 강조된다.

삼한일통 의식은 흔히 7세기 전쟁의 이념적 근거로 이해되는 경우가 많지만, 실제 전쟁 이전에 삼국이 동질 의식을 가졌다는 증거는 없다. 각기 천손 의식을 기반으로 구성된 시조설화는 연원적 동질 의식과는 거리가 있다. 신라 중대 왕실은 자신의 연원을 중국의 소호금천少昊金天이나 김일제金日磾에 연결하고 있어 고구려·백제와의 동질성을 유도할 만한 여지가 없었다. 또한 자신에 선행하는 역사적 존재를 상정하지도 않았다.

7세기 전쟁은 자신을 괴롭히는 외적을 제거한다는 명분을 띠고 있었고, 그 궁극적 목표는 백제를 공멸하여 병합하는 것이었다. 「답설인귀서」에 보이는 "평양이남 백제토지"와 비열성의 귀속 문제는 신라의 전쟁 목적과 성과를 그대로 반영한다. 다만 백제와 고구려 영토의 범위를 설정하는 문제를 두고 신라는 역사적 귀속을, 당은 전쟁 당시의 점유 상황을 준거로 삼아 갈등을 빚었다.

성덕왕 때 신라가 대동강 이남을 공인받은 것은 결국 신라의 영토의식이 확인된 것이었다. 그 준거는 백제가 수립한 것이었고 이는 평양을 목표점으로 삼은 후백제 견훤의 영토의식에서 재연되었다. 이러한 구도에서 신라가 백제와 고구려를 아울러 통합했다는 이념이 나올 수는 없다.

그동안 7세기 삼한일통 의식을 뒷받침하던 자료들은 모두 후대의 것으로 파악된다. '운천동비'는 고려 초기에 건립된 것으로서 나말여초 사회에 대한 인식을 담고 있고,『삼국사기』에 보이는 태종 시호 기사와 김유신 헌의 또한 후대의 시각에서 생성된 내용들이다. 적어도 현재 이용할 수 있는 자료에 7세기 삼한일통 의식을 직접적으로 설명할 수 있는 근거는 없다.

　신라의 삼한일통 의식은 9세기에 들어 비로소 출현한 것이었다. 헌덕왕 때 발생한 김헌창의 난은 지방에서 새 국가의 건설을 도모한 것이었고, 그 거점인 웅천주는 백제의 옛 도읍이었다. 그 아들 범문은 평양 도읍을 목표로 난을 일으켰다. 이것은 삼국으로 회귀하는 국가 분열의 위기를 불러왔다. 이에 대응하는 논리로서 신라는 7세기 전쟁을 삼한의 정체성에 입각한 '통일'의 과정으로 규정함으로써 삼한일통 의식을 수립했다. 이것은 왕실 내분을 수습한 경문왕 때 황룡사 구층목탑의 개건을 통해 확립되었다. 당시 새긴「찰주본기」에 그 이념이 집약적으로 표현되어 있다.

　후삼국 분열 후 삼한일통 의식은 사회를 다시 통합해야 한다는 역사적 당위를 제공했고, 이는 고려의 통일을 통해 실현되었다. 삼한일통 의식은 고려의 체제 이념으로서 확고한 위치를 갖게 되었고, 고려 태조 왕건은 삼한을 일통한 군주로서 그 역사적 의미를 확보했다. 그리고 '삼한'은 고려 후기 조선 계승의식이 성립한 뒤에도 우리나라를 가리키는 대표어로서 그 함의를 유지했다.

윤경진
경상대학교 사학과 교수. 주 전공은 고려시대 지방제도이나 최근 삼한일통 의식의 형성과 전개에 관심을 가지고 일련의 연구를 진행하고 있다. 대표 논저로『高麗史 地理志의 分析과 補正』,『고려시대사』(공저),『고려 지방제도 성립사』등이 있다.

신라는 삼국을
통일하려고 하였을까

＿전덕재

1 7세기 중·후반에 일어난 전쟁을 어떻게 부를 것인가?

7세기 중·후반에 고구려와 백제, 신라, 그리고 당唐과 일본, 심지어 거란과 말갈까지 참여한 전쟁이 있었다. 이 전쟁은 676년에 당군이 한반도에서 철수함으로써 종결되었다.

7세기 중·후반 한반도를 주요 무대로 하여 전개된 전쟁에 삼국뿐만 아니라 당과 일본, 말갈과 거란까지 참여하였기 때문에 이 전쟁을 '7세기 중·후반 동아시아 국제전' 또는 '7세기 중·후반 동북아시아 전쟁'이라고[1] 명명할 수 있다. 세계사적인 시야에서 이 전쟁에 접근하려고 하는 사람들에게 이 같은 네이밍(naming)이 가장 합리적으로 다가설 수 있을 것이다. 이 전쟁에 참여하지 않은 국가와 민족의 구성원들에게도 역시 마찬가지일 것이다.

한편 중국사의 시야에서 바라볼 때, 7세기 중·후반에 당이 백제와 고구려 국가를 멸하고 기미주羈縻州로 만들려고 했기 때문에 이 전쟁을 '당 왕조에 의한 백제·고구려 정복전쟁' 또는 '당 왕조에 의한 백제·고구려 병합전쟁'이라고 명명할 수 있다. 일본은 백제를 구원하기 위해 이 전쟁에 참여하였다가 백강(백촌강) 전투에서 나당연합군에게 패하였다. 따라서 일본사의 시야에서 바라본다면 이 전쟁은 '일본의 백제 구원전쟁'이라고 명명할 수도 있다.

한국인 또는 한국 민족의 관점에서 이 전쟁에 접근할 때, 현재까지 두 가지 견해가 제기되었다. 하나는 '신라에 의한 삼국통일(통합)전쟁'으로 명명하는 견해이고,[2] 다른 하나는 '신라에 의한 백제병합(통합)전쟁'으로 명명하는 견해이다.[3] 두 견해는 신라인들이 고구려를 통합 또는 통일의 대상으로 인식하였는가의 여부를 둘러싸고 엇갈렸다. 또한 고구려 멸망 이후 신라와 발해의 관계를 어떻게 이해할 것인가를 둘러싸고 두 견해를 견지하는 연구자들 사이에 시각의 차이가 드러났다.[4]

7세기 중·후반 한반도에서 전개된 전쟁을 어떻게 부를 것인가의 문제는 어느 국가 또는 어느 민족의 구성원인가의 여부, 신라 지배층이 고구려·백제에 대해 어떻게 인식하였는가의 여부와 직결되어 있다고 이해할 수 있다. 이 전쟁에 대한 국가와 민족 구성원에 따른 인식의 편차를 줄이기가 쉽지 않다. 물론 편차를 줄이려는 노력이 과연 필요한가 하는 의구심도 가져볼 수 있다. 그러나 이 전쟁을 신라에 의한 삼국통일(통합)전쟁으로 부를 것인가, 아니면 백제병합(통합)전쟁으로 부를 것인가는 '사실 확인의 범주'에서 논의할 여지가 없지 않다. 즉 7세기 중·후반 한반도에서 전개된 전쟁의 성격을 올바로 규명하기 위해서는 '사실에 대한 객관적 검증'이 전제될 필요가 있다는 의미이다. 역사적 사실을 곡해하여 제기된 주장은 생명력이 오래가지 않기 때문이다.

이 글은 현재 연구자들 사이에서 해석상의 편차를 보이는 사료들을 면밀하게 분석하여 거기에 담긴 올바른 역사상을 추출한 다음, 이를 기초로 7세기 후반 한반도에서 전개된 전쟁을 어떻게 부를 것인가에 대한 필자의 의견을 개진하기 위하여 준비되었다. 이 글이 향후 7세기 중·후반 한반도에서 전개된 전쟁의 성격을 둘러싼 논의의 진전과 활성화에 도움이 되었으면 하는 바람이다.

2　7세기 후반 신라의 북쪽 경계는 임진강이었을까?

7세기 중·후반 한반도에서 전개된 전쟁을 신라에 의한 백제병합(통합)전쟁이라고 이해하는 연구자들(이하 백제병합전쟁론자)은 주요한 근거의 하나로 676년 신라와 당의 전쟁이 종결되었을 때 신라의 북경이 임진강이었다는 사실을 들고 있다. 즉, 676년에 신라가 차지한 지역은 원래의 신라 지역과 백제 영토에 불과했으므로 신라는 결과적으로 백제만을 병합하였다고 볼 수 있고, 따라서 7세기 중·후반 한반도에서 전개된 전쟁은 신라에 의한 백제병합(통합)전쟁이라고 규정할 수 있다는 논리이다. 백제병합전쟁론자들이 내세운 핵심 자료 가운데 하나가 바로 다음의 기록들이다.

> 상원上元 2년(675) 2월에 계림도행군대총관 유인궤가 신라의 무리를 칠중성七重城에서 크게 깨뜨리고 돌아왔다. 신라가 이에 사신을 보내 엎드려 죄를 청하고, 아울러 계속해서 마음을 다하여 토산물을 헌상하였으므로 법민(문무왕)의 관작을 회복시켜주었다. ㉠이미 백제의 땅을 모두 차지하고 고려의 남경南境에 이르렀다(旣盡有百濟之地 及高麗南境). 동서가 900리이고, 남북이 1,800리이다. 경계 내에 상上·양·강·웅·금(전)·무·한·삭·명 등의 주를 두었다. —『당회요』 권95, 신라.

> 상원 2년 2월에 인궤가 신라의 무리를 칠중성에서 깨뜨리고, 말갈병으로써 바다를 통해 (신라의) 남경南境을 공략하여 죽이거나 사로잡은 자가 매우 많았다. 조서를 내려 이근행을 안동진무대사로 삼고, 매소성에 주둔하여 신라와 세 번 싸워 모두 물리쳤다. 법민이 사신을 보내 조회하고 사죄하며 계속해서 공물을 바치자 인문이 이에 돌아와 신라왕을 그만두었으므로, 조서를 내려 법민의 관작을 회복시켜주었다. ㉡그러나 (신라는) 백제 땅을 많이 취하고, 마침내 고려남경에 이르렀다(然多取百濟地 遂抵高麗南境矣). 상·양·강·웅·전·무·한·삭·명의 9주를 두었다. —『신당서』 신라전.

종래에 백제병합전쟁론자들은 밑줄 친 ㉠, ㉡ 기록에 전하는 '고려남경高麗

南境'을 '고려(고구려)의 남쪽 경계선'이라고 해석한 다음, 675년에 신라가 백제의 영토를 차지하고 고구려 남쪽 경계선에 이르렀다고 이해하였다. 즉 675년에 신라는 임진강 이남의 영토를 차지하였다고 본 것이다.[5] 그런데 '경境'이라는 한자는 '경계境界'라는 뜻과 더불어 '경역境域'이라는 뜻을 지니고 있다.[6] 따라서 '고려남경'을 '고려(고구려)의 남쪽 경역'이라고 해석하는 것도 가능하다. 두 가지 가운데 어느 해석이 더 정확하다고 볼 수 있을까?

『삼국사기』 신라본기 문무왕 15년(675) 2월 기록에 당 고종이 문무왕의 관작을 회복시켜주었다고 기술한 뒤 "그러나 백제의 땅을 많이 취하고, 마침내 고구려의 남경에 이르러 주군으로 삼았다(然多取百濟地 遂抵高句麗南境爲州郡)"고 서술되어 있다. ⓛ기록이 이것의 원전임이 분명하다. 다만 『삼국사기』 찬자는 '고려남경'을 '고구려의 남쪽 경역'을 가리키는 것으로 이해하여, 신라본기를 찬술하면서 "遂抵高麗南境矣"를 "遂抵高句麗南境爲州郡"이라고 바꾸어 표현하였다고 볼 수 있다. 『삼국사기』 찬자가 '고려남경'을 '고구려의 남쪽 경역'이라고 이해하였다는 사실을 근거로 『당회요』와 『신당서』의 찬자 역시 그렇게 이해하였다고 단정하기 곤란하지만, 그렇다고 완전히 무시하기도 어려울 것이다.

『구당서』 신라전은 당나라가 신라와 함께 백제를 평정한 사실을 언급하고, 이어 "이로부터 신라가 점차로 고려(고구려)·백제의 땅을 차지하게 되니(自是 新羅漸有高麗百濟), 그 영역이 더욱 넓어져 서쪽으로 바다에 이르렀다"고 전한다. 『구당서』 신라전에는 고구려 멸망과 나당전쟁에 관한 내용이 전하지 않는다. 따라서 위의 기록은 나당전쟁 종결 후의 상황을 반영한다고 볼 수 있다. 이를 통해 당나라 사람들이 나당전쟁 후에 신라가 백제 땅뿐만 아니라 고구려의 경역도 차지하였다고 이해했음을 알 수 있다.

그런데 『구당서』는 945년에 완성된 것이고, 『당회요』는 961년에 편찬된 것이다. 따라서 『당회요』의 밑줄 친 ㉠기록은『구당서』신라전에 전하는 기록과 맥락을 같이한다고 이해하는 것이 합리적이라고 판단된다. 다시 말하면 "旣盡有百濟之地 及高麗南境"을 '이미 백제의 땅을 모두 차지하고 고려(고구려)의 남쪽 경역에 이르렀다'고 해석하는 것이 자연스럽다는 의미이다. 『신당서』 신라전의 ㉡기록 역시 동일한 맥락으로 이해할 수 있음을 확인할 수 있다.

앞에서 인용한 『신당서』의 기록에 '남경南境'이라는 표현이 두 번 나온다. 『자치통감』 권202 고종 상원 2년(675) 2월 기록에는 "유인궤가 신라의 무리를 칠중성에서 크게 깨트렸다. 또한 말갈로 하여금 바다를 통해 신라의 남경南境을 공략하게 하여 죽이거나 사로잡은 자가 매우 많았다. 인궤가 군사를 이끌고 돌아왔다"고 전한다. 이 기록을 통해 『신당서』에서 말갈병이 공략한 남경이 신라의 남경을 가리킨다는 사실을 확인할 수 있다. 말갈병이 신라의 남경을 공략하여 죽이거나 사로잡은 자가 많았다고 하였으므로, 여기서 신라의 남경은 신라의 남쪽 경계선이 아니라 신라인들이 거주하는 신라의 남쪽 경역을 가리킨다고 보는 것이 합리적이다. 동일한 기록에 전하는 '고려남경' 역시 '고려의 남쪽 경역'을 의미한다고 이해하는 것이 자연스럽다고 보인다.

실제로 ㉠, ㉡기록의 '고려남경'을 '고려(고구려)의 남쪽 경계선'으로 해석할 때 논리적으로 부자연스러운 측면이 있음을 발견할 수 있다. 『삼국사기』 신라본기에서 638년(선덕여왕 7) 10월에 고구려가 신라의 북쪽 변경인 칠중성을 침략하였다고 하였다. 칠중성은 경기도 파주시 적성면 구읍리에 위치하였다. 칠중성 북쪽에 임진강이 흐르고 있다. 『신당서』 신라전에 상원上元 원년 유인궤가 병사를 이끌고 지름길로 호로하瓠蘆河를 건너 신라의 북방 대진大鎭 칠중성을 깨트렸다고 전한다. 상원 원년은 상원 2년(675)의 잘못이다. 『삼국사기』 신라본기 문무왕 11년조에 전하는 「답설인귀서」에서 662년 정월에 고구려로 들어갔던 김유신 등이 신라로 돌아올 때 호로하를 건넜다고 하였다. 호로하는 경기도 연천군 장남면 원당리에 위치한 호로고루 남쪽을 흐르는 임진강을 가리킨다. 호로고루에서 임진강을 건너면 칠중성에 이른다. 따라서 유인궤는 호로고루 남쪽을 흐르는 임진강을 건너 신라의 북방 대진 칠중성을 공격하였다고 볼 수 있다. 그리고 675년(문무왕 15) 9월에 당군이 거란·말갈 군사와 함께 칠중성을 에워쌌으나 이기지 못하였다고 신라본기에 전한다. 한편 『삼국사기』 김유신 열전에 임술년(662) 정월 23일 김유신이 배를 타고 칠중하를 건너자 장졸將卒이 그 뒤를 따라 강을 건너 고구려의 경역에 들어갔다는 기록이 보인다. 고구려의 남계와 신라의 북계가 칠중성 근처에 위치한 임진강을 가리키는 칠중하였음을 알려주는 자료이다.

이처럼 638년에서 675년까지 신라의 북계와 고구려의 남계가 임진강이었고 ○ 기록의 '고려남경'이 '고려의 남쪽 경계선'을 가리키는 것이라고 이해한다면, ○ 기록에서 "마침내 고려남경에 이르렀다遂抵高麗南境矣"라고 언급한 것을 합리적으로 설명하기 어렵다. 이전부터 675년까지 계속해서 신라의 북쪽과 고구려의 남쪽 경계선이 임진강이었는데, 『신당서』의 찬자가 군이 이때에 신라가 마침내, 즉 비로소 고려의 남쪽 경계선인 임진강에 이르렀다고 표현했을 가능성은 희박하다고 보이기 때문이다. 그러나 신라가 675년 이전에 백제의 토지를 차지하고 마침내 675년에 고구려의 남쪽 경계였던 임진강을 건너 고구려의 남쪽 경역에 이르렀다고 본다면, 『신당서』의 찬자가 "遂抵高麗南境矣"라고 표기한 것을 자연스럽게 이해할 수 있는 길이 열린다. 실제로 신라가 675년 무렵에 고구려의 남쪽 경역을 군현으로 편제하였음을 확인할 수 있다.

『삼국사기』 신라본기 제9 경덕왕 7년(748) 가을 8월 기록에 처음으로 대곡성大谷城 등 14개의 군·현을 두었다고 전한다. 종래의 연구에 따르면 경덕왕

7년 8월에 설치한 군·현은 대곡군大谷郡(북한 황해북도 평산군), 수곡성현水谷城縣(북한 황해북도 신계군), 동삼홀군冬彡忽郡(북한 황해남도 연안군), 도납현刀臘縣(북한 황해남도 백천군)뿐이고, 나머지 10군·현은 경덕왕 21년(762)과 헌덕왕 때 설치한 것이라고 한다.[7] 대곡군을 비롯한 4군·현은 예성강 이북 지역에 위치하였다. 748년(경덕왕 7) 이전에 신라가 임진강과 예성강 사이에 위치한 지역을 군·현으로 편제하였음은 확실시된다고 하겠다. 그러면 언제 신라가 이곳을 군·현으로 편제하였을까?

『삼국사기』 신라본기에서 694년(효소왕 3) 겨울에 송악성(부소갑)과 우잠성을 쌓았고, 713년(성덕왕 12) 12월에 개성(동비홀)을 쌓았다고 하였다. 종래에는 성을 쌓은 것을 신라가 비로소 이들 지역을 신라의 영역으로 편입한 사실과 결부시켜 694년과 713년에 비로소 송악군과 우잠군, 개성군을 설치하였다고 보았다.[8]* 그렇다면 과연 성을 쌓은 것을 곧바로 신라의 영역으로 편입한 사실과 직결시켜 이해할 수 있을까?

개성군은 우잠군의 남쪽, 송악군의 서쪽에 위치하였다. 694년에 우잠성과 송악성을 쌓았으므로 당시에 개성(동비홀)을 신라의 영역으로 편제하였다고 보는 것이 순리이다. 713년에 개성을 쌓았다고 하여 그때 비로소 개성이 신라의 영역으로 편입되었다고 보는 논리는 설득력이 약하다. 『삼국사기』 지리지에서 효소왕 때 비열홀(북한의 강원도 안변군)에 성을 쌓았다고 하였다. 669년(문무왕 9) 5월에 천정(북한의 강원도 원산시 덕원리)과 비열홀, 각련(북한의 강원도 회양군 회양읍) 등 3군의 백성이 굶주렸으므로 창고를 열어 진휼하였다. 또한 지리지에서 천정군을 681년(문무왕 21)에 고구려로부터 빼앗았다고 하였는데, 문무왕 9년 이후에 안동도호부가 천정군을 빼앗았다가 681년에 다

---

* 이 책 248쪽.

시 신라가 빼앗았음을 알려준다. 더군다나 신라 정부는 681년에 사찬 무선으로 하여금 정예군사 3천 명을 이끌고 비열홀을 지키게 하였다.[9] 신라가 효소왕대 이전에 비열홀을 신라의 영역으로 편제하였음을 알려주는 자료들이다. 따라서 효소왕대 비열홀에 성을 쌓은 것을 두고 이를 신라의 영역으로 편제한 사실과 직결시켜 이해하기는 곤란할 것이다. 개성과 비열홀의 사례는 694년 우잠과 송악에 성을 쌓은 것을 신라가 이때에 비로소 이들 지역을 영역으로 편입한 사실과 직결시켜 이해하는 것이 위험한 발상임을 시사해주는 측면으로 주목된다. 그렇다면 신라가 우잠과 송악 등을 군으로 편제한 시기는 언제였을까?

678년(문무왕 18) 9월에 당 고종이 병사를 일으켜 신라를 토벌하려 하자, 시중 장문관張文瓘이 "지금 토번이 침략하였으므로 군사를 일으켜 서쪽을 토벌해야 합니다. 신라는 비록 당에 순종하지 않고 있지만, 일찍이 (당의) 변방을 침략하지는 않았습니다. 만약 또한 동쪽의 정벌에 나선다면, 신은 공사公私로 그 폐해를 감당하지 못할까 두렵습니다."라고 간언하니, 고종이 이에 그쳤다고 『자치통감』에 전한다.[10]

한편 『삼국사기』 신라본기에 735년(성덕왕 34) "당이 패강 이남 지역을 신라에게 사여하였다(勅賜浿江以南地)"고 전한다. 이후 신라는 패강 지역을 개척하기 시작하여 748년(경덕왕 7)부터 헌덕왕대까지 예성강 이북과 대동강 사이에 14군·현을 설치하였다. 735년 이후에 신라가 비로소 예성강을 넘어 패강 지역을 개척하기 시작한 것으로 보건대, 신라인들이 예성강 이북 지역을 당의 영토로 인식하였거나 아니면 적어도 신라와 당의 완충지대로 인식하였다고 이해할 수 있다. 장문관이 말한 당나라의 변방은 예성강 이북 지역 또는 평양 이북 지역을 가리킨다고 추론할 수 있다. 역설적으로 이를 통해 신라인들은 예성강 이남 지역을 신라의 영역으로 인식하였음을 엿볼 수 있고, 694년에 우잠과 송악에, 713년에 개성(동비홀)에 성을 쌓은 것도 이러한 인식을 전제로 할 때 합리적으로 이해할 수 있다.

당은 676년 2월에 안동도호부를 평양성에서 요동성으로 이동시키고, 웅진도독부도 건안성으로 교치僑置시켰다. 676년 11월에 기벌포에서 당군이 신라군에게 크게 패하였고, 이후 당군이 한반도에서 철수하였다. 694년에 우잠과 송악에 성을 쌓았음을 염두에 둔다면, 신라인들이 7세기 후반에 임진강 북쪽과 예성강 남쪽 지역을 군과 현으로 편제하지 않았다고 보는 것이 도리어 이상하다고 생각된다.[11]

예성강과 임진강 사이에 위치한 한산주 소속 군과 현은 오사함달현, 이진매현, 우잠군, 장항현, 장천성현, 마전천현, 부소갑, 약두치현, 굴어갑, 덕물현, 동비홀, 진임현 등 12군·현에 불과하다.[12] 648년에 당과 신라가 고구려 멸망 이후 평양 이남은 신라가, 그 이북은 당이 영유한다고 합의하였음에도, 신라는 675년 무렵에 예성강과 대동강 사이의 고구려 경역을 군·현으로 편제하지 않았다. 그 이유에 대해서는 뒤에서 언급할 예정이다. 그럼에도 불구하고 신라가 평양 이남의 고구려 영역 가운데 일부만이라도 675년에 군·현으로 편제하였다는 사실은 부인할 수 없기 때문에 7세기 후반에 신라의 북계가 임진강이었다고 이해한 전제 위에서 7세기 중·후반에 한반도에서 전개된 전쟁을 신라에 의한 백제병합(통합)전쟁이라고 규정하는 것은 논리적으로 설득력이 약화되었다고 보지 않을 수 없다.

3 '평양이남 백제토지'를 어떻게 해석할 것인가?

7세기 중·후반 한반도에서 전개된 전쟁을 신라에 의한 삼국통일(통합)전쟁이라고 명명하는 연구자들(이하 삼국통일전쟁론자)과 백제병합전쟁론자들 사이에 해석을 둘러싸고 논란이 분분한 자료가 바로 다음의 기록이다.

> 선왕(태종무열왕)께서 정관貞觀 22년(648)에 (당에) 들어가 조회하여 (당의) 태종문황제를 직접 뵙고 은혜로운 칙명을 받았는데, (거기에서) 이르기를 "내가 지금 고구려를 치려는 것은 다른 이유가 있어서가 아니라 너희 신라가 두 나라(고구려와 백제) 사이에 끼어 매번 침략을 당하여 편할 때가 없음을 불쌍히 여기기 때문이다. 산천과 토지는 내가 탐하는 바가 아니고, 보배(玉帛)와 사람들은 나도 충분히 가지고 있다. ⓒ내가 두 나라를 평정하면 평양이남 백제토지를 모두 너희 신라에게 주어 길이 평안하게 하겠다(我平定兩國 平壤已南百濟土地 並乞你新羅 永爲安逸)"고 하고는 계책을 내려주시고 군사행동의 기일을 정해주셨습니다.
>
> ─『삼국사기』 신라본기 제7 문무왕 11년 답설인귀서.

위의 기록은 당의 장수 설인귀가 보낸 편지에 문무왕이 답서를 보낸 것 가운데 일부이다. 648년에 신라의 김춘추와 당 태종이 고구려와 백제를 평정하기로 합의하였는데 이를 흔히 나당동맹이라고 부른다. 위의 기록은 두 사람이 고구려와 백제를 평정한 이후에 '평양이남平壤已南 백제토지百濟土地'는 신라가 영유하고, 평양 이북의 고구려 영토를 당이 영유한다고 합의한 사실을 전한 것이다.[13]

종래에 삼국통일전쟁론자는 '평양이남 백제토지'를 '고구려 영역 가운데 평양 이남과 백제 영토'로 해석하였고,[14] 백제병합전쟁론자들은 '평양 이남의 백제 영토' 또는 '평양 이남이 곧 백제 영토'라고 해석하였다. '평양이남 백제토지'를 '평양 이남의 백제 영토'라고 해석한 연구자는 당이 평양 이남에서 백제 영토만을 신라에게 할양한다는 의미로 이해하였고, 아울러 당 태종이 이와 같이 언급한 것은 고구려 정복에 신라의 후원을 얻기 위하여 고구려 원정도 신라를 위한 것이라는 명분으로 유인한 책략에서 비롯되었다고 주장하였다.[15] 그리고 '평양 이남이 곧 백제 영토'라고 해석한 연구자는 신라와 당이 연합하여 고구려와 백제를 멸한 이후에 백제 토지는 신라가, 고구려 영토는 당이 차지하기로 합의하였고, 신라는 평양 이남을 백제의 영토로 인식한 백제인들의 인식을 근거로 하여 평양 이남의 고구려 영역을 신라에 귀속시켜야 함을 주장했다고 이해하였다.[16]* 약간의 시각 차이가 드러나긴 하지만 두 연구자 모두 신라가 백제 영토만을 병합하였다는 사실을 인정하고 있다. 그렇다면 밑줄 친 ⓒ기록의 '평양이남 백제토지'에 대한 여러 해석 가운데 어느 것이 올바른 뜻이라고 볼 수 있을까?

'평양이남 백제토지'의 올바른 뜻을 알기 위해서는 648년 당시 김춘추와 당 태종, 그리고 671년 「답설인귀서」를 지은 주체인 문무왕의 평양 및 백제 토지에 대한 인식을 살피는 것이 필요하다. 여기서 평양은 당시 고구려의 수도였던 현재의 평양을 가리킨다는 사실에 대해서 누구도 이의를 제기하지 않고 있다. 김춘추와 당 태종, 문무왕도 역시 마찬가지였을 것이다.

신라는 553년에 한강 유역을 차지한 뒤 그곳에 신주新州를 설치하였다. 637년(선덕여왕 6)에 신라는 신주를 한산주와 우수주로 분할하였는데, 한산주는 경기도와 충북 북부 지역을 망라하는 범위였다.[17] 『삼국사기』 소나 열전에 "사산현蛇山縣의 경계가 백제의 땅과 맞물려 있으므로 거의 매달 서로의 침입과 공격이 벌어졌다"라고 전한다. 이 기록은 7세기 전반 선덕여왕 때 오늘날 충남 천안시 서북구 직산읍에 해당하는 사산현이 백제와의 접경 지역에 위치

* 이 책 20~21쪽.

하였음을 알려주는 자료이다. 한편 649년(진덕여왕 3) 8월에 김유신 등이 이끄는 신라군이 도살성(충북 증평군 도안면)에 주둔하면서 백제군과 싸워 크게 이겼다는 기록이 신라본기에 전한다. 그리고 김유신 열전에 595년 김서현이 만노군(충북 진천군 진천읍) 태수로 재직할 때에 김유신을 낳았다고 전한다. 따라서 7세기 전반 신라와 백제의 경계는 아산만에서 천안시 직산읍, 진천읍, 증평군 도안면을 연결하는 선이었다고 볼 수 있다. 결과적으로 7세기 전반 백제의 영토는 충남 천안시 직산읍 이남의 충남과 전북, 전남 지역을 망라하였다고 정리할 수 있다.

그런데 7세기 전반에 고구려와 백제는 각기 한강 유역을 신라에게 빼앗긴 자신들의 영토라고 인식하였고, 이곳을 회복하기 위해 노력하였음을 살필 수 있다. 642년(선덕여왕 11) 대야성 상실 이후에 김춘추가 고구려에 가서 군사적 지원을 요청하였는데, 이때 보장왕이 김춘추에게 "죽령은 본래 우리 땅이니, 네가 만약 죽령 서북의 땅을 돌려준다면 군사를 보낼 수 있다"고 말하였다고 『삼국사기』 신라본기에 전한다. 김유신 열전에서는 보장왕이 마목현麻木峴과 죽령이 본래 고구려의 영토였음을 주장했다고 하였다. 한편 644년(보장왕 3)에 고구려를 방문한 당나라 상리현장相里玄奬에게 연개소문이 수나라가 고구려를 침략하였을 때 신라가 고구려의 땅 500리를 빼앗고 그 성읍을 모두 차지하였는데 신라가 빼앗은 땅을 스스로 돌려주지 않는다면 신라에 대한 침략을 그치지 않겠다고 말하였다는 기록이 『책부원귀』 등 여러 사서에 보인다.[18] 640년대에 고구려가 신라에게 빼앗긴 한강 유역을 되찾기 위해 노력하였음을 알려주는 자료들이다.

종래에는 근고초왕 때 백제가 평양으로 진출한 이래 평양 또는 대동강을 영토의 북방 경계로 인식하였다고 주장하였다.[19] 『주서』와 『수서』 백제전에 구태仇台가 처음 대방帶方 또는 대방의 옛 땅에 백제를 건국하였다고 전한다.

『주서』는 북주(557~589)의 역사를 기록한 것이기 때문에 구태를 시조로 하는 인식은 사비 도읍기에 성립된 것으로 이해할 수 있다. 이를 통해 6세기 중·후반에 백제인들이 당시 고구려가 차지한 대방의 옛 땅을 본래 백제와 연고가 깊은 곳으로 인식하였음을 엿볼 수 있다.

그러나 『속일본기續日本紀』 권40 간무천황桓武天皇 연력延曆 8년(789) 12월과 연력 9년 7월 기록에는 백제의 원조遠祖 또는 태조太祖가 도모都慕였다고 전한다. 여기서 도모는 추모鄒牟, 즉 주몽朱蒙을 가리킨다. 백제 멸망 후 일본으로 이주한 백제 유민의 시조 인식을 반영한 것인데, 여기에서 백제 말기에 도모의 아들인 온조를 백제의 시조로 인식하였음을 추론할 수 있다. 따라서 온조溫祚를 시조로 인식한 7세기 전·중반에[20] 백제인들이 과연 대방 지역을 수복해야 할 고지故地라고 인식하고 있었는지는 확언하기가 쉽지 않다고 보인다.

한편 『삼국사기』 백제본기에 627년(무왕 28) 7월 무왕이 신라가 빼앗은 땅을 회복하려고(王欲復新羅侵奪地分) 크게 군대를 일으켜 웅진(충남 공주)으로 나아가 주둔하였는데, 신라왕 진평이 이를 알고 사신을 당나라에 보내 위급함을 고하였다는 소식을 들은 무왕이 그만두었다는 내용이 보인다. 여기서 백제가 신라에게 빼앗긴 땅은 구체적으로 한강 유역을 가리킨다고 이해된다.

7세기 전반에 백제인들이 한강 유역을 신라에게 빼앗긴 고토라고 생각하였음은 분명하지만 대방의 옛 땅을 수복해야 할 영토라고 생각하였는지는 단언하기 어렵고, 게다가 고구려가 한강 유역을 신라에게 빼앗긴 영토라고 주장하는 상황에서 648년에 당 태종과 김춘추, 671년에 문무왕이 평양 이남의 고구려 영토를 본래 백제의 영토라고 인식하였다고 보는 것은 지나친 논리적 비약이라고 하지 않을 수 없다.

문무왕의 「답설인귀서」에 "(670년) 7월에 이르러 당나라 조정에 사신으로 갔던 김흠순 등이 땅의 경계를 그린 것을 가지고 돌아왔는데, 지도를 펴서 살펴보니 백제의 옛 땅(百濟舊地)을 모두 (웅진도독부에) 돌려주도록 하는 것이었습니다"라는 기록이 보인다. 670년 무렵에 당나라가 백제의 영토를 660년 멸망할 당시의 그것과 동일하다고 인식하였음을 알려주는 자료이다. 648년 당시 당 태종도 동일한 인식을 가졌을 것이다. 신라인들 역시 마찬가지였을 것이다. 그리고 당시에 임진강 이북이 고구려의 영토였다는 사실은 앞에서 자세하게 살폈다.

임진강 이북은 고구려의 영토였고, 천안시 직산읍과 충북 진천을 잇는 경계선 아래의 충남과 전북·전남 지역은 백제의 영토였다는 사실을 익히 알고 있었던 김춘추와 당 태종이 648년에 고구려와 백제의 영토를 평양을 기준으로 하여 구분한 다음, 고구려와 백제를 평정한 이후 백제 토지는 신라가, 고구려 영토는 당이 차지한다고 합의하였을 가능성은 매우 희박하다고 보인다. 671년에 문무왕 역시 평양 이남의 고구려 영토가 본래 백제의 영토였다고 인식하지 않았을 것으로 짐작된다. 물론 ⓒ기록에 전하는 평양이 오늘날 서울 지역을 가리키는 남평양을 이른다고 본다면, '평양 이남의 백제 토지'라고 표현하는 것이 전혀 어색하지 않다고 이해할 수도 있지만, 640년대에 신라와 당나라 사람들은 ⓒ기록에 전하는 '평양'을 분명하게 고구려의 수도인 평양으로 인식하였기 때문에 이와 같은 가정을 그대로 수긍하기 어렵다.

7세기 전·중반에 신라인과 당나라 사람들이 임진강 이북이 고구려의 영토였다고 인지하고 있었던 현실을 전제한다면, '평양이남 백제토지'를 '평양 이남의 백제 토지'라고 해석하기보다는 평양 이남의 고구려 영토와 백제 토지를 모두 망라한다고 해석하는 것이 자연스럽다고 볼 수밖에 없다. 이런 해석은 ⓒ기록에 보이는 '병並'자의 정확한 해석을 통해서도 뒷받침할 수 있다. 『삼국사기』 신라본기 문무왕 8년 10월 22일 기록에 "대당소감 본득은 사천

전투에서 공이 첫째였고, …… 흑악령 선극은 평양성 대문의 싸움에서 공이 제일 컸으므로 모두(並) 일길찬의 관등을 주고 벼 1천 석을 내려주었다"고 전한다. 또한 문무왕의 「답설인귀서」에 건봉乾封 2년(667)에 당군이 요동을 정벌한다는 말을 듣고서 문무왕이 정탐을 세 번이나 보내고 배를 계속 띄워 대군의 동정을 살펴보게 하였는데, 정탐이 돌아와 모두(並) 말하기를 "대군이 아직 평양에 도착하지 않았다"고 하였으므로 우선 고구려 칠중성을 쳐서 길을 뚫고 대군이 도착하기를 기다렸다는 기록이 보인다. 두 기록에서 '병並'은 둘 이상의 어떤 대상을 총칭하여 일컫는 표현으로 사용되었다.

ⓒ기록에서 "平壤已南百濟土地"를 '평양 이남의 백제 토지'라고 해석한다면, "並乞你新羅"가 아니라 단지 '乞你新羅'라고 표기해도 무방하다. 그런데 군이 '병並' 자를 집어넣은 이유는 문무왕을 비롯한 신라인들이 "平壤已南百濟土地"에서 '평양이남'과 '백제토지'를 별개로 이해했기 때문이라고 볼 수 있다. 즉, 당 태종이 고구려와 백제를 평정한 이후 평양 이남의 고구려 영토와 백제 토지를 모두 신라에게 준다고 말하였다는 사실을 신라인들이 한층 명확하게 하기 위해 "並乞你新羅"라고 표현한 것이다. 이처럼 문맥상으로 보건대, 또는 7세기 중·후반에 신라와 당나라 사람들이 임진강 이북과 평양 이남을 고구려의 영토로 인지하고 있었던 정황 등을 두루 감안하건대, 648년에 김춘추와 당 태종은 고구려와 백제를 평정한 후 평양 이북의 고구려 영토는 당이, 평양 이남의 고구려 영토와 백제 토지는 신라가 차지한다고 합의하였다고 이해하는 것이 합리적이다. 따라서 7세기 중·후반에 신라는 백제뿐만 아니라 고구려의 영토 일부까지 병합하기 위해 전쟁을 수행하였다고 정리해도 전혀 문제가 되지 않을 것이다.

4 신라는 과연 고구려를 통합의 대상으로 인식하였을까?

고구려는 6세기 중반에 북제의 군사·외교적 압력과 돌궐의 위협으로 서북 정세가 불안해지고 게다가 국내에서는 내분으로 국력이 약화되자, 이러한 위기 상황을 타개하기 위하여 신라와 동맹을 맺었다.[21] 그런데 『삼국사기』 온달 열전에 양강왕(영양왕의 잘못)이 즉위하자 온달이 신라에게 빼앗긴 한강 이북의 땅을 되찾기 위해 출정하여 신라 군사들과 아단성阿旦城 아래에서 싸우다가 죽었다고 전한다. 영양왕이 즉위한 590년 무렵에 고구려가 신라와의 동맹을 깨트리고 과거에 신라에게 빼앗긴 한강 유역을 회복하기 위하여 신라를 공격하였음을 알려주는 자료이다.

7세기에 들어 신라에 대한 고구려의 공격이 잦아지자 608년(진평왕 30) 진평왕은 원광법사에게 수나라에 군사를 요청하는 걸사표를 짓게 하였고, 611년(진평왕 33) 수나라에 사신을 보내서 걸사표를 올려 군사를 청하자 수 양제가 그것을 허락하였다고 한다.[22] 수 양제는 이후 몇 년에 걸쳐 고구려를 침략하였으나 끝내 굴복시키지 못하였다. 신라로서는 7세기에 들어 백제와 치열하게 항쟁하고 있던 상황에서 고구려가 신라를 공격하면 상당한 어려움에 처할 수 있기 때문에 수나라의 도움을 받아 고구려의 공격력을 약화시키고자 했던 것으로 이해된다.

642년에 백제가 대야성(경남 합천)을 공격하여 빼앗았다. 김춘추는 백제에 대한 원한을 갚기 위해 고구려에 들어가 군사적 지원을 요청하였다. 고구려는 신라가 빼앗은 한강 유역을 돌려주면 지원하겠다고 했지만 신라가 이를 거절하였다. 642년에 김춘추가 백제를 공격하기 위해 고구려에게 구원을 요청한 것을 통해 당시까지 김춘추를 비롯한 신라인들은 백제의 정복에 관심을 집중시켰고, 고구려를 통합 또는 평정의 대상으로 적극 고려하지 않았음을 엿볼 수 있다.

643년에 신라 선덕여왕은 당나라에 사신을 보내 고구려와 백제가 연합하여 자신들을 공격하므로 군사를 내어 도와달라고 요청하였다. 당 태종은 다음 해에 상리현장을 고구려에 보내 신라를 침략하지 말라고 압박하였으나, 연개소문은 신라가 빼앗은 한강 유역을 돌려주지 않는다면 신라에 대한 침략을 멈추지 않겠다고 하면서 당나라의 요청을 받아들이지 않았다.[23] 신라는 연개소문이 신라를 계속 침략하겠다고 공언한 사실과 당나라의 고구려 원정 계획을 파악한 뒤 단지 당나라의 도움을 받아 고구려의 공격력을 약화시키는 데 머물지 않고 당나라와 연합하여 백제뿐 아니라 고구려도 함께 평정하는 방향으로 정책을 선회한 것으로 보이며, 이에 입각하여 645년 당 태종이 고구려를 침략하자 당을 성원하기 위해 군사 3만을 보내 고구려를 공격한 것으로 이해된다.[24]

김춘추는 648년에 신라와 당이 힘을 합쳐 고구려와 백제를 평정하기로 당 태종과 합의하였다. 김춘추와 당 태종이 두 나라를 평정한 이후 당이 평양 이북의 고구려 영토를, 신라가 평양 이남의 고구려 영토와 백제 토지를 차지하기로 약속하였으므로, 이때부터 신라는 단지 백제의 병합에 그치지 않고 고구려의 일부 영역까지 병합하기 위한 목적으로 당과 함께 백제와 고구려의 평정에 임하였다고 볼 수 있다. 김춘추는 654년 왕위에 오른 후 백제의 정복에 집중하고 마침내 660년에 당과 연합하여 백제를 멸망시켰다. 661년에 태종무열왕이 서거하고 그 뒤를 이어 즉위한 문무왕은 선왕의 유지를 받들어 고구려 평정에 국력을 기울였다. 666년(문무왕 6) 4월 문무왕은 이미 백제를 평정하였으므로 고구려를 멸망시키고자 당나라에 군사를 요청하였고, 드디어 668년에 당과 함께 고구려를 평정하였다.

문무왕이 669년 2월 21일에 여러 신하를 모아놓고 교시를 내렸는데, 여기에서 "(선왕께서는) 백제는 비록 평정하였으나 고구려는 멸망시키지 못하였다. 과인이 평정하려고 한 유업을 이어받아 마침내 선왕의 뜻을 이루게 되었다"고 언급하였다. 문무왕이 선왕의 유업을 이어받아 고구려를 평정하는 데 온 힘을 기울였음을 알려준다. 그러나 고구려 멸망 이후 당은 648년에 태종이 약속했던 백제 토지와 평양 이남의 고구려 영토를 신라에게 양도하지 않고 웅진도독부와 안동도호부를 두어 직접 통치하는 한편, 신라마저 당의 기미주로 삼으려고 의도하였다. 이에 신라인들은 신라의 주권을 수호하는 한편, 백제 토지와 고구려 남쪽 경역을 신라의 영역으로 편제하기 위해 당과의 전쟁을 시작하였다.

670년(문무왕 10) 7월, 전해에 당나라에 사신으로 파견되었던 김흠순 등이 웅진도독부와 신라의 경계를 그린 지도를 가지고 귀국하였다. 지도에는 옛 백제 토지가 모두 웅진도독부의 영역으로 표시되어 있었다. 당이 백제 토지를 신라에게 양도하지 않고 웅진도독부를 통해 계속 통치하겠다는 의지를 피력하였다고 볼 수 있다. 이에 대응하여 신라는 백제와 신라를 한 나라로 통합하길 원한다는 뜻을 당에 밝히려고 하였으나, 사신이 당으로 가다가 표류하여 중도에 돌아왔기 때문에 실패하였다고 문무왕의 「답설인귀서」에 전한다. 비록 당나라에 신라의 뜻을 전하지 못하였지만, 이를 통해 신라가 백제를 통합하려고 의도하였음을 엿볼 수 있다.

670년 7월에 당나라가 신라에게 백제 영토를 양도하지 않겠다고 분명히 밝히자, 신라는 옛 백제 지역에서 당군을 축출하는 전쟁에 돌입하여 웅진도독부 관할의 82성을 빼앗았다. 이해 12월에 한성주 총관 수세가 신라를 배반하고 웅진도독부에 붙으려다가 발각되어 처형되었고, 신라는 671년에 웅진 남쪽, 가림성, 석성(부여군 석성면) 등에서 당군을 물리치고 옛 백제 지역을 다스리기 위하여 소부리주를 설치하였다. 672년에 당군이 고생성과 가림성에서 신라군에게 저항하였으나 대세를 뒤집을 수 없었다.

신라는 672년에 9서당九誓幢의 하나인 백금서당을 백제민으로 구성해 창설하였는데, 백제 유민을 포섭하기 위한 노력의 일환으로 이해된다. 또한 신라는 673년에 백제의 지배층에게 그들이 사여받은 백제 관등에 견주어 신라의 경위와 외위를 수여하였다. 673년에 제작된 계유명癸酉銘 아미타삼존사면석상阿彌陀三尊四面石像과 계유명癸酉銘 삼존천불비상三尊千佛碑像에 새겨진 명문에서 연기 지역의 옛 백제 지배층이 신라의 관등을 보유하고 있었음을 확인할 수 있다. 게다가 명문 중에는 그들이 신라의 국왕과 대신 및 7세부모七世父母와 모든 영혼을 위하여 삼가 절을 지었다는 내용이 있는데, 673년 무렵에 백제 유민을 포섭하려는 신라의 노력이 상당한 결실을 거두었음을 시사해주고 있어 주목된다. 이를 보건대 대체로 673년 무렵 신라에 의한 백제통합(병합) 작업이 상당히 진척되었다고 정리할 수 있다.

670년 3월에 사찬 설오유가 고구려 태대형 고연무와 함께 각기 정예군 1만 명을 거느리고 압록강을 건너 당군을 공격하였다. 고구려 멸망 이후에 당이 백제 영토와 고구려 남쪽 경역을 신라에게 양도하지 않자, 이에 반발하여 신라가 고구려 유민과 함께 당군을 공격한 사실을 반영한 것으로 이해된다.[25] 이해 4월 이전에 수림성 사람 검모잠이 고구려 유민을 모아 당나라 관리와 승려 법안 등을 죽이고, 6월에 보장왕의 외손인 안승을 고구려왕으로 삼아 한성(옛 황해도 재령)을 중심으로 고구려 부흥운동을 전개하였다. 안승은 670년 후반에 검모잠을 죽이고 신라에 투항하였는데, 이후 고구려 유민과 신라군이 힘을 합쳐 당군과 전쟁을 치렀고, 고구려 유민이 신라군에 편입된 것은 673년 윤5월경이었다. 『신당서』와 『자치통감』에 673년 윤5월 이근행이 호로하의 서쪽에서 고구려 유민을 크게 물리치자 고구려의 남은 무리들이 모두 신라로 달아났다고 전하는 것에서[26] 이러한 사실을 확인할 수 있다.

신라군은 이후 당군과의 전투에서 여러 차례 승리하였고 675년 매소성에 주둔해 있던 당군을 공격하여 크게 물리쳤다. 중국 사서는 매소성에서 당군이 크게 승리한 것으로 전하는 반면, 『삼국사기』 신라본기에는 이근행이 20만 명을 이끌고 매소성에 주둔하자 신라군이 당군을 공격하여 말 30,380필을 얻었으며, 그 밖에 획득한 병기도 이만큼 되었다고 기술되어 있다. 『삼국사기』의 기록이 중국 사서보다 정확한 사실을 반영한 것으로 이해된다. 이후 당군과 신라군이 여러 전투에서 맞서 싸워 대부분 신라군이 승리하였다고 『삼국사기』에 전한다.[27] 당은 이후 전세를 만회하기 위해 676년 11월에 바다를 통해 기벌포를 공격하였다가 신라군에게 크게 패하였다. 이를 계기로 당군은 한반도에서 완전히 철수하였다.

문무왕이 당군과 연합하여 고구려를 평정하는 데 적극 나섰던 것은 일차적으로는 전쟁을 종식시켜 국가와 백성의 안녕을 희구하기 위해서였다고 볼 수 있지만, 다른 한편으로는 백제 토지와 더불어 고구려의 남쪽 경역을 영역으로 확보할 수 있다는 점도 무시할 수 없었을 것이다. 그런데 나당연합군이 고구려를 평정한 이후 당나라가 백제 토지와 고구려의 남쪽 경역을 신라에게 양도하지 않자, 문무왕은 백제 토지와 고구려 남쪽 경역을 차지하기 위해 당과의 전쟁을 전개하였고, 마침내 당군을 한반도에서 축출하고 백제 토지 및 임진강 이북과 예성강 이남의 고구려 경역을 신라의 영역으로 편제하는 데 성공하였다.

683년(신문왕 3)에는 9서당 중 하나인 황금서당이 고구려민으로 구성되어 창설되었다. 그리고 686년(신문왕 6)에 보덕성민으로 벽금서당과 적금서당이 편성되었다. 한편 686년에 고구려인에게 그들이 고구려에서 수여받은 관등에 견주어 신라의 관등(경위)을 내려주었다. 신라는 683년 10월에 안승을 불러 소판으로 삼고, 김씨 성을 주어 왕경에 머물게 하면서 훌륭한 집과 좋은 토지를 주었는데, 이는 보덕국을 해체하고 안승을 신라의 진골로 편제하였음을 반영한 것이다. 다음 해에 안승의 조카뻘인 장군 대문大文이 반역을 꾀하였다가 참수되었고, 남은 무리들이 금마저(전북 익산시 금마읍)를 근거지로 하여 반란을 일으켰다가 진압되었다. 이후 신라는 686년에 보덕국의 고구려 유민에게 신라의 관등을 수여하는 한편, 그들을 중심으로 벽금서당과 적금서당을 창설하였다고 볼 수 있다.

675년 매소성 전투 이후 임진강 이북과 예성강 이남의 고구려 경역을 신라의 군·현으로 편제하였으므로 이들을 신라민과 융합하기 위한 정책을 추진했을 것으로 짐작된다. 이와 관련하여 683년에 고구려민으로 황금서당을 창설한 사실 및 『삼국사기』 김영윤 열전에 신문대왕 때 고구려의 잔적殘賊인 실복悉伏이 보덕성에서 반란을 일으키자 영윤이 황금서당 보기감步騎監으로 임명되어 반란군을 진압하는 데 참여했다가 전사하였다고 전하는 사실이 주목된다. 684년(신문왕 4) 11월에 안승의 조카뻘인 대문이 반역을 꾀하였다가 참수되자 실복이 보덕국의 남은 무리를 이끌고 반란을 일으켰던 것인데, 반란의 진압에 황금서당이 동원된 것으로 미루어 황금서당의 군사로 편제된 고구려민은 보덕성의 고구려 유민이 아니라 새로 신라의 영역으로 편제된 지역에 거주하던 고구려 유민이었다고 이해하는 것이 합리적이다. 『삼국사기』 직관지에 686년 보덕성인에게 신라의 관등을 수여했다고 전하지 않고 고구려인에게 신라의 관등을 주었다고 전하므로, 이때에도 보덕성의 고구려 유민뿐만 아니라 새로 신라의 영토로 편입된 지역의 고구려 유민 지배층에게도 신라 관등을 수여하였을 것으로 짐작된다. 만약에 이와 같은 필자의 추론이 허락된다면, 비록 매우 제한적이기는 하지만 신라가 고구려 남쪽 경역을 신라의 영토로 편입하고 그곳에 거주하던 고구려 유민을 통합하기 위한 정책을 적극적으로 펼쳤다고 정리해도 무방하지 않을까 한다.

5 '삼국통일(통합)전쟁'이라고 부를 수 있을까?

648년, 김춘추와 당 태종은 고구려와 백제를 평정한 뒤에 평양 이북의 고구려 영토는 당이, 평양 이남의 고구려 영토와 백제 토지는 신라가 영유하기로 합의하였다. 따라서 7세기 중·후반에 한반도에서 전개된 전쟁은 본질적으로 신라와 당이 영토와 인민을 확대하기 위해 벌인 정복전쟁이라고 정의할 수 있다.

한편 신라는 685년에 9주를 완비하였다. 상고시대에 중국은 전국을 9주로 나누었고, 이러한 이유 때문에 9주는 중국 전역을 총칭하는 용어 또는 천하나 세계를 가리키는 개념으로 사용되기도 한다. 따라서 신라가 9주를 완비한 것은 신라인들이 인식한 천하 또는 세계를 모두 아울렀음을 천명한 것으로 이해할 수 있다.[28] 신라인들은 9주 가운데 한산주와 우수주, 하서주를 옛 고구려 지역에 설치한 것이라고 주장하였다. 그런데 이들 3주의 영역 가운데 675년 무렵 신라가 새로 확보한 것은 임진강 이북에서 예성강 이남의 한산주 소속 12군·현에 불과하였다. 그럼에도 신라인들은 백제, 고구려를 신라가 아울렀음을 강조하였다. 신라인들은 이것을 '일통삼한一統三韓'이라 표현하였고, 자신들이 그러한 과업을 이룬 것을 자부하였다. 7세기 중·후반에 한반도에서 전개된 전쟁은 본질적으로 당과 신라의 영토와 인민을 확대하기 위한 정복전쟁이었다고 볼 수 있지만, 신라인들은 거기에 머물지 않고 삼국민을 하나로 융합 또는 통합하기 위한 전쟁으로서 그 위상을 제고시켜 이해하려고 했던 것이다.

여기서 문제는 오늘날 우리도 이와 같은 신라인의 인식을 그대로 수용하는 것이 과연 올바른 태도로 볼 수 있는가의 여부이다. 신라는 백제 고지에 주州 3개, 소경小京 2개, 군 37개, 현 104개를 두었다. 반면에 고구려 남쪽 경역에는 겨우 12군·현만을 설치했을 뿐이다. 7세기 중·후반 전쟁의 결과, 신라가 새로 개척한 영토 가운데 백제 영토가 차지하는 비율이 92.4%, 고구려 남쪽 경역이 차지하는 비율은 7.6%에 불과했는데, 새로 편입된 고구려 주민의 비율역시 10%를 넘지 않았을 것으로 짐작된다. 게다가 신라는 고구려의 수도인평양을 군·현으로 편제하지도 않았다. 따라서 675년 무렵 신라가 새로 개척한 영토 가운데 신라에 편입된 고구려 영토와 주민이 차지하는 비율이 10%에도 미치지 못한 현실 및 상징성이 큰 고구려의 수도조차 신라의 군·현으로 편제하지 못한 측면을 두루 감안하건대, 신라인들이 백제와 더불어 고구려까지망라하여 삼국을 통일(통합)하였다고 인식하는 것에 대해 상식적으로 쉽게 납득하기 어려운 것이 사실이다. 그런 차원에서 7세기 중·후반 한반도를 주요무대로 전개된 전쟁을 신라에 의한 백제병합전쟁이라고 불러야 한다는 일부연구자의 주장에도 공감되는 점이 적지 않다고 하겠다.

그러나 부정할 수 없는 역사적 사실은 648년에 신라와 당나라가 백제와 고구려 정복 이후 평양을 기준으로 그 이남은 신라가, 그 이북은 당나라가 영유한다고 합의했고, 이를 기초로 신라가 당나라와 연합하여 백제와 고구려를정복하는 데 적극 참여했으며, 궁극적으로 이 같은 합의를 지키지 않은 당나라와 전쟁을 벌여 백제 토지와 함께 평양 이남의 고구려 경역 가운데 일부라도 군·현으로 편제했다는 점이다. 따라서 신라가 애초부터 백제의 병합만 염두에 두고 당나라와 연합하여 전쟁을 전개한 것이라는 주장은 재고의 여지가없지 않다.

신라는 7세기 후반에 실질적으로 당의 지배력이 미치지 않았음에도 예성강 이북 지역으로 진출하지 않았다. 일차적으로는 더 이상 당과 충돌하지 않기 위해서였고, 이차적으로는 백제 고지에 대한 통치 체제를 안정화시키는것이 시급하였기 때문으로 이해된다. 신라는 8세기 전반에 신라와 당의 관계가 나당전쟁 이전의 수준으로 개선되고 백제 고지에 대해서도 안정적인 통치가 가능해지자 패강 지역으로 적극 진출을 모색하였으며, 마침내 748년에서 헌덕왕대에 걸쳐 평양 이남의 고구려 영토를 신라의 영역으로 편제하기에 이르렀다. 물론 발해와의 충돌을 피하기 위해서였을 가능성도 충분히 고려할 수 있지만, 신라는 헌덕왕대 이후에 원칙적으로 648년 당나라와의 합의를 지키기 위해 평양 이북 지역으로 더 이상 진출하지 않은 것으로 판단된다. 고구려를 계승한 태봉과 고려가 평양 이북 지역으로 적극 진출하였는데, 결국 고려 초기에 고구려의 수도인 평양을 고려의 영토로 확실하게 편입함으로써, 또 발해 유민과 영역 일부가 고려의 주민과 영역으로 편제됨으로써, 7세기 후반 신라에 의한 삼국통일의 한계를 일정 정도 보완하였다고 평가할 수 있을 것이다.

한편 일부 학자는 한국사 또는 민족사를 넘어 세계사적인 시야로 이 전쟁을 조망할 필요가 있다는 차원에서, 그리고 이 전쟁이 당과 일본, 그리고 거란과 말갈 등이 참여한 국제전의 성격을 지녔다는 사실을 희석시킬 수 있다는 차원에서 삼국통일(통합)전쟁이라고 명명하는 것에 대해 부정적인 견해를 표명하였다. 그러면서 이 전쟁을 '7세기 중·후반 동북아시아 전쟁'이라고 명명할 것을 제안하였다.[29] 관점과 역사관에 따라 이 같은 네이밍에 동조하는 연구자가 적지 않을 것으로 짐작된다. 그러나 이와 같이 명명하면 전쟁을 주도한 주체가 분명하게 드러나지 않을 뿐만 아니라 네이밍을 통해 7세기 중·후반 한반도에서 전개된 전쟁의 동인動因과 영향 등에 대해 연상하기 어렵다는 한계가 있다.

필자는 신라인의 입장을 수용하자고 주장하는 것은 아니지만, 전쟁을 주도한 주체와 전쟁을 일으킨 목적 등을 분명하게 인지할 수 있고 전쟁의 동인과 영향 등도 쉽게 연상할 수 있다는 점에서, 648년부터 676년까지 한반도를 주요 무대로 하여 전개된 전쟁을 '7세기 중·후반 동북아시아 전쟁'이라고 명명하기보다는 '신라에 의한 삼국통일(통합)전쟁'이라고 명명하는 것이 그래도 조금 더 합리적이라고 판단한다. 비록 신라가 7세기 후반에 새로 개척한 영토와 주민 가운데 백제 영토와 주민이 압도적인 비율을 차지하고 고구려의 경역과 주민은 겨우 10%에도 미치지 못하였음에도 고구려 멸망 이후 신라인들이 고구려·백제 유민과 함께 당에 맞서 항쟁하였고, 8세기 중반에서 고려 초기에 걸쳐 평양 이남의 고구려 영토뿐만 아니라 그 이북 지역까지도 신라 또는 고려의 영토로 확보하여 7세기 후반 신라에 의한 삼국통일의 한계를 계속 극복하기 위해 노력하였던 사실로 미루어, 또한 오늘날 한국 민족과 문화의 원형이 통일신라시대에 형성되었다는 측면 등을 고려한다면 신라에 의한 삼국통일(통합)전쟁이라고 부르는 것이 조금 더 합리적이라고 판단하는 추가적인 이유이다.

그런데 신라에 의한 삼국통일(통합)전쟁이라고 부를 때 백제와 고구려 평정을 주도한 당의 존재와 백제를 구원하기 위해 참전한 일본의 존재를 네이밍을 통해서는 연상할 수 없다는 한계가 노출된다. 또한 고구려 유민 가운데 절대 다수가 향후 우리 민족의 구성원에서 이탈되는 계기를 제공하였고, 그 가운데 일부가 중심이 되어 698년에 발해를 건국하고 그 지배층이 고구려를 계승했음을 강조하면서 두 나라 사이에 미묘한 경쟁 관계가 형성된 측면 등을 논리적으로 매끄럽게 설명하기 어렵다는 점이 있음을 인정하지 않을 수 없다. 이와 같은 한계가 있기 때문에 필자는 삼국통일(통합)전쟁이 유일무이한 네이밍이라고 강변하고 싶지 않다. 각자의 역사관이나, 어느 국가 또는 어느 민족 구성원이냐에 따라 네이밍은 얼마든지 달라질 수 있고, 달라져야 한다는 것이 필자의 생각이다. 앞으로 모든 이들이 동의할 수 있는 대안이 제시될 때까지 7세기 중·후반 한반도에서 전개된 전쟁에 대한 연구가 꾸준하게 이루어지고, 나아가 전쟁의 성격을 둘러싼 논쟁이 더욱 활성화되기를 고대해 마지않는다.

전덕재
단국대학교 사학과 교수. 한국 고대사를 전공했으며, 최근의 관심 주제는 『삼국사기』 원전과 그것의 편찬 과정이다. 대표 논저로 『신라육부체제연구』, 『한국고대사회경제사』, 『신라 왕경의 역사』, 『삼국사기 본기의 원전과 편찬』 등이 있다.

'일통삼한 의식'과 표상으로서의 '삼한'

__기경량

1 '일통삼한 의식' 형성 시기를 둘러싼 논쟁

한국 고대사학계에서는 7세기 중·후반 고구려·백제·신라의 삼국을 비롯하여 당唐과 왜倭까지 개입해 전개된 국제전의 성격에 대해 치열한 논쟁이 진행되고 있다.[1] 한국사에서 널리 통용되고 있는 용어이자 개념인 '삼국통일'이 과연 논리적으로 성립 가능한 것인가 하는 문제가 논의되는 가운데 특히 '일통삼한 의식'의 형성 시기가 핵심 쟁점으로 대두되었다.[2]

'일통삼한 의식'의 형성 시기 및 성격에 대해서는 크게 세 가지 견해가 존재한다. 첫째, 7세기에 있었던 '삼국통일전쟁' 이전부터 삼국 간에는 혈통·언어·관습 등의 유사성으로 인한 동족의식이 있었고, '일통삼한 의식'은 그것의 표명이라는 견해이다.[3] 이 경우 '일통삼한 의식'은 전쟁 이전부터 존재하였고 '삼국통일전쟁'의 원인이자 동력으로 작동했다는 의미 부여도 가능하다.[4]

다만 시기를 좀 더 구체화하여 '삼국통일전쟁'을 계기로 그 이후에야 해당 의식이 형성되었다는 견해도 제시되었다. 이 경우 '일통삼한 의식'의 형성은 전쟁의 원인이나 동기가 아니라 오히려 결과물로서 의미를 가지게 된다.[5]

둘째, 전쟁 이후 '일통삼한 의식'이 등장한 것은 맞지만 애초 이 전쟁의 성격은 삼국의 통일이라는 개념과는 무관했고, 따라서 '일통삼한'이란 7세기 말 신라의 지배층이 만들어낸 허위의식에 불과하다는 견해이다. 이 견해는 고구려 멸망 후 세워진 발해의 한국사 내 위상과 계통을 중시하는 남북국시대론을 기반으로 제시되었다. 신라의 삼국통일이라는 기존의 통설적 개념을 거부하는 한편, 해당 전쟁에서 신라의 목표 역시 오로지 백제를 통합하는 데 있었다는 점을 강조한다. 이에 전쟁의 명칭 또한 '삼국통일전쟁'이 아니라 신라의 '백제통합전쟁'이라는 표현을 사용하고 있다.[6]

셋째, 신라의 전쟁 목적이 백제 통합에 있었다는 데에 바로 위의 견해에 동의하는 한편, '일통삼한 의식'은 7세기보다 훨씬 늦은 9세기 중반에 이르러서야 비로소 형성된 것으로 보는 견해이다. 이 견해의 특징은 7세기 무렵 신라인들은 역사적 연원에 따라 대동강 이남의 영역을 모두 '백제 영토'로 인식하고 있었다고 설명한다. 전쟁 이후 신라가 확보한 영역이 모두 백제 영토였으므로 자연히 신라는 고구려를 제외한 채 백제만을 통합한 것으로 인식하였다는 논리를 펴고 있다.[7]

상기한 견해 중 '삼국통일전쟁' 이전부터 '일통삼한 의식'이 존재하였다고 보는 것은 최근의 연구 흐름에서 다소 벗어나 있는 편이다. 실제로 그것을 입증할 만한 사료적 근거를 확인하기 어렵기 때문이다. 따라서 논쟁의 전체적인 구도는 다음과 같은 형태를 띠고 있다. 우선 고구려·백제·신라 삼국이 장기간 쌓아온 동질성이 '삼국통일전쟁'을 계기로 자각·발현되었고, 비로소 '일통삼한 의식'이 형성되었다는 견해가 통설적 지위를 점하고 있다. 이에 남북국시대론을 기반으로 하는 '백제통합전쟁론'이 통설에 도전하는 가운데, 다른 한쪽에서는 이보다 더욱 회의적인 관점의 '일통삼한 의식 9세기 형성론'이 등장하여 앞의 두 견해를 모두 공격하는 상황이라 이해할 수 있다.

2 '삼한三韓'은 과연 '삼국三國'인가?

삼한은 3세기 무렵 한반도 중·남부에서 그 존재가 확인되는 초기 정치체이다. 3세기 후반에 저술된 『삼국지』 동이전의 한韓 항목에 따르면 마한·진한·변한(변진)의 세 종으로 나뉘며, 마한은 54개국, 진한과 변한은 각각 12개의 소국으로 이루어졌다고 한다. 마한에 속한 소국이었던 백제국(백제)과 진한에 속한 소국이었던 사로국(신라)이 주변 정치체들을 차례로 복속시키며 영역

국가로 성장함에 따라 삼한 역시 역사 속에서 사라지게 되었음은 주지의 사실이다.

그런데 7세기 초 무렵 중국 수·당대隋唐代의 문헌을 보면 이미 현실 세계에서는 사라진 '삼한'이 다시 등장하고 있다.[8] 노태돈은 이에 대해 삼한의 원래 역사적 실체와는 관계없이 요하 이동 지역 또는 삼국을 지칭하는 용법으로 등장한 것이라 설명한다.[9] 특히 수와 당이 고구려를 정벌하는 내용을 담은 글에서 그 용례가 다수 확인되는데, 여기서 '삼한'이 지칭하는 대상이 고구려라는 것은 문맥상 분명하다.[10] 당대唐代의 묘지명을 분석해본 결과 전체 39회의 '삼한' 용례 중 고구려를 지칭한 경우가 33회에 이른다는 분석도 제시된바 있다.[11] 문제는 고구려가 원래 삼한과는 무관한 국가라는 점이다. 고구려는 종족적으로 한반도 중·북부와 만주 지역에 걸쳐 존재하였던 예맥족의 일원이었으며, 이 사실은 『삼국지』와 『후한서』 동이전에도 비교적 명료하게 드러나 있다.

그럼에도 불구하고 7세기 중국 문헌에는 고구려를 삼한이라고 지칭하는 현상이 반복적으로 나타난다. 이에 대해 노태돈은 낙랑·현도·진번·임둔·대방 등을 가리키는 '오군五郡' 용어가 대구적 표현으로 함께 활용되고 있음을 들어, '삼한'이 당시 고구려·백제·신라를 종족 및 지역적으로 총괄해 지칭하는 표현이었다고 파악하였다. 그는 이 시기 중국 문헌에 보이는 삼한은 곧 삼국을 가리키는 것이라 이해하는 한편, 삼국인을 '한韓'이라는 공통분모로 묶어 이해했다는 점에서 수·당인들이 고구려·백제·신라를 동류의 종족으로 파악하고 있었음을 강조하였다.[12]

상기한 삼한의 용법을 보았을 때 7세기 수·당에서 고구려·백제·신라를 하나의 집단으로 묶어 인식하였다는 노태돈의 분석은 인정할 수 있다. 다만 실제로 삼한에 역사적 연원을 가지고 있는 백제·신라와 달리 이질성을 가진 고구려가 굳이 한데 묶이게 된 경위, 심지어 고구려를 '삼한'의 대표 격으로 지칭하게 된 이유에 대해서는 여전히 의문이 남는다. 이와 관련해 고구려를 '기자箕子가 봉해진 땅'으로 보는 관점에서 기자의 마지막 후예인 준왕準王이 위만을 피해 옮겨간 곳을 한韓으로 보는 인식 아래 고구려를 삼한에 포함시켰다는 견해가 제시되어 주목된다.[13] 이는 매우 중요한 점을 시사한다고 여겨지므로 관련 자료들을 좀 더 상세히 분석해보고자 한다.

'삼한' 용어에 대해 수·당인들이 형성한 개념의 근간이 된 자료는 역시 『삼국지』와 『후한서』 동이전으로 보아야 할 것이다. 그런데 『삼국지』와 『후한서』 동이전의 한韓 항목에서 마한 관련 내용을 보면, 위만이 정변을 일으키자 왕위를 빼앗긴 고조선의 준왕이 한지韓地로 도주하여 스스로 한왕韓王이 되었다는 내용이 실려 있다. 또한 『위략』을 인용하면서 준왕의 후손이 끊어진 이후에도 한인韓人 중에 그의 제사를 받드는 사람이 있었다는 내용도 전한다. 게다가 『삼국지』 동이전에는 진한에 대해 다음과 같은 전승도 실려 있다.

> A. 진한은 마한의 동쪽에 있다. 그 노인들이 대대로 전하여서 스스로 말하기를 "(우리는) 옛날 망명인이다. 진秦의 역역役을 피하여 한국韓國에 왔는데, 마한이 그 동쪽 경계의 땅을 나누어 주었다." …… 낙랑 사람을 아잔阿殘이라 하는데 동방인은 '나我'를 '아阿'라고 하니, 낙랑 사람이 본래 그들 중에 남겨진 사람들이라고 이르는 것이다.　　　―『삼국지』 동이전, 한.[14]

이는 진한과 낙랑 간에 긴밀한 연관이 있다는 서술이다. 당 태종~고종 연간에 저술된 『북사北史』에는 "신라는 그 선조가 본래 진한의 종류이다. 땅은 고(구)려의 동남쪽에 있다. 한나라 때는 낙랑의 땅에 살았다"라는 서술도 실려 있다.[15] 이상의 내용에 따르면 당시 중국인들에게 고조선 및 낙랑과 삼한은 하나의 역사적 공간 단위로 묶이는 대상이었음을 알 수 있다. 『삼국사기』 신라본기에서 나라가 세워지기 전에 "조선朝鮮의 유민들이 산골짜기 사이에 나뉘어 살며 여섯 개의 마을을 이루었다"고 서술한 것도 같은 맥락 안에 있다고 할 수 있다.[16] 수·당대 중국인들에게 삼한은 고조선, 그리고 이를 멸망시키고 설치한 낙랑군과 별개의 존재가 아니었다. 오히려 매우 긴밀하게 관련된 존재로 인식되었다. 이는 『수서隋書』 지리지 서문에 보이는 다음 표현을 통해서도 확인할 수 있다.

> B. 효무孝武(한 무제)에 이르러 멀리 경략하는 데 힘써 남쪽으로는 백월百越을 겸병하고, 동쪽으로는 삼한三韓을 평정하였다.
>
> ―『수서』 지리지, 서문.[17]

『수서』는 당 태종대에 편찬된 사서이다. 그런데 이처럼 과거 한 무제 때의 고조선 정벌에 대해 서술하면서 '삼한을 평정하였다'라는 표현을 사용하였다. 이는 수·당대 사용된 '삼한' 용어가 상정한 역사적 공간 개념에 고조선이 포함되어 있음을 의미한다. 7세기 초 무렵 수·당은 통일제국의 국력을 바탕으로 주변국들에 새로운 국제질서를 관철하려 하였다. 그 과정에서 고구려에 대한 대규모 군사 원정이 기획되었다. 이때 수·당이 내세운 명분은 '실지失地의 회복'이었다.[18] 고구려의 왕도인 평양 지역이 과거 한漢이 설치했던 낙랑군의 소재지이므로 이를 되찾겠다는 것이다. 그에 따라 당 태종의 입에서 "고(구)려는 본래 사군四郡의 땅이다" 같은 발언도 나올 수 있었다.[19]

앞서 노태돈은 수·당의 '삼한' 용례를 분석하며 '오군'이라는 용어의 대구로서 사용된 것이라고 언급한 바 있다. 오군은 한 무제가 고조선 정벌 후 설치했던 4개 군에 뒷날 요동의 군벌 공손씨가 설치한 대방군을 더한 표현으로서,

사군이건 오군이건 결국 그 가리키는 대상은 같다. 삼한도 마찬가지이다. 자국을 중심으로 한 새로운 천하질서를 구상하였던 수·당인들에게 '삼한·사군·오군' 등은 과거 위대한 한漢제국의 영향력 아래 있었지만 지금은 이역異域이 된 특정 지리적 공간을 가리키는 개념이었다. 물론 삼한의 역사적 실체는 사군·오군과 별개로 한반도 중·남부에 존재하였던 특정 종족 집단 및 정치체였으나, 7세기 무렵 수·당은 이를 세세히 구분하지 않고 고조선 및 낙랑군과 묶어 하나의 역사 공간 단위로 인식하고 표현하였다.

이에 대해 '표상表象'이라는 개념을 적용할 수 있다. 표상은 '감각적으로 외적 대상을 의식상에 나타내는 심상心象'을 가리키며, 특히 "과거 지각의 여러 요소가 주관에 의해 조합되어 나온 것은 상상 표상"이라고 한다.[20] 수·당인들이 사용하였던 '삼한' 용어는 역사적 실체로서의 삼한이 아니라 '표상으로서의 삼한'이었던 것이다.

노태돈은 수·당인들이 '삼한'을 '삼국'으로 인식하였다고 보았다. 이른바 '삼한=삼국론'이다. 그 구체적 사례로 651년 당이 백제왕에게 보낸 국서의 글을 제시하였다.

> C. 해동의 세 나라(海東三國)는 기업을 연 지 오래이다. 강역의 경계가 붙어 있고 땅의 모습이 개의 이빨과도 같다. 근래에 와서 헐뜯고 미워하여 전쟁을 번갈아 일으키니 다스림에 편안한 해가 없었다. 마침내 삼한의 백성(三韓之民)으로 하여금 목숨을 도마에 매달고 창을 찾아 분풀이를 하는 것이 아침저녁으로 거듭되었다. —『구당서』, 동이열전, 백제.[21]

그는 여기에 등장하는 '삼한'이 '삼국'을 뜻하는 것은 명백하다고 하였다.[22] 하지만 과연 '삼한이 곧 삼국'이었던 것일까.

이 국서의 문장에서 '삼한'에 대응하는 표현은 '삼국'이라기보다 오히려 '해동海東'으로 보는 게 옳을 듯하다. '해동'과 '삼한'은 일정한 역사 문화적 공간을 가리키는 표현이고, '삼국三國'과 '백성(民)'은 그 지역에 실체를 가지고 존재하는 대상을 표현한 것이다. 즉 당시 수·당에서 구사하였던 '삼한' 용어는 고구려·백제·신라라는 각각의 국가를 가리키는 것이 아니라, 역사 문화적 공간을 가리키는 개념으로 이해하는 것이 합당하다. '삼한이 곧 삼국'인 것이 아니라 '삼한 지역에 삼국이 있었던 것'이다. 아마도 수·당의 입장에서는 삼국이 아니라 사국이나 오국이 있었어도 '삼한의 백성'이라는 표현을 사용하였을 것이다.

'삼한'을 지역적 개념으로 인식하는 용례는 신라 말과 고려시대에도 빈번하게 등장한다. 예를 들어 고려 태조 왕건의 훈요 10조를 보면 자신이 몸을 일으킨 지 19년 만에 "삼한을 통일하였다(統一三韓)"는 내용이 등장한다.[23] 여기서의 '삼한'이 후삼국시대의 삼국, 즉 고려·후백제·신라라는 정치체를 각각 가리키는 것이 아님은 두말할 필요가 없다. 『고려사』 태조총서의 내용을 보면 "삼한의 땅(三韓之地)을 궁예가 절반 넘게 차지하였다"[24]라는 표현도 등장한다. 이처럼 신라 말과 고려시대 기록에서 빈번하게 등장하는 '삼한'은 표상화된 '삼한의 땅(三韓之地)'을 의미하는 것으로, 철저히 역사 문화적 공간을 가리키는 개념이다. 7세기 수·당에서 사용하였던 '삼한'의 용례도 마찬가지이다. 따라서 이를 수용한 신라인들이 표방하였던 '일통삼한 의식' 역시 표상적 공간으로서의 삼한 개념에 기반하여 형성된 것으로 보아야 한다.

'표상으로서의 삼한'의 공간적 범주는 고조선 및 낙랑군의 과거 치소가 있었던 평양 일대를 포함하여 그 남쪽의 한반도 전역을 가리키는 것으로 볼 수 있다. 평양 지역은 313년 미천왕의 낙랑군 병합 이래 고구려의 영역이 되었다. 그리고 427년 장수왕의 천도 이후 668년 멸망 때까지 고구려의 왕도로 기능하였다. 고구려의 왕도가 과거 낙랑군이 있던 평양 지역에 자리하고 있는 이상 고구려는 자연스럽게 '삼한'으로 표상되었던 역사 지리 공간 개념에 포괄될 수 있었다. 아니, 당시 수·당에서 가졌던 실지 회복론의 관점에서 본다면, 평양 지역이야말로 '삼한' 공간 개념에서 핵심이 되는 곳이었다.

수·당은 '삼한' 용어를 국서에도 사용할 만큼 빈번하게 구사하였으므로 그 대상이 되는 고구려·백제·신라에서도 당연히 인지하였을 것이다. 그러나 고구려의 경우 이 표현을 기꺼이 수용했을 것 같지는 않다. 414년에 세워진 광개토왕비를 보면 고구려에서는 한족韓族을 철저히 타자화하였음을 알 수 있다. 시간이 흘렀다 해도 고구려인들이 스스로를 '한韓'과 연계시켜 인지하거나 표현하기는 어려웠을 것이다.

백제의 경우는 실제로 마한을 기반으로 일어난 나라이므로 '삼한'이라는 표현에 고구려처럼 정서적 거부감을 갖지는 않았을 가능성이 있다. 다만 백제 왕실이 공식적으로 부여 계통임을 표방하였던 만큼, 적어도 왕실이 존속했던 기간 중에는 굳이 선호하지는 않았을 것이다. 삼국 중에서 오직 신라만큼은 아무런 거부감이나 제약 없이 수·당인들이 창출한 '삼한'이라는 역사 지리적 공간의 표상을 수용할 수 있었다. 따라서 해당 용어를 적극적으로 사용할 수 있었을 것이다.

3 신라는 백제 통합만을 목표로 하였나?

이제 '삼국통일론'을 비판하는 '백제통합전쟁론'의 주요 주장들을 짚어보면서 그 타당성을 살펴보도록 하자. 김영하는 신라의 '일통삼한 의식'이 단계적으로 변화했다고 이해한다. 그에 따르면 전쟁 직후 신라 왕실은 고구려와 백제의 왕도를 함락한 점을 근거로 고구려·백제를 '평정'했다는 인식만을 가지고 있었을 뿐이다. 676년 김유신은 위독한 자신을 문병 온 문무왕에게 유언을 남기며 "삼한이 한집안이 되었다(三韓爲一家)" 운운했다고 하는데, 여기 등장하는 '삼한'은 마한·진한·변한을 가리키는 것으로, 여전히 백제 고지만을 대상으로 한 것이었다고 해석한다.[25]

그러다가 692년 신문왕대에 당의 사신이 태종무열왕의 묘호를 문제 삼는 외교적 문제가 발생하였다. 김영하에 따르면 당시 신라에서는 왕실과 김유신계 진골귀족 간에 갈등이 존재했는데, 커다란 외교적 문제에 직면하자 이에 대응하기 위하여 정치적 협의가 이루어졌다고 한다. 위대한 군주 태종무열왕과 뛰어난 신하 김유신이 함께 '일통삼국'이라는 거대한 공훈을 세웠다는 점을 내세우며 당의 압박에 대응하고 '태종'이라는 묘호를 고수할 수 있었다는 것이다. 이 과정을 통해 두 세력의 갈등은 봉합되었고, 비로소 고구려·백제·신라가 모두 포함된 '일통삼한 의식'이 형성되었다는 것이다.[26]

다만 김영하는 이 과정을 거쳐 형성된 '일통삼한 의식'이 어디까지나 실제에 기반하지 않고 정치적 목적에서 개발된 허위의식에 불과하다고 보았다.[27] 그에 따르면 신라는 전쟁 수행 과정에서 철저하게 백제를 통합하려는 의도만을 가졌을 뿐이며, 실제로 나당전쟁이 끝난 이후 신라가 확보한 영역도 백제 고지를 확보하는 데 그쳤기 때문이다. 이와 관련해 다음 자료에 대한 해석이 주요 논쟁점으로 제시되었다.

D. 선왕(태종무열왕)께서 정관貞觀 22년(648)에 입조하여 태종문황제를 직접 뵙고서 은혜로운 칙명을 받았습니다.

"짐이 지금 고(구)려를 정벌하려는 것은 다른 이유가 없다. 너희 신라가 두 나라 사이에 끼어 매번 침략을 당하여 편안할 때가 없는 것을 불쌍히 여기기 때문이다. 산천과 토지는 내가 탐내는 바가 아니고, 옥과 비단과 사람들은 내가 가지고 있는 바이다. 내가 두 나라를 평정하고 평양이남 백제토지平壤已南百濟土地는 모두 너희 신라에게 주어 길이 편안하게 하겠다." 하시고는 계획을 주시고 군사행동의 시기를 내리셨습니다.

—『삼국사기』권7, 신라본기7, 문무왕 11년(671) 가을 7월 26일.[28]

이는 671년 당의 장수 설인귀가 문무왕에게 보낸 서신에 문무왕이 답신한 내용이다. 이 내용에 따르면 648년 김춘추가 당 태종을 만났을 때 고구려와 백제를 평정한 이후 그 땅을 신라에게 주겠다는 약조가 이루어졌다.

삼국통일론자인 노태돈은 여기서 "평양이남平壤已南 백제토지百濟土地" 구절을 '(고구려 영역 중) 평양의 이남 지역과 백제 토지'로 해석하였다. 이 시기에 이미 신라와 당 사이에서 영토 분할에 대한 합의가 이루어졌으며, 신라가 확보하기로 한 영토는 평양 이남, 즉 고구려의 영토 일부를 포함하는 것이었다고 이해하였다.[29] 반면 백제통합전쟁론자인 김영하는 '평양이남의 백제토지'라는 해석을 제시하였다.[30] 이 약조에서 보장된 신라의 영토는 '평양 이남'에 있는 '백제의 토지'뿐이라는 것이다.

하지만 김영하가 제시한 '평양이남의 백제토지'라는 해석은 수용하기 어렵다. 그의 해석을 따를 경우 '평양이남'이라는 구절이 사족이 되어버린다는 점에서 그러하다. 신라가 확보하기로 한 영토가 오직 '백제토지'뿐이라면 애초에 아무런 의미를 담지 못하는 '평양이남'을 그 앞에 운운할 필요는 없을 것이다. 당 태종이 바로 앞 구절에서 '두 나라의 평정(我平定兩國)'을 언급하였기 때문에, 그 결과물로 '백제토지'만을 주겠다고 하는 것도 어색하다. 무엇보다 '모두 주다(並乞)'라는 표현에 사용된 '병並'이라는 글자에는 '나란히', '함께', '아울러'라는 뉘앙스가 포함되어 있다. '평양이남'과 '백제토지'는 병렬적인 별개의 대상을 가리킨다고 이해하는 것이 자연스러운 해석이다.

　일통삼한 의식이 9세기에 형성되었다고 보는 윤경진은 '백제통합론'의 입장에서 또 다른 해석을 제시하였다. 그는 김영하처럼 '평양 이남의 백제 토지'라고 해석하면서도 그 함의는 '평양 이남이 곧 백제 토지'라고 주장하였다.[31] 윤경진은 그같이 해석한 근거로 고려 말 공민왕대에 요동 동녕부 정벌 과정에서 포고된 글에 등장하는 "요하이동遼河以東 본국강내本國疆內"라는 구문의 용례를 제시하였다.[32] 비슷한 구조의 문장에서 '요하의 동쪽이 곧 본국의 영역'이라는 뜻으로 사용된 사례가 있다는 것이다. 그는 신라가 원래부터 백제 토지에 대해서만 영유권을 주장하였을 뿐이며 평양 이남 지역은 역사적 연고 의식에 따라 백제의 영역으로 인식되었다고 하였다. 그 근거는 『삼국사기』 백제본기 온조왕조에 나온 백제 영토의 북방 경계가 '패하浿河'라는 점, 근초고왕대에 백제가 평양을 공격하여 고국원왕을 전사시켰는데 이를 통해 고구려와 백제의 경계가 대동강이라는 점을 알 수 있다는 점, 후삼국시대 후백제의 왕 견훤이 고려에 보낸 글에서 "평양의 누각에 활을 걸고 패강의 물로 말을 먹이겠다"고 천명한 점 등을 들었다.[33*]

　이에 대해 김영하는 『삼국사기』 본기의 기록 등을 보았을 때 근초고왕대 백제의 북계는 태자 근구수가 내침했던 고국원왕을 격파하고 그 뒤를 추격하다가 멈추고서 돌을 쌓았다고 하는 수곡성(황해도 신계) 부근이라며 반론을 제시하였다.[34] 그러자 윤경진은 근구수가 고구려군을 추격하여 돌을 쌓아 표시를 한 곳에 대한 기록은 '수곡성의 서북'이므로 수곡성보다 더 나아간 곳이라고 반박하였다. 또한 '수곡성 서북'과 대동강 사이에는 공백지가 있었을 것으로 상정하며, 백제의 북방 경계선은 역시 대동강이었다고 재차 주장하였다.[35]

*이 책 21쪽.

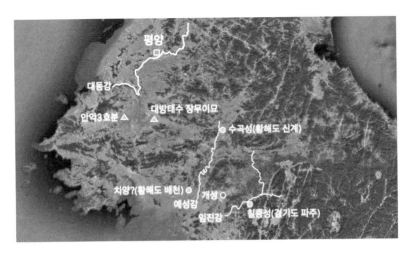

〈그림1〉 고구려와 백제 영역의 접경지 개념도

 하지만 이 같은 윤경진의 주장들은 너무 무리한 설정이 많아 수용하기 어렵다. 김영하가 지적한 바와 같이 4세기 중반 고구려와 백제의 국경은 대략 예성강 일대에 형성되어 있었다고 보는 것이 타당하다. 윤경진은 '수곡성'과 '수곡성 서북'은 다르다고 하였지만 과연 얼마나 달랐겠는가 하는 생각이 든다. 어쨌든 수곡성이라는 지명이 나온 이상 그로부터 '서북'이라 하더라도 크게 떨어진 곳이라 볼 수는 없다.

 '수곡성 서북'과 대동강 사이에 공백지가 있었을 것이라는 주장은 더욱 수용하기 어렵다. 그의 주장대로라면 당시 대동강 이하 평안남도 일대와 황해도 지역 전체가 공백지였다는 셈인데, 이는 상식적으로 받아들이기 어려운 이야기다. 고구려는 미천왕대인 313년에 평양 지역에 있었던 낙랑군을 병합하는 한편, 다음 해인 314년에는 그 남쪽의 대방군마저 병합하며 평안도와 황해도 일대를 판도에 넣었다. 이 일대는 고조선 멸망 이후 약 400년 넘게 중국 세력이 세운 군현들이 존재하였던 선진 지역이었고, 넓은 평야가 펼쳐져 있어 경제적으로도 가치가 높은 곳이었다. 고구려가 이 일대에 각별한 관심을 가지고 경영하였다는 점은 화려한 의장 행렬 벽화로 유명한 안악3호분(357년 축조)의 존재를 통해서도 증명된다.

백제 태자 근구수가 고국원왕을 추격하여 수곡성에 이르고 이를 기념하여 석표를 쌓은 사건은 369년의 일이고, 고국원왕이 평양전투에서 전사한 것은 371년의 일이다. 그러나 고구려는 소수림왕대인 375년에 다시 수곡성에 대한 군사 공격을 수행한 바 있다. 이 기록을 통해 여전히 예성강 일대가 양국 사이에 공방전이 벌어지는 경계선 역할을 했음을 짐작할 수 있다. 더구나 391년 광개토왕의 즉위 이후 백제는 북변의 수많은 성을 빼앗겼고, 396년에는 고구려군이 한성까지 육박하여 백제왕의 항복을 받아냈다. 윤경진의 주장대로 고구려와 백제의 국경선이 한때 대동강이었던 시기가 있었다 하더라도 그 기간은 길게 보아 20여 년에 불과하다. 겨우 이 정도 역사적 연고를 이유로 이미 수백 년이 지난 648년 시점에서 당과 신라가 공히 '평양 이남의 땅'을 '백제 토지'로 상정하고 있었다는 것은 납득하기 어렵다. 설령 이 당시 백제인들이 그런 생각을 가지고 있었다 한들 전혀 다른 이해를 가지고 있는 당과 신라가 이를 수용하고 있을 이유는 없다.

따라서 가장 자연스러운 해석은 역시 '평양 이남(고구려 토지)과 백제 토지'가 된다. 김춘추가 648년 당시 실제로 당 태종과 이런 내용의 영토 분할을 약조하였는지에 대해 그 사실성 자체를 의심할 수도 있겠지만, 적어도 문무왕이 설인귀에게 편지를 보낸 671년 시점에서 신라인들이 스스로 확보할 권리가 있는 강역의 범주를 위와 같이 상정하였고 또 주장하였다는 점은 분명하다. 주목되는 것은 이 공간적 범위가 앞에서 검토한 바 있는 '표상적 공간으로서의 삼한'의 범위와 일치한다는 점이다. 다시 말해 신라가 당 태종에게 약조받은 위의 영역을 실제로 확보하게 된다면 그것이야말로 '일통삼한'이 되는 것이다.

한편 김영하는 다음 자료들을 제시하며 신라의 영역에 대해 판단하였다.

E-1. (상원上元) 2년(675) 2월 …… 이미 백제의 땅을 모두 차지하고 고구려의 남경에 이르렀으니, 동서가 약 900리이고 남북이 약 1,800리이다. 경계 내에 상上·양良·강康·웅熊·금金·무武·한漢·삭朔·명주溟州 등을 설치하였다(二年二月 …… 既盡有百濟之地 及高句麗南境 東西約九百里 南北約一千八百里 於界內於置 上良康熊金武漢朔溟等州).　　　　　　—『당회요唐會要』 권95, 신라.

E-2. 상원上元 2년(675) …… 그러나 백제 땅을 많이 취하고, 마침내 고(구)려의 남경까지 이르렀다. 상尙·양良·강康·웅熊·전全·무武·한漢·삭朔·명溟의 9주를 두었다(然多取百濟地 遂抵高麗南境矣 置尙良康熊全武漢朔溟九州).
　　　　　　—『신당서』 권220, 신라.

E-3. 그러나 백제의 땅을 많이 취하여 마침내 고구려 남경南境까지 이르러, 주군州郡으로 삼았다(然多取百濟地 遂抵高句麗南境爲州郡).
　　　　　　—『삼국사기』 권7, 신라본기7, 문무왕 15년(675) 봄 2월.

그에 따르면 『삼국사기』의 서술은 『신당서』를 전거로 한 것이며, 『신당서』의 원전은 그보다 100년 앞서 편찬된 『당회요』이다. 즉 『당회요』의 기록이 사건과 시간적 거리가 가장 가까워서 사료적 가치가 높다고 보았다. 이에 따르면 675년 신라의 영역은 백제의 땅을 차지한 데 이어 '고구려의 남쪽 경계에 이른 것'에 불과하다고 하였다. 『삼국사기』의 서술상에서는 마치 신라가 '고구려의 남쪽 경역境域'을 아우른 다음 이와 연동하여 주군을 설치한 것처럼

이해할 여지가 있지만, 사료의 원형을 따라가보면 실제로는 그렇지 않다는 것이다.[36]

사실 '고구려 남경高句麗南境'이라는 표현을 고구려의 '남쪽 경계선'으로 이해해야 할지, '남쪽 경역'으로 이해해야 할지는 애매한 면이 있어 답을 내기 어렵다. 다만 이 해석과 별개로 신라가 나당전쟁이 종료된 이후 '평양 이남' 지역을 제대로 장악하지 못했던 것은 사실로 보인다. 『삼국사기』에 따르면 735년(성덕왕 34)에 이르러서야 당 현종이 패강 이남 땅에 대한 신라의 소유를 인정해주었고, 신라는 다음 해인 736년에 평양주平壤州와 우두주牛頭州의 지세를 살펴보았다고 전한다.

하지만 그렇다고 해서 신라에게 대동강 이남 고구려 고지에 대한 영유 의지가 부재하였다고 단정하기는 어렵다. 신라는 735년에도 독자적으로 이 지역을 점유한 것이 아니라 어디까지나 당으로부터 소유권을 허가받는 형식을 취하였다. 즉 이전까지 신라가 이 지역을 완벽하게 장악하지 않은 것은 당과의 외교·군사적 문제를 의식하였기 때문으로 이해된다.

고조선-낙랑군 고지에 대한 '실지의 회복'은 당이 십수 년간 막대한 규모의 인력과 물자를 쏟아가며 전쟁을 수행한 핵심 명분이었다. 신라가 그러한 상징성을 지니고 있는 '평양 이남' 일대를 무단 점유하여 군현을 설치하는 것은 당을 강하게 자극하여 나당 간 전쟁을 재개시킬 우려가 있었다. 현실적으로 신라에게 당은 대적하기에 너무 큰 대국이었다는 점을 간과해서는 안 된다. 애초 735년 시점에 당이 패강 이남 땅을 신라의 소유로 인정해준 것부터가 신라의 적극적인 요청과 외교적 노력에 따른 결과물이었다고 보아야 하는 만큼, 이 지역에 대한 신라의 영역화 의지는 충분히 인정할 수 있다.

이 같은 신라의 영역의식과 관련해 유의되는 지점을 하나 더 살펴보도록 하자. 김영하는 『당회요』(E-1)에 보이는 신라 영역이 "동서가 약 900리이고

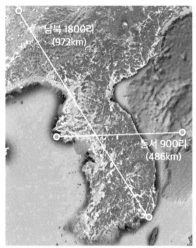
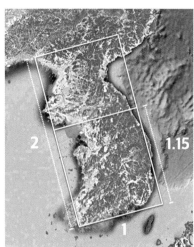

남북이 약 1,800리이다"라는 구절을 이용해 남북 거리를 km로 환산하는 작업을 하였다. 10리=3.94km 기준으로 환산하니, 동서 900리는 353.7km, 남북 1,800리는 707.4km라는 것이다. 이에 그는 동서: 구룡포–고령–진안–변산반도의 350km, 남북: 해남–서울–철원–영흥의 703km의 길이가 기록과 유사하다고 부기하였다.[37] 윤경진은 이에 대해 '남북 거리'는 경주를 중심으로 북쪽으로는 평양 또는 대동강까지, 남쪽으로는 김해까지로 보는 게 당시 신라의 인식에 근접할 것이라며, 남북 1,800리라는 거리는 곧 평양을 북방 지표로 설정한 것을 보여준다고 주장하였다.[38]

사실 앞서 김영하의 거리 환산 작업에는 오류가 있다. 그는 10리=3.94km를 기준으로 환산하여 남북 1,800리를 707.4km로 이해하였지만, 이는 근대 일본의 리里 단위이다. 당의 척도에서 1척은 대략 30cm이다. 1보步는 5척, 1리里는 360보였다. 이를 이용하여 계산하면 당에서의 1리=1,800척으로,

미터법으로 환산하면 약 540m가 된다. 따라서 동서 900리는 486km, 남북 1,800리는 972km로 환산해야 정확한 거리가 된다. 이를 지도상에 표출하면 〈그림 2〉와 같다.

〈그림 2〉에 따르면 동서 900리나 남북 1,800리 모두 한반도의 범위를 크게 벗어나는 등 지나치게 긴 거리여서 실제와 맞지 않는다. 따라서 이 수치를 액면 그대로 받아들여 활용하는 것은 곤란하다. 『당회요』의 기록은 신라 사신의 말을 옮긴 것인 만큼 신라인들의 부정확한 측량이나 과장이 반영되었을 가능성을 염두에 두어야 한다. 다만 신라인들이 자국 영역의 동서-남북 비율을 1:2로 제시하고 있음은 유의할 필요가 있다. 신라인들이 생각하는 자국 영역의 범주가 오직 백제의 고토를 포함하는 데 그쳤다면 아마도 자국 영역의 형태를 정방형에 가깝게 인식했을 것이다. 하지만 실제로는 동-서 거리보다 남-북 거리를 2배 길게 진술하여 남북으로 길쭉한 형태의 영역을 인식하였음을 드러냈다. 그렇다면 신라인들은 고구려 고토의 남쪽 영역 역시 자신들의 영역 범위 안에 포함해 인식하고 있었다고 보는 것이 자연스럽다.

671년 문무왕이 보낸 「답설인귀서答薛仁貴書」의 내용에서 확인할 수 있듯이 '삼국통일전쟁'기 신라는 자신들이 '평양 이남과 백제 토지', 즉 '표상적 공간으로서의 삼한' 강역의 주인이 될 권리를 획득하였다고 믿었다. 그러나 이를 현실에서 관철하는 것은 또 다른 문제였다. 한때 연합의 대상이었다가 적대국인 된 당의 의지와 태도를 염두에 두지 않을 수 없었다. 이에 당군唐軍이 한반도에서 철수한 이후에도 나당전쟁기에 주요 전선을 형성했던 임진강 이북 지역으로 노골적으로 진출하지는 않았던 것으로 보인다. 다만 고조선과 낙랑군의 유지遺址가 있는 곳이자 고구려의 왕도이기도 했던 평양 지역은 '표상으로서의 삼한' 개념에서 중요한 위상을 가지고 있었기에 간단히 포기할 수 없었다. 신라의 왕들이 진흥왕 이래 북제와 수·당 등으로부터 '낙랑군

공樂浪郡公'이라는 책봉호를 반복해 받은 적이 있다는 점 역시 낙랑군 고지에
대한 신라인들의 영유 의지와 명분에 영향을 주었을 것이다. 아마도 신라는
735년 당으로부터 패강 이남 영역의 소유를 공식 인정받을 때까지 비공식적
이고 간접적인 형태로 어떻게든 이 지역에 영향력을 행사하고자 노력했을 것
으로 짐작된다.

4 '일통삼한 의식' 9세기 형성론 비판

'일통삼한 의식'의 형성 시기에 대해서는 '7세기 성립설'과 '9세기 성립설'
이 제시되어 있다고 하였다. 많은 논쟁 지점들이 있으나 여기서는 그중 대표
적인 청주 운천동 신라사적비(이하 운천동비)와 관련된 내용을 간단히 살피고
넘어가도록 하겠다.

운천동비는 1982년 청주시 운천동에서 발견된 비이다. 비의 아랫부분만
남아 있는 형태이며, 많은 곳이 마멸되어 판독이 쉽지 않다. 그런데 이 비의
내용을 보면 "삼한을 합하였다(合三韓)"라는 표현이 나와 '일통삼한 의식'과
관련된 것으로 주목되었다. 비문 중 '수공壽拱 2년'이라는 기년도 확인되는
데, 이는 686년에 해당한다. 따라서 이 비는 '삼국통일전쟁' 직후인 7세기 말
에 이미 '일통삼한 의식'이 존재하였음을 보여주는 자료로 주목받았다.[39]

하지만 일통삼한 의식이 9세기에 형성되었다고 보는 윤경진은 이 비에 등
장하는 '하락영도河洛靈圖'나 '사해四海' 등의 표현이 7세기의 상황과 맞지 않
는다고 지적하는 한편, 비문 내 인명에서 확인되는 경위京位 '아간阿干' 관등
이 지방에서 사용되는 것은 신라 하대에나 가능하다고 하였다. '수공 2년'이
라는 기년 역시 비의 건립 시기와 직결시킬 근거가 없다고 주장하였다. 면 과

〈그림3〉 청주 운천동 신라사적비의 '合三韓而廣地'(탁본 출처: 성균관대학교 박물관)

거에 있었던 일을 서술하는 과정에서 나온 기년으로 본 것이다. 비에 등장하는 "삼한을 합하였다"라는 표현은 후삼국 통일을 가리키는 것이며, 비의 건립 연대도 고려 초라고 주장하였다.[40]

이에 대해서는 이미 상세한 반론들이 제기된 바 있다.[41] 특히 전진국의 작업이 주목되는데, 그는 윤경진이 문제 삼은 용어들이 7세기 신라에서도 충분히 사용할 수 있는 것이었다고 반박하는 한편, '수공 2년'을 비의 건립 연대로 확정할 수 없다는 것은 인정하더라도 연대를 훨씬 뒤로 늦추는 것도 근거가 빈약하다고 하였다. 더 나아가 통일신라와 고려시대 금석문들의 글자들을 선별하여 운천동비의 자형과 비교 대조하는 작업을 통해 서체상으로도 이 비가 7세기대에 제작되었을 가능성이 높다고 논증하였다.

차후 이 비의 다른 잔편이 등장하여 새로운 정보를 제공하지 않는 한 현재의 자료만으로 연대 문제를 명쾌하게 해결하기는 어렵다. 다만 현존하는 정보만으로 보았을 때 어느 쪽이 더 개연성이 있는지를 가늠할 수 있을 뿐이다.

윤경진은 비문에 표현된 전쟁의 성격을 통해 비의 건립 시점을 유추할 수 있다고 한 바 있다. 그는 신라의 '통일'은 적을 '평정'한다는 성격을 지닌 데 반해, 고려의 후삼국 '통일'은 평정이 아니라 '통합'의 명분으로 인식된다고 설명하며, 운천동비에 보이는 "창고가 가득 차 넘치고, 백성은 배고픔과 추위를 면하였다(倉府充溢 民免飢寒)"라는 표현을 제시하였다. '통합'의 시대상이 보인다는 것이다.[42] 하지만 비문의 표현에서 전쟁의 성격과 시대상을 읽어내고자 한다면, 오히려 삼한을 합하였다는 표현 바로 뒤에 나오는 "땅을 넓혔다(廣地)"라는 표현이 더 적절한 대상이 아닌가 싶다. 삼한을 합하여 '영토를 늘렸다'는 것인데, 이 표현은 확실히 '통합'보다 '평정'의 이미지에 가깝다고 할 수 있다. 그렇다면 윤경진이 앞서 제시한 논리에 따라 운천동비의 건립 시기는 7세기 말로 보는 게 더 자연스럽지 않을까?

운천동비에서 주로 주목하는 것은 "삼한을 합하였다"라는 구절이지만, 그 대구가 되는 구절까지 함께 살펴볼 필요가 있다. 실제로는 "삼한을 합하여 땅을 넓히고, 창해에 자리 잡아 위엄을 떨쳤다(合三韓而廣地 居滄海而振威)"라는 문장으로 구성되어 있다. 이를 보면 '삼한'에 대구가 되는 것은 '창해'이다. 이는 한 무제가 기원전 128년 예濊의 군장 남려南閭의 귀부를 받아 한때 설치한 바 있는 '창해군滄海郡'을 가리키는 것으로 이해된다. 이를 통해 운천동비에서 사용된 '삼한'의 용례 역시 구체적 정치체인 '삼국'을 뜻하는 것이 아니라 표상으로서의 공간 개념이었음을 확인할 수 있다.

윤경진은 일통삼한 의식의 형성 계기를 822년(현덕왕 14)에 발생한 김헌창의 난에서 찾았다.[43] 신라 정부가 김헌창과 그 아들 범문의 반란으로 발생한 체제 위기를 극복하기 위하여 김유신을 흥무대왕으로 추봉하고 '삼한일통'이라는 공업을 드러내 현실의 체제 통합을 기도하였는데, 이것이 일통삼한 의식이 출현하는 전기가 되었다는 것이다.[44] 여기에 문성왕대(839~857)에 무열왕계 귀족에 대한 정치적 복권까지 진행되면서 체제 통합의 지향으로 일통삼한 의식이 본격 출현하였다고 한다.[45]

그러나 이러한 주장이 9세기에 이르러 새삼스럽게 '일통삼한 의식'이 출현하게 된 계기를 설득력 있게 제시하였다고 볼 수 있을지 의문이다. 신라 정부에 체제 위기의 긴장감을 주었다는 반란의 장본인 김헌창이 다름 아닌 무열왕계 인물이라는 점에서 그러하다. 윤경진은 일통삼한 의식의 대두가 본래 김유신을 높이기 위해 제시된 것이라 하였지만, 김유신과 태종무열왕은 애초에 분리하여 논의될 수 있는 관계가 아니다. 왕위 계승권을 빼앗겨 불만을 품은 무열왕계 인물이 국가 전체를 뒤흔든 반란을 일으킨 여진이 남은 상황에서, 원성왕계 왕실이 태종무열왕을 소환하여 현창하는 '일통삼한 의식'을 '만들어' 퍼트렸다는 것은 쉽게 납득하기 어렵다. 801년 애장왕이 태종무열왕과 문무왕을 5묘五廟에서 제외시킨 사건에서도 볼 수 있듯이, 원성왕계 왕실 입장에서 태종무열왕은 오히려 그 지나친 위상을 약화해야 할 대상으로 여겼다고 보는 게 자연스러울 것이다.

윤경진의 견해에 따른다면 신라인들은 7세기 중·후반에 있었던 전쟁 이후 1세기 반 동안 줄곧 대동강 이남의 '백제 토지'를 통합하였다는 의식만을 가지고 있었을 뿐이었다. 이러한 배경에서 새삼스럽게 '고구려'가 추가된 허위적 '일통삼한' 개념이 창출되었다는 것도 그 맥락이 부자연스럽다. 보편적인 인식의 공유나 기반 없이 정치적 목적으로 제시된 허위적 주장이 당대인들에게 과연 설득력 있게 수용될 수 있었을지도 의문이다.

'일통삼한 의식'이 정치적 선전물로 만들어지고 기능하였다는 것은 충분히 인정할 수 있는 바이다. 하지만 이러한 선전물로 인해 가장 큰 수혜를 입는 것은 누가 뭐라 해도 태종무열왕 자신과 그 직계 후손들이다. 또 '일통삼한 의식'이 가장 강한 동력을 가지고 효과적으로 전파될 수 있었던 시기는 대업이 이루어진 직후 그 성공의 열기가 한창 뜨거웠을 때일 것이다. 정치 선전물로서의 성격을 고려한다면 '일통삼한 의식'이 창출되기 가장 적합한 조건을 갖추고 있는 시기는 역시 7세기 말이다. '일통삼한 의식'은 이 시기에 생겨나 왕실과 국가 차원에서 널리 선전되었다고 보는 것이 가장 타당하다.

5   '일통삼한'과 '삼국통일'의 함의

지금까지 살펴보았듯이 '일통삼한 의식'은 7세기 초 무렵 수·당에서 대두된 역사 문화적 공간 인식으로서의 '삼한', 즉 표상으로서의 삼한 개념에 기반하여 성립한 것으로 이해된다. 「답설인귀서」에서도 볼 수 있듯이 신라는 '삼국통일전쟁'기에 이미 표상적 공간으로서 삼한의 개념과 범위를 의식하고 있었다. 수·당의 입장에서 '삼한'은 이역이면서도 회복해야 할 실지失地의 의미까지 내포된 것이었지만, 신라 입장에서 '삼한'은 중국의 천하와는 구별되는 또 다른 세계의 이름이었다. 신라는 고구려와 백제를 멸하여 삼한의 유일한 주인이 되고자 하였고 실제로 이를 성공하였다.

현대인의 관점에서 구성된 '삼국통일' 개념에서는 '통일'의 불완전성과 결핍이 두드러지게 된다. 전쟁의 결과 고구려의 북방 영토 상당 부분을 상실하였다는 인식을 피하기 어렵기 때문이다. 그러나 신라인의 입장에서 구성된 '일통삼한'의 개념으로 본다면 영토적 결핍이나 불완전성은 존재하지 않는다. 신라인들은 자신들이 인식하고 있던 '아세계我世界'의 공간적 범위, 즉 '삼한의 땅'을 말 그대로 일통하였다고 믿었기 때문이다.

이 지점에서 '삼국통일'이라는 개념, '삼국통일전쟁'이라는 용어의 적절성에 대해 검토가 필요할 것이다. 당대 신라인의 입장에서 본다면 7세기 중·후반에 벌어졌던 이 전쟁의 명칭을 '일통삼한전쟁', '삼한일통전쟁'이라고 부르는 것이 가장 적절하리라 여겨진다. 그러나 현재의 우리가 이 용어를 그대로 수용하여 사용하기에는 곤란함이 있다. 우리가 가지고 있는 한국 역사 공간의 인식 지평이 신라인들이 지니고 있었던 '삼한'의 공간 개념보다 훨씬 넓은 탓이다.

그렇다고 해서 전쟁의 의미를 축소하여 신라의 백제통합전쟁이라 부를 수도 없음은 이미 앞에서 자세히 살펴본 바이다. 일각에서는 신라인 스스로도 고구려를 제외한 본래의 삼한 지역(마한·진한·변한의 땅)만을 통일했다고 여겼기에, 일부러 '삼국통일'이 아니라 고구려를 배제한 '삼한일통'이라는 표현을 사용한 것이라는 주장을 하기도 한다.[46] 하지만 당시 사용된 '표상으로서의 삼한' 개념에는 분명히 고구려가 포함되어 있었다. 신라인들은 '삼한' 개념에서 중요한 위상을 지닌 '평양 이남' 지역을 확보하는 한편, 고구려 왕통의 '정당하고 유일한 계승자'로 인정한 보덕왕 안승을 신라 왕실의 일원으로 받아들이는 조치를 통해 고구려를 아울렀다는 자의식을 표명하였다.[47] 고구려에서 '삼경三京'이라 일컬어지던 도회지 세 곳(평양성·한성·국내성) 중 두 곳이 신라의 판도에 들어오게 되었다는 점도 유의할 필요가 있다.

다른 한편으로는 백제통합전쟁론의 기반이 되는 남북국시대론의 한계를 짚어볼 필요가 있다. 발해는 고구려의 멸망 이후 그 고토에 세워졌고, 인적·문화적으로 많은 부분을 계승하였다. 그러나 그렇다고 해서 '고구려가 곧 발해'였던 것은 아니다. 발해사는 분명 한국사의 범주에서 다루어질 수 있는 대상이지만 '민족사'라는 인식 틀로써 그것을 시도하는 것이 얼마나 유효한지는 의문이다. 민족사의 계통 세우기 관점으로 발해사에 접근할 경우 발해를 구성하는 중요한 주체였던 말갈을 부당하게 과소평가하거나 배제하는 일이 발생할 수 있다.

발해사가 지닌 회색성, 구성 요소의 비균질함이 '결함'이나 '한계', '아쉬움' 등으로 인식되어서는 안 된다. 오히려 발해사가 지닌 고유하면서도 소중한 특성으로 인정하고 연구 대상으로 주목할 필요가 있다. 발해의 인적 구성원들이 지닌 종족적 이질성과 다원성을 감안할 때, '고구려의 복원과 계승'이라는 측면만으로 발해의 역사적 지위를 규정하고 재단하려 시도하는 것은 현재의 민족주의적 욕망이 투영된 인식의 굴절일 수 있다.

고려에서 조선으로의 전환처럼 앞 시기 국가의 유산을 뒤의 국가가 거의 그대로 계승하는 경우도 있지만, 고구려는 그러한 경우에 해당하지 않는다. 고구려를 구성하고 있던 인민과 영토는 흩어지고 쪼개졌다. 그 일부를 발해가 가져가고, 또 일부는 신라가 수용했다고 보는 것이 공정한 평가일 것이다.

최근에는 '삼국통일'이나 '삼국통일전쟁'이라는 용어의 현재적 의미에 대한 문제 제기가 이루어지고 있다.[48] '삼국통일전쟁'이 가지는 국제전의 성격을 제대로 드러낼 수 있도록 '7세기 중·후반 동북아시아 전쟁'이라는 용어를 사용하자는 제안도 나왔다.[49]* 해당 연구의 문제의식에 대해서는 십분 공감하는 바가 있다. 다만 '7세기 중·후반 동북아시아 전쟁'이라는 용어는 일상적으로 쓰기에 너무 길어서 불편하고, 또 너무 많은 정보를 담으려 해서 오히려 직관적이지 않다는 문제점이 있다.

신라인들이 사용하였던 '일통삼한'의 개념과 현대인들이 구사하는 '삼국통일'의 개념에는 분명한 차이가 존재한다. 하지만 어차피 신라인들이 인식하

* 이 책 180~181쪽.

였던 표상으로서의 삼한 공간에 삼국이 실재하였으므로 이미 신라 당대에도 '삼한'과 '삼국'은 혼용되어 사용될 수 있었다. 이러한 역사성을 감안한다면 '삼국통일'이나 '삼국통일전쟁'이라는 용어의 사용은 여전히 유효성을 가질 수 있다고 여겨진다.

다만 '통일'이라는 용어에 내포된 당위적 뉘앙스가 끝내 불편하다면, 이보다 당위성이 약화된 표현인 '삼국통합', '삼국통합전쟁'이라는 표현을 사용할 수도 있을 것이다. 그 외에 '7세기 삼국전쟁'처럼 의미 부여를 배제한 객관화된 용어를 사용하는 것도 가능하다. 이는 1950년에 한반도에서 발생한 국제전을 '한국전쟁'이라 부르는 사례, 1960년에 베트남에서 발발한 국제전을 '베트남전쟁'이라 부르는 사례처럼 전쟁이 전개된 장소성을 강조한 명명이다. 이 전쟁의 전역戰域이 주로 고구려·백제·신라의 삼국 영토 내에서 형성되었고 최종 결과가 세 국가의 존망과 직결되었다는 점을 감안한 것이다.

기경량
가톨릭대학교 국사학과 조교수. 고구려사를 전공하였고, 최근 관심 주제는 고대사의 공간적 이해와 역사인식론이다. 대표 논저로 『한국 고대사와 사이비역사학』(공저), 『욕망 너머의 한국고대사』(공저), 「고구려 평양 장안성 출토 각자성석刻字城石의 축성 구간 검증」, 「고구려 평양 장안성의 외성 내 격자형 구획과 도시 형태에 대한 신검토」 등이 있다.

신라 '삼국통일' 논쟁의 논점과 방향

__윤경진

1 신라 '삼국통일' 논쟁의 현 주소

현재 우리의 역사 인식에서 모순적으로 느껴지는 사안의 하나가 발해를 우리 역사로 보면서 동시에 신라의 '삼국통일'을 인정하는 것이다. 두 가지 모두 학계와 사회의 상식이 되어 있지만 원론적으로 보면 양립하기 어렵다. 주지하듯이 발해를 우리 역사로 보는 근거는 고구려를 계승했기 때문이다. 고구려 멸망 후 얼마 지나지 않아 고구려를 이어받은 발해가 건국된 만큼, 신라가 고구려를 포함한 삼국을 통일했다고 보기 어렵다.

그동안 이에 대한 비판이 없었던 것은 아니다. 유득공이 『발해고』를 통해 발해 역사의 수용을 주장한 이후 학계 일각에서 발해와 신라가 병립한 '남북국시대'를 제시하기에 이르렀다. 그러나 남북국시대론은 오랜 시간 재생산된 삼국통일론을 극복하지 못하였다. 이미 무수한 연구가 신라의 '통일'을 준거로 이루어진 영향도 있지만, '삼국통일'의 학문적 근거에 대한 검증이 제대로 이루어지지 못한 탓도 크다고 본다. 7세기 전쟁을 백제병합전쟁으로 평가한 연구가 있었지만 시각과 해석의 차이를 넘어 실증적 비판으로서 유효한 성과를 내지는 못하였다.

최근 재연된 논쟁은 기존 삼국통일론의 실증적 근거에 대한 전면적 비판에 의해 촉발되었다는 점에서 이전 논쟁과 차이를 가진다. 그것은 삼국통일론의 두 가지 지표를 대상으로 하고 있다. 하나는 신라가 고구려 영토의 일부를 차지함으로써 불완전하나마 통일의 격식을 갖추었다는 것이고, 다른 하나는 신라가 삼국의 연원적 동질성에 입각하여 이를 하나로 합치고자 했다는 이념, 혹은 사후적으로라도 하나로 합쳐졌다고 표방한 이념, 이른바 '삼한일통 의식'을 수립했다는 것이다.

필자는 2013년에 7세기 삼한일통 의식의 핵심 근거였던 '청주 운천동 사적

비'가 10세기에 건립되었음을 논한 이후[1] 일련의 연구를 통해 삼국통일론의 제반 근거를 비판하였다. 그 핵심은 신라가 확보한 영토에 고구려 땅은 포함되지 않았으며, 삼한일통 의식은 9세기에 비로소 출현했다는 것이었다.

이에 대해 기존 학계에서 많은 반론이 제기되었고, 필자 또한 하나하나 재반론을 펴면서 현재까지 논쟁을 이어오고 있다.[2] 2019년 2월에는 그동안 축적된 연구의 주요 결과를 모아서 정리할 기회를 가졌는데,[3] 다시 삼국통일론으로부터 반론이 들어왔다. 이 글은 그에 대한 답변이다.

논의를 진행하기에 앞서 저간의 논쟁에 대해 몇 가지 문제의식을 개진하고자 한다. 이번 논쟁에서도 같은 문제가 반복되고 있다고 여겨지기 때문이다.

첫째, 그동안 필자가 제시한 입론과 그에 대한 반론의 층위가 맞지 않는다. 필자는 기존 삼국통일론의 '실증적' 근거를 구체적으로 비판함으로써 그 증거능력을 부정하였다. 그렇다면 이에 대한 반론은 응당 해당 지표의 증거능력을 실증하여 기존 해석의 정당성을 확보하는 형태로 이루어져야 한다.

그런데 필자 주장의 '핵심'을 비켜간 채 '일부'만 논하면서 논지 전제를 부정하거나 뚜렷한 대안적 근거 없이 기존 해석을 되풀이하는 경우가 많았다. 결정적 의미를 가진 중요 지표에 대해 같은 층위에서 반론이 이루어져야 생산적 논쟁이 가능할 것이다.

둘째, 영토 문제에서 귀속 기준의 '중층성'을 명확히 인지하지 못하고 있다. 소유는 고정된 것이 아니어서 귀속이 늘 바뀐다. 이 때문에 '누구의 것인가'를 판단할 때 '현재 누구의 것인가'보다 '원래 누구의 것이었는가'라는 본원적 요소가 더 규정적이다. 물론 이해관계에 따라 전자를 주장하거나 양자를 선택적으로 내세울 수도 있다. 그러나 학문적 평가를 내리기 위해서는 그 기준이 명확해야 한다.

7세기 전쟁 당시 고구려 영토는 임진강까지 내려와 있었고, 신라는 그 영토 일부를 확보하였다. 그런데 이 땅은 고구려가 점유하기 전에는 백제의 영토였다. 중요한 것은 신라가 이를 '누구의 땅으로 보았는가' 하는 점이다. 신라가 이 땅을 '백제 영토'로 간주했다면 '고구려 영토' 일부의 귀속을 통해 유도된 '불완전한 통일'이나 삼한일통 의식은 성립할 수 없다.

혹 전쟁 당시 영토를 기준으로 신라의 '통일'을 말할 수도 있을 것이다. 하지만 그것은 현 시점의 가치 지향적 인식일 뿐, 7세기 전쟁과 그 전후의 역사상을 설명하는 준거가 될 수는 없다.

셋째, 전쟁 이전 삼한일통 의식을 보여주는 자료가 전혀 없음에도 삼국통일론에서는 이를 전제하고 있다. 현재 관련 자료는 모두 전쟁 이후의 것이거니와 필자는 그것들이 모두 후대에 생성된 것으로서 7세기의 상황을 설명할 수 없다고 지적하였다. 그런데 삼국통일론은 신라가 고구려 병합까지 목표로 하였음을 말하면서 그에 연동하여 삼한일통 의식의 존재를 유도함으로써 '통일'의 명분을 확보하고자 하였다. 이 때문에 삼한일통 의식과 상충되는 내용을 가진 자료들을 의식적으로 회피하는 인상을 주고 있다. 당시 자료는 신라의 전쟁 명분을 한결같이 '외적의 침구'로 제시하고 있으며, 신라는 백제를 '누대의 원수'로 지목하였다. 이런 내용들이 연원적 동질성을 토대로 한 삼한일통 의식과 어떻게 양립할 수 있는지 의문이다. 삼한일통 의식을 통해 '통일'을 주장하고자 한다면 가장 먼저 이 문제부터 해결하고 가야 할 것이다.

이 글에서는 최근 필자의 입론에 대해 삼국통일론의 시각에서 적극적 반론을 편 전덕재·기경량 두 연구자의 논고[4]에 재반론을 진행하고자 한다. 전덕재는 필자가 제시한 입론 중에서 주로 영토 문제를 다루었고, 기경량은 삼한일통 의식 문제를 다루었다. 일부 중복되는 논의도 있지만, 이는 한쪽에 모아서 언급할 것이다. 그리고 양자는 논의의 귀결점으로서 7세기 전쟁의 성격이나 '통일전쟁'의 네이밍, 남북국시대론의 타당성 등을 다루었다. 이 사안은 필자 주장의 귀결점이기도 하다. 다만 필자가 아직 그에 대한 실증적 연구를 진행한 것이 아니고 지면 관계도 있으므로 이 글에서는 다루지 않으며, 차후 또 다른 글에서 논할 기회를 가질 것이다.

2 7세기 신라의 영토의식

전덕재는 주로 영토와 관련된 문제를 논하고 이를 통해 신라의 삼국통일을 인정할 수 있다는 입론을 폈다. 영토 문제의 핵심 지표인 『삼국사기』 신라본기 675년 2월 기사의 '고구려 남경高句麗南境'과 671년 「답설인귀서答薛仁貴書」의 '평양이남平壤已南 백제토지百濟土地'에 대한 논의를 전개하고, 이를 통해 당초 고구려가 신라의 통합 대상이었다는 판단을 유도한 뒤 다시 7세기 전쟁 또한 '삼국통일전쟁'으로 부를 수 있다는 결론을 내렸다.

결국 '평양이남 백제토지'에 대한 이해가 관건인데, 그는 여기에 고구려 토지를 포함시키기 위해 고구려 남경 기사를 먼저 검토하였다. 논의 순서가 바뀌었다고 여겨지지만, 일단 제시된 순서대로 논지를 따라가며 세부 지표별로 문제를 검토하기로 한다. 이해의 편의를 위해 논지별로 번호를 붙였다.

고구려 남경

(1) 『삼국사기』 신라본기 675년 2월 기사에는 다음과 같은 내용이 있다. 기사 전체에 대해서는 이미 다루었으므로[5] 여기서는 핵심 부분만 살펴본다.

> ① 하지만 백제 땅을 많이 차지하고, ② 마침내 고구려 남경에 이르러 ③ 주군을 삼았다(然多取百濟地 遂抵高句麗南境 爲州郡).[6]

이 기사의 원전인 『신당서』를 보면 ①과 ②는 같지만 ③은 없다. 대신 9주의 편성과 관리 임명에 대한 내용이 이어진다. 그리고 『당회요』에는 "백제 땅을 모두 차지한 뒤 고구려 남경에 미쳤다(旣盡有百濟之地 及高句麗南境)"라고 되어 있고, 뒤에 "동서가 약 900리, 남북이 약 1,800리"라는 구문과 9주 편성에 대한 내용이 이어진다.

먼저 기사 구성과 해석에 대한 논지부터 짚어보자. 전덕재는 일반적으로 '경계(선)'로 해석되는 '남경南境'의 '경境'을 '경역(면)'으로 해석할 수 있다고 주장하였다.[7]* 그런데 이 구문 해석의 핵심은 '경境'이 아니라 '저抵(닿다, 이르다)'에 있다. '저抵'는 '도달'의 의미를 가진다. 도달 대상을 '경역(면)'으로 제시하더라도 해당 지역(고구려 남경)은 신라가 그곳에 도달하는 과정을 통해 확보된 공간에 들어가지 않는다. '저'의 해석을 바꾸지 않는 한 이 기사는 고구려 영토의 신라 귀속을 주장하는 근거가 될 수 없다.

이 구문의 해석에서 또 하나 중요한 요소는 시간 관계를 나타내는 '수遂(마침내)'이다. 이것은 선행 구문으로부터 시간이 경과하여 나타난 결과를 표시한다. 백제 땅을 차지한 것의 최종 결과로 남경에 도달한 것이므로 둘 사이에는 시차가 존재한다. 『당회요』의 '기旣(이미, ―한 후에)'는 반대로 선행 상황을 나타내는 것으로서 역시 두 구문의 시간적 선후를 표시한다.

이에 충실하게 이해하면 『삼국사기』의 "주군을 삼았다"는 전쟁의 직접적인 결과가 아니라 이후에 이루어진 남경 도달에 따른 결과이다. 필자가 이미 이러한 요소를 지적했음에도 전덕재는 이 문제를 고려하지 않고 남경 도달을 전쟁 당시의 상황으로 보면서 이로부터 '경역'이라는 해석을 유도하고자 하였다.

* 이 책 43~45쪽.

『삼국사기』 찬자가 '남경'을 '경역'으로 이해하여 기존 구문에다 "위주군馬州郡"을 넣었다고 설명하고,[8*] 다소 조심스러운 태도를 보이면서도 이를 토대로 『신당서』 기사를 이해하고자 한 것도 같은 맥락이다. 그러나 편집 상황을 보면 이는 『신당서』의 9주 편성 부분을 대체 표현한 것임이 드러난다. 당연히 『신당서』 기사를 토대로 『삼국사기』를 이해해야 하는데, 그의 논지는 이해의 순서가 뒤집힌 것이다.

결국 신라가 '고구려 남경'에 '도달'한 것은 성덕왕 때 패강(대동강) 이남의 영유권을 인정받은 상황을 나타내며, 이렇게 완성된 공간을 대상으로 9주 편성과 체제 운영에 대한 설명이 제시된 것이다. 그리고 대동강부터 고구려 경역이 시작되므로 신라는 최종적으로 백제 토지만 차지한 것이 된다.

(2) 전덕재는 다음으로 『구당서』의 "이로부터 신라가 점차로 고구려·백제의 땅을 차지하니 그 영역이 더욱 넓어져 서쪽으로 바다에 이르렀다(自是 新羅 漸有高麗百濟 其界益大 西至於海)"라는 기사를 채용하여 신라가 고구려 영토를 차지했음을 말하였다.[9**] 일견 신라가 고구려 영토를 점유했다는 근거가 될 수 있어 보인다.

그런데 이 구문은 백제 멸망 기사 다음에 나오며, 그 뒤에 무열왕 사망 기사가 이어진다. 곧 나중에 해당 구문을 삽입해 넣은 것이다. "이로부터(自是)"라고 한 것도 이러한 편집을 반영한다. 이는 해당 내용이 전쟁의 직접적 결과가 아니라 최종 상황에 대한 후대의 인식을 반영했음을 의미한다. 마치 두 나라를 모두 병탄한 것처럼 적은 것은 신라 말에 표방된 '일통삼한' 인식이 투영되었음을 짐작게 한다. 『신당서』는 신라의 고구려 영토 점유를 오류로 간주하

* 이 책 43쪽.
** 이 책 43~44쪽.

여 이 기사를 삭제하고, 대신 '고구려 남경' 기사를 채용한 것으로 이해된다.

(3) 한편 전덕재는 『구당서』(945)와 『당회요』(961)의 편찬 시점이 근접함을 근거로 양자의 인식이 동일하다고 보았다.[10]* 다시 말해 『구당서』 기록을 신뢰하면서 그것이 『당회요』와 『신당서』를 거쳐 『삼국사기』까지 동일하게 적용된다는 논리를 구성한 것이다.

그러나 편찬 시기가 비슷하다고 하여 맥락이 다른 기사의 내용을 동일시할 수는 없다. 같은 시기의 것이라도 어떤 시각을 가지고 어떤 원전을 채용하느냐에 따라 같은 상황에 대해 전혀 다른 내용이 들어갈 수 있다. 현재의 각종 언론 기사만 떠올려도 금방 알 수 있는 속성이다. 요점은 왜 차이가 나는지 이해하고 어느 것을 신뢰할 것인가를 판단하는 데 있다.

이 점에서 『당회요』 구문에 보이는 '급及'의 해석은 깊은 주의가 필요하다. 이것을 '및(and)'으로 해석하면 신라가 백제 토지와 고구려 남경을 모두 차지한 것이 된다. '전체'와 '부분'의 차이는 있지만 『구당서』 기록과 부합할 여지가 생긴다. 그러나 이 경우 앞 구문의 '기旣'에 상응하는 후속 구문이 없어지는 문제가 생긴다. 동서·남북의 거리는 후속 상황까지 완료된 후에 설정된다. 이 때문에 '급及'은 '미치다(reach)'라고 해석하게 되는 것이다. 그 역시 이를 '이르렀다'로 해석했는데,[11]** 이는 『구당서』와 『당회요』의 내용을 같은 것으로 본 것과 모순이 된다.

『신당서』는 이러한 모호함을 없애기 위해 '기旣'와 '급及' 대신 '수저遂抵'를 넣어 선후 관계와 의미를 명확히 하였다. 결국 『구당서』와 『당회요』는 신라의 영토 확보에 대해 다른 인식을 담고 있으며, 『신당서』는 『당회요』를 채용하면

---

*이 책 43~44쪽.

**이 책 44쪽.

서 그 내용을 분명히 한 것이다.

(4) 신라는 735년(성덕왕 34) 패강(대동강) 이남의 땅을 '사여'받아[12] 기존 경계였던 예성강을 넘어 개척을 진행하였다. 이를 두고 전덕재는 신라인들이 예성강 이북을 당의 영토 또는 완충지대로 인식했다고 보았다. 다시 말해 예성강 이남만이 신라의 영역으로 간주되었다는 것이다.[13]* 이는 "고구려 남경에 이르러 주군을 삼았다"는 구문과 실제 신라가 전쟁 후 개성·우봉 지역까지 군현을 설치한 것을 맞추기 위한 해석인데, 납득하기 어려운 설명이다.

결과적으로 이것은 '평양이남 백제토지'에서 신라가 평양 이남의 영유권을 주장한 것으로부터 '후퇴'한 것이 된다. 더구나 이 경우 실제 신라가 확보한 영토는 임진강 – 예성강 지역에 국한된다. 국지적 점유 수준의 영토 확보만으로 "평양 이남의 고구려 영역 가운데 일부만이라도 675년에 군·현으로 편제하였다는 사실은 부인할 수 없다"는 주장을 내세울 수 있는지 의문이다. 이마저 '고구려' 영토가 아니라 '당'의 영토를 빼앗은 것이라고 볼 여지도 생긴다. 해당 논고에서 제시한 '통일'의 명분에 장애를 일으킬 수 있는 것이다.

여기서 성덕왕 때 당이 패강 이남을 공인한 이유를 생각해보자. 직접적인 계기는 통상 신라가 발해 견제에 기여한 공을 인정한 것으로 설명되고 있다. 그러나 그런 이유만으로 당이 자신의 영토를 주었다는 것은 비상식적이다. 신라가 지속적으로 평양 이남을 자신의 영토로 주장하였고 그것이 그 나름의 근거가 있었기에, 계기가 생겼을 때 이를 수용했다고 보는 것이 타당하지 않을까 한다.

주지하듯이 고려의 강동 6주 개척은 고구려 고토에 대한 영유권을 바탕으로 하고 있었다. 하지만 현실적으로는 거란과의 협상을 통해 이루어졌고, 거

*이 책 47~48쪽.

란 황제의 '사여'라는 명분을 수반했다. 그리고 고려는 전쟁 중에 거란이 점령한 압록강 동쪽의 보주保州(의주) 지역을 돌려줄 것을 계속 요구했다. 마찬가지로 신라는 7세기 전쟁 이래 평양 이남이 '당이 내려준' 자신의 땅이라는 인식을 견지하며 당에 계속 '온전한 영유'를 요구하였고, 당은 8세기에 이르러 이를 수용한 것이다. 「답설인귀서」가 온전히 전승될 수 있었던 것은 신라의 영토 근거를 담고 있었기 때문이라는 지적[14]은 음미할 만하다.

평양이남 백제토지

(1) 영토 문제를 통해 신라의 '통일'을 말할 때 가장 관건이 되는 것은 「답설인귀서」에 보이는 '평양이남 백제토지'의 해석이다. 전덕재는 전술한 '고구려 남경' 기사 등을 통해 이 범위에 고구려 영토가 들어 있었다고 판단하고, 신라와 당이 이를 인지하고 합의했다고 주장하면서 그에 맞추어 이 구문을 해석하였다.[15]*

먼저 지적할 부분은 신라가 백제 땅만을 병합했다는 부분에서 필자의 해석이 김영하의 주장과 같은 맥락이라 보고 "약간의 시각 차이"를 말한 것이다.[16]** 필자의 논지는 "대동강까지가 백제의 고유 영토"라는 데 그 핵심이 있다. 앞서 이 구문을 두고 논쟁을 벌인 노태돈과 김영하는 모두 임진강까지를 백제 또는 이를 병합한 신라의 영토로 보는 점에서는 다르지 않았다.[17] 단지 신라가 확보한 영유권에 고구려 토지(임진강 이북)가 포함되었느냐를 두고 인식 차이를 보였을 뿐이다. 필자는 양자 모두 잘못되었다고 비판했다.[18] 이로부터 신라가 백제 토지만을 병합했다는 결론이 도출된 것뿐이다. 최근에는

---

*이 책 49~54쪽.

**이 책 50쪽.

김영하의 반론[19]에 대해 반박한 바 있다.[20]

그럼에도 전덕재는 필자의 입론을 김영하의 것과 묶은 뒤 그의 입론만 논하고 필자의 핵심 논지는 전혀 다루지 않았다. 마치 김영하의 주장을 부정하면 필자의 주장도 자동적으로 부정되는 듯한 인상을 줄 수 있기에 먼저 그 부적절함을 지적하지 않을 수 없다.

(2) 필자는 '평양이남'과 '백제토지'가 모두 특정 영역을 나타내고 있지만 이를 규정하는 준거의 층위가 다르다는 점을 지적하였다. '평양이남'은 지리적 기준을 통해, '백제토지'는 국가 귀속을 통해 해당 영역을 나타내고 있다. 복수의 영역을 병렬적으로 나타내면서 서로 다른 기준을 적용하기 어렵다는 점에서 이 구문은 당초부터 하나의 영역을 나타낸다고 보는 것이 자연스럽다. 그런데 이 구문이 '통일'과 연계하여 고구려 영토의 포함을 판단하는 지표로 활용되면서 해석에 왜곡이 발생하였다.

필자는 이 구문이 하나의 영역을 나타내고 있음을 입증하는 사례를 제시하였다. 고려 말 요동의 동녕부東寧府를 정벌하면서 고려가 관내 주민에게 포고한 글에 "요하이동遼河以東 본국강내本國疆內"라는 구문이 보인다.[21] 이것은 요하의 동쪽이 고려의 고유 영토라는 것을 나타낸다. '요하이동'과 '본국강내'가 다른 영역이 될 수 없는 것처럼 똑같은 문장 구성을 가진 '평양이남 백제토지' 또한 하나의 영역으로 보아야 한다.

(3) 이와 함께 필자는 영토 귀속을 판단하는 기준이 전쟁 당시의 소유가 아니라 본원적 귀속이었음을 지적하고, 역시 『답설인귀서』에 보이는 비열성卑列城(비열홀比列忽) 문제를 통해 이를 입증하였다. 비열성은 신라가 일찍이 진출했던 곳이고 진흥왕 때 주州가 설치되기도 하였다. 그러나 이후 고구려에게 빼앗겼다가 전쟁 과정에서 다시 차지하였다.

그런데 당이 고구려 환속을 통보하자 신라는 이곳이 "본래 신라의 것(本是

新羅"이라며 반발하였다. 이는 환속의 근거가 '고구려 땅'이라는 데 있었으며, 신라는 고구려 땅에 대해 영유권이 없었다는 것을 보여준다. 따라서 신라가 영유권을 제시한 '평양이남'에 고구려 땅은 들어갈 수 없다.

결국 고구려 영토를 통해 신라의 '통일'을 논하는 것은 원천적으로 성립하지 않는다. 이런 상황에서 7세기 삼국의 영토 상황을 따지는 것은 의미가 없다. 신라에게 중요한 것은 기존에 자신이 얼마나 고구려 영토를 차지했느냐가 아니라 '백제의 고유 영토가 어디까지냐'이기 때문이다. 같은 자료에 있음에도 이 지표를 다루지 않은 것은 실증적으로 문제가 있다.

(4) 전덕재는 백제의 영토의식과 관련된 '대방고지帶方故地'에 대해서도 문제를 제기하였다.[22]* 『주서』와 『수서』에는 시조 구태仇台가 '대방(고지)'에 나라를 세운 것으로 나온다. 이 내용은 통상 알려진 온조 설화에는 등장하지 않는다. 그는 『속일본기續日本紀』에 백제의 원조遠祖가 도모都慕, 곧 추모(주몽)로 기록된 것을 근거로 백제 말기에 주몽의 아들인 온조를 백제의 시조로 인식하고 있었고, 따라서 대방고지를 고토로 인식했을 여지가 낮다고 보았다. 하지만 시조설화의 계통이 다르다고 해서 국가의 영토의식까지 다르다고 할 수는 없다.

여기서 후백제 견훤의 인식이 중요한 단서가 된다. 927년 공산전투에서 고려군을 대파한 견훤은 고려 태조에게 글을 보내 위세를 과시하였다. 여기서 그는 "평양의 누각에 활을 걸고 패강의 물로 말을 먹이겠다掛弓於平壤之樓 飲馬於浿江之水"는 포부를 밝혔다.[23] 이는 평양 또는 대동강까지 영토를 확보하겠다는 의미이다.

고구려의 부활을 내세운 고려가 고구려 고토 회복을 위해 북방 개척을 진

---

* 이 책 51~52쪽.

행한 것처럼, 후백제 견훤에게 백제 고토의 수복은 당위적 과제였다. 그 고토의 경계가 바로 대동강이며, 그 이남이 '대방고지'이다. 견훤의 인식은 백제에서 확립된 내용을 재현한 것이므로 온조와 구태에 투영된 영토의식이 다를 이유가 없다.

이 점에서 온조 13년 강역 획정 때 북방 경계가 패하浿河(패수浿水, 패강浿江)로 제시된 기사를 주목할 필요가 있다.[24] 후술하겠지만 4세기 고구려와 백제가 충돌한 패수는 예성강으로 보는 것이 현재 통설화되어 있다. 자연히 온조 13년 기사의 패하도 예성강으로 보고 있다.

이는 『신증동국여지승람』에 예성강 상류인 저탄猪灘의 이칭으로 '패강'이 나오는 것을 주된 근거로 한다. 그러나 이는 인근의 평산에 설치된 패강진浿江鎭으로부터 파생된 명칭으로, 고려 이후에 생성된 것이다.[25] 더구나 『명태조실록』에는 고려의 큰 강으로 패수와 예성강이 함께 나오고 있어[26] 고려 말까지도 '패수=대동강'이라는 인식이 온존하고 있었음을 알 수 있다. 이는 조선에서도 마찬가지였다. 『세종실록』 지리지는 대동강이 옛 패강이라고 밝히고 있으며, 여기에 인용된 『문헌통고』에도 패수가 언급되고 있다. 『신증동국여지승람』도 대동강의 이칭으로 패강을 말하고 있어, 저탄의 이칭을 가지고 4세기 패수를 예성강으로 보는 것은 실증적으로 허점을 가진다.

성덕왕 때 패강 이남을 공인받았다는 기사에 나오는 패강이나 견훤의 주장에 나오는 패강은 모두 대동강이다. 이를 건너뛰고 고려 이후 생성된 일부 인식을 4세기로 소급 적용한 것은 타당성이 떨어진다. 더구나 패수를 일관되게 대동강으로 보는 데 어떤 실증적 문제도 없다. 온조가 획정한 북방 경계로서 패하가 대동강이라면 그 영토는 '대방고지'와 일치한다. '평양이남'이 백제 토지를 지리적 기준으로 제시한 것이라면, '대방고지'는 역사적 맥락에서 제시한 것으로서 양자는 같은 내용인 것이다.

(5) 김춘추가 고구려에 원병을 요청했을 때 보장왕은 죽령 서북, 곧 한강 유역이 자신의 고유 영토임을 내세우며 이곳의 반환을 원병 조건으로 내세웠다. 전덕재는 이에 근거하여 평양 이남의 고구려 영토를 본래 백제의 영토라고 인식하였다고 보는 것은 지나친 논리적 비약이라고 비판하였다.[27]*

그러나 고구려가 한강 방면으로 진출하기에 앞서 이곳은 백제 영토였다. 고구려가 자기 영토라고 주장한다고 해서 백제의 영토의식이 부정되는 것은 아니다. 한 지역에 서로 다른 영토의식이 교차할 수 있고 이로 인해 영토 분쟁이 발생하기도 한다. 그 역시 한강 유역에 대해 고구려와 백제가 모두 신라에게 빼앗긴 자기 땅이라고 주장했음을 언급하였다.[28]** 이때 신라는 외교상 자신에게 유리한 준거를 내세울 것이므로 고구려의 영토의식에 구애될 이유가 없다. 전술한 비열성 문제는 이러한 속성을 그대로 보여주거니와 평양 이남도 마찬가지이다.

(6) 전덕재는 '평양이남 백제토지'에 대한 새로운 문법적 접근을 제시하였다. 뒤에 이어지는 "아울러(모두) 너희 신라에게 주겠다(並乞你新羅)"의 '병並'이 둘 이상의 대상을 총칭하는 표현임을 적시하고, 그러한 용례를 여럿 제시하였다.[29]*** 이러한 입론은 기경량의 논고에서도 보인다.[30]****

'병'이 복수의 대상을 지칭한다는 말은 맞다. 그러나 이로부터 '평양이남'과 '백제토지'가 별개임을 주장하면서 두 가지 논리적 실증적 오류가 발생하고 있다. 하나는 복수의 대상을 묶어서 이해할 때 그 대상은 층위가 같아야 한다는 것이다. 필자가 누누이 언급한 바이다. '평양이남'과 '백제토지'는 대상

*이 책 52쪽.
**이 책 51~52쪽.
***이 책 53~54쪽.
****이 책 77쪽.

을 설명하는 방식이 달라서 '병'으로 묶이는 병렬적 개체가 되기 어렵다.

좀 더 중요한 점은 '복수'를 설정하는 방식이 대상에 따라 달라질 수 있다는 것이다. 다수를 아우르는 범주는 단수로 나타날 수 있다. 영문법의 집합명사와 군집명사를 통해 그 원리를 이해할 수 있다. 주지하듯이 'family'가 '가족'이라는 하나의 단위를 나타내면(집합명사) 이는 단수이다(예: My family is a large one). 그러나 이것이 가족 구성원을 나타내면(군집명사) 복수가 된다(예: My family are all tall).

영토 범위는 하나의 범주로 표시되지만 내용적으로는 그것을 구성하는 다수의 단위를 포괄할 수 있다. 다음 자료는 바로 그러한 예이다.

> 철령 이북은 원래 원나라에 속했으니 '아울러' 요동에 속하게 하라(鐵嶺迆北 元屬元朝 並令歸之遼東).[31]

위 기사는 고려 말 명이 쌍성총관부 지역에 철령위鐵嶺衛를 설치하겠다고 고려에 통보한 내용 가운데 등장한다. 이 구문은 '평양이남 백제토지'와 유사한 문맥을 가지고 있다. '원속원조'와 '백제토지'는 표현 형태에 차이가 있고 따라서 세부 해석은 달라질 수 있지만, 근본적으로 앞에 제시한 영역의 귀속을 나타낸다는 점은 동일하다.[32]

여기서 환수 대상이 되는 영역은 '철령 이북'이라는 하나의 범주로 제시되었는데, 뒤에 '병並'이 나온다. 내용적으로 철령 이북에 있는 여러 영역 단위, 또는 그곳의 주민을 포괄하는 의미를 가지기 때문이다. 따라서 '병'을 근거로 '평양이남'과 '백제토지'를 별개로 볼 수 없다.

한편 '평양이남 백제토지'와 같은 구성을 보이는 사례로 조선 세종 때 "공험진 이남은 나라의 옛 영토이므로 군민을 두어 강역을 지켜야 합니다(公險以

南 國之舊封 宜置軍民 以守疆域)"[33]라고 한 구문을 찾을 수 있다. 여기서도 '공험이남公險以南＝국지구봉國之舊封'이라는 관계가 성립한다. 이는 앞서 언급한 '요하이동 본국강내'와 더불어 '평양이남 백제토지'를 "평양이남＝백제토지"로 해석해야 하는 명확한 근거를 제공한다.

3   삼한과 삼한일통 의식

삼한은 그 역사적 실체가 소멸된 뒤 중국에서 동방의 정치체를 포괄하는 범주로 널리 사용되었다. 그 초점은 중국과 구별되는 역사적 단위로서 삼국의 연원적 동질성을 제시하는 데 있다.[34]

기경량이 '삼한'을 표상 또는 범주로 접근하는 것은 필자의 입론과 유사한 면이 있다. 그러나 그 내용과 성격에 대한 설명은 판이하다. 그는 표상으로서 삼한이 삼국을 나타낸다는 일반적 이해를 비판하고 고조선과 낙랑까지 포괄한다고 보았다. 그리고 이 삼한의 범위를 "평양 일대와 그 이남 지역"이라고 규정하고, 그 중심인 평양은 수·당에서 회복하고자 한 '실지失地'였다고 파악하였다. 최종적으로 신라가 확보한 '평양이남 백제토지'가 이러한 삼한의 범위와 일치하므로 '일통삼한'이 수립된다고 결론짓고, 이에 입각하여 7세기 전쟁의 성격과 삼한일통 의식의 성립 시기를 논하였다.

전체적으로 볼 때 실증적 해명을 도모한 것이 아니라 신라의 '통일'이라는 전제 아래 개념적 틀을 구성한 뒤 이를 연역적으로 해석하는 경향을 띠고 있다. 곧 '평양이남 백제토지'를 '일통삼한'의 실체적 산물로 설정하기 위해서 그에 맞추어 '삼한'의 범주를 역으로 규정하고, 이로부터 다른 사안을 설명하는 '순환론'의 양상을 보이는 것이다.

이러한 구도에서는 삼한에 대한 규정이 타당성을 결여하면 나머지 논지가 모두 무의미해진다. 따라서 먼저 그가 제시한 표상으로서의 삼한에 대한 이해가 타당한지 검증하고, 나머지 문제를 살펴보기로 한다.

표상으로서의 삼한

(1) 기경량은 역사적 실체로서 고조선과 낙랑, 삼한의 '긴밀성'을 지적하고, 이로부터 이들을 포괄하는 '삼한'의 범주를 설정하였다.[35]* '표상'으로서 삼한의 본령을 삼국이 아니라 그에 앞선 고조선과 낙랑으로 본 것이다. 그러나 삼한의 범주는 처음부터 고조선이나 낙랑을 포함한 것도 아니거니와 이들의 '긴밀성'을 유도하는 과정 또한 실증적으로 허술하다.

그는 먼저 준왕準王의 남천南遷 기사를 통해 고조선과 한을 연결하고, 『삼국지』에서 진한인이 낙랑인을 '아잔我殘'으로 불렀다는 기사를 준거로 진한과 낙랑의 '긴밀한 연관'을 도출한 다음, 『북사』의 "한나라 때 신라가 낙랑 땅에 살았다"라는 기사를 연결하여 "고조선 및 낙랑과 삼한은 하나의 역사적 공간 단위로 묶인다"는 결론을 유도하였다. 여기에 진한의 기원이 고조선의 유민이라는 『삼국사기』 기사를 덧붙였다.[36]**

준왕의 남천은 설화적인 것으로서 후대의 인식을 반영하기 때문에 실증적 근거로 한계가 있다. 또한 『후한서』에는 "준왕의 후예가 끊어지니 마한인이 자립하여 진왕이 되었다(准后滅絶 馬韓人 復自立爲辰王)"라고 되어 있다. 이에 따르면 준왕을 매개로 고조선과 마한을 연결하기 곤란하다.[37]

한 무제의 고조선 공멸이 '삼한 정벌'로 표현되는 것은 마한이 고조선을 계

*이 책 70~75쪽.
**이 책 71~72쪽.

승했기 때문이 아니다. 과거의 존재를 통해 후대의 존재를 표현할 때는 계승성이 중요한 매개가 된다. 그러나 반대로 후대의 존재가 선행한 존재를 나타내는 것은 맥락이 다르다. 이것은 삼한이 동방의 역사를 대표하는 개념이 된데 따른 것인데, 이에 대해서는 뒤에서 다시 설명하겠다.

낙랑은 중국 왕조가 한(삼한)을 제어하는 매개였다. '한韓'의 범주는 당초 낙랑을 기준으로 그 남쪽에 있는 외이外夷를 가리키는 것이었다. 이에 상응하여 동쪽은 예濊, 북쪽은 맥貊으로 지칭되었다.[38] 낙랑은 중국이고 한은 외이라는 것은 공간적 역사적으로 분리된 존재임을 의미한다.

그가 진한과 낙랑의 긴밀성을 유도한 『삼국지』 기록도 제대로 음미할 필요가 있다.

> 동방인은 '아我'를 '아阿'라고도 하니 (아잔은) 낙랑인이 본래 그 남은 사람들이라는 것이다. 지금 그들을 진한秦韓이라고도 한다.[39]

위 구문은 진한의 언어가 진秦과 유사하다는 지적에 이어진다. 이것은 진한이 진의 유망민이라는 전승과 진한秦韓이라는 명칭을 매개로 낙랑과 진한이 같은 뿌리에서 나왔다는 맥락을 내포한다. 이에 대한 별도의 분석과 설명은 보이지 않지만 이 부분에서 '긴밀한 관계'를 유도한 듯하다.

그러나 이 내용은 어디까지나 진한인의 일방적 표방일 뿐 낙랑이 이러한 인식을 공유했다는 근거는 없다. 더구나 '아잔'이 실제 '나'와 '남은 무리'의 조합인지도 보증할 수 없다. 자료의 찬자가 진의 유망민 전승을 토대로 끼워 맞춰 해석했을 가능성도 있다. 실제 뒤에 편찬된 『후한서』가 해당 내용을 거의 동일하게 전재하면서도 아잔 관련 내용만 삭제한 것은 그 불합리성을 고려한 결과로 이해된다.[40]

신라가 낙랑에 있었다는 이해는 신라가 이전에 낙랑의 영향권 안에 있었다는 정치적 인식, 혹은 신라왕이 낙랑군공樂浪郡公에 책봉된 데서 유도된 인식으로 해석된다. 『삼국사기』에서 진한의 기원을 고조선 유민으로 설정한 것은 진秦의 유망민이라는 전통적 이해를 후대에 '조선'으로 대체한 것이다.

결국 실증적으로 연관성을 설정하기 어려운 고조선·낙랑과 삼한을 작위적으로 연결하여 마치 하나의 역사적 단위처럼 서술한 것이다. '긴밀한 관계'를 판단하는 기준과 그에 상응하는 내용을 명확히 제시하지 않았고, 다시 이것을 '하나의 역사적 단위'라는 평가까지 끌고 간 것은 지나친 비약과 자의적 규정이라는 비판을 피하기 어렵다.

(2) 표상으로서 삼한은 중국 왕조가 동방의 정치체를 이해하기 위해 수립한 '범주'이다. 특정 대상들을 포괄하여 인식하기 위해 만들어진 범주는 시간이 경과하면서 변동하는데, 대개 해당 범주에 포섭되는 대상이 확장되는 경향을 가진다(물론 축소도 가능하다).

삼국을 삼한으로 지칭한 근본적인 목적은 이들의 역사적 연원이 같다는 것을 제시하는 데 있다. 이는 중국 왕조가 삼국과 동시에 교섭하면서 외교적 수사로 나타낸 것이었다. 때로는 삼국의 하나를, 때로는 삼국 전체를 지칭하였다. 중국 중심의 천하관에서 통상 '해동海東'으로 지칭되는 지역의 역사를 제시할 때 '삼한'이 대표성을 가졌다. 이로부터 해당 범위에 있는 과거의 존재들까지 삼한으로 포섭되었다. 역사적으로 선행한 고조선이 삼한으로 지칭되는 것은 이러한 범주 확장과 대표성의 결과이다. 기경량은 이를 가지고 '삼한' 용어가 상정한 역사적 공간 개념에 고조선이 포함되어 있다는 것만 현상적으로 지적할 뿐,[41]* 그것이 어떤 맥락에서 형성된 것인지에 대한 명확한 이

---

* 이 책 72~73쪽.

해는 수립하지 못하였다.

낙랑군을 포함한 사군四郡은 중국이 설치한 행정단위였기 때문에 처음부터 삼한의 범주에 들어올 수는 없었다. 그도 인용한 "고구려는 본래 사군의 땅이다(高麗本四郡地耳)"라는 『자치통감』의 기사는 당 태종이 고구려 원정을 기획하며 한 말이다. 뒤에 "내가 군대 수만을 내어 '요동'을 공격하면 저들은 나라를 기울여 구할 것이다"라는 내용이 이어진다. 여기서 사군을 말한 것은 고구려 땅(요동)이 본래 중국의 것이라는 의미를 함축한다. 중국의 인식에서 '사군'과 '삼한'은 명확히 구분되는 범주였던 것이다.

사군이 동방의 역사로 수렴되는 것은 '삼한'이 아니라 '해동'의 공간 설정에서 유도된 것이다. 해동은 중국 천하관에서 사해四海의 동쪽에 있는 존재들을 포괄하는데 사군 또한 공간적으로 해동에 들어간다. 이 때문에 해동에 있던 역사적 경험을 자신의 역사로 간주하면 당초 중국 역사였던 사군도 동방의 역사로 수용될 수 있다.

그 결과 사군이 삼한과 같은 내용을 나타내게 되는데, 나말여초 금석문에서 삼한과 사군이 병칭되는 것을 볼 수 있다. '무위사 선각대사비'의 "삼한이 시끄럽고 사군이 끓어올랐다(三韓騷擾 四郡沸騰)"라는 표현이 대표적인 사례이다.[42] 결국 사군은 삼한과 다른 층위에서 해동의 역사를 표상함으로써 삼한과 등질적 의미가 되는 것이다. 이를 가지고 당초 사군 또는 낙랑이 삼한의 범주에 들어간 것처럼 이해하는 것은 오류이다.

(3) 기경량은 삼한의 범위를 평양 일대를 포함한 그 이남 지역으로 보고 삼한 공간 개념의 핵심이 평양이라고 이해했는데,[43*] 이 또한 근거가 없다. 이는 삼한의 실체를 삼국이 아니라 고조선과 낙랑으로 규정함으로써 유도된 해석

* 이 책 74~75쪽.

일 뿐이다.

당시에 인식된 고조선의 실체는 기자조선이다. 고조선을 통해 평양 핵심을 유도한 것은 평양이 기자의 고도古都로 간주된 것에 영향을 받은 듯하다. 여기에 낙랑을 함께 넣음으로써 이를 뒷받침하였다. 그러나 이는 조선이 멸망할 당시의 중심지가 평양이었다는 사실과 기자가 조선에 분봉되었다는 전승이 융합되면서 형성된 인식이다. 7세기 당시 기자를 통해 제시되는 역사적 공간의 본령은 평양이 아니라 요동이었다.

당의 온언박溫彦博은 고구려 문제를 논의할 때 "요동의 땅은 주가 기자의 나라로 삼았으며 한의 현토군입니다(遼東之地 周爲箕子之國 漢家之玄菟郡耳)"라고 하였다. 중국이 인식한 기자의 공간이 요동임을 명확히 보여준다. 후대에는 기자의 분봉을 동방의 역사로 규정함으로써 동방의 고유 영토가 요하 동쪽이라는 논리를 내세우게 된다. 전술한 '요하이동 본국강내'가 바로 기자의 분봉을 명분으로 제시된 영토의식이다.

(4) 수·당에서 회복하고자 한 실지의 실체를 평양이라고 주장한 것[44]*도 근거가 없다. 자료에서 확인되는 중국의 실지는 요동이었다. 『삼국사기』 등에는 삼국의 화해를 요구하러 고구려에 온 상리현장相里玄奬이 연개소문으로부터 신라에게 빼앗긴 영토에 대해 듣자 "지금 요동은 본래 모두 중국의 군현이다(今遼東 本皆中國郡縣)"라며 문제 삼지 말라고 반박했다는 내용이 보인다.

또한 저수량褚遂良은 당 태종의 고구려 친정을 "요동에 군대를 일으킨다(興師遼東)"라고 표현하였고, 원정을 만류하는 그의 행동에 대해서는 "태종이 삼한에 뜻을 두고 있어 후회를 남길까 우려하였다(以太宗銳意三韓 懼其遺悔)"라고 평가되었다.[45] 고구려가 '삼한'으로 표현되고 그 실체는 '요동'으로 제시되고

*이 책 75쪽.

있다. 수·당의 고구려 원정은 흔히 '요동의 역役'으로 표현되었다.

결국 표상으로서의 삼한에 고조선을 넣는다면 그 공간 범위는 요동까지 들어가야 한다. 그럼에도 그 범위를 "평양 일대와 그 이남 지역"이라고 규정한 것은 이를 '일통삼한'으로 연결하기 위해서이다. 이에 낙랑군을 끼워 넣고 이를 매개로 평양이 중국의 실지라는 주장으로 이어간 것이다. 하지만 이러한 입론은 논리의 비약도 심하고 실증적으로도 뒷받침되지 않는다.

(5) 전쟁 중인 삼국의 화해를 종용하기 위해 당 고종이 백제 의자왕에게 보낸 글에는 삼한에 대한 인식이 담겨 있다. 이 구문의 해석에서도 문제가 발견된다.

> 해동 삼국에 이르러서는 나라를 세운 지 오래되었고, 경계를 나란히 하며 땅이 개 이빨처럼 서로 맞물려 있다. 요즘에 와서는 마침내 혐의와 간격이 생겨 전쟁이 번갈아 일어나서 편안한 해가 거의 없을 정도인지라 삼한 백성의 목숨이 위태로울 지경에 이르게 되었다.[46]

기경량은 위 글에서 '삼한'이 '삼국'이 아니라 '해동'에 조응한다고 보았다.[47*] '해동'과 '삼한'은 일정한 지역을 가리키는 표현이고, '삼국'과 '백성'은 그 지역에 존재하는 대상이라는 것이다. 여기에는 개념적 오류가 보인다.

'해동'과 '삼한'은 특정 대상을 포괄하는 용어이지만 그 개념적 연원은 전혀 다르다. '해동'은 중국의 천하관에 입각한 지리적 위치로서, '삼한'은 역사적 연원으로서 대상을 표현한 것이다. 그것이 표상하는 일차적 대상은 공통적으로 '삼국'이다. 해동이 "삼국은 해동에 있다"라는 의미에서 삼국을 대신한다

* 이 책 74쪽.

면, 삼한은 "삼국은 삼한에서 비롯되었다"라는 의미에서 삼국을 대신한다. 위 구문은 삼국이 전쟁을 계속하는 탓에 백성이 피해를 본다는 것이므로 그 백성은 당연히 삼국의 백성이다. 여기에 다른 해석이 있을 여지가 없다.

그는 '삼한'과 '해동'이 같은 대상을 나타낸다는 것만 염두에 두었을 뿐, 그것이 가지는 함의가 다르고 따라서 다른 층위에서 대상을 설명한다는 사실을 간과하였다. 이로 인해 본원적으로 '역사' 개념인 삼한을 해동과 같은 '지역' 개념으로 치환하는 오류를 범하였다.

한편 그는 삼한이 지역 개념이라는 증거로『고려사』에서 "삼한의 땅(三韓之地)을 궁예가 절반 넘게 차지하였다"는 구문을 제시하였다.* 그러나 역설적이게도 이것은 삼한이 온전한 지역 개념이 아니라는 점을 입증한다. '해동'에는 대개 '지지之地' 같은 표현이 붙지 않는다. 해동 자체가 '지역'을 나타내기 때문이다. 하지만 삼한은 '역사'를 나타내는 것이기 때문에 실물적 지역을 나타내려면 '지지' 같은 구문이 붙게 된다. "삼국은 삼한에 있다"는 말은 성립하지 않기 때문이다. 응당 "삼한의 땅에 있다"라고 표현한다. 앞서 인용한 것처럼 "고구려는 본래 사군의 땅이다"라고 한 것도 같은 맥락이다.

그가 이상과 같은 논리적 무리를 범한 것은 삼국과 삼한이 동일시될 경우 앞서 삼한의 범위를 "평양 일대와 그 이남 지역"이라고 규정한 것과 충돌하기 때문이다. 이는 그가 7세기 전쟁이 끝난 뒤 신라의 영토가 '일통삼한'에 부합한다는 전제를 가지고 그에 맞추어 내용을 전개하고 있음을 보여준다. 그런데 그의 의도와 다르게 해동은 요동과 한반도를 포괄하기 때문에 해동과 삼한을 등치시키면 삼한의 범위에 요동이 들어가면서 논리적 모순이 발생하게 된다.

*이 책 74쪽.

4세기 전쟁에 대한 이해

(1) 4세기 후반 고구려와 백제 사이에 전개된 전쟁은 '평양이남 백제토지'의 해석에 연동되는 대표적인 사안이다. 필자는 '평양이남 백제토지'가 백제의 영토의식을 토대로 제시된 것이며, 또한 이 영토의식은 4세기 전쟁을 통해 형성되었다고 보았다.[48] 이 문제는 당시 양국이 공방을 벌였던 경계로서 패수가 어디인가 하는 문제로 연장된다. 기존 통설에서는 예성강으로 보았으나 필자는 대동강으로 보아야 한다는 입론을 폈는데 이에 대해서는 앞에서 서술하였다.

기경량이 이 문제를 집중 거론한 의도는 해당 소결에 "따라서 가장 자연스러운 해석은 역시 '평양 이남(고구려 토지)과 백제 토지'가 된다"라고 서술한 데서 드러난다. 4세기 전쟁에 대한 필자의 해석을 부정하여 자신의 해석에 정당성을 부여하고자 한 것이다.

그런데 '평양이남 백제토지'의 해석은 4세기 전쟁에 대한 이해를 통해 수립된 것이 아니다. 4세기 전쟁이 그 해석에 연동하여 새롭게 설명되는 것일 뿐이다. 이것이 필자의 해석에 정당성을 보강하는 의미는 있지만, 그것이 없다고 해서 기존 해석이 영향을 받는 것은 아니다.

(2) 기경량의 주장은 실증적 측면에서도 문제를 보이고 있다. 우선 '수곡성'과 '수곡성 서북'의 관계를 지적할 수 있다. 369년 백제 태자 근구수는 침공한 고구려군을 격퇴하며 '수곡성 서북'까지 추격하여 그곳에 돌을 쌓아 표지를 삼았다(積石爲表).[49] 근구수의 행위는 자국의 영토 경계에 대한 인식의 확립을 반영한다.

이에 근거하여 필자는 4세기 고구려와 백제의 경계는 수곡성이 아니라 이로부터 서북쪽으로 더 진출한 곳이며, 그 경계는 대동강을 매개로 형성되었다고 보았다. 그런데 그는 이에 대해 "수곡성이라는 지명이 나온 이상 여기서

'서북'이라 하더라도 크게 떨어진 곳이라 볼 수는 없다."라고 주장하였다.[50*]

특정한 지명을 준거로 방위를 통해 위치를 나타내는 표현은 흔하다. 그렇다면 이러한 표현들이 대개 해당 지표와 가까운 범위만 표시하고 있을까? 고구려 보장왕은 원병을 청하러 온 김춘추에게 "죽령 서북의 땅(竹嶺西北之地)"의 반환을 요구하였다.[51] 여기서 '죽령 서북'은 한강 유역을 가리킨다. 수곡성과 대동강 사이보다 훨씬 멀다. 수곡성이 언급된 것은 그곳과 가까워서가 아니라 영토를 파악하는 기준으로서 중요한 의미를 가지고 있었기 때문이다.

(3) 다음에 기경량은 필자가 수곡성과 대동강의 연관성을 경계 지역의 '공백지'를 통해 설명한 것도 비판하였다. 필자의 주장을 따르게 되면 대동강 이하 평안남도 일대와 황해도 지역 전체가 공백지였다는 셈이므로 상식적으로 말이 안 된다는 것이다.[52**]

이러한 지적은 필자의 논지를 제대로 이해하지 못한 결과로 보인다. 4세기 고구려와 백제의 전쟁은 황해도 내륙의 방원령로에서 발생하였다. 백제는 수곡성에서 이 경로를 거쳐 대동강 중·상류에 도달하고, 이로부터 평양을 공격하였다. 고구려의 공격은 그 반대 방향으로 이루어졌다.

이 구도에서 수곡성과 실제 경계인 대동강 사이에는 공백지 또는 완충지대가 있을 수밖에 없는데, 이는 국경 형성의 일반적 원리이다. 필자는 그 사례로 고려 성종 때 거란에 대한 할지割地 논의에서 황주와 대동강을 묶어 경계로 설정한 것을 제시하였다. 필자가 방원령로에서 수곡성과 대동강 사이의 공백지를 말한 것을 그가 황해도 전반으로 확장한 것은 필자의 실제 논지와 다르다. 황해도 서부 및 중부 지역의 영토 상황은 내륙 방면과 별개로 검토되어야

---

* 이 책 79쪽.
** 이 책 79쪽.

할 과제이다.[53]

(4) 또 기경량은 두 나라가 대동강을 국경으로 하였다고 해도 그 기간은 20여 년에 불과했기 때문에 7세기에 이르러 그것이 기준으로 작용했다고 볼 수 없다고 하였다.[54*] 그러나 영토의식의 준거는 보유 기간이 중요한 것이 아니다. 그것이 가지는 상징성 또는 현실적 필요성이 중요하다.

472년 개로왕이 북위에 보낸 국서에는 4세기 양국의 전쟁 사적이 담겨 있다. 여기서 고구려의 침공에 대해 다음과 같이 적고 있다.

> 선왕 때에는 옛 친분(舊款)을 존중했는데, 그 조상 쇠釗(고국원왕)가 이웃의
> 우호를 가벼이 버리고 신의 경역을 짓밟았습니다.[55]

위에서 '옛 친분'이 등장한다. 국가 사이의 친분에는 상호 불가침 같은 합의가 수반된다. 그 합의가 바로 존중의 대상이 된다. 고국원왕의 행위는 그러한 합의를 파기한 것이며, 그 내용은 백제의 경역을 침범한 것이었다. 이는 근초고왕 이전에 이미 백제의 영토 경계가 설정되어 있었거나 근초고왕이 확보한 것을 자신의 고유 영토로 확정했음을 보여준다. 100년이 지난 개로왕 때 표방된 인식이 7세기까지 계속 유지되는 것이 이상한 일이 아니다. 더구나 백제 멸망 후 다시 200년이 더 지나 견훤이 동일한 영토의식을 표방한 것을 보면 그것이 가지는 규정력을 가늠할 수 있다.

이러한 양상은 후대의 영토의식에서도 쉽게 찾아볼 수 있다. 고려 예종 때 개척한 동북 9성은 불과 2년 만에 여진에게 돌려주었지만, 이 경험은 이후 고려는 물론 조선의 북방 영토의식의 준거가 되었다. 앞서 인용한 '공험이남公

---

* 이 책 80쪽.

險以南 국지구봉國之舊封'은 그 표현이다.

『당회요』의 신라 강역 범위

기경량 역시 전덕재와 동일하게 고구려 남경 기사를 다루면서 김영하의 논지를 대상으로 하고 필자의 논지는 간과하였다. 그 문제점에 대해서는 앞서 지적했으므로 다시 언급하지 않는다.

눈길을 끄는 것은 『당회요』에서 신라의 강역을 동서 900리, 남북 1,800리라 한 것에 대한 해석이다. 기경량은 '10리=3.94km'를 적용한 김영하의 계산을 오류로 비판하고 당의 척도를 채용하여 '1리=540m'를 적용하였다. 이경우 동서 486km, 남북 972km로서 한반도의 범위를 크게 벗어나므로 액면 그대로 받아들여서는 안 된다고 하였다.[56]*

그런데 그는 이 수치가 "신라 사신의 말을 채용한 것"이라 해놓고서는 당의 척도를 적용하였다. 이는 신라의 척도가 당의 척도를 그대로 사용했다는 전제에서만 수립된다. 그리고 해당 정보의 성립 시점이 7세기인지 후대인지도 명확하지 않다.

이런 환산이 당시 이수里數에 보편적으로 적용될 수 있는지 의문이다. 고려 성종 때 강동 6주를 개척할 당시 거란에서는 고려가 축성할 안북부(안주)에서 압록강 동안까지의 거리를 '280리'로 제시하였다.[57] 현재의 평안북도 서부 지역에 해당하는데, 그의 환산을 따르면 압록강을 훨씬 넘어서게 된다. 반면 대동강을 기준으로 신라의 남북을 제시한 1,800리와는 비례적으로 근사하다. 이 시점은 『당회요』 편찬 시기에서 멀지도 않고 수치 또한 거란이 제시한 것이다. 곧 이수 계산에서 양국의 인식 차이는 없으며, 이는 신라에도 그대로 적

* 이 책 83~84쪽.

용될 수 있다.

한편 그는 백제 고토만 합쳤다면 신라인들이 자국의 영역을 정방형 형태로 인식할 것인데, 동서 – 남북 비율이 1 : 2라는 것은 고구려 고토까지 포함한 것이라고 주장하였다.[58]* 이는 평양 이남에 고구려 영토가 있다는 결론을 두고 역으로 설명한 것이다. 백제의 고유 영토를 대동강까지로 보면 애초에 이 설명은 성립하지 않는다.

삼한일통 의식의 성립 시기

기경량은 삼한일통 의식이 9세기에 성립했다는 필자의 입론도 비판했는데 그 논점은 역시 '청주 운천동 사적비'에 있다.[59]** 특히 서체를 통해 입비 시점을 논한 전진국의 주장[60]을 채용했는데, 이에 대해서는 필자가 최근 전론으로 반박하였다.[61] 따라서 이 글에서는 여타 논점을 대상으로 논의를 진행하고 비와 관련된 사항은 맺음말에서 제시하기로 한다.

(1) 우선 기경량은 신라가 백제 토지의 확보만을 도모한 상황에서 '고구려'가 추가된 허위적 '일통삼한' 개념이 창출되었다는 것에 의문을 던졌다. 보편적인 인식의 공유나 기반 없이는 당대인들에게 설득력을 가질 수 없다고 본 것이다.[62]*** 이는 '이데올로기'의 속성을 충분히 이해하지 못한 결과이다.

'삼한일통 의식'은 뚜렷한 정치적 목적을 가진 이데올로기이다. 이는 권력의 필요에 의해 당대인의 인식을 원하는 방향으로 이끌기 위해 만들어지며, 각종 사업이나 행사, 선전 등을 통해 다수에게 주입되는 과정을 밟는다. 그럼에도 그것이 공감을 못 얻으면 실패하게 된다. 인식의 공유는 이데올로기의

*이 책 84쪽.
**이 책 85~88쪽.
***이 책 88쪽.

'목표'이지 '기반'이 아니다. 따라서 이데올로기에 대한 탐구는 왜 그러한 이념을 표방했으며 그것을 위해 어떤 행위를 했는가, 그리고 그것이 이후 역사에 어떤 영향을 미쳤는가, 실패했다면 왜 실패했는가 등을 이해하는 것이 중요하다.

신라는 백제 영토만을 병합한 것이었기 때문에 삼한의 일통을 표방하기 위해서는 다른 맥락에서 고구려를 자신의 역사에 넣어야 했다. 그 방안의 하나로 활용된 것이 바로 불교 전통이다. 최치원의 '봉암사 지증대사비'를 보면 신라의 불교 전통을 백제의 소도蘇塗 및 고구려의 아도阿度와 연결하고, 삼국이 일가一家가 되었음을 천명하였다. 불교가 이미 시대정신으로 일반화된 상황에서 신라의 불교가 고구려로부터 들어왔음을 밝힌 것은 고구려와 신라의 역사적 동질성을 유도하는 효과적인 방안이었다. 그리고 같은 층위에서 백제의 역사까지 수렴하기 위해 불교와 관련이 없는 소도를 불교적 전통으로 해석하였다.

이 이념은 궁극적으로 신라의 붕괴를 막지는 못하였다. 하지만 사회적으로 이념이 확산됨으로써 분열된 사회를 다시 합쳐야 한다는 역사적 당위를 제공하였다. 적어도 후삼국을 통일한 고려는 적극적으로 삼한일통 의식을 표방하였다. 나말여초 선사 비문에 삼한일통 의식이 뚜렷하게 나타나고, 고려가 자신의 개국開國 시점을 왕건의 즉위가 아니라 후삼국 통일로 설정한 것은 그 산물이다.[63]

(2) 한편 기경량은 김헌창의 난을 삼한일통 의식이 출현하는 계기로 본 것에 의문을 제기하였다. "김헌창이 무열왕계인데 원성왕계가 무열왕을 소환하여 현창하는 삼한일통 의식을 만들었겠는가"하는 것이다.[64]*

---

* 이 책 88쪽.

필자가 지적한 체제 위기의 초점은 지방에서 국가 건설을 도모한 반란이 일어났다는 데 있다. 김헌창이 무열왕계라는 것은 그가 반란을 일으킨 배경일 수는 있어도 그것이 가져온 체제 위기의 본령은 아니다. 국가 분열과 이로 인한 삼국으로의 회귀라는 위기에서 왕계의 차이는 부차적인 문제이다. 왕계의 대립과 국가 분열 중 어느 것이 더 정치적으로 큰 문제였을까를 생각하면 답은 간단하다.

흥덕왕은 김유신을 흥무대왕興武大王으로 추봉함으로써 그를 7세기 전쟁의 주역으로 만들었다.[65] 아직 무열왕을 소환하지 않은 것이다. 무열왕에 대한 현창은 그 후손인 김양金陽의 활동에 의해 본격화되었다. 신무–문성왕대 김양의 역할은 무열왕계의 복권이 더 이상 원성왕계의 왕위에 위협이 되지 않는 상황을 반증한다. 김양 사후 김유신의 예에 의거하여 상례를 치르고 무열왕릉에 배장陪葬한 조치는 시사하는 바가 크다.[66] 이념적 효용이 정치적 부담을 훨씬 넘어선다면 무열왕 소환이 문제될 이유가 없다.

(3) 또한 기경량의 설명 중에는 상식적으로 납득하기 어려운 것들이 여럿 보인다. 우선 삼한일통 의식의 가장 큰 수혜자가 무열왕과 그 직계 후손이라며 9세기 이념으로서 의미를 부정하였다.[67]* 이 또한 왕계의 대립을 우선시한 인식인데, 통합 이데올로기의 궁극적인 수혜자는 최고 권력자인 국왕일 수밖에 없다는 것은 상식에 속한다.

또한 그는 삼한일통 의식이 가장 강한 동력을 가질 수 있었던 시기는 대업이 이루어진 시기라고 하였다.[68]** 그러나 후삼국처럼 당초 하나에서 분열되었다가 다시 통합되는 것이 아니라면 통합 이데올로기는 통합 초기보다 분열

*이 책 88~89쪽.
**이 책 89쪽.

위기에서 더 강조된다. 실제 '타자'를 병합한 집단이 처음부터 동질성을 내세운 예는 찾기 어렵다. 반대로 병합되어 있던 집단이 독립하려고 할 때 이를 제압하는 과정에서 역사적 동질성을 내세운 이데올로기가 흔히 활용된다. 일제 말기에 일선동조론日鮮同祖論이 특히 부각된 것은 그러한 맥락을 보여주는 예이다.

신라에게 7세기 전쟁은 자신을 침구하는 외적을 힘으로 평정하는 것이었고, 그 결과로 백제를 병합하였다. 과연 이 시점에 동질 의식이 필요했을까. 「답설인귀서」에서 신라는 백제를 '누대의 원수'로 지칭하며 백제가 분리될 경우에 후손이 백제에게 탄멸呑滅될 것이라고 우려하였다. 이것이 삼한일통 의식과 양립할 수 있을까. 백제에 대한 신라의 적대 의식이 분명한데, 이를 배제한 채 직접적인 근거도 없는 삼한일통 의식을 적용하는 것이 타당한지 의문이다.

물론 새로운 영토와 인구를 확보했으므로 이들을 국가 체제로 흡수하기 위한 정책은 필요했다. 구지배층에게 신라 관위를 주는 것이나 백제민을 편제한 서당誓幢이 설치되는 것 등은 그 예이다. 실상 정복 과정에서 피정복자 일체를 배제하는 경우는 없다. 이질적 대상을 지배하기 위해 일정 부분 수용하고 이용할 수밖에 없다. 이것은 일반적인 국가 운영의 차원에서 이해할 문제이며, 동질 의식을 기반으로 한 '통일'의 이념을 표방하는 것과는 층위가 다르다.

4 앞으로의 논의 방향

그동안 신라의 '삼국통일'은 상식으로 굳어져 있었고, 실제로 이에 기반하여 고대의 역사상을 구축하였던 탓에 그와 정면으로 배치되는 필자의 입론은 많은 논쟁을 불러왔다. 학문의 장에서 논쟁은 당연한 과정이지만 저간의 논의는 여러모로 아쉬움을 남긴다.

글의 서두에서도 지적했듯이, 무엇보다 필자가 '실증'의 차원에서 제기한 문제들에 대해 실증적 논의가 온전히 이루어지지 않았다. 신라의 '통일'이라는 통설의 전제를 방어하는 데 치중하면서 문제의 본령을 비켜간 경우가 많았다. 이번 논의에서도 실증보다는 통설을 뒷받침하기 위한 논리적 전개의 경향이 두드러졌다. 신라의 '통일'을 전제로 서술한 내용이 '통일'의 근거가 될 수는 없다.

이에 앞으로 본연의 실증적 논쟁이 이루어지기를 기대하며, 이를 위해 주요 논점을 다시 한 번 요약 제시하는 것으로 맺음말을 대신하고자 한다.

평양이남 백제토지

이 논쟁의 핵심 주제는 단연 '평양이남 백제토지'의 해석이다. 당초 이 구문은 '통일' 여부에 대한 판단에 맞추어 역으로 해석이 이루어졌고, 그것이 그대로 굳어졌다. 다른 자료를 통해 신라 영토에 고구려 영토가 들어 있다고 파악되니 이 구문도 그 맥락으로 해석해야 한다는 것이다. 이것은 논의의 순서가 뒤집힌 것이다.

'평양이남 백제토지'는 원전에 가까운 「답설인귀서」에 들어 있고, 7세기 신라의 인식을 직접 반영하고 있다. 따라서 이 구문은 다른 자료들을 이해하는 출발점이 되어야 한다. 이 내용은 다른 자료를 통해 그 의미를 판단하거나 여러 가지 해석을 가늠해야 할 만큼 모호하지도 않다. 그런 만큼 '정확한' 해석이 요구된다. 이와 관련해 앞으로 다루어야 할 논점을 정리하면 다음과 같다.

① '평양이남'과 '백제토지'는 '지리적 기준'과 '국가적 귀속'이라는 서로 다른 층위의 지표를 통해 특정 영역을 표현한 것이다. 이런 표현은 문법적으로

서로 다른 두 영역을 나타낼 수 없다. 그런 예가 있다면 이를 제시하고, 그것이 위 구문의 해석에 더 부합한다는 것을 논증해야 한다. 이번 논의에서 복수를 나타내는 '병並'이 제시되었으나 영역의 경우 단일 범주에도 '병'이 적용됨이 확인되었으므로 반론의 근거가 될 수 없다.

② 필자는 해석의 방증으로 '요하이동遼河以東 본국강내本國疆內'라는 구문을 제시하였다. 여기서 '요하이동'과 '본국강내'는 동일한 내용을 나타낸다. 이번에 추가한 '공험이남公險以南 국지구봉國之舊封'도 마찬가지이다. 동일한 구성을 가진 '평양이남 백제토지'도 하나의 영역 범주로 해석해야 한다. 이 구도를 근원적으로 부정할 수 없다면, 통설에서 아무리 정황증거를 제시해도 '평양이남=백제토지'의 해석은 바뀌지 않는다. 기존 논의에서는 이를 전혀 논하지 않았는데 앞으로 이에 대한 합당한 설명을 기대한다.

③ 「답설인귀서」에는 또 하나의 영토 분쟁 지역으로 비열성이 등장한다. 신라는 이곳이 본래 신라의 땅임을 들어 당의 고구려 환속 조치에 반발하였다. 이는 당시 신라가 '고구려 영토'에 대한 권리가 없었다는 것과 신라가 영토의식을 통해 자신의 영유권을 주장했다는 것을 보여준다. 같은 문서에서 같은 영토 문제를 다룬 것이므로 같은 원칙이 적용되었을 것이다. 따라서 가장 먼저 검토되어야 할 부분이지만 계속 외면되었다. 앞으로 이에 대한 설명을 요망한다.

④ '평양이남'이 '백제토지'라는 것은 영토의식에 근거한 것이며, 그 준거는 백제의 영토의식에서 가져온 것이다. 이는 백제의 부흥을 표방한 견훤이 평양 또는 패강의 수복을 천명한 데서 확인된다. 백제의 부흥을 도모한 견훤의 영토의식은 백제의 것을 계승했을 텐데 이 또한 제대로 검토되지 않았다. 역시 차후 충분한 논의가 필요한 부분이다.

⑤ 백제의 고유 영토 문제는 패수에 대한 이해로 연결된다. 4세기 고구려

와 백제의 전쟁에 나오는 패수는 예성강으로 보는 것이 일반적이다. 이는 패강이 예성강 상류인 저탄의 이칭으로 나오는 것을 근거로 한다. 하지만 이 이칭은 고려 이후에 생성된 것이다. 고려 및 조선에서는 여전히 대동강을 패강으로도 불렀다. 또한 패수를 대동강으로 보더라도 4세기 전황을 이해하는 데 전혀 문제가 없다. 4세기 패수를 예성강으로 보는 입론에 대한 학계의 제고를 바란다.

고구려 남경

전쟁 당시 고구려와 신라의 경계는 임진강이었다. 전쟁 후 신라는 예성강 지역까지 진출했으나 대동강에는 이르지 못하였다. 이 지역은 성덕왕 때 비로소 확보되었다. 이로 인해 임진강에서 대동강에 이르는 지역의 영유권과 관련된 이해에 논란이 있었다. 이는 『삼국사기』 675년 2월 기사에 보이는 '고구려 남경'에 대한 해석을 둘러싸고 전개되었다.

『삼국사기』 기사는 『신당서』의 것을 채용한 것이다. 그런데 『삼국사기』는 『신당서』에 있던 매초성買肖城 전투를 삭제하고 대신 다른 자료를 통해 9월 기사로 넣었다. 기사의 내용도 승패가 반대로 되어 있다. 통설에서는 『삼국사기』의 기사를 신뢰하였다. 그러나 『삼국사기』 기사는 원전을 변형시킨 것이기 때문에 이를 준거로 이해하는 것은 위험하다.

① 가장 논란이 되는 구문은 "마침내 고구려 남경에 이르러 주군을 삼았다(遂抵高句麗南境 爲州郡)"이다. '저抵'는 '도달'을 의미하므로 '남경'이 '경계'이든 '경역'이든 도달 과정에서 확보된 영역에 고구려 영토는 들어가지 않는다. '수遂'는 앞에 제시된 백제 영토 점유에 따른 최종 결과를 나타낸다. 뒤에 이어지는 "주군을 삼았다"는 원전에서 9주 편성에 대한 내용을 축약한 것이기 때문에 이를 전쟁 당시의 조치로 볼 수 없다. 통설에서는 이 요소들에 대한 언

급이 없었다. 차후 이 구문을 포함한 자료의 성격에 대한 논의도 필요하다.

②매초성은 그동안 '매소성'으로 읽고 임진강 유역에 비정하였다. 그런데 신라는 전쟁 과정에서 임진강 선을 넘어 개성·우봉까지 진출했으므로 매초성이 임진강에 있다는 것은 불합리하다. '물'을 뜻하는 '매'를 사용하는 지명은 임진강 이북에서 '매차홀(수곡성)'이 유일하게 확인된다. 통상적인 비정 원리에 비추어 수곡성으로 보는 데 무리가 없다. 수곡성은 신라 영토에 들어오지 않았으므로 매초성 전투는 신라가 패한 것으로 보아야 한다. 저간의 논의에서 매초성 문제는 거의 다루어지지 않았다. '통일'에 대한 이해에 직접 영향을 미치는 것은 아니지만, 그와 연동된 것인 만큼 차후 이에 대한 논의를 기대한다.

청주 운천동 사적비

'청주 운천동 사적비'는 7세기 삼한일통 의식의 성립을 논하는 핵심 자료이다. 그러나 비문에는 비의 건립 시점을 7세기로 볼 수 있는 어떤 지표도 없다. 오히려 비문에는 10세기의 상황으로 보아야 하는 지표가 다수이다. 그런데 이에 대해서는 일부 지표가 "7세기에도 나올 수 있다"는 수준의 주장만 되풀이될 뿐 "반드시 7세기로 보아야 한다"는 근거는 제시되지 않았다. 이 글에서는 직접 다루지 않았으나 필자가 최근 발표한 논고[69]에 의거해 논점을 제시하기로 한다.

①수공 2년 기사의 '모자부전茅茨不剪'은 절의 '초창'을 나타내며 이를 적시한 비문은 중창의 결과이다. 중창까지는 많은 시간이 소요되고 입비 또한 그러하다. 그렇다면 이 비는 '결코' 7세기의 것이 될 수 없으며, 다른 지표를 통해 7세기를 논하는 것 자체가 무의미하다.

②필자는 비문의 일부 글자를 새로 판독하였다. 대구 구문을 통해 유도되

는 내용과 남은 자획의 연결을 통해 '탑塔'을 판독한 것, 또한 '소炤'로 판독하여 신문왕과 연결하던 것을 '소昭'로 읽고 고려 광종으로 판단한 것이 대표적이다. 물론 현재의 판독이 확정적일 수는 없다. 하지만 ①에 대한 이해의 연장에서 이러한 판독은 7세기 건립을 말할 수 없는 결정적 근거가 되는 만큼 차후 이에 대한 진전된 논의를 기대한다.

③ 필자가 10세기의 것으로 해석한 여러 지표, 곧 창업주의 출현을 뜻하는 하락영도河洛靈圖, 적극적인 사대외교에서는 나오기 어려운 사해四海의 천하관, 내전內戰으로 파악되는 사회상, 그리고 사업에 참여한 단월檀越의 기재 방식 등에 대해 7세기에도 나올 수 있다는 형태의 반론이 많았다. 반론의 문제점에 대해서는 이미 여러 차례 논했지만, 아울러 지적할 점은 이것이 각기 7세기의 가능성을 언급하는 것으로 끝날 문제가 아니라는 점이다. 거기에 관련된 역사상이 현재의 설명과 배치되는 요소가 적지 않다. 그동안 삼한일통 의식 외에 비문의 내용을 사료로 활용한 경우가 드문 것도 이와 무관하지 않은 듯하다. 10세기의 것으로 보면 쉽게 이해되는 내용을 굳이 7세기의 것으로 보고자 한다면 이에 수반된 역사상에 대해서도 책임 있는 설명이 이루어져야 하지 않을까 한다.

윤경진
경상대학교 사학과 교수. 주 전공은 고려시대 지방제도이나 최근 삼한일통 의식의 형성과 전개에 관심을 가지고 일련의 연구를 진행하고 있다. 대표 논저로 『高麗史 地理志의 分析과 補正』, 『고려시대사』(공저), 『고려 지방제도 성립사』 등이 있다.

김춘추, 당 태종의 협약과 '일통삼한'

__임기환

1 '삼국통일론' 논쟁의 주요 논점

근래 한국고대사의 연구에서 이른바 '삼국통일론'이 중요 논쟁점으로 부각되면서 여러 연구자들이 뜨거운 논설을 이어갔다. 그 과정에서 '삼국통일' 문제와 관련된 주요 논점들이 충분히 드러났고, 각 논점에 대한 연구자들의 다양한 견해들도 충분히 표명되었다고 생각한다.[1] 이런 논의 과정을 통해 좀 더 다양한 시각에서 한층 많은 문제 제기가 이루어진 점은 바람직하지만, 논점이 수렴되기보다는 점점 확산되어가면서 논쟁의 접점을 만들어가지 못하는 형태가 되었다는 점에서는 아쉬운 마음도 없지 않다.

지금까지 다루어진 몇 가지 논점들은 각각 여러 층위를 갖고 있다. 먼저 '사실'의 문제이다. 여기에도 여러 지점들이 있는데 신라가 백제 통합만을 목표로 한 것인지, 아니면 고구려 영역 일부를 포함하는 삼국의 통합을 의도했는지 여부를 밝히는 문제, 각 시점에서 신라의 북방 영역의 범위, 그리고 그 전거로서 관련 사료에 대한 해석의 타당성이 전제되어 있다.

다음 '사실'에 근거한 '해석'의 문제가 뒤따른다. 삼국통일(전쟁)이냐 백제병합(전쟁)이냐의 문제, 통일신라라는 용어의 타당성, 더 나아가서는 남북국시대라는 시대 용어에 이르기까지 논점의 폭과 심도를 달리하는 다양한 층위가 함께 거론되어왔다.

마지막으로 역사인식론까지 이 논점에 개입되어 있다. 예컨대 신라통일론이나 통일신라라는 개념은 일제 식민사학에서 만들어진 인식 구조이며 이에 대한 비판적인 태도가 부족했다는 지적이 그러하다.[2] 이런 문제 제기 자체는 수긍할 수 있다 하더라도 식민사학의 인식이 현재의 삼국통일론까지 연결되어 있다는 인상을 주는 언급에는 동의하기 어렵다.

이들 논점은 층위를 서로 달리하고 있지만 연구 방법이나 연구 관점에서는 서로 분리되기 쉽지 않은 논점들이 얽혀 있기 때문에 이 문제를 풀어가기는 간단치 않아 보인다. 앞서 지적한 바와 같이 점점 확산되어가는 모양새가 된 결과도 어찌 보면 당연하다.

그러기에 이 글에서 필자가 다루고자 하는 초점과 범위를 먼저 밝히고자 한다. 첫째, 사료 해석의 문제이다. 그동안 논쟁의 초점 중 하나인 이른바 문무왕 답서에 보이는 "평양이남 백제토지", 그리고 "고려(고구려) 남경"에 대한 해석이다. 또 다른 해석을 제시하려는 것은 아니고, 기존 해석 중에서 필자가 좀 더 타당하다고 생각하는 해석의 논거를 보완하고자 한다. 둘째, 이른바 '일통삼한—統三韓'의 '삼한' 개념 및 일통삼한 의식이 등장하게 되는 시점과 배경에 대해 살펴보고자 한다. 비록 제한된 범위의 논의이지만 '삼국통일론' 논쟁에서 하나의 문제 제기가 될 수 있기를 기대해본다.

2 648년 김춘추와 당 태종의 협약

671년에 신라 문무왕이 당의 설인귀에 보낸 답서에 648년 김춘추와 당 태종 사이에 맺어진 협약 내용을 전하는 유명한 문장이 언급되어 있다. 이 문장은 그동안의 논의에서 항상 거론되었던 자료이지만 좀 더 검토해볼 여지가 있다고 생각한다.

〈사료 A〉

대왕이 답서에서 말하였다.

선왕(김춘추)이 정관貞觀 22년에 입조하여 태종문황제(당 태종)를 만나 받은 은혜로운 칙명에서 "① 짐이 이제 고려(고구려)를 치려는 것은 다른 까닭이 아니라 ②너희 나라가 두 나라에 끼어서 매번 침입을 받아 편안할 때가 없음을 가엾게 여기기 때문이다. ③산천과 토지는 내가 탐하는 바가 아니며 보배(玉帛)와 자녀는 나도 갖고 있다. ④내가 두 나라를 평정하면 평양이남 백제토지를 모두 너희 신라에게 주어 길이 편안하도록 하겠다(我平定兩國 平壤已南 百濟土地 並乞你新羅 永爲安逸)."라고 하고는 ⑤계책을 내리고 군사 기일(軍期)을 정해주었다. ⑥신라의 백성들은 모두 은혜로운 칙명을 듣고서 사람마다 힘을 기르고 집집마다 쓰이기를 기다렸다. 그러나 큰 일이 마무리되기 전에 문제(文帝)가 먼저 돌아갔다.

—『삼국사기』 권7, 신라본기 문무왕 11년(671)조.

이 기사에 대한 논의는 주로 ④의 "평양이남平壤已南 백제토지百濟土地" 문구에 초점을 맞추어 이를 어떻게 해석할 것인지를 놓고 여러 견해가 제출되어 진행되었다. 이에 대해서는 그동안 여러 논문에서 충분히 정리되었지만 논지의 전개상 여기서도 간략하게 짚고 넘어가겠다.

문장 해석으로는 평양 이남의 고구려 영역과 백제 토지로 나누어 해석하는 견해,[3] 백제 토지 하나로 해석하는 견해로 나뉜다. 그중 후자의 해석은 이른바 백제통합론의 사료적 근거가 되는데, 이 견해도 다시 둘로 나뉜다. 김영하는 평양 이남에 있는 백제 토지, 즉 백제 멸망기의 백제 영역에 한정된다고 해석하고,[4] 윤경진은 평양 이남이 백제 토지라는 백제의 영역관에 근거하여 해석한다.[5] 두 견해는 신라에 귀속되는 '백제토지'의 범주에서 큰 차이가 있다. 필자는 〈사료 A〉의 ④ "평양이남平壤已南 백제토지百濟土地"를 '평양 이남 고구려 영역과 백제 토지'로 해석함이 옳다고 본다. 그러면 후자의 두 견해에 동의하기 어려운 점을 검토해보자.

일단 윤경진의 견해에 대해서는 김영하를 비롯하여 여러 논자들의 비판이 있었다. 필자도 이미 지적된 비판들이 충분히 유효하다고 생각하며 윤경진의 견해에는 동의하기 어렵다. 몇 해 전 필자는 백제 후기에 근초고왕대 백제 영역에 대한 인식에 기초하여 평양과 패하(대동강)까지 백제 영역이라는 인식을 백제인들이 갖고 있었음을 논한 바 있다.[6] 즉, 백제의 영역관에 대해서는 윤경진의 견해와 일치하는 면이 없지 않다. 하지만 백제의 이런 영역관이 김춘추에 의해 제기되어 당 태종에게 수용되어야 위 문장에 대한 윤경진의 해석이 가능한데, 아래에서 기술하는 바와 같이 그러한 가정은 성립하기 어렵다고 본다.

다음 김영하의 견해에 대해 살펴보자. 김영하는 평양 이남에 있는 백제 영역으로 한정하여 해석하는 근거로 나당 간의 협상이 이루어지는 당시의 정황을 고려하면서 다음 두 가지 점을 들고 있다. 첫째, 당시 정세에서 백제의 공격으로 존망의 위기에 놓인 신라의 김춘추가 당 태종보다 조급할 수밖에 없었고, 평양 이남의 고구려 영토를 전략 목표에 포함하면서까지 당에 연합을 제안할 여유가 없었다고 본다. 둘째, 당은 고구려 정벌 이후 수도 평양을 안동도호부로 삼을 계획이었기 때문에 평양을 기준으로 그 이남의 고구려 영토를 신라에게 줄 의사가 없었다는 논리이다.[7]

이렇게 당시의 정황을 살펴보면서 위 문장을 해석하는 것은 적절한 연구 방법이라고 본다. 사실 위 문장이 김춘추와 당 태종 사이에 문서로 작성된 것인지, 아니면 구두로 약속한 내용을 김춘추가 문서로 작성해서 신라 왕실이 보관해온 것인지조차 알 수 없다. 문무왕이 답서를 쓸 때에는 어떤 형식이 되었든 문서 형태로 전해지고 있었으며 그 문서 내용이 단지 위 문장에 한정되지도 않았을 것이다. 왜냐하면 본래 문서에는 문장 ⑤에서 언급된, 당 태종이 주었다고 하는 계책과 군기軍期에 대한 구체적인 내용이 포함되었을 가능성이 높기 때문이다. 다만 문무왕이 답서를 쓸 때 당시 양국의 분쟁 문제와는 별

관계가 없기 때문에 간단히 그런 사실이 있었음을 적기하였을 뿐이다.

따라서 〈사료 A〉에서 인용하고 있는 모종의 문서 내용을 위 문장 자체만으로는 완전하게 이해하기 어려울 수도 있다. 문장 ④의 문구 해석을 둘러싼 논란이 이런 면을 잘 보여준다. 즉, 당시 어떤 정황 속에서 김춘추와 당 태종이 고구려와 백제의 정벌 및 전후 처리를 논의했는지에 대한 추론이 중요하고, 그러한 정황의 맥락에서 위 문장을 이해할 필요가 있다. 그동안의 연구는 이런 접근에 소홀했다고 생각한다.

먼저 필자는 당시 정황에 대한 김영하의 추론에 동의하지 않음을 밝힌다. 이 무렵 신라가 백제와의 전쟁으로 어려움을 겪고 있어 당의 군사적 지원을 요청하는 김춘추가 조급한 사정이었다는 점은 수긍할 수 있다. 그러나 고구려 원정을 적극적으로 추진하고 있었던 당 태종 역시 신라의 군사력을 동원하려는 뜻이 결코 작지 않았다는 점도 충분히 고려해야 한다.

당 태종은 645년 고구려 원정 실패 이후에도 원정의 의욕을 결코 꺾지 않았다. 647년 2월 고구려 공략을 위해 중신들과 논의하여 일단 소규모 군대로 소모전을 펴기로 정하였다. 그 결과 647년 3월 원정군을 편성하여 이적은 5월에 남소성과 목저성을 공격하였고, 우진달은 7월에 석성을 공격하였다. 648년 정월에도 수군을 편성하여 4월에 고구려 역산易山, 6월에 압록강 박작성을 공격하였다.

그러면서 한편으로 대규모 고구려 원정을 위해 647년 9월에는 강남에서 큰 배 수백 척을 건조하도록 명하였다. 또 648년 6월에 당 태종은 이제 고구려가 곤궁하고 피폐해졌다고 판단한 뒤 이듬해 30만 명의 군사를 동원하여 고구려를 멸망시킬 계획을 중신들과 논의하였다.[8] 그리고 9월에는 군량과 기계들을 삼산포와 오호도에 저장해두도록 명령하였다.[9] 이 과정을 645년의 원정 준비 과정과 비교해보자. 당 태종은 644년 7월에 배 400척을 만드는 명을 내리고, 10월에 영주로 군량을 나르고 고대인성에 곡식을 저장하도록 하였으며, 11월에 원정군을 편성하는 조서를 내렸다. 두 과정을 비교해보면 당 태종이 649년에 고구려 원정 계획을 정해놓고 구체적인 준비를 갖추어가고 있었음이 분명해진다.

그런데 645년의 원정을 논의할 때는 적지 않은 군신들이 반대를 했지만 648년 6월 조정의 논의 자리에서는 물론 그 이후에도 당 태종의 고구려 원정 의지에 반대하는 목소리는 방현령房玄齡의 상소 외에는 사료상에 거의 보이지 않는다. 이는 당시 당 태종의 고구려 원정 의지가 매우 강력했기 때문에 군신들이 아에 입을 다물고 있었음을 시사한다.

이처럼 당 태종이 이듬해에 고구려를 정벌하기로 결정하고 이를 위한 준비를 강력하게 추진하는 상황에서 648년 윤12월에 신라 김춘추가 당 조정을 방문한 것이다.[10] 아마 당 태종은 신라의 최고 실력자인 김춘추를 설득하여 이듬해에 있을 고구려 원정에 신라군을 동원할 좋은 계기로 판단했을 것이다. 게다가 그해 9월에 백제의 공격으로 신라 13개 성이 격파당했다는 소식이 당에 전해졌다.[11] 당 태종도 김춘추와 회동하기 전에 그와 같은 신라의 상황을 충분히 알고 있었을 것이니 김춘추를 설득하기가 좀 더 쉽다고 생각했을지도 모르겠다. 하지만 김춘추가 당을 찾은 시점을 고려하면 김춘추 역시 이듬해에 고구려 원정을 강력하게 추진하고 있는 당 태종의 의지를 충분히 염두에 두고 협상을 유리하게 이끌기 위한 적기를 선택했을 가능성이 높다. 즉, 당시의 정황이 양자의 회동에서 한쪽에 일방적으로 유리한 조건만은 아니었다고 본다.

그러면 김춘추와 당 태종이 회동할 무렵 전개되고 있던 이러한 상황을 감안하면서 〈사료 A〉의 문장을 살펴보자. 그동안 연구들은 〈사료 A〉 문장 전체를 크게 염두에 두지 않았는데, 앞서 언급한 정황을 고려하면서 전체 문장의 맥락을 꼼꼼히 살펴볼 필요가 있겠다. 그리고 〈사료 A〉에서 당 태종의 조칙으로 인용된 문장은 그 자체로 앞뒤 문맥이 연결되어 있기 때문에 일부 문구만 따로 떼내어 해석하는 것은 그리 바람직하지 않다. 적어도 당 태종의 칙명이라면 내용상 앞뒤가 맞게 문장이 만들어졌으리라는 전제하에 전체 문맥을 고려하며 해석해야 한다.

① "짐이 이제 고려(고구려)를 치려는 것은 다른 까닭이 아니라"라는 문장에서 보듯이 당 태종은 고구려 정벌을 먼저 언급하고 있다. 이는 앞서 살펴본 바와 같이 당 태종이 추진하고 있는 이듬해의 고구려 원정을 가리킨다. 즉, 649년 당의 고구려 원정 계획을 전제로 당 태종과 김춘추의 협상이 이루어졌다는 점으로부터 〈사료 A〉 전체 문장의 맥락을 파악해야 합리적인 이해가 가능하다.

② "너희 나라(신라)가 두 나라에 끼어서 매번 침입을 받아 편안할 때가 없음을 가엾게 여기기 때문이다"라는 문장을 포함하여 ①, ②의 내용은 당 태종이 내세운 고구려 원정의 명분이다. 그 이전에도 당 태종은 고구려 원정 명분 중의 하나로 신라를 구원하기 위해서라는 점을 표방하기도 했다.[12] 하지만 그때는 어디까지나 연개소문에 대한 치죄가 명분의 중심이었다. 그런데 위 ①, ②의 문장은 전적으로 신라를 위한 원정임을 내세우고 있다. 비록 김춘추와 협상하는 자리라는 점을 염두에 둔다고 하더라도 이듬해에 있을 고구려 원정에 신라군의 동원을 강력히 요구하기 위해 내세운 명분이라는 점을 짐작할 수 있다. 그리고 당 태종의 실제 속뜻과는 관계없이 위 칙명의 문장은 신라를 위한다고 내건 명분에 걸맞은 원정의 조치가 이루어진다는 맥락에서 파악해야 한다.

⑤ "계책을 내리고 군사 기일(軍期)을 정해주었다"라는 내용을 보면, 이 자리에서 양국의 군사행동과 관련된 구체적인 내용, 특히 군사동원의 기일까지

논의되었음을 알 수 있다. 이는 김춘추와 당 태종의 회담이 649년의 원정을 전제로 이루어지고 있음을 분명하게 보여준다.

여기에서 649년 5월 당 태종이 죽기 직전에 고구려 원정을 그만두라는 유언을 남겼다는 점[13]도 음미해보자. 이 유언은 앞으로 고구려 원정을 하지 말라는 뜻이 아니다. 바로 그해의 원정 계획에 맞춰 그동안 준비를 해왔는데 이제 원정을 눈앞에 두고 있는 당 태종이 죽음을 맞게 되면서 자신이 추진해왔던 고구려 원정을 중단하라는 뜻으로 이해된다. 물론 645년의 원정 과정과 비교할 때 649년에는 군대동원령이나 원정군을 편성한 흔적이 보이지 않는다. 그 때문에 과연 649년에 고구려 원정이 가능한 수준까지 준비가 진행되었는지에 대해서는 의문이 생긴다. 하지만 전해까지 태종이 추진한 원정 준비 과정을 보면 649년 아니면 650년에 원정이 실행될 수 있도록 준비가 이루어지고 있었다. 다만 당 태종의 건강 문제로 원정군의 편성 등이 미루어진 것이 아닌가 추정된다.

따라서 당 태종은 본인이 죽은 이후 고구려 원정이 자신의 애초 계획대로 실행될 것을 우려하여 원정 중단을 유조로 남긴 것으로 짐작된다. 더구나 태종은 자신의 뒤를 이을 고종이 자신과는 달리 고구려 원정을 이끌 능력을 갖추지 못한 것으로 판단한 듯하다. 이 점에서 당 고종이 자신에 대해 나약하다는 평판을 벗어나기 위해 고구려 원정에 적극적이었다는 이기천의 지적은 귀담을 만하다.[14]*

이렇게 당 태종이 649년의 고구려 원정에 매달리고 있었음을 고려할 때, 김춘추와 당 태종 두 사람 중에서 김춘추가 양국의 군사적 연합에 더 조급했다는 김영하의 추론에는 동의하기 어렵다. 더욱이 당시 당 태종은 김춘추와의

* 이 책 269~270쪽.

협상에서 신라군을 동원하기 위해 백제를 먼저 정벌하고 그 이후 고구려를 정벌하는 시나리오는 염두에 두지 않았음이 ①의 문구에 나타나 있다. 649년의 원정 계획은 김춘추와의 군사적 연합 논의와 관계없이 647년부터 추진한 일이며, 김춘추의 방문을 계기로 신라군을 적극 동원하여 이번 고구려 원정을 성공으로 이끄는 것이 더 시급하다고 판단했으리라 본다.

김춘추 입장에서는 당과의 군사적 연합이 백제를 먼저 공략하는 방식으로 진행되는 것이 아니라 우선 고구려를 공격하는 데 신라군을 동원하는 방식이라면, 이런 당 태종의 계획에 조급할 이유가 없었다. 645년 원정 때 당 태종의 요구에 따라 신라군 3만이 고구려 수구성水口城을 공격하다가 백제의 신라 공격으로 회군한 전례가 있었음은 김춘추나 당 태종이나 충분히 알고 있었을 것이다. 즉, 신라 군사력을 최대한 동원하려면 먼저 백제의 군사 활동을 억제해야 한다. 물론 이에 대한 조처도 논의되었을 것이다.

하지만 백제 공격을 선행하지 않은 군사 연합에서 당 태종이 신라의 군사력을 고구려 정벌에 동원하기 위해서는 김춘추가 뿌리칠 수 없는 제안을 해야만 했을 것이다. 그것이 "평양이남"의 고구려 영역을 신라에 할양한다는 내용이 아닐까 추정한다. 물론 고구려 멸망 이후에는 양국이 백제를 공략하여 멸망시키고 "백제토지" 역시 신라에게 할양한다는 추가 조건까지 함께 협의되었을 것이다.

그러면 왜 영역 분할의 기준이 평양인지에 대해 검토할 필요가 있겠다. 기존의 연구들은 이 점에 별로 주목하지 않았다. 물론 김영하는 당 태종이 평양을 안동도호부의 치소로 삼을 예정이었다는 점을 가정하면서 그렇기에 당 태종은 고구려 영역을 신라에게 할양할 생각이 없었다고 주장한다. 평양이 고구려 수도이기 때문에 고구려를 정복한 뒤 평양을 치소로 삼을 것이라는 점은 충분히 예상할 수 있으며, 실제로 668년 고구려 멸망 후 당은 안동도호부를 평양에 설치하였다. 그러나 그것은 어디까지나 668년의 상황이며, 당시 당은 고구려만이 아니라 백제마저 웅진도독부로 차지하려고 했다.

그런데 649년에 두 번째 고구려 원정을 추진하는 당 태종이 김춘추에게 신라군의 동원을 요구하는 상황에서도 과연 그러하였을까? 불과 3년 전인 645년 원정에서 자신만만하던 당 태종이 요하를 건넌 후 고구려 방어망의 최전선조차 돌파하지 못하고 군사를 되돌려야 했던 쓰라린 패배를 고려하면, 과연 고구려 정복 이후 구체적인 영역 지배의 방안까지 구상하면서 김춘추와 협상을 진행하였을지 의문이다. 당시 당 태종에게 고구려 영역을 어떻게 지배할 것인가는 나중의 문제이고, 그 시점에서는 고구려 평양성의 공함이 가장 시급한 목표일 수밖에 없었다. 당 태종에게 평양은 정벌 이후 치소를 설치해야 할 대상이 아니라 원정으로 공함하여 645년 원정의 실패를 보상하고, 또한 고구려를 굴복시켜 천하통일을 달성했다는 자존감을 충족해줄 상징성이 더 큰 곳이었으리라 생각한다.

문장 ③ "산천과 토지는 내가 탐하는 바가 아니며 보배(玉帛)와 자녀는 나도 갖고 있다"라는 발언은 일면 당 태종의 솔직한 심정이었을 것이다. 왜냐하면 당 태종은 고구려의 영역 전체를 차지하는 것보다는 고구려를 굴복시켜 평양성에서 천하 제패의 축배를 올리고 황제의 자존심을 세우는 일이 더 우선했을 테니 말이다.

고구려 원정을 성공하는 데 신라의 군사력 지원이 어느 정도까지 도움이 될 것으로 당 태종이 기대하였는지는 짐작하기 어렵지만, 최종 공격 목표를 고구려 평양으로 설정하면 신라군에게 평양 이남에서의 군사 활동을 전적으로 요구하였으리라는 점은 충분히 예상된다. 실제로 667~668년의 평양성 공격 때에도 신라군이 평양 이남에서의 공세를 담당했다. 어쨌든 백제 정벌 이전에 고구려 원정에서 신라군의 적극적인 공세를 유인하기 위해서는 이에 걸맞은 대가가 지불되어야 함을 당 태종도 고려했을 것이다. 그것은 바로 평양 이남의 군사작전을 담당할 신라에게 신라가 획득한 고구려 영역을 할양하는 것이었다.[15]

평양을 기준으로 그 이북의 고구려 영역을 당에게 귀속하고, 평양 이남은 신라에게 귀속한다는 점에서 이 협상은 결국 '고구려 영역의 남북 분할'이라고 할 수 있다. 여기에 백제를 멸망시킨 후 '백제토지'까지 신라에 할양하게 되면, 문장 ①, ② "짐이 이제 고려(고구려)를 치려는 것은 다른 까닭이 아니라 너희 나라가 두 나라에 끼어서 매번 침입을 받아 편안할 때가 없음을 가엾게 여기기 때문이다"라는 정벌 명분과도 어느 정도 합당하게 어울리는 대목이기도 하다. 신라를 위해 고구려를 정벌한다고 해놓고 정작 고구려 영역을 당 태종이 혼자 독차지한다면 그것은 명분과 실제가 어울리지 않아서 내용상 문맥이 맞지 않게 된다.

그런데 대략 648년을 기준으로 당시 신라와 고구려의 경계선에서 보자면, 신라에게 귀속되는 평양 이남의 고구려 영역은 당에 귀속되는 영역에 비하여 매우 적다고 판단할 수 있다. 이에 대해서 당 태종은 어떤 생각을 갖고 있었을까? 이 역시 추론에 의지할 수밖에 없음을 양해 바란다.

먼저 '평양이남(의 고구려 영역)'과 관련하여 고구려의 남경에 대해 당 태종이 어떤 정보와 인식을 갖고 있었는지에 대해 살펴보자. 그동안 논의에서 평양 이남이 백제 영역이라는 백제의 영역관을 김춘추가 당 태종에 제시하고 당 태종이 이를 수용했을 것이라는 주장을 소개하였는데, 과연 그럴 가능성이 다소라도 있는지도 함께 검토해보자.

평양 이남의 영역에 대해 당 태종이 접하였을 정보의 출처로서 사료상으로는 다음 두 가지 사건이 고려된다. 첫째, 영류왕이 628년에 당 태종에게 바쳤다는 봉역도封域圖이다.[16] 이 봉역도는 당 태종이 돌궐 힐리가한을 사로잡은 일을 축하하기 위해 파견한 사절 편에 보낸 것인데, 언뜻 고구려가 당에 신속하겠다는 뜻으로 생각할 수도 있다. 필자는 이를 오히려 고구려가 자신의 영역이나 세력권을 당에게 보여주려는 의도로 파악하고 있다. 어쨌거나 이 봉역도에는 이름대로 고구려의 영역이 그려져 있을 텐데 당과의 경계뿐만 아니라 한반도 내에서 고구려의 남경도 포함하고 있었을 것이다.

이 경역도가 어떤 형태였는지는 알 수 없지만, 문무왕의 같은 답서에 "(670년) 7월에 이르러 당의 조정에 사신으로 갔던 김흠순 등이 '땅의 경계를 그린 것을 갖고 왔는데 그림을 살펴보니(將畫界地 案圖披撿)' 백제 옛 땅을 모두 돌려주는 것이었다"[17]라는 대목이 있다. 즉, 서로 당시의 영역을 확인할 수 있는 내용을 포함하는 지도가 경역도였음을 짐작할 수 있다.

봉역도에 그려진 고구려의 남쪽 경계는 어떠하였을까? 당시 한강 유역이 고구려의 영역으로 그려졌을까, 아니면 신라의 영역으로 그려졌을까. 고구려가 신라에게 빼앗긴 한강 유역을 자신의 영역으로 인식하고 있었음을 보여주는 몇몇 자료가 있다. 먼저 온달 설화에도 그러한 인식이 잘 드러나 있다. "신라가 우리 한강 이북의 땅을 빼앗아 군현을 삼았으니 백성들이 심히 한탄하여 일찍이 부모의 나라를 잊은 적이 없다"라는 온달의 말이나, 온달이 출정하면서 "계립현과 죽령 이서의 땅을 우리에게 귀속시키지 못하면 돌아오지 않겠다"라고 맹세했다는 대목에서 이를 충분히 엿볼 수 있다.[18] 또 김춘추가 642년 협상을 위해 평양에 갔을 때 보장왕이 김춘추에게 "죽령은 본시 우리의 땅이니 그대가 죽령 서북의 땅을 돌려준다면"[19]이라고 이야기를 꺼낸 사실에서도 확인된다. 따라서 이런 고구려의 입장이 영류왕 때의 봉역도에도 반영되었음은 분명하다.

둘째, 당 태종은 644년에 사농승 상리현장을 고구려에 보내서 신라를 공격하지 말라고 요구한 바 있다. 이때 연개소문이 신라 성을 공격하다가 돌아와서 상리현장에게 "예전에 수나라가 침입하였을 때 신라가 그 틈을 타서 고구려의 땅 500리를 빼앗고 성읍을 차지하였으니, 빼앗긴 땅을 돌려주지 않으면 전쟁이 그치지 않을 것"이라 주장하였다고 한다. 상리현장으로부터 이 같은 내용의 보고를 들은 당 태종이 그 자리에서 최종적으로 고구려 정벌을 결심하게 되었으니, 적어도 이때 당 태종은 신라와 고구려 사이에 한강 유역 일대를 둘러싸고 심각한 분쟁이 계속 이어져왔음을 분명하게 인지하고 있었을 것이다.

특히 수나라 침공 때 '500리' 땅을 신라에 빼앗겼다는 연개소문의 주장이 그대로 당 태종에게 전해졌기 때문에, 당 태종은 648년 시점에서 불과 35년 전 무렵 신라가 고구려 땅 '500리' 정도를 차지하였다고 알고 있었을 것이다. 물론 연개소문의 이 주장은 사실이 아니다. 7세기 초에 고구려와 신라의 영역 경계선에서 '500리'에 해당될 수 있는 영역 변화는 사료상으로 확인되지 않는다. 이는 연개소문의 착오이거나 아니면 500리 땅 회복의 당위성을 강조하기 위해 의도적으로 왜곡하였을 것이다. 물론 이 500리 땅은 진흥왕 이후 신라가 꾸준히 북진하면서 획득한 영토이다. 여기서 '500리'는 사방 500리가 아니라 남북 500리에 해당된다고 본다. 그리고 해당 영역의 실제 크기라기보다는 연개소문이 많은 땅을 신라에게 빼앗겼음을 강조하기 위해 과장하였음도 인정된다.

당나라에서 편찬한 『주서』와 『수서』에는 고구려 영역이 동서 2천리, 남북 1천리라고 기록되어 있다. 그런데 『구당서』는 동서 3천 1백리, 남북 2천리라고 하여 앞 두 책의 기록과 큰 차이가 있다. 당 태종이 고구려 영역에 대해 갖고 있는 정보는 아마도 『주서』와 『수서』의 기록에 가까웠을 것이다. 그렇다면 신라가 이미 획득한 '500리' 땅에 다시 평양 이남의 영역을 추가하면, 당 태종이 보기에는 신라에게 할양하는 평양 이남의 땅이 결코 적지 않은 영역이 되는 셈이다.

당 태종은 고구려 정벌의 명분으로 본래 4군의 땅이라는 실지론失地論을 내세우고 있는데,[20] 따지고 보면 연개소문이 주장하는 고구려 땅 500리도 실지론에 해당한다. 따라서 당 태종의 시각에서 볼 때는 500리 땅이 본래 고구려에 귀속되는 것으로서 고구려를 멸망시킨 후 이를 신라에게 최종적으로 할양한다는 명분이 충분하다고 판단했음직하다. 즉, 당 태종은 본래 고구려 영토 중에서 신라가 차지하고 있는 500리 땅과 고구려 멸망 이후 평양까지 추가되는 영역을 합쳐서 평양 이남의 고구려 영역을 신라가 차지하고 평양 이북의 영역을 당이 차지한다면 고구려 영토를 남북으로 분할하는 형태가 되고, 여기에 백제 토지까지 신라에게 할양한다면 문장 ④ "내가 두 나라를 평정하면 '평양이남 백제토지'를 모두(並) 너희 신라에게 주어 길이 편안하도록 하겠다"라는 말에 부합하는 조처라고 생각했을지도 모르겠다.

고구려의 남경에 대한 당 태종의 이러한 생각은 어디까지나 추론일 뿐이다. 더욱이 김춘추와 가진 회동에서 이와 같은 이야기가 과연 거론되었는지의 여부도 알 수 없고, 만약 거론되었다고 하더라도 김춘추가 동의하지는 않았을 것이다. 다만 필자는 〈사료 A〉에서 최대한 신라에게 이익을 주는 모양새로 고구려 땅을 할양한다는 당 태종의 입장에 비추어 주장했음직한 가정을 해본 것이다. 사실 필자는 다음 장에서 언급하듯이 신라가 신문왕 때 9주를 편제할 당시 3주를 옛 고구려의 영토라고 인식한 연원을 추적하면서, 평양 이남 고구려 영토에 대해 당 태종이 가졌을 인식이 하나의 실마리가 될 수 있다고 짐작한다.

어쨌든 〈사료 A〉의 내용은 당 태종이 신라군을 동원하기 위해 김춘추에게 할 수 있는 최대한의 양보를 했다고 볼 수 있다. 당시 당 태종이 김춘추에게 얼마나 공을 들였는지는 김춘추가 귀국할 때 "3품 이상으로 하여금 연회를 베풀어 전별饒別하게 하니 예를 우대함이 심히 갖추어졌다"[21]라는 중국 사서의 기록에서도 엿볼 수 있다.

지금까지 살펴본 바와 같이 김춘추와 당 태종의 회동 무렵에 있었던 여러 정황들을 고려하면서 양자가 맺은 협약의 결과로 〈사료 A〉를 살펴보니, "평양이남 백제토지"는 평양 이남의 고구려 영역과 백제 영역을 신라에게 할양하겠다는 의미로 파악하는 것이 문장 전체 문맥으로도 합리적이라고 판단한다. 그리고 평양을 기준으로 하는 고구려 영역의 남북 분할에는 648년 당시 고구려와 신라의 경계에서가 아니라 이미 신라가 차지하고 있는 '500리' 고구려 땅도 포함하는 것이 당 태종의 의도였을 것으로 추정한다. 물론 〈사료 A〉에서 "평양이남"이라는 표현에 신라가 이미 차지하고 있는 고구려 영역이 포함되었다는 추론의 직접적인 근거는 없다. 이는 고구려 남경에 대해 당 태종이 가졌을 인식으로부터 추정한 것에 불과하다. 오히려 이 문제는 '일통삼한' 인식이 형성되는 시기와 맞물려 있다고 판단하기 때문에 다음 장에서 좀 더 살펴보겠다.

다음으로, 또 다른 쟁점이 되고 있는 "고려 남경" 기사도 간략하게 짚고 넘어가자.

〈사료 B〉

상원 2년(675) 2월, 당 고종이 김법민의 관작을 복구하였다. 이미 백제의 땅을 모두 차지하고 고려의 남경에 이르렀다(旣盡有百濟之地 及高麗南境).

—『당회요』 권95, 신라.

위 기사와 유사한 내용이 『신당서』 권220, 신라전 및 『삼국사기』 권7, 신라본기 문무왕 15년(675) 2월조에도 전하고 있다. 이 세 자료에 대한 검토는 이미 김영하에 의해 충분히 이루어졌으며, 위 『당회요』 기사가 원전 자료이므로 이에 의거해야 한다는 지적도 타당하다.[22]

〈사료 B〉의 기사에서 "고려 남경"에 대한 해석이 쟁점이 되고 있는데, '남경南境'은 남쪽 경계로 해석하는 견해와 남쪽 경역으로 해석하는 견해로 나뉜다. 남경이라는 용어에는 경계와 경역이라는 두 가지 뜻이 모두 적용될 수 있다. 다만 문장의 맥락으로 보면 경역보다는 경계라는 뜻이 좀 더 자연스럽다고 생각한다.[23]

그렇다면 위 자료는 675년을 전후한 시점에서 신라가 고구려 영역을 별로 차지하지 못하였다는 근거가 될 수 있을까? 김영하의 지적대로 세 자료의 원전 자료는 961년에 편찬된 『당회요』의 〈사료 B〉 기사이고, 동시에 이 기사는 당 고조에서 덕종까지의 사실을 모아 805년 무렵에 편찬한 소면蘇冕의 『회요會要』에 기재된 기사일 가능성이 크다.

그러면 이 기사는 675년에 신라의 북경이 고구려 멸망 무렵 고구려 남경에 이르렀다는 '사실'을 말하고 있는 것일까? 675년 무렵의 기록이든 그 후 『회요』를 편찬할 때까지 어느 시기에 만들어진 기록이든지 간에, 과연 당시 신라의 북쪽 경계가 멸망 이전 고구려의 남쪽 경계와 어느 정도 차이가 있었는지에 대해 깊은 관심을 기울이고 이를 따져가며 기록을 남길 까닭이 있었을까 의문이 든다. 위 기사는 675년 이후 당의 기록자들이 당이 고구려를 차지하고 신라가 백제를 차지했다는 통념을 반영하는 기사일 가능성이 높다고 본다. 적어도 〈사료 B〉의 기사를 675년 무렵 신라의 북경이 고구려의 영역을 어느 정도 차지했는지에 대한 '사실'을 보여주는 신뢰성 높은 자료로 보기는 어렵다고 판단한다.

3 '일통삼한' 의식의 형성

685년에 신문왕은 9주州를 완비하였다. 9주란 곧 천하天下를 뜻하는 개념이니, 이는 신라 국가를 하나의 천하로 인식한 결과이다. 그런데 9주를 옛 삼국 지역에 3주씩 균등히 안배하였다는 점에서 9주 설치의 이념적 배경에는 신라가 삼국의 통합을 달성하였음을 강조하려는 명분이 다분히 내재되어 있었다.[24] 『삼국사기』 지리지는 한산주, 삭주, 하서주가 본래 고구려 영토임을 기술하고 있는데, 3주 영역의 대부분은 새로 편입된 지역이 아니라 진흥왕 이후 지속적으로 병합되어 이미 100년 넘게 신라의 영토였다.

그러면 왜 이 영역을 본래 고구려 영토라고 강조하게 되었을까? 여기에 '일통삼한一統三韓' 의식이 배경이 되고 있다는 점은 이미 밝혀졌지만, 여전히 이 무렵에 새삼스레 100여 년 전의 고구려 땅이라는 기억을 소환하게 된 이유가 무엇인지는 설명되지 않는다. 고구려는 멸망할 때까지 끝내 '500리' 땅을 자신의 영토라고 주장하였는데, 신라가 고구려 멸망 후에 뒤늦게 이에 동의한 것일까?

관련 자료가 너무 부족한 탓에 이에 대한 답을 찾기는 쉽지 않다. 다만 몇 가지 실마리가 전혀 없지는 않을 듯싶다. 앞서 검토한 648년 김춘추와 당 태종의 회동 결과와 관련되었을 가능성도 따져보아야겠다. 어쩌면 '일통삼한'도 그때 그 자리에서 시작된 것은 아닐까? 필자의 이러한 상상으로부터 약간의 실마리를 찾아서 이어가며 혹 '사실'에 다가갈 수 있는지를 살펴보도록 하겠다.

먼저 왜 삼국이 아니라 '삼한'인가를 따져보자. 여기서 삼한이 마한·변한·진한의 삼한이라는 역사적 실체가 아님은 새삼 지적할 필요가 없겠다. '삼한'이라는 용어가 삼국이나 동방의 여러 국가 혹은 동방 지역을 가리키는 범칭으로 사용되는 용례는 수대隋代에 나타나기 시작하여 당대唐代에 널리 쓰였다. 주로 묘지에 등장하는 사례가 많은데 이는 병려문이 널리 사용되면서 나타난 현상이다.

즉 '삼한'은 어떤 특정한 개념이나 내용 범주를 갖는 용어가 아니라 한반도를 중심으로 삼국 전체, 혹은 삼국의 어느 하나, 또는 동방 지역을 가리키는 범칭으로서의 표현이었을 뿐이다.[25] 그중에 '삼한'으로 고구려를 지칭하는 용례가 가장 많이 나타나기도 한다. 이는 수·당대에 '삼한'이 어떤 특정 대상이나 지역에 대한 명칭이 아니라 삼국 혹은 동방 지역에 대해 병려문의 수사로 활용되는 다양한 뜻을 갖는 용어였음을 보여준다.

노태돈은 수·당대 문헌에 보이는 삼한은 요하 이동 지역 또는 삼국을 지칭하는 용법으로 등장했다고 보면서, 오군五郡과 대구적 표현으로 활용되는 삼한의 용례를 통해 고구려·백제·신라를 종족적 지역적으로 총괄해서 지칭하는 표현으로 이해하였다. '일통삼한'의 삼한도 이와 다르지 않다고 본다.[26] 그런데 전진국은 신라 중대에 사용된 삼한의 의미는 6세기 수·당에서 사용되었던 것과 같이 요하 동쪽의 동이 지역을 가리키는 범칭의 의미로서 받아들였지만 지칭 대상은 통일된 자신들의 국토를 일컫는 것으로 파악하였다.[27] 주목할 만한 지적이라고 생각한다. 최근에 기경량은 삼한, 사군, 오군은 세세히 구분되지 않고 고조선 및 낙랑군과 묶어서 하나의 역사 공간 단위로 인식하고 표현한 용어라 보면서 '표상으로서의 삼한'이라는 개념을 적용한다.[28]* 기경량이 말하는 '표상으로서의 삼한'이 무엇을 뜻하는지 필자로서는 분명하게 이해되지 않는다. 게다가 수·당 이래 사용된 '삼한'이라는 용례를 보면 그 내용과 의미가 결코 단일하지 않으며 일종의 수사적 표현으로서 범칭이었음도

* 이 책 73쪽.

앞서 간략하게 언급했다.

오히려 '삼한'의 의미가 뚜렷한 개념을 갖는 용어로 사용되는 것은 이른바 통일전쟁 후 신라에서다. 수·당에서의 용례와 같이 범칭적 의미로 사용되기보다는 '삼한=삼국'이라는 의미와 공간적으로는 자신의 국토 범주로 한정하고 있는 개념으로 보인다. 그런 점에서 여기에 '표상으로서의 삼한'이라는 의미를 적용할 수 있을 듯하다.

앞서 수·당대 문헌에서 삼한이 삼국 혹은 동방 지역에 대한 범칭으로 사용된 예가 많다고 하였는데, 그렇지 않은 용례도 찾아볼 수 있다. 당의 국가 문서에는 범칭으로서의 용례도 있지만 한정된 지역적 범위를 가리키는 용례도 보인다. 대표적인 사례가 당 태종이 645년 2월에 작성하여 신라왕과 백제왕에게 보낸 문서에 등장한다. 백제 의자왕에게 보낸 문서에서는 "삼한의 땅과 오군의 땅(三韓之域 五郡之境)"이라는 용례가 보이고, 신라 선덕왕에게 보낸 문서에서는 "삼한의 리인과 오군의 사서(三韓吏人 五郡士庶)"라는 문구가 보인다. 여기서 삼한과 오군이 서로 대구를 이루고 있다. 삼한과 오군을 함께 삼국 지역에 대한 범칭으로 보기도 하지만,[29] 이 문구에서 '오군五郡'은 고구려가 본래 중국 군현이었다고 주장할 때 사용하던 '사군四郡'에 요동군을 합친 표현으로서, 오군은 고구려를 가리키고 삼한은 고구려를 제외한 백제와 신라를 지칭한다는 견해[30]가 타당하다고 생각한다. 물론 위 국서에서는 삼한과 오군이 단순 대구로 사용되고 있기 때문에 이런 해석이 분명하게 드러나지는 않는다.

그런데 641년 고구려에 사신으로 다녀온 진대덕의 보고를 받는 자리에서 당 태종이 고구려 정벌의 명분으로 "고구려는 본래 사군四郡의 땅"이라는 실지론失地論을 강조한 바 있으며,[31] 644년 당의 사신 상리현장이 연개소문에게 "요동의 여러 성이 본래 중국 군현"이라고 언급한 점을 고려하면,[32] 당 태종의 국서에 보이는 '오군'이 한사군과 요동군을 합친 표현임을 짐작할 수 있다. 따라서 백제와 신라에게 보낸 당 태종의 국서에 등장하는 삼한과 오군은 과거의 중국 군현이냐 아니냐를 기준으로 정벌의 대상인 고구려와 정벌 대상이 아닌 신라·백제로 구분한 개념으로 파악할 수 있다.[33]

이 표현에서 주목할 점은 삼국을 '오군' 지역과 '삼한' 지역으로 나눠 보고 있다는 점이다. 즉 '삼한'이 삼국에 대한 범칭도 아니고, 그렇다고 백제와 신라를 직접 가리키는 것도 아니다. 과거 '오군'이 아닌 지역을 가리키는 의미로 파악된다. 물론 역사적으로 존재했던 삼한이 한반도 중·남부 지역에 위치했음에서 유래한 것이다. 당 태종의 국서에 보이는 삼한은 특정 지리적 공간을 가리키는 개념으로 사용된 용례라고 볼 수 있다.

이렇게 수·당에서 다양한 의미를 가지고 사용된 '삼한'이라는 용어가 신라에 수용되었는데, 신라는 어떤 의미로 '삼한'이라는 용어를 사용했을까? 가장 이른 시기에 보이는 용례는 '일통삼한'이다. 이 일통삼한 의식이 언제 등장했는지에 대해서는 백제와 고구려가 멸망하고 신라에 의해 통합된 이후라는 7세기설이 그동안 가장 유력하였다.[34] 근래 9세기설이 제기되었지만, 이미 다수 연구자들이 비판하고 있듯이 그리 설득력 있는 논거를 제시하지는 못하였다.[35]

그러면 '일통삼한' 의식이 7세기에 이른바 삼국통일전쟁의 결과로 형성되었다는 통설은 과연 타당할까? 이 견해는 '일통삼한'에서 삼한을 삼국과 동일한 개념으로 보고 있다. '삼한'의 용례를 수·당이 먼저 사용하고 이를 신라가 수용한 것임은 분명해 보인다. 다만 그 수용 과정에서 신라식 개념으로 재구성한 결과가 '일통삼한'의 삼한이다. 신라의 '삼한'에는 신문왕 때 9주의 편성에서 보듯이 삼국과 등치되는 개념이 포함된다. 그런데 영역상으로는 삼국을 '일통'한 것이 아니기 때문에 '일통'된 삼한은 지역적·공간적으로는 한정된 개념이다. 지역 범위가 한정된 개념으로서 '삼한'은 앞서 살펴본 바와 같이 당 태종의 국서에 보이는 '오군'에 대응하는 '삼한'과 서로 통한다.

그러면 신라인이 구성한 '삼한'의 지역적 범주는 어디까지였을까? '일통삼한' 의식이 신라의 통일전쟁 이후에 형성된 것이라면 당연히 그때의 신라 국토 범위에 한정될 것이다. 그러나 이때에는 일통삼한 의식을 형성할 동기가 충분히 설명되지 않는다. 실제로 '일통삼한' 의식에 의거하여 삼국민의 정치적·사회적 통합을 추구하는 이념과 정책은 잘 보이지 않는다.

그렇다면 '일통삼한' 의식이 통일전쟁의 결과가 아니라 전쟁 이전에 일종의 지향으로 형성되었을 가능성은 없었을까? 이러한 인식과 관련하여 앞에서 검토하였던 김춘추와 당 태종의 회동에서 고구려와 백제를 멸망시키고 "평양이남 백제토지"는 신라에 귀속된다는 협약 결과가 주목된다.

만약 고구려와 백제 정벌이 성공하고 약속대로 평양 이남의 고구려 땅과 백제 땅을 통합하게 된다면 신라에게는 이제까지와는 전혀 다른 새로운 세계가 열리는 셈이다. 신라 영역에 평양 이남의 고구려 영역과 백제 영역을 통합한 새로운 영역을 신라인은 '삼한'으로 설정한 것이 아닐까 추정해본다.

수·당의 용례에서 '삼한'은 삼국이라는 의미를 포함하기도 하지만, 또 삼국의 영역 전체가 아니라 이를 오군과 삼한으로 나눈 645년 당 태종 국서의 용례도 있다. 당시 당 태종이 고구려 영역을 본래 '오군(사군)'의 땅이라는 실지회복론으로 병합하려 했기에 당이 차지한 평양 이북은 '오군'이 되고, 신라에 할양하는 고구려 영역과 백제 토지를 포함하는 평양 이남의 땅은 자연스럽게 '삼한'이 된다. 신라의 '삼한'은 이와 같은 당의 용례를 차용하여 신라식으로 재구성한 것으로 추정된다. 즉 '일통삼한'에서 삼한은 곧 삼국이지만, 동시에 삼국 전 영역이 아니라 평양 이남의 땅에 한정하는 개념으로 이해된다.

이와 같이 '삼한'을 신라식으로 재구성하는 일은 누구보다 김춘추와 김유신에 의해 이루어졌다고 볼 수 있다. 『삼국사기』 김유신전에는 김유신이 죽음을 앞두고 문무왕에게 한 말 중에 "삼한이 한집안이 되고(三韓爲一家)"라는 문구가 등장한다.[36] '삼한일통' 의식을 보여주는 가장 이른 시기의 사료라는 점에서 주목된다. 다만 김유신전의 저본 문제나 후대의 유교적 윤색이 보인다는 점에서 이 기사의 신뢰성에 의문이 제기되기도 한다. 그렇지만 '삼한일가'라는 표현이나 생각은 김유신 당대의 것일 개연성이 있다.

또, 신문왕 때 태종무열왕의 묘호와 관련하여 당 고종의 문제 제기에 대해 답하면서 김춘추의 공적으로 "삼한을 통일하였다(一統三韓)"라는 문구가 등장한다.[37] 김유신전의 문구와 동일한 내용이다. 이 기사에 대해서도 적지 않은 사료 비판이 있는데 여기서 이에 대해 일일이 살펴볼 겨를은 없다.

마땅히 위 두 기사에 대해 사료적 검토가 필요하지만, 김춘추와 김유신의 공업과 관련하여 '일통삼한'이 등장한다는 점은 우연이 아니라는 생각이다. 더욱이 김춘추는 고구려가 멸망하기 전인 661년에 사망하였다. 무열왕 당대에는 단지 백제만 멸망했을 뿐이고, 심지어 신라는 백제 땅을 거의 차지하지 못한 상태였다. 그럼에도 무열왕의 공적으로 '일통삼한'을 운위한 것은 '일통삼한'이 전쟁의 결과로서의 공적이 아니라, 이른바 통일전쟁의 목표와 지향으로서 무열왕에 의해 제시되었을 가능성을 시사한다.

김춘추는 당 태종과의 협약에서 나당의 군사연합을 맺고, 전쟁 이후 평양 이남 고구려 영역과 백제 토지도 할양받기로 약속을 얻어낸 뒤 귀국하였다. 그때까지 신라가 당과의 외교에서 거둔 유례없는 성과였다. 아마 당시 신라가 기대한 대당 외교의 최고치는 김영하의 주장대로 백제 병합이었을 것이다. 그런데 고구려 정벌이 시급했던 당 태종은 신라군을 동원하기 위해 평양 이남의 땅까지 주기로 약속한 것이다. 하지만 당 태종이 곧 사망함으로써 그 자신이 준 군기軍期는 물 건너갔다. 새로 즉위한 당 고종이 태종처럼 고구려 정벌에 관심을 쏟을지도, 또 태종과 김춘추의 약속을 지킬지도 알 수 없다. 당 태종과 협약을 맺었던 당사자인 김춘추는 654년에 왕위에 올랐다. 김춘추는 손에 쥘 듯 눈앞에 다가왔다가 당 태종의 죽음으로 사라진 '일통삼한'을 실현하기 위해 다시 당과의 군사동맹에 승부를 걸어야 했다.

김춘추가 당 태종과 맺은 협약의 내용은 신라 왕실에서 문서로 만들어 보관하고 있었다. 나중에 당이 협약을 지키지 않았을 때 협약의 증거물로 제시하기 위해 문서를 작성했다고는 생각되지 않는다. 이 문서를 제시한다고 당이 순순히 약속을 지키리라고 믿을 만큼 신라인들이 어리석지는 않았을 것이기 때문이다. 그렇다면 이 문서를 작성한 일차적인 목적과 의도는 무엇이었을까? 바로 문서에 보이는 당 태종의 약속에서 "평양이남 백제토지"가 신라에 귀속된다는 자체가 아닐까 싶다. 이를 위해 〈사료 A〉의 문장 ⑥ "신라의 백성들은 모두 은혜로운 칙명을 듣고서 사람마다 힘을 기르고 집집마다 쓰이기를 기다"릴 만큼 신라인들의 기대와 염원은 컸다고 짐작된다.

평양 이남의 고구려 영역과 백제 영역을 통합한 신라의 세계, 그 세계를 신라인은 어떻게 인식했을까? 직접적인 증거는 없지만, 결과적으로 평양 이남의 고구려 영역과 백제 영역을 통합한 상황을 '일통삼한'이라고 표현했다는 데서 바로 이 세계를 '삼한'이라는 개념으로 구성했다고 추정한다.

그리고 그 '삼한'이라는 세계는 전쟁 이후 통합한 결과를 놓고 만들어냈던 것이 아니라, 당 태종과의 협약에서 명시된 "평양이남 백제토지"가 신라에 귀속되는 상황을 하나의 세계로 이미 설정하고 있었을 가능성이 충분하다고 본다. 예컨대 670년 8월 1일에 문무왕은 부흥운동을 전개하는 한성 고구려국의 안승을 '고구려왕'으로 책봉하였다.[38] 여기에는 여러 배경이 고려되었겠지만 한성 고구려국이 신라가 설정한 평양 이남, 즉 신라의 영역 내에 포함되어 있는 지역이라는 점을 의식한 결과가 아닐까 짐작한다.

즉 '일통삼한'은 백제와 고구려를 멸망시키고 '평양 이남 고구려 영역과 백제 토지'를 신라에 통합하려 한 목표의 이념적 표현일 가능성이 높다. 그리고 그것은 평양 이남의 한반도 영역에 한정된다는 점에서 애초부터 삼국의 통합이 아니라 '삼한'이라는 공간을 통합하겠다는 의미의 '일통삼한'이라고 이해할 수 있다. 고구려를 병합하려는 의도가 분명한 당이 주도하는 군사적 협력 관계에서 신라가 고구려를 포함한 삼국 전체를 통일하려는 생각은 애초에 나타날 수 없었다.

신라는 삼국을 통일하려는 것이 아니라 '삼한'을 통일하려고 했다. 그 '삼한'도 김춘추와 당 태종의 협약에서 '평양 이남 고구려 영역과 백제 토지'를 신라에게 귀속하기로 약속하면서 형성되기 시작한 것이다. '삼한'이라는 공간적 영역도 '오군'과 병치되는 당 태종의 '삼한' 인식에서 차용한 것이다. 어쩌면 옛 고구려의 영역을 포함하는 고구려를 상정하고 이를 일통한다는 발상도 고구려 남경에 대한 당 태종의 인식에서 나왔을지도 모르겠다.

많은 것들이 648년 김춘추와 당 태종의 회동 자리에서 시작되었다고 생각한다. '일통삼한'은 전쟁의 결과가 아니라 당과 손을 잡고 백제·고구려를 정벌하는 신라 자신의 행위를 정당화하는 명분으로 만들어진 것이었으며, '일통삼한'이라는 이념을 만든 주역은 다름 아니라 김춘추와 김유신 두 사람이었을 것으로 추정한다.

4 '일통삼한'과 '삼국통일'의 차이

648년 김춘추와 당 태종의 회동 결과로서 "평양이남 백제토지" 기사에 대한 검토를 통해 평양 이남의 고구려 영역을 포함하여 백제 영토가 신라에 귀속되는 협약이었음을 살펴보았다. 애초에 신라가 의도했던 대당 군사동맹의 목표는 백제 병합이었겠지만, 고구려 원정을 목전에 두고 있는 당 태종과의 협약에서 평양 이남의 고구려 영역을 신라에 귀속하기로 한 점은 김춘추의 외교적 성취였다. 그 후 신라는 자신에게 귀속되는 평양 이남의 모든 영토에 대해 '삼한'이라는 개념을 적용했고, 백제·고구려의 멸망과 영역의 통합을 '일통삼한'이라는 이념으로 구성하였다. '삼한'은 삼국이라는 개념을 포함하고 있으면서, 또한 동시에 공간적으로는 평양 이남의 영토로 한정된 개념이었다.

이러한 필자의 논의는 이른바 '백제병합론'에서 신라가 애초에 백제를 병합하려는 의도만 갖고 있었다는 주장을 비판하고자 하는 것이다. 그렇다고 '삼국통일론'에 전적으로 동의한다는 뜻은 아니다. 왜냐하면 '일통삼한' 의식의 '삼한'에 삼국이라는 개념이 포함되어 있었다고 해도 평양 이남의 영토라는 공간이 전제된 개념이었기 때문이다. 그래서 '일통'의 대상인 고구려의 경우, 고구려라는 국가 자체가 아니라 고구려의 일부 영역이면 충분했다고 파악된다. 전쟁을 주도하는 당이 고구려를 병합하는 상황에서 신라가 고구려를 '일통'한다는 관념을 갖기는 현실적으로 불가능했다. '삼한'이 공간적 개념이기 때문에 9주의 편성에서 100여 년 이상 신라 영토였던 지역을 옛 고구려 영토로 구성하는 것도 관념상 무리가 없었던 것이 아닌가 짐작된다.

'삼국통일'이나 '삼국통일전쟁', '통일신라', '남북국시대' 등 용어와 개념의 타당성에 대한 문제 제기도 꾸준히 이어지고 있다. 이 글의 말미에서 이에 대한 필자의 의견을 소략하게 밝히는 것은 그리 적절하지 않다고 생각한다. 왜냐하면 이런 용어들은 '사실'을 규정하는 용어가 아니라 '해석'을 담고 있는 개념인데, 이 글에서는 주로 '사실'에 초점을 맞추어 논의를 전개했기 때문이다. 이에 대해서는 다른 글을 통해 필자의 견해를 밝히고자 한다.

다만 본 논의의 연장선에서 '삼국통일전쟁'이라는 용어에 대해서만 언급하고자 한다. 이른바 '삼국통일전쟁'을 구성하는 전쟁 자체만 놓고 본다면 2단계로 나뉘는데, 1단계는 신라와 당에 의한 백제·고구려 병합 전쟁이고, 2단계는 신라와 당 사이의 전쟁이다. 각 단계의 전쟁은 전쟁의 주체나 성격 등에서 전혀 다른 전쟁이었다. 이를 묶어서 '삼국통일전쟁'이라고 할 때는 서로 다른 두 전쟁의 성격이 왜곡될 수 있다. 따라서 이 두 전쟁이 서로 연결된다고 하더라도 분리해서 용어를 사용함이 타당하다고 본다.

물론 민족사나 국가사의 입장에서 한국사의 주체적 입장이 드러나는 용어의 필요성이 제기될 수도 있다. 신라의 입장에서는 두 전쟁이 합쳐져 '일통삼한' 전쟁 혹은 '삼한통일' 전쟁이 되겠지만, 이를 오늘날 우리가 사용하는 것은 그리 적절하지 않다.[39][*] 현재로서 두 전쟁을 묶어 표현하는 적절한 용어가 없다면 두 전쟁을 분리하여 다른 용어로 사용하는 것이 옳다고 본다.

물론 대안도 제시되었다. 이재환은 '7세기 중·후반 동북아시아 전쟁'이라는 호칭을 제안하였다.[40][**] 이에 대해서는 전쟁의 주·객체를 모호하게 하고, 또 전쟁의 범주를 확장하면 '동부 유라시아'라는 개념도 합당하다는 지적이 있다.[41][***] 이와 같은 국가사나 민족사 인식 틀에 대한 비판은 공감하지만, 현재의 한국사 체계에서 이 전쟁만 동아시아사적 관점의 용어를 정하는 것도 잘 맞지 않는다. 기경량은 또 다른 대안으로서 '7세기 삼국전쟁'을 제안하였다. 검토해볼 만한 용어라고 생각하지만 이 전쟁의 주역인 당의 존재가 제외될 뿐만 아니라 전쟁의 결과로서 고구려·백제의 멸망이 반영되지 않은 한계점이 있다. 필자는 아직 다른 대안을 갖고 있지 못하다. 역사적 사건의 내용과

* 이 책 91쪽.
** 이 책 180쪽.
*** 이 책 253쪽.

성격을 반영하고 오늘 우리의 인식이 투영된 함축적인 역사 용어를 구성하는 것이 결코 쉽지 않음을 새삼 깨닫게 된다.

임기환
서울교육대학교 사회과교육과 교수. 주 전공은 한국 고대사이고, 최근에는 고구려 초기사의 재구성에 초점을 맞추고 있으며, 초등 역사교육에도 꾸준히 관심을 기울이고 있다. 대표 논저로는 『고구려 정치사 연구』, 『고구려 유적의 어제와 오늘』(공저) 등 다수가 있다.

2부

전쟁과 외교, 그리고 교류

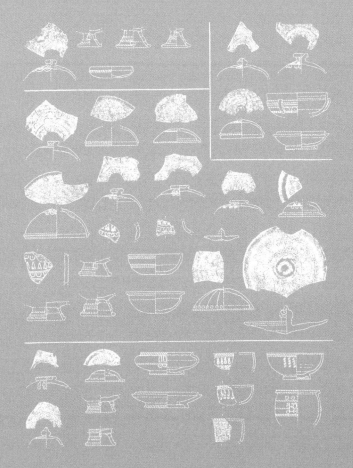

7세기 중·후반 동북아시아의 전쟁을 어떻게 부를 것인가?

__이재환

1 전쟁의 이름을 둘러싼 논쟁

어떤 전쟁이 있었다. 7세기 중반에서 후반에 걸친 시기, 당唐·신라·백제·고구려·왜倭·말갈·거란 등 아시아 대륙 동쪽의 여러 나라들이 이 전쟁에 참여했고, 그 과정에서 백제와 고구려는 멸망에 이르렀다. 이 글은 이 전쟁에 어떤 이름을 붙여주는 것이 좋을지, 그 호칭에 대한 이야기다.

신라가 백제와 고구려 두 나라를 합친 전쟁이었다고 보는 인식은 일찍부터 존재해왔다. 흔히 '삼한일통 의식'이라고 부르는 것이 대표적이다. 이러한 인식이 언제 처음 만들어졌는가에 대해서는 현재 치열한 논의가 진행 중이다.

특정 시기의 사람들이 과거의 전쟁과 그 결과에 대해 어떤 의미를 부여하고 싶어했었는가를 살펴보는 일은 매우 중요한 작업일 것이다. 다만 지금의 우리가 전쟁에 이름을 붙이는 데 그들의 의미 규정을 그대로 따라야 하는 것은 아니다. 일제가 '내선일체'를 내세웠다고 해서 그 시기를 묘사할 때 이를 그대로 받아들일 필요는 없다. 이른바 '동북공정'의 과정 속에서 현 중국이 고구려의 단독적 '계승'을 표방하고 나섰으나, 모두가 그것을 인정하고 받아들이지는 않았다. 이 글은 과거에 붙였던 이름이 아니라 '지금 우리'가 붙이고자 하는 이름에 초점을 맞출 것이다.

신라가 백제와 고구려를 '통일'하게 된 과정으로 전쟁을 묘사하는 관점은 근대 역사학이 들어온 이후로도 이어졌고, '삼국통일'과 '통일전쟁'이라는 용어가 널리 받아들여졌다. 기존의 논의를 아우르면서 '삼국통일전쟁'이라는 명칭 부여의 당위성이 구체적으로 정리된 바 있다.[1] 여기서는 이 관점을 '삼국통일전쟁론'이라고 부르도록 하겠다.

모든 사람이 그와 같은 입장에 동의하는 것은 아니었다. 신라가 백제를 합쳤다는 사실을 부정하는 경우는 거의 없지만, 과연 고구려도 포함한 하나로 만들었다고까지 말할 수 있는가에 대한 의문이 여러 관점에서 제기되었다.[2] 특히 이 전쟁을 '신라의 백제통합전쟁'으로 규정하는 관점에서 삼국통일전쟁론에 대한 비판이 지속적으로 이루어지면서 논쟁이 지속되고 있다.[3] 이와 같은 관점은 '백제통합전쟁론'이라고 지칭할 수 있겠다.

과연 그 전쟁은 '삼국통일전쟁'이었을까, 아니면 '신라의 백제통합전쟁'이었을까? 사실 '삼국통일전쟁' 또는 '신라의 백제통합전쟁'이라는 호칭이나 의미 부여가 전쟁 당시에 있었던 것은 아니다. 논쟁의 초점은 어떤 전쟁을 발견해내는 것이 아니라 존재했던 전쟁의 양상을 포착해서 의미를 부여하는 데 있다. 나아가 이를 '사실 확인'의 문제라고는 보기 어렵다. 삼국통일전쟁론과 백제통합전쟁론에서 파악하고 있는 전쟁의 양상은 원인이나 진행 과정 등에 결정적이라고 할 만큼 큰 차이를 보이지 않는다.[4] 그럼에도 불구하고 논쟁은 끝나지 않고 있다. 이 전쟁에 의미를 부여하고 평가하기 위해서는 각자가 붙이고 싶은 이름의 의미와 파악된 전쟁 양상의 합치 여부를 따져봐야 한다. 문제는 '사실'이나 '실제'가 아니라 붙이고자 하는 이름 속에 있는 것이다.

2 소외된 전쟁 당사국, 당唐

'삼국통일전쟁'은 '삼국', 즉 고구려·백제·신라의 '통일'로, '신라의 백제통합전쟁'은 신라에 의한 백제의 통합으로 전쟁의 성격을 규정한 명칭이다. 그런데 이렇게 부를 경우에 두 이름 모두 전쟁의 중요한 당사자 하나를 배제·소외시키게 된다. 그것은 바로 당唐이라고 하는 존재이다. 이 전쟁을 '당의 도움을 받아서' 신라가 치른 전쟁이라고 바라보는 인식은 오래되었다. 하지만 전쟁의 시작과 진행 과정, 결과 등을 살펴볼 때, 전쟁에서 당의 역할을 '신라를 도와준' 정도로 가볍게 평가할 수는 없다.

이 전쟁의 시작점으로 삼국통일전쟁론에서는 641년을,[5] 백제통합전쟁론에서는 642년을 주목하고 있는데,[6] 이때까지의 사건들이 뒤의 전쟁을 준비·시작하게 되는 계기나 배경이라고 한다면 실질적으로는 신라가 당에 사신을 파견하여 고구려·백제의 연합 공격에 대한 대응을 위해 군사적 지원을 요청한 643년이 중요한 전환점에 해당한다. 이 시기 전쟁의 양상을 이전과 구분지을 만한 특징은 신라와 당 및 고구려·백제 등의 주요 전쟁 당사국들이 함께 뒤얽히게 되었다는 점에서 찾을 수 있기 때문이다. 각각의 군사적 충돌이나 갈등 관계는 이전부터 이어져오던 것들이었다.

신라가 당에 원군을 요청한 것이 중요한 계기가 되었다고 해서 당의 의지나 역할이 신라를 돕는 수동적인 수준이었다고 볼 수는 없다. 신라가 백제 혹은 고구려와 교전을 계속해왔듯이, 당 또한 고구려와의 갈등 관계를 유지하고 있었다. 당에서는 태종太宗 즉위 후 경관京觀 파괴를 통해 고구려와의 전쟁 의지를 표현했고, 642년 연개소문의 영류왕 시해 이후 박주 자사亳州刺史 배행장裵行莊 등이 고구려 정벌을 주청한 바 있다. 당이 허물어뜨린 경관이 고구려 – 수 전쟁의 승전을 기념한 것이었다는 점에서도, 이와 같은 긴장 관계가 수대隋代부터 이어져온 흐름의 연장선이었음이 확인된다.[7]

신라의 원군 요청은 고구려 정벌의 명분을 쌓아나가고 있던 당에게 좋은 구실이 되었을 것이다. 644년 당은 상리현장相里玄獎을 고구려에 보내 신라에 대한 공격을 중지할 것을 요청하고 외교적 해결을 거부할 경우에 이듬해 고구려를 정벌할 것임을 공식 전달했다. 고구려가 이를 거절하자 당 태종은 결국 645년에 고구려 친정親征을 단행했다. 신라 또한 당의 요청에 응하여 고구려를 공격했는데, 백제가 그 빈틈을 타서 신라의 서쪽 일곱 성을 빼앗았다. 앞서의 일들이 전쟁의 발단·계기 및 준비 과정이었다면, 이것은 전쟁의 주요 당사국들이 동시에 연루된 첫 공식적 군사 활동으로서 실질적인 전쟁의 시작점이라고 하겠다. 이 같은 군사 활동이 발동된 것은 당에 의해서였다. 당은 이 전쟁의 개전 주체였던 것이다.

신라는 군사 3만 명을 내어 당 태종의 고구려 원정을 '도왔다'고 한다.[8] 『신당서新唐書』와 『구당서舊唐書』에 따르면 신라는 5만 군사를 동원하여 고구려 남쪽 변경에 들어가 수구성水口城을 함락했지만, 백제가 신라의 서쪽 변경을 공격하자 이에 대응하기 위해서 회군하여 더 이상 고구려와 전투를 지속하지 못했던 것으로 보인다. 사실 당이 신라의 대對백제·고구려 원군 요청을 받아들였고, 당 태종이 내놓은 세 가지 방책 중에도 바다를 건너 백제를 공격하는 것이 포함되어 있었으나, 이때까지 당 측에서 백제를 정벌하여 멸망시키는 것까지 확실히 계획하고 있었는지는 불분명하다. 백제는 이때의 신라 서부 공격으로 인해 고구려와 함께, 혹은 고구려에 앞서 정벌되어야 할 당·신라 동맹의 주요 전쟁 대상국으로 확정지어졌다고 여겨진다.

645년 당 태종의 고구려 원정은 실패로 끝났다. 이어지는 647년, 648년의 고구려 침공 또한 성공하지 못하면서 이 전쟁은 한동안 소강 국면으로 접어들었다고 볼 수 있다. 648년 당을 방문한 김춘추와 당 태종 사이에 맺어진 합의 사항은 고구려·백제 멸망 이후 해당 영토의 관할권을 당·신라가 어떻게 나누어 가질지, 즉 전쟁의 사후 처리 문제를 미리 정한 것으로서 당과 신라가 고구려·백제를 멸망시킬 것을 확정지었음을 알려준다는 점에서 중요한 의미를 가진다. 이듬해 당이 30만 대군을 동원하여 고구려를 멸망시킬 것이라는 계획이 발표되어 있었고 전쟁 준비도 시작되었지만, 당 태종의 사망으로 결국 실현되지 못했다. 이후 개별 국가 간의 전투는 발생해도 당·신라 동맹과 백제·고구려 등 주요 당사국들이 한꺼번에 엮이는 전황은 한동안 나타나지 않았다.

다시 전쟁 상황으로 돌입하게 된 데는 655년 신라가 고구려·백제·말갈의 공격을 받고 당에 사신을 보내서 구원을 요청한 일이 계기가 되었을 것이다.[9] 이에 응하여 당은 655년에 고구려를 공격했고, 658년과 659년에도 고구려 서부 국경에 대한 공격을 이어나갔다. 659년에 신라가 또 한번 당에 백제를 공격할 군사를 요청하니, 결국 660년에 백제를 포함하여 당·신라·고구려 등 주요 당사국들이 함께 엮이는 전쟁이 본격적으로 시작되었다.

이때도 백제 사비성 공격을 위해 먼저 출발한 것은 당군이었다. 660년 3월 수군과 육군 13만의 당군이 백제를 향해 출발하면서 신라에 칙명을 내려 이를 '성원聲援'하게 했다. 또다시 당이 개전의 주체였던 것이다. 신라가 동원한 군사는 5만으로 기록되어 있어 13만 당군의 절반에도 미치지 못한다. 물론 기록된 수치만으로 신라군의 역할을 평가절하해서는 안 되겠지만, 적어도 당군이 실질적으로 전쟁을 수행한 주요 병력 중 하나였음을 부정할 수는 없다. 나아가 사비성이 함락된 뒤 세워진 깃발은 당의 깃발이었으며, 의자왕과 태자가 항복한 상대 또한 소정방蘇定方의 당군이었다. 소정방은 의자왕과 태자 효, 왕자 태·융·연 및 대신·장사 88명과 백성 12,807명을 당의 경사京師로 이송했다. 백제를 멸망시키는 과정에서 당은 승전의 주체이기도 했던 것이다.

이러한 모습은 668년의 고구려 멸망 과정에서도 마찬가지로 나타난다. 당군과 신라군이 함께 평양성을 포위했고 이 과정에서 신라군의 역할이 적지 않았음은 분명하지만, 668년 9월에 보장왕이 수령 98명과 함께 백기를 들고 항복한 상대는 당군의 이적李勣이었다. 당은 고구려의 5부 176성 69만여 호를 9도독부 42주 100현으로 개편하고 평양에 안동도호부를 설치했다. 고구려를 멸망시키는 전역에서도 당은 승전의 주체였다고 하겠다.

백제와 고구려가 모두 멸망했지만 전쟁은 끝나지 않았다. 동맹이었던 신라와 당이 서로 전쟁을 벌이는 데 이르렀기 때문이다. 그 직접적 원인은 백제·

고구려 멸망 이후의 해당 지역 관할권에 대한 648년의 합의를 당이 지키지 않으려 한 데서 찾을 수 있다. 이것은 7세기 중반에서 후반까지 이어져온 전쟁의 마지막 단계에 해당하는데, 당은 이때까지도 전쟁 당사국이었다.

물론 전쟁에 이름을 붙일 때 반드시 참여한 모든 나라의 이름들이 들어가야 하는 것은 아니다. '베트남전쟁', '이라크전쟁' 등의 명칭에 핵심 당사국인 미국의 이름은 빠져 있다. 하지만 이 명칭은 전쟁이 벌어진 주요 전역·전장에 기반하여 붙인 것으로서 '신라의 백제통합전쟁'이나 '삼국통일전쟁'이라는 호칭과는 경우가 다르다. '신라의 백제 통합', '삼국통일'은 전쟁의 성격에 대한 의미 부여를 반영하는데, 고구려·백제·신라와 모두 싸웠고 개전 주체이자 전쟁 수행의 주체이며 승전의 주체로서 전쟁의 시작부터 끝까지 핵심적인 위치에 있었던 당의 존재 자체를 전혀 보여주지 못한다는 점에서 적당한 이름인지를 고민하지 않을 수 없다. 이와 같은 이름 붙이기는 이 전쟁에서 당의 역할과 비중을 의도적으로 배제·소외시키는 것이라 하겠다.

사실 백제통합전쟁론과 삼국통일전쟁론 모두 이 전쟁에서 당의 역할이 중요했으며 직접적인 당사국 중 하나였다고 본다는 점에서는 차이가 없다. 오히려 '일국사'적 관점을 넘어 당시 한 세계의 국제관계 속에서 전쟁을 바라보아야 함을 지적한다는 데서 양측 주장의 공통된 의의를 찾을 수 있다. 그렇다면 문제는 '사실'이나 '실제'가 아니라 붙이고자 하는 이름 속에 있는 것이다.

3 '백제 통합'과 '고구려 통일'의 문제

삼국통일전쟁론에서는 이 전쟁을 '파미르고원 이동 지역의 대다수 나라와 종족들이 직간접적으로 관계된 국제전'으로 파악하면서도 '삼국통일전쟁'이라는 이름을 붙이는 것으로 결론지었다.[10] 백제통합전쟁론 또한 '7세기 동아시아의 국제전'이라는 관점을 내세우며 그 한 축으로 '당의 고구려 점령 전략'을 중요하게 다루었지만, 동시에 '신라의 백제통합전쟁'이라는 명칭으로 의미를 부여하고 있다.[11] 나아가 백제통합전쟁과 당의 고구려 점령 전략, 그리고 다음 단계로서 '나당전쟁'이라는 방식으로 전쟁을 단계화하기도 했다.[12] 그러나 과연 이른바 '7세기 동아시아의 국제전'에서 '신라의 백제통합전쟁'이라는 전쟁 혹은 단계를 분리해낼 수 있을지는 의문이 남는다.

당·신라·고구려·백제 등 주요 당사국들이 다시 본격적인 전쟁으로 돌입한 660년부터 이 지역에서 실질적 군사 충돌이 일단락되는 676년까지의 전황은 서로 연관·연동된 것으로서 그중 어떤 것을 따로 떼어내 '신라의 백제통합전쟁'이라고 불러야 할지 알기 어렵다. 사비성의 함락 주체인 소정방은 이어서 고구려 공격에 나섰고, 신라군 또한 이에 동원되었다. 사비성 함락 이후에도 웅진도독부熊津都督府·신라와 백제 잔여 세력 간의 전쟁은 이어지고 있었다. 애초에 648년 당과 신라가 합의한 내용이 백제와 고구려를 모두 멸망시킨 뒤 두 나라가 나누어가지는 것이었음을 감안할 때 '하나의 전쟁'이 지속되고 있다고 보는 편이 자연스럽다.

신라에 의한 '백제 통합'이 전쟁의 목적으로 시종 일관되게 추구된 것도 아니다. 중간에 당은 구舊 백제 지역의 영유화를 시도했으며, 이는 동맹인 신라와 전쟁에 이르는 원인이 되었다. 물론 신라와 당의 전쟁 끝에 최종적으로 옛 백제 땅을 차지하게 된 것은 신라였다. 따라서 이 전쟁의 결과 중 한 측면으로서 '신라가 백제를 합쳤다'는 사실을 언급하는 것은 충분히 가능하다. 하지만 그것을 이름으로 삼아 '신라의 백제통합전쟁'이라는 전쟁을 분리시키는 것은 그와 다른 차원의 문제이다.

결국 '신라가 백제를 합쳤음'을 인정하더라도 그 과정의 전쟁을 '신라의 백제 통합'이라고 지칭할 수 있을지 생각해볼 필요가 있다. 애초에 다른 나라를 정복하는 '전쟁'에 '통합'이라는 용어는 그다지 어울리지 않는 듯하다.[13] 국립국어원의 표준국어대사전에 따르면 '통합'은 "둘 이상의 조직이나 기구 따위를 하나로 합침"이라는 의미를 가진다. 그러나 현실에서는 '사회 통합'처럼 한 사회 내에 존재하는 사회적 갈등의 해소 방향 등 더 적극적인 의미로 '통합'이라는 용어가 사용되고 있다. 이런 용례를 감안한다면, 신라가 백제를 진정 '통합'했는지 여부는 이 전쟁이 끝난 뒤의 문제가 될 것이다. 특히 백제통합전쟁론에서는 '통합'을 '본래 둘 이상이었던 것을 하나로 동화시키는 것'이라는 의미로 사용했다고 하는데,[14] '동화'라고 하는 한층 복잡한 개념이 상정되어 있어 전쟁에 '통합'이라는 명칭을 붙이기가 더 어려워진다.

사실 무력에 의한 정복·점령에는 '통합'보다는 '합병'이나 그 동의어 '병합'이 더 어울릴 수 있다. 사전적 의미는 "둘 이상의 기구나 단체, 나라 따위가 하나로 합쳐짐. 또는 그렇게 만듦"으로서 '통합'과 유사하지만 '적대적 합병'이나 '한일병합' 등 강제적이고 일방적인 맥락으로 흔히 사용된다는 점에서 그러하다. 백제통합전쟁론의 상대편 논자들이 백제통합전쟁론을 지칭할 때 '백제병합전쟁'이라는 표현을 사용한 것은 이 때문일 것이다.[15] 나아가 '신라의 백제평정전쟁' 혹은 '백제멸망전쟁'이라는 명칭을 제안한 경우도 있다.[16] 단, '합병'·'병합'이나 '평정'·'멸망' 등의 용어로 대체한다고 해도 이는 전쟁의 결과 중 한 측면을 지칭하는 데 적합할 뿐, 큰 틀에서 전쟁 자체를 지칭하는 명칭으로 충분하지 않음은 앞서 언급한 바와 같다.

한편 전쟁의 결과를 신라의 관점에서 바라볼 경우에도 백제만을 통합 혹은 병합했다고 할 수 있을지에 대해 삼국통일전쟁론의 입장에서 의문이 제기된 바 있다. 「답설인귀서答薛仁貴書」에 언급된 648년 당 태종이 김춘추에게 내린 칙명 가운데 "내가 두 나라를 평정하면 평양이남 백제토지는 모두 너희 신라에 주어 영구히 안일하게 하겠다"는 문구에 대한 해석이 논의의 초점이 된다. 여기서 '평양이남 백제토지'를 "평양 이남의 백제 토지"로 볼 것인지, 아니면 "평양 이남(의 고구려 영역)과 백제 토지"로 이해할 것인지, 해석이 갈리고 있다. 사실 이 부분은 백제통합전쟁론과 삼국통일전쟁론 사이에 사료의 해석에서 차이가 드러난 몇 안 되는 사례 중 하나이다.

두 해석 중 어느 쪽이 '맞는' 것인지는 확신하기 어렵다. 막연히 평양 이남을 백제 땅으로 지칭했을 가능성도 있다. 다만 '평양이남'을 기준으로 신라와 당의 관할 영역을 구분할 경우, 전쟁 시작 당시를 기준으로 백제 영역뿐 아니라 고구려 영역 중 일부도 신라의 관할로 넘어가게 되는 것만은 분명하다. 그렇다면 신라가 백제'만'을 병합하는 것으로 당과 합의되어 있었다고는 말할 수 없게 된다.

그러나 실질적으로 신라가 대동강 이남까지 영역화하고 이를 당으로부터 인정받게 되는 것은 이 전쟁이 끝나고 수십 년 뒤인 735년의 일이다. 신라와 당이 전쟁을 벌이던 시기 전선戰線은 임진강을 중심으로 형성되어 있었다. 신라가 553년에 이미 신주新州를 설치하여 임진강 중류의 칠중성을 놓고 고구려와 공방을 계속했던 것과 큰 차이를 보이지 않는다.

675년 2월에는 신라가 고구려 남경南境에 도달하여 주군州郡으로 삼았다고 하는데, 여기서 '고구려 남경'을 "고구려의 남쪽 경계"로 볼 것인지, "고구려의 남쪽 경역"이라고 볼 것인지 또한 해석이 갈릴 수 있다.[17] 문맥상으로는 "백제 땅을 많이 취하여 마침내 고구려의 남경에 이르렀다"고 했으므로 '남쪽 경계'라고 해석하는 편이 자연스러워 보인다. 하지만 '고구려의 남쪽 경계 지역'이라는 해석에 기반해, 675년 9월에 말갈과의 전투가 있었던 아달성阿達城(현 북한 강원도 철원군 철원읍)이 이때 확보한 고구려 남쪽 경역 중 하나라 보고 경덕왕대부터 헌덕왕대까지 설치되는 패강 지역 14군·현을 제외한 임진강

이북 한주의 군·현들 역시 그 무렵에 신라 영역으로 편제되었을 것으로 추정하기도 한다.[18]

이를 받아들인다면, 신라는 서북쪽으로 전쟁 이전에 확보하고 있던 임진강선을 넘어 예성강 선까지 진출한 것이 된다. 아울러 동북쪽으로 비열성(현 북한 강원도 안변)은 이미 진흥왕대에 확보하여 556년 주州를 설치한 곳이며,「답설인귀서」에서도 "본래 신라 땅이었다"고 언급하고 있긴 하지만 "고구려가 쳐서 빼앗은 지 30여 년"으로서 전쟁 시작 시점에는 고구려 땅이었음을 알 수 있다. 이 지역은 전쟁 도중인 666년 12월 연정토의 투항으로 신라에 넘어오게 된다. 결국 신라가 이 전쟁을 통해 원래의 백제 땅'만'을 차지했다고는 할 수 없다. 고구려 땅의 일부'도' 확보했음은 인정 가능하다.

하지만 백제 땅'만'을 차지한 것이 아니라고 해서 고구려까지 '통일'했다고 말할 수 있는 것일까? 임진강을 넘어 예성강 선까지 확보했음을 인정하고 '고구려 남경'을 '고구려의 남쪽 경계 지역'이라고 적극적으로 해석해도, 그곳은 고구려의 '경계 지역'으로서 변경·경계로 인식되었을 뿐이다. 비열홀주 지역 역시 고구려와 신라가 서로 번갈아 차지하던 변경 지대이다. 우리는 보통 '통일'이라는 용어를 이럴 때 사용하는가? 원래의 합의 사항이었던 '평양이남'을 전쟁 과정에서 신라가 모두 확보했다고 가정하더라도 신라가 전쟁을 통해 차지한 영역은 고구려라는 국가로 보았을 때 극히 일부분에 불과하다. 그럼에도 불구하고 신라가 고구려 땅 일부를 차지했으며 나아가 애초에 고구려 땅 일부를 차지하는 것으로 당과 이미 사전 합의되어 있었다고 보면서 '신라의 입장'에서는 여전히 '삼국통일전쟁'임이 주장되고 있다.[19] 하지만 아무리 생각해도 이는 이상한 명명법이다. 어떠한 계기로 인해 북한의 황해도 지역을 남한이 차지하게 되었다고 가정해보자. 남한은 북한을 통일한 것인가? 물론 비현실적인 가정일 뿐이지만, 중국과 협의를 통해 북한 정권을 함께 무너뜨리고 남한이 황해도 지역을 영유하게 된 경우를 상정해본다면 어떨까? '우리의 소원'이라던 통일이 그로써 이루어졌다고 할 수 있을까?

"평양이남 백제토지"나 "고구려 남경"에 대한 해석을 둘러싼 논의는 충분히 의미를 가질 수 있다. 그러나 그것은 신라의 고구려 통일에 대한 인정 여부와는 무관하다. 남한의 황해도 차지 예시에서 설사 해당 정부가 이를 '통일'의 치적으로 내세운다 한들 이를 인정할 이는 많지 않으리라 예상된다. 그럼에도 이 전쟁에 관해서는 '통일'이라는 용어를 사용하는 데 이질감을 느끼지 못하는 것은 어째서일까? 무엇이 우리의 눈과 귀를 가리고 있는 것인가?

고구려를 포함하는 '삼국'의 '통일'이 아니라 '반도 통일'이라고 부르는 경우도 마찬가지다.[20] 신라가 전쟁 끝에 확보한 영역이 한반도 전체를 포괄하지 못했음은 논쟁의 여지조차 없다. 사실 전쟁 종료 시점의 신라 영토는 북한 강원도 쪽으로 조금 더 올라가 있을 뿐 현재 휴전선을 기준으로 남한이 확보하고 있는 영역에서 크게 차이가 나지 않는다. 6·25전쟁의 결과로 남북한은 '사실상 통일'되었던 것일까? 남한이 현재의 휴전선까지만 영토로 확보한 상태에서 북한은 멸망하여 사라졌거나 다른 정치체로 교체된 상황을 상상해보자. 그래도 우리는 그러한 과정을 '통일'이라고 부르고 있을까? 이를 확인하기 위해서는 '통일'이라는 용어 자체에 대한 검토가 필요하다. 문제는 '사실'이나 '실제'가 아니라 붙이고자 하는 이름 속에 있기 때문이다.

4 '통일'의 개념과 '세계'의 설정

"일제가 대한제국을 통일했다." "요遼가 발해를 통일했다." 누군가 이런 말을 한다면 사람들은 어떻게 받아들일까? 많은 이들이 '통일'이라는 표현에 문제를 제기하리라고 예상된다. '통일'이라는 용어는 보통 이런 맥락에서 사용되지 않기 때문이다. 국립국어원 표준국어대사전은 통일의 정의로서 다음의 네 가지를 제시하고 있다.

①나누어진 것들을 합쳐서 하나의 조직·체계 아래로 모이게 함 ≒일통

②여러 요소들을 서로 같거나 일치되게 맞춤.

③(주로 '정신'과 함께 쓰여) 여러 가지 잡념을 버리고 마음을 한곳으로 모음.

④[철학] 다양한 부분을 제시하면서 하나로도 파악되는 관계. 종합과 전체라는 개념이 뒤따른다.

'삼국통일'이나 '통일전쟁'에서 사용되는 '통일'의 의미는 첫 번째 정의에 기반한 것이다. '통일'은 원래 하나였던 것이 나누어졌을 경우 이를 다시 합칠 때 사용하는 것이 사전적 용법이다. 일제와 대한제국, 요遼와 발해의 '통일'을 받아들이기 어려운 것 또한 그들이 '원래 하나'였다고 할 수 없기 때문일 것이다.

그런데 이런 사전적 의미를 따를 경우, 이 전쟁에 '삼국통일전쟁'이라는 이름을 붙일 수 있을까? 고구려·백제·신라는 '원래 하나'였을까? 고구려까지 '통일'했는가, 반도를 '사실상 통일'했는가를 넘어 백제를 '통일'했다고는 할 수 있을지부터 물어야 한다. 삼국통일전쟁론에서는 '통일'을 "하나의 '세계'를 형성하고 있던 공간과 집단들을 통합하거나, 원래 하나였다가 나누어진 여러 지역과 집단들을 다시 하나로 합치는 것"으로 정의했다.[21] 뒷부분은 사전적 의미와 일치하지만, '하나의 세계'라는 개념을 사용하는 앞부분은 낯선 정의이다.

지금 우리는 일상적으로도 이러한 맥락에서 '통일'이라는 용어를 사용하

고 있을까? 어떤 세계를 '하나의 세계'라고 할 수 있는지 명확히 제시되지 않았기 때문에 판단하기 어렵다. 예를 들어 '동아시아 세계'를 상정하는 이들이 있다. 그 세계를 받아들인다면 한·중·일·베트남은 '통일'의 대상이 될까? 안중근은 『동양평화론』에서 '서양'과 구분되는 대한제국·일본日本·청淸으로 구성된 '동양'을 설정하고 있는데, '동양'도 '하나의 세계'라고 할 수 있을까? 그렇다면 '일제의 대한제국 통일'이라는 표현은 역시 인정되는가?

과거 고구려·백제·신라가 각각 존재하던 시절에도 이들이 '동족의식'을 가졌을 것이라고 보거나,[22] 이미 '한 민족'이었다는 주장이 있었다.[23] 근래에도 "삼국은 결코 각기 다른 민족(ethnic group)으로 구분될 만큼 혈통적으로 문화적으로 다르지 않았다"는 견해가 이어지고 있다.[24] 그러나 삼국통일전쟁론에서는 고구려·백제·신라가 'ethnic group'으로서의 동족의식을 가지고 있었음을 인정하지 않는다.[25] 전쟁 종반부에 당과 대결을 벌이면서 자신들의 존재 양태에 대한 동질성을 자각했다고 볼 뿐이다. 그것이 구체화된 형태가 '삼한일통 의식'이라고 규정했다.[26] 그러나 신라에 의해 '삼한일통 의식'이 표방되는 것은 가장 이른 시기로 보아도 전쟁 이후이므로 전쟁 종반부에 신라가 백제·고구려와의 '동질성'을 '자각'했는지는 확실하지 않다.

그렇다면 이미 '하나의 세계'를 이루었는지는 어떻게 확인할 수 있을까? '삼국시대'가 진전되면서 전쟁과 영역 변동, 주민 이주, 문화 교류 등에 따라 묘제墓制 등 물질적인 면과 함께 제도·의복·종교·예술·문자생활 등에서 비슷한 면을 공유하게 되었다는 점이 제시되었다.[27] 그런데 전쟁과 영역 변동, 주민 이주, 문화 교류는 고구려·백제·신라 사이에서만 일어난 일이 아니다. 중원 왕조와 유목국가들, 왜와 고구려·백제·신라 사이에서도 각각 상호작용이 꾸준히 이루어졌다. 유사한 측면에 주목하면 고구려·백제·신라를 넘어서는 범위의 세계도 설정 가능하고, 차이에 집중하면 동일 국가 내에서도 작은 세계를 구분해낼 수 있다. 스케일에 따라, 항목에 따라 무수히 많은 '세계들'이 포착된다. 그중 어떤 것이 '통일'의 전제가 되는 '하나의 세계'일까? '얼마나', '어떻게'의 기준이 먼저 제시되지 않은 '하나의 세계' 설정은 결국 자의적이지 않을 수 없다.

이 때문에 강조되는 것이 '객관적 존재 양태의 동질성'에 대한 주변 타자들의 인식이다. 특히 651년 당 고종唐高宗이 백제 의자왕에게 보낸 새서璽書에 보이는 '해동삼국'과 '삼한'이라는 표현은 고구려·백제·신라를 사회적·문화적·종족적으로 동질적인 국가로 파악했던 증거로 간주되었다.[28] 여기서 '삼국'이 고구려·백제·신라를 가리킴은 분명하다. 그러나 이것을 '동질성'에 기반한 표현이라고 할 수 있을지는 의문이 남는다. 전쟁의 중요한 계기가 되었던 643년 신라의 당에 대한 원조 요청에서 고구려와 백제 '두 나라(兩國)'의 위협을 호소한 데 대해 당 태종은 '너희(爾)'와 그 '두 나라(二國)'를 합한 '너희 세 나라(爾三國)'를 언급하고 있다. 이는 문제의 당사국들을 나열한 것일 뿐 동질성에 대한 전제는 확인하기 어렵다. 현재 한국과 중국, 일본이 연관된 문제에 관련하여 '한·중·일 삼국'과 같은 표현으로 묶어 지칭하는 경우가 있다고 해서 그에 기반하여 세 나라가 '사회적·문화적·종족적으로 동질'이며, '통일'의 전제가 되는 '하나의 세계'를 이루었다고 할 수 없음은 물론이다.

나아가 당 태종이 신라 사신에게 제시한 첫 번째 방책 중에는 "내가 변방의 병사를 조금 보내 거란·말갈을 거느리고 곧바로 요동으로 들어가면 너희 나라는 저절로 풀려 1년 정도 포위를 느슨히 할 수 있을 것이지만, 이후 이어지는 군대가 없음을 알면 도리어 멋대로 침략하여 '네 나라(四國)'가 함께 소란스러워질 것이다"라고 하여 '사국四國'이라는 표현까지 등장한다. 이 표현에 '객관적 존재 양태의 동질성'에 대한 인식이 반영되어 있다고 볼 수는 없을 것이다. '삼국'과 동일시되는 '삼한' 또한 '기자조선'과의 연관 속에서 요하 동쪽의 일정 지역을 지칭하는 범칭으로서 해당 지역에 자리한 고구려·백제·신라를 가리키게 된 것으로,[29] 삼국을 '삼한'으로 인식했음이 곧 '사회적·문화적·종족적 동질성'에 대한 '객관적 인식'을 보장해준다고까지 할 수는 없다.

삼국통일전쟁론에서도 고구려·백제·신라의 지배층이 자신들의 존재 양태의 동질성을 '자각'하여 이를 역사의 동력화로 하는 데까지 나가지 못했음을 인정하고 있다.[30] 그럼에도 불구하고 '하나의 세계를 형성하고 있던 공간과 집단들을 통합'한 '통일전쟁'으로 명명하는 것이 가능하다면, '통일'의 전제가 될 '하나의 세계'는 당사자들의 '자각'과 무관하다는 말이 된다. 어떤 싸움을 '정복'·'병합'과 그에 대한 '저항'으로 규정할 것이냐, 아니면 '통일'의 과정으로 볼 것이냐를 결정하는 문제가 당사자의 의식에 의해서가 아니라, 필연적으로 자의적일 수밖에 없는 상호 간의 '비슷함'에 대한 '남'의 인식에 의해서 결정된다고 해도 괜찮은 것일까?

한편 '하나의 세계를 형성하고 있던 공간과 집단들의 통합'이라는 '통일'의 정의와 함께, 고구려·백제·신라가 '하나의 세계'를 이루었음을 받아들인다고 해서 '삼국통일전쟁'이라는 명칭으로의 귀결이 확정되는 것도 아니다. 고구려와 백제·신라를 아우르는 세계를 설정했고 그것을 '통합'해야 '통일'이라고 할 수 있다면—앞서 '백제통합전쟁'에 대해서도 제기한 바 있었던 '통합'이라는 표현의 적절성은 제외하더라도—정말 이 전쟁을 통해 그 '세계'가 하나로 합쳐졌는가 하는 질문으로 되돌아가게 된다.

이와 관련해 삼국통일전쟁론에서는 한주漢州·삭주朔州·명주溟州가 원래 고구려 땅이었다는 『삼국사기』 지리지의 인식에 기반하여 "통일기 신라라는 틀의 형성에 3분의 1을 구성하는 게 고구려적인 그것이었다"고까지 주장했다.[31] 여기서 '3분의 1'이라는 비율은 해당 전쟁 시점을 기준으로 차지하게 된 고구려 땅에 기반한 것이 아니라, 시기와 상관 없이 고구려의 최대 영역을 상정하고서 일시적으로라도 고구려가 차지한 적이 있었던 땅을 모두 '원래 고구려 땅'으로 간주하여 만들어진 것이다. 고구려의 중심지라고 할 수도 없고, 고구려 또한 영역을 확장해나가면서 차지한 지역들이며, 고구려가 차지했던 기간보다 신라가 차지한 기간이 더 길었던 지역들까지 모두 포함된다.

예를 들어 한주는 '본래 고구려 땅'일까? 한강 하류를 중심으로 둘 경우, '본래'를 따지자면 한성백제의 중심지로서 '백제'의 연고가 더 강한 곳이 아닌가? 그것은 옛날 일일 뿐, 475년 고구려 장수왕의 남정南征으로 고구려에게 넘어가 553년까지 80년 가까이 고구려의 지배하에 있었기 때문에 고구려 땅이라는 정체성을 부여해야 하는 것일까? 나중에 차지한 것을 중요시한다면, 553년부터 신라 땅이 되어 전쟁 시작 시점인 7세기 중엽을 기준으로 이미 90년 동안 신라 영토로 유지되었으므로 '신라 땅'이라고 해야 하는 것은 아닐까? 어째서 중간에 잠시 차지한 고구려 땅으로서의 의미가 더 중요할까? 고구려 때의 지명 중 신라를 거쳐 고려까지 이어지는 것이 있음을 통해 고구려가 남긴 유산의 지속을 강조하기도 한다.[32] 하지만 이는 지명의 지속성을 보여주는 사례일 뿐이다. 일제가 한반도에 남긴 지명이 아직도 곳곳에 남아 있다고 해서 '원래 일본 땅'으로 간주해야 하는 것은 아니다.

고구려의 최대 영역을 상정하고서 전쟁 이후 신라 영역 중 과거 고구려 땅이었던 부분이 상당한 비율을 차지함을 인정할 경우, 이는 객관적으로 성립해 있었다는 그 '세계'가 아니라 신라를 기준으로 놓고 보는 '일국사'적 관점이 되어버린다. 삼국통일전쟁론에서 제시한 '통일'의 정의는 이미 성립해 있는 '하나의 세계'를 합쳐야 하는 것이며 고구려도 그 세계의 일부로 상정되어 있으므로, 정의에 부합하는지를 살피려면 그 '하나의 세계' 전체를 놓고 합쳐졌는지를 논해야 할 것이다. 그러나 전쟁은 그 '세계'를 모두 하나로 만들지 않았다. 오히려 그 '세계'를 기준으로 할 경우, 상당 부분은 신라가 되지 못했다. 이 전쟁은 '세계'를 합친 것이 아니라 나누었다고 해야 할지도 모른다.

여기서 제기하는 의문은 '통일'의 '불완전성'에 대한 지적과는 무관하다. '원래 되었어야 함'을 상정하고 있지 않기 때문이다. 삼국통일전쟁론에서 규정해놓은 정의에 대한 검토일 뿐이다. 물론 사전적 의미나 일상적 용례만이 중요한 의미를 갖는 것은 아니다. 연구자들의 필요에 따라 새로운 정의를 만들어 사용하는 것은 충분한 의의를 가질 수 있다. 하지만 그와 같은 정의를 통해 이 전쟁에서의 '통일'을 특수화해버리면 사전적·일상적 용례로부터 괴리되고 동시에 '통일전쟁'으로서의 규정이 갖는 의의는 오히려 약화될 것이다. 문제는 '사실'이나 '실제'가 아니라 붙이고자 하는 이름 속에 있는 것이다.

5 또 다른 '삼국통일전쟁'

군이 '통일'이라는 표현을 사용하고 싶다면, 사전적 의미의 '통일'에 부합하는 '삼국통일전쟁'의 명칭이 어울리는 전쟁은 따로 있다. 고려가 후백제와 신라를 합쳐나간 과정이 그것이다. 기존에도 고려의 '통일전쟁'을 강조한 견해들이 있었다. 그러나 이 견해들은 고려의 고구려 '계승'을 전제로 하고 있다.

고려가 고구려의 계승을 적극적으로 표방했음은 부정할 수 없다. 나라 이름을 '고려'로 선택한 것부터가 이를 보여준다. 하지만 '계승'은 너무도 복잡하고 어려운 개념이다. 과거의 어떤 나라를 '계승했다'고 표방하기만 하면 이를 인정해야 하는가? 같은 나라 이름을 사용한다고 해서 '계승했다'고 받아들여야 할까? 하夏, 진秦, 한漢, 조趙, 연燕이라는 나라들이 있었다. 중원 왕조를 대표할 만한 이름들이다. 그렇다면 이 이름을 국호로 택한 나라는 당연히 중원 왕조를 '계승'한 것으로 여겨지고 있을까? 하夏, 전진前秦·후진後秦, 성한成漢,

전조前趙·후조後趙, 전연前燕·후연後燕·남연南燕·북연北燕은 '5호16국五胡十六國'으로 구분되는 국가들이다.

　단순히 이름을 가지고 온 것, 혹은 스스로 그렇게 표방한 것을 넘어 '계승'을 인정할 만한 기준은 어떤 것이 있을까? 고려의 고구려 '계승' 증거로 왕건王建 조상의 출자出自가 고구려였음을 강조하기도 하는데,[33] 건국자 개인의 출자와 국가의 '계승'을 직결시킬 수 있을지는 위만이나 대조영과 대비하여 고민해볼 필요가 있는 데다 설화적 성격이 강한 「고려세계高麗世系」의 기록에 기반하고 있다는 점에서도 한계가 있다. 나아가 「고려세계」의 인식을 따르더라도 왕건의 할아버지인 작제건의 외할아버지의 할아버지에 해당하는 호경이 '백두산으로부터 유력遊歷하다가 부소산에 자리잡았다'고 언급한 정도일 뿐 '고구려 출신'임을 명시하고 있지 않은 데 비해, 왕건의 할아버지인 작제건의 아버지는 당나라 숙종, 어머니는 용왕의 딸이라고 하여 계보를 당 황실에 연결시키는 것이 더 직접적이다.

　여기서 고려가 적극적으로 고구려를 의식하고 있었음을 부정하려는 것은 아니다. 그러나 '고구려 계승'을 강조할수록 '원래 하나였다가 나누어진 것을 다시 합친다'는 의미의 '통일'과는 도리어 거리가 멀어진다. '계승'이나 '계승 의식'은 모호하고 복잡해서 단정지어 말하기 어려우나, 직관적으로 인식 가능한 것은 어쨌든 고려와 후백제가 신라로부터 갈라져 나왔다는 점이다. '고려'라는 명칭을 먼저 사용한 이는 궁예인데, 그는 신라 왕자를 자처했다. 궁예가 자리 잡은 철원이나 개성 지역은 과거 고구려 영토였던 적이 있지만 이미 신라가 차지한 지 200년이 넘은 상황이었고, 신라 영역화가 상대적으로 늦은 패서浿西 지역 세력이 가세했다고 해도 782년 패강진 설치 이후 100여 년 동안 신라 땅으로 유지되어온 지역이다.

　후백제를 세운 견훤 또한 상주 가은현 사람으로서 백제와 무관한 출신이다. 그가 지금의 전라도 지역에서 세력화하게 된 계기는 군인으로서 그곳에 파견되었기 때문이지, 그곳에 연고를 가지고 있었기 때문이 아니다. 아울러 후백제가 세워진 무진주와 완산주가 과거 백제의 영역에 포함되기는 하나 그 중심지였다고는 보기 어렵다. 견훤이 완산주에서 후백제를 선포한 900년은 백제가 멸망하고 240년의 세월이 흐른 뒤였다.

나라를 세울 때 그 지역의 옛 이름 중에서 국호를 선택하는 것은 동아시아의 일반적인 명명 방식이다. 고구려나 백제는 신라에 반감을 가지고 있는 이들이 택할 수 있는 그 지역의 옛 이름 중 대표적인 것들이었을 뿐이다. 진성왕 대부터 갑자기 시작된 혼란기를 통해 신라는 경주 인근을 제외한 지방의 통제력을 상실했고, 난립한 지방 세력들이 후백제·고려로 정리되었다. 따라서 이른바 '후삼국'은 신라가 나누어진 것이라 할 수 있다. 하나의 나라에서 나뉜 세 나라가 상호 간의 전쟁을 거쳐 고려로 합쳤으므로 이 과정이야말로 사전적 의미의 '통일'에 기반한 '삼국통일전쟁'이라는 이름에 잘 어울린다고 하겠다. 이러한 이름 설정은 고구려를 '계승'한 고려에 의해 '진정한 통일'이 완성되었다고 보는 관점과는 전혀 다른 논리에 기반하고 있다. 역시 문제는 '사실'이나 '실제'가 아니라 붙이고자 하는 이름 속에 있는 것이다.

6 '민족사' 대 '민족사', 혹은 세계와 인간

지금까지 살펴본 것처럼 '신라' 또는 '삼국'이라는 주체의 설정과 '통합' 혹은 '통일'이라는 표현이 이 전쟁을 나타내는 데 적합한가에 대해서는 의문을 떨쳐버리기 어렵다. 그렇다면 더 어울리는 이름은 어떤 것일까? 백제통합전쟁론에서는 이 전쟁에 대해 '7세기 동아시아 국제전'이라는 관점을 강조한 바 있다. '동아시아 국제전의 면모를 띠었던 전쟁'이라는 점은 삼국통일전쟁론에서도 인정하는 것이며, 나아가 '파미르고원 이동 지역 대다수의 나라와 종족들이 직간접으로 관계된 국제전'이라고까지 언급했다.[34] 아울러 백제통합전쟁론에 대한 반론 제기 과정에서는 편의적으로 '7세기 전쟁'이라는 표현을 사용한 바 있다.[35]

전쟁 자체에 대한 '사실' 파악에서는 양측이 사실상 큰 차이를 보이지 않음은 앞서 언급한 바와 같다. 충돌하는 지점은 '이름 붙이기'를 할 때 의미 부여인데, 전쟁 주체의 제한이나 '통일'·'통합'의 의의에 한계가 있다면 '편의적으로'를 넘어 공통된 전쟁 인식에 기반한 이름을 사용하는 것이 적당해 보인다.

이 전쟁의 주요 전역戰域이 '동아시아'였음은 양측이 공유하는 인식이다. 삼국통일전쟁론에서는 '파미르고원 이동 지역' 전체를 시야에 두고 있으며 '동부 유라시아'라는 개념이 더 합당하다는 지적도 있지만,[36]* 토번(티베트)의 발흥 등 간접적으로 전쟁의 흐름에 영향을 준 것을 넘어 직접 전쟁에 개입한 것을 기준으로 보면 역시 '동아시아'를 벗어나지 않는다고 하겠다. 단, '동아시아 세계'를 이야기할 때 흔히 포함되는 베트남은 이 전쟁과의 연관성이 확인되지 않는다.[37] '동남아시아'의 제외를 강조한다면 '동북아시아'라는 지역 명칭을 사용하는 것도 괜찮다고 여겨진다. 길어서 문제가 된다면 '동북아'로 약칭하는 것 또한 가능하다.

다만 시기를 '7세기'로 설정할 경우, 동북아시아 지역에서 벌어진 또 다른 큰 전쟁인 고구려−수 전쟁의 일부도 포함되어버릴 수 있다. 백제통합전쟁론과 삼국통일전쟁론 모두 고구려−수 전쟁을 포괄하여 전쟁 시기를 설정하고 있지는 않다. 7세기 중·후반으로 시기를 특정한다면 7세기 초의 전쟁은 배제

---

*이 책 253쪽.

할 수 있게 된다.

한편 '국제전'이라는 호칭은 한반도 국가들을 넘어 당과 왜를 비롯한 다양한 국가들이 함께 싸운 전쟁이라는 측면을 강조하기 위한 것으로 보인다. 그런데 '국제전'이 '내전'에 상대되는 개념이라고 할 때, 고구려·백제·신라만 서로 싸웠다 할지라도 '같은 나라' 안에서 벌어지는 전쟁인 '내전'이라고는 볼 수 없으므로 당연히 '국제전'이 된다. 군이 이름에서부터 '국제전'을 강조할 필요는 없을 듯하다. '7세기 중·후반 동북아시아 전쟁' 정도면 기존의 입장들이 공유하고 있는 요소에 기반한 이름 붙이기로 충분하지 않을까?

백제통합전쟁론은 '삼국'에 국한되지 않는 '동아시아'적 관점을 제시하고 당의 고구려 점령 전략을 강조하여 우리의 시야를 넓혀주었다. 삼국통일전쟁론은 그 범위를 더 확장해서 당을 넘어 왜, 돌궐, 철륵, 해, 설연타, 토번 및 사마르칸트에 이르는 드넓은 세계를 시야에 넣게 했다는 데 큰 의미가 있다. 그럼에도 불구하고 그 전쟁의 이름을 붙일 때는 '신라의 백제통합전쟁', '삼국통일전쟁'이라는 상대적으로 좁은 단위로 회귀했던 까닭은 무엇일까?

백제통합전쟁론에서는 '7세기 동아시아의 국제전'이 '민족사'상에서 삼국으로부터 남북국의 성립으로 귀결되었다고 보았다.[38] '신라의 백제 통합'과 고구려를 '계승'한 발해의 성립을 포괄하는 '민족사'적 체계를 설정하면서 부여된 명칭이 '신라의 백제통합전쟁'이라고 하겠다. 삼국통일전쟁론 또한 거대한 세계의 상호작용을 포착하여 제시하면서도 고구려·백제·신라라고 하는 작은 '하나의 세계'를 전제로 한 '삼국통일전쟁'으로 귀결했다. 그 이유는 '민족 형성사에서 획기적인 의의'로 자리매김한 데서 찾을 수 있다.[39]

결국 전쟁의 이름을 둘러싼 논쟁의 핵심은 '민족사'와 '민족사'의 싸움에 있었다고 하겠다. '민족사'적 인식의 당위는 양측에 공유되는 것이었다. 이 때문에 그토록 넓혔던 시야는 최종적인 '이름 붙이기' 단계에 이르러서는 어느 새 고구려·백제·신라 수준으로 다시 닫혀버렸다. 거대한 세계를 바라보려는 시도도 결국 '민족사'를 말하기 위한 수단에 불과한 것이었음을 보여준다. 물론 '한국사'나 '민족사'를 목적으로 삼고 세계를 살피는 것도 하나의 유용한 방향성임은 분명하다. 사실 지금까지 '한국사'는 늘 그러한 방향을 택해왔던 듯하다. '일국사'를 비판하고 더 큰 세계로 눈 돌릴 것을 주장하면서도 궁극적으로는 그 과정을 통해 '한국사' 혹은 '민족사'를 말하는 것을 목적으로 하는 경우가 대부분이었다.

하지만 지금까지 살펴보았듯이, 넓은 시야를 통해 구성한 그 전쟁의 양상에 '신라의'·'삼국'·'통합'·'통일' 등의 명칭을 붙여보면 딱히 잘 들어맞는다고 보기 어려운 구석들을 많이 확인할 수 있다. 그와 같은 '민족사'적 의미 부여는 당위로서 반드시 해야만 하는 것일까? 이 전쟁을 통해 세계를 이야기하고 그 세계 속 인간들을 이야기하는 것으로는 부족할까? '신라의 백제통합전쟁'이나 '삼국통일전쟁'이 아니더라도, '7세기 중·후반 동북아시아 전쟁'은 그 자체로서 한 세계와 사람들에 대한 많은 이야깃거리가 담긴 흥미로운 연구 대상이 아닐까?

이재환

중앙대학교 역사학과 부교수. 한국 고대사를 전공했고 최근의 관심 주제는 출토 문자자료를 통한 신라 사회·문화의 이해이다. 대표 논저로 「함안 성산산성 출토 신라 荷札의 성격에 대한 새로운 접근」, 「신라 동궁 출토 14면체 酒令 주사위의 명문 해석과 그 의미」, 「'성주사 낭혜화상탑비'의 '得難'과 '五品' 재검토」 등이 있다.

고구려-수·당 전쟁,
무엇을 바꾸었나?
＿이정빈

1 고구려의 멸망과 7세기를 읽는 또 하나의 시도

668년 9월 고구려의 평양성이 함락되었다. 이미 주요 지역이 신라와 당에 투항했거나 무너진 다음이었다. 비록 저항 세력이 남아 있었고 부흥운동이 이어졌지만, 왕조는 재건되지 못하였다. 700년 넘도록 지속되어온 고구려의 멸망이었다.

근대 역사학의 성립 이후 고구려의 멸망은 주로 역사 체계를 중심으로 음미되었다. 20세기 전반 일본의 동양사학은 '만주'라는 공간을 중심으로 고구려를 바라보았다. 만주사라는 지역사 체계였다. 조선반도의 역사, 즉 조선사로 다루기도 했지만 비중은 크지 않았다.[1] 미시나 쇼에이三品彰英는 고구려의 멸망이 신라의 반도 통일로 이어져서 반도사의 본코스에 진입했다고 했다.[2]

20세기 이후 중국의 역사학 역시 공간을 중시하였다. 진위푸金毓黻는 '동북'이라는 지역사 체계를 통해서 중국사에 포섭하고자 했다. 그는 고구려의 멸망으로 중원 왕조가 요동遼東을 수복했다고 하였다.[3] 이른바 동북공정東北工程과 최근 중국 학계 일각의 연구도 그 연장선상에 있다. 제국 일본과 다민족국가 중국은 지역사라는 관점에서 고구려의 영역과 그 변화를 중시했던 것이다.

이와 비교해 20세기 이후 한국의 역사학은 민족을 단위로 한 한국사 체계 속에서 고구려사를 이해했다. 민족 형성의 중요한 계기로 신라의 삼국통일을 중시했다. 혹은 고구려를 이미 형성된 민족의 여러 나라 중 하나로 인식하면서 고구려가 발해로 계승되었다고 파악했다. 이른바 '신라의 삼국통일론'과 '남북국시대론'이었다.[4]

양론은 논리적 타당성을 보강해나가며 한국사 체계와 그 인식의 문제를 제기했다는 점에서 연구사적 중요성이 크다. 구체적인 사료 해석의 문제를 비롯한 쟁점도 여럿이다. 다만 양론은 고구려의 역사가 한국사에 상속 혹은 귀속된다고 보는 점에서 인식의 기반이 공통된다. 한국사 체계 인식의 차원에서 반성의 여지는 없을까.

중세를 통해 보건대 동아시아의 여러 나라 중에서 고구려의 충실한 계승자는 고려와 조선이었고, 두 왕조와 근현대 한국은 공간과 인간집단의 측면에서 시간적 연속성이 선명한 편이다. 20세기 이후의 한국사 체계는 일본의 만주사 또는 중국의 동북 지역사보다 고구려의 역사적 유산을 더 충실히 담아낼 수 있다고 생각한다. 그런데 현재의 한국사 체계 또한 근대에 구상된 것으로, 『동국통감』과 같은 중세 왕조 정통론을 변용하여 성립했다.[5]

정통론적 한국사 체계의 정형은 현대 북한에서 찾아볼 수 있다. 2013년 북한은 『전반적 12년제 의무교육강령』을 발표하고 이에 기초해 역사 교과서를 개편했는데, 고조선−고구려−발해−고려−조선을 정통국가로, 부여·백제·신라 등은 병존국가로 설정했다.[6] 이미 1950년대 후반에서 1960년대 전반에 이르는 시기에 구상되었지만,[7] 이제 정윤正閏을 철저히 구분하여 정통국가를 중심으로 한 한국사 체계를 확립한 것이다.

정통론적 한국사 체계는 단일 주체의 단선적 계보로 구성된다. 정통의 단일 주체는 동일성을 부여받지만, 단선적 계보의 외부는 배제되고 동일성은 역사성을 상실하기 쉽다. 신라의 삼국통일론에서는 발해가 소외되고 남북국시대론에서는 단선적 계보의 기원이 초역사적으로 소급된 면모를 보인다. 역사 전개의 복잡성과 역사 서술의 다양한 가능성을 고려하면 한국사 체계를 넘어선 이해도 필요하다고 생각한다. 이 글에서는 전쟁을 통해 논의의 새로운 방향을 모색해보고자 한다.

고구려의 멸망은 오랜 전쟁의 결과였다. 직접적으로 보면 고구려−당 전쟁에서 시작되었지만, 이는 삼국 간의 전쟁 및 고구려−수 전쟁과 이어져 있었고, 연이은 전쟁의 안팎에는 돌궐·토욕혼·왜 등 동아시아의 여러 나라가 관여되어 있었다. 고구려의 멸망은 장기간 지속된 7세기 동아시아 대전大戰에 가로놓여 있었던 셈이다. 따라서 고구려 멸망의 역사적 의미는 7세기 전쟁을 통해 탐색해볼 수 있다고 생각한다. 7세기 전쟁은 동아시아를 무대로 한 만큼 한국사 체계를 넘어선 이해를 마련하는 데 하나의 실마리를 제공할 수 있다.

고구려와 수·당의 전쟁을 중심에 두고, 국가 체제와 국제관계의 두 측면에서 생각을 정리해보고자 한다. 6~7세기 고구려를 비롯한 삼국에서 중앙집권적 국가 체제가 강화된 모습은 일찍부터 지적되었지만,[8] 전쟁과 국가 체제의 변화를 유기적으로 설명하는 데는 미흡했다. 수·당을 중심으로 한 동아시아의 일원적 국제질서의 성립이 주목되었는데 그 동인까지 수·당의 관점에 갇혀 있었다. 기존의 논의를 보완하는 데 초점을 맞춰보고자 한다.

물론 이 글에서 다룰 두 가지 측면이 고구려의 멸망과 7세기 전쟁의 역사적 함의를 모두 담아내지는 못할 것이다. 대안적인 역사 체계를 모색하는 데에도 이르기 힘들 것이다. 문제 제기를 위한 시론으로 읽어주기를 바란다.

2 군사적 변화와 중앙집권성의 강화

612년 고구려-수 전쟁은 어느 모로 보아도 당시까지의 세계 전쟁사상戰爭史上 최대의 규모였다. 이 전쟁에서 수나라는 113만 이상의 병력을 동원했다. 645년 이래 전개된 고구려-당 전쟁에서 당나라 또한 대체로 수십만 이상의 병력을 동원했다. 수와 당에 맞서 고구려도 수십만 이상의 병력을 동원했다. 예컨대 645년 고구려-당 전쟁에서 고구려의 중앙에서는 고립된 안시성安市城을 구원하기 위해 15만의 병력을 파견했다. 고구려와 수·당의 전쟁은 대전의 연속이었다. 대전에 담긴 의미가 궁금하다.

우선 대규모 병력의 운용과 관련하여 군제의 변화가 주목된다. 4~6세기 동아시아 여러 나라의 전쟁은 전업적인 군인집단을 중심으로 수행되었다. 특히 5호16국에서 북조北朝에 이르는 여러 나라의 군대는 유목·수렵 사회 출신의 전사집단 또는 용병집단과 이로부터 비롯된 특수계급, 이른바 병호兵戶가 주축이었다.[9] 그런데 6세기 중반 서위西魏에서 한족漢族 농민을 군인으로 편입시키기 시작했다. 군인집단의 인적 구성이 변화해갔다. 590년 수에서는 병호제를 폐지하고 부병제府兵制를 수립했으며, 당에서 이를 계승해 완비했다.[10] 이제 수·당의 상비군은 일반 민호에서 징발했다. 대부분 농민이었다. 상비군뿐만 아니라 예비군도 마찬가지였다. 수·당은 전시를 맞아 다수의 농민을 징발했다.[11]

수·당의 대규모 병력 운용은 이러한 군제의 변화를 바탕으로 이루어졌다. 주지하다시피 군제는 사회의 각 부문과 유기적으로 결부되어 있다. 대규모의 군대를 운영·유지하기 위해서는 무엇보다 막대한 재정이 요구되었다. 부세의 안정적인 수취 체제가 전제되어야 했고, 수취를 담당할 관료제가 수반되어야 했다. 전쟁에 앞서 정비된 수·당의 율령과 이에 기초한 중앙집권적 국가 체제가 주목된다. 수·당의 대군 동원은 중앙집권적 국가 체제와 이에 기초한 군제가 마련되어 있었기에 가능했다.

고구려는 일찍부터 지배층을 중심으로 전사집단이 구성되었는데 군사력의 중추는 바로 이들로 이루어졌다.[12] 이미 3세기를 통해 철기의 보급을 바탕으로 수만 단위의 병력을 전쟁에 동원했고, 이를 위해 다수의 농민을 군인으로 징발했으며, 그와 같은 방향으로 군대가 개편되어갔다.[13] 하지만 4~6세기까지는 중장기병이 상징하듯 전업적인 군인집단이 군대의 주축이었고, 이들은 여전히 지배층을 중심으로 구성되었다. 그런데 6세기 후반에서 7세기에 고구려에서는 수·당에 맞설 만큼의 대군을 운용했다. 고구려의 군제와 국가체제 또한 변모하지 않을 수 없었을 것이다.

이와 관련하여 6~7세기 병종 구성 및 무기 체계의 재편이 참고된다. 4~6세기 고구려가 상대한 5호16국 및 북조 여러 나라의 군대는 전업적인 군인집단이었다고 했는데, 그들의 중심적인 병종은 기병이었다. 중장기병이 특징적이었다. 고구려의 중장기병은 그에 발맞춰 도입·운용된 병종이었다. 4~6세기 동아시아 여러 나라에서는 중장기병이 시대를 풍미했다. 그런데 6세기 중반 이후 남조南朝 지역에서 무기 체계의 재편이 시작되었다. 노弩, 즉 쇠뇌를 비롯한 원사 무기가 개량된 것이다.[15]

쇠뇌는 일찍부터 유목 기병을 상대하기 위한 농민 출신 보병의 주력 무기로 개발되었다. 4~6세기 중장기병은 쇠뇌를 비롯한 원사 무기에 상대해 방어력을 강화한 병종이었다. 5호16국 및 북조 여러 나라에서 유목·수렵 사회 출신의 기병은 세대를 거듭하면서 숙련도가 저하되었는데, 중장기병은 이 같은 문제를 상쇄하고 돌파력을 갖출 수 있었다.[16] 6세기 중반 이후 개량된 쇠뇌는 이러한 중장기병을 재차 겨냥한 것으로 그 몰락을 재촉했다. 수·당은 궁노서弓弩署를 설치한 데서 드러나듯이 국가 차원에서 쇠뇌의 개량에 집중했다. 쇠뇌는 운용 방법이 간단한 편이어서 다수의 농민을 대규모 보병으로 무장시키는 데에도 유용했다. 쇠뇌의 개량은 수·당이 다수의 농민을 동원하여 대규모 군대를 정비해간 일면을 보여준다.

『주서』 고려전에서 확인할 수 있듯이 6세기 중반 이후 고구려에서도 쇠뇌는 주요 무기 중 하나였다. 보병의 주요 무기로 보급된 것이다. 아울러 쇠뇌의 개량에도 착수했다. 590년 수 문제隋文帝가 고구려의 평원왕平原王에게 보낸 새서璽書를 보면,[17] 고구려는 수에 첩자를 보내서 태부시太府寺의 노수弩手, 즉

태부시 예하 궁노서의 쇠뇌 기술자를 유치誘致했다고 한다. 외교적 마찰을 감수하면서까지 쇠뇌의 개량에 박차를 가했던 것이다. 실제 고구려는 수·당과 전쟁하면서 쇠뇌를 군대의 주요 무기로 운용하였다.

이처럼 쇠뇌 보급과 운용을 보면 6~7세기 고구려에서도 다수의 농민을 동원하여 대규모 군대를 정비해갔을 것으로 추정된다. 그렇기에 수·당과 전쟁하며 대규모 병력을 동원할 수 있었을 것이다. 실제 고구려와 수·당의 전쟁을 보면 중앙의 상비군이었던 5부병部兵은 물론이고 지방의 여러 성병城兵도 상당하였다. 규모 면에서 볼 때 지방 성병의 비중이 높았는데 다수는 토착 성민城民이었다.[18] 대규모 병력을 운영하고 유지하기 위해서는 그에 소요되는 물자와 재정도 상당했을 것이다. 그러므로 고구려 역시 중앙집권적 국가 체제의 강화가 수반되었을 것이다.

물론 동아시아에서 중앙집권적 국가 체제가 7세기를 전후하여 처음 출현한 것은 아니었다. 수·당은 진秦·한漢의 역사적 경험을 바탕으로 남북조 시기의 국가 체제 정비를 계승하였으며, 고구려는 이미 3~4세기를 통해 5나부那部의 연맹체적 국가 체제를 국왕과 귀족 중심의 중앙집권적 국가 체제로 전환했다. 372년 고구려에 반포된 율령은 중앙집권적 국가 체제 정비의 이정표였다.

그런데 6세기 중반 이후 고구려에서는 대내외의 위기 상황이 이어졌고 정치 운영의 중심이 국왕에서 귀족 세력으로 옮겨졌다. 이른바 귀족연립정권이 수립된 것이다.[19] 귀족연립정권은 중앙집권적 국가 체제에 기반한 정치 운영 방식이었다. 정치권력이 중앙의 주요 귀족 가문을 단위로 분점되었지만 중앙의 정치권력이 지방으로 향하지는 않았다. 6~7세기를 통해 보건대 지방에 대한 중앙의 지배는 오히려 정치해졌다고 평가된다.[20] 하위 지방 통치 단위에 대한 통속권이 강화되었고 통치 단위 간의 유기성이 높아졌다. 7세기 수·당은 물론이고 고구려의 중앙집권성은 이전과 비교해 더욱 강화되었다.

　중앙집권성의 강화는 수·당과 전쟁을 수행하기 위한 것으로 분석된다.[21] 고구려-수 전쟁을 전후하여 고구려의 왕권이 일시적이나마 안정된 모습이나 고구려-당 전쟁을 전후한 642년 연개소문의 정변과 그 가문의 집권도 그런 맥락에서 이해된다.[22] 중앙집권성을 한층 더 강화하기 위해 정치권력의 집중이 추구된 것이다. 수·당의 황제권도 전쟁을 통해 강화를 모색했다.[23]

　이처럼 고구려와 수·당의 전쟁은 군제와 군인, 병종 구성과 무기 체계의 변화가 결집되어 수행되었다. 또한 이 전쟁은 양측의 중앙집권적 국가 체제 정비에 기반했으며 중앙집권성의 강화를 추동했다. 고구려의 중앙집권성 강화는 그와 상대한 주변국, 즉 백제와 신라, 그리고 왜에까지 파급력을 미쳤다. 7세기 백제·신라·왜 역시 중앙집권성을 한층 강화하고 대규모 군대를 동원했다. 쇠뇌를 주요 무기의 하나로 보급·운영하는 등의 군사적 변화가 동반되었다. 이런 관점에서 641년 백제 의자왕의 즉위와 친위親衛 정변, 647년 신라 김춘추 세력의 집권, 640년대 중·후반 왜의 다이카개신大化改新은 동아시아를 무대로 한 전쟁과 중앙집권성의 강화라는 변화의 궤적 속에서 각각의 마디로 하나의 연쇄적인 고리를 이룬다고 해석된다.[24]

3　군수 보급의 문제가 이끈 국제관계망 확대

　고구려를 공격하기 위해 수·당이 고심했던 문제 중의 하나가 군수 보급이었다. 예컨대 645년 당 태종은 "유주幽州 이북 요수까지는 2,000여 리인데 주현州縣이 없어 군대를 움직일 때 물자와 군량을 취급할 곳이 없다"고 하면서 고구려 공격의 난관을 토로했다.[25]

고대 중원 지역에서 고구려 서방 변경인 요서遼西까지 통하는 교통로는 요서주랑遼西走廊이 유일하다시피 했는데, 요하 하류에는 요택遼澤이 광범위하게 펼쳐져 있던 탓에 왕래하기가 어려웠다.[26] 더욱이 요서 일대에서 한족漢族의 거주 범위는 제한적이었던 반면 유목·수렵 사회의 여러 종족은 폭넓게 거주하고 있었다. 이 때문에 중원 왕조에게 요서와 그 동방은 종종 절역絶域, 즉 격리·소외된 공간으로 인식되었다. 7세기 중반 수·당 초기까지도 행정적인 통치 범위에 속하지 못했다. 대체로 행정적인 통치 범위의 상한은 유주, 곧 지금의 베이징北京 일대였다.

물론 수·당의 세력 범위마저 유주에 국한된 것은 아니었다. 수·당 초기에 두 왕조의 세력은 요서까지 미쳤다. 수·당은 초기에 변경인 요서에 총관부總管府 혹은 도호부都護府·도독부都督府 같은 군사적인 통치기구를 설치·운영하였다.[27] 예하에 군현郡縣을 설치하기도 했지만 행정적 통치 범위에 속한 군현처럼 충실히 운영되지는 못했다. 서류상의 행정단위에 그친 경우도 적지 않았다. 가령 수대隋代 총관부는 예하에 진鎭·수戍와 같은 군사기지를 점점이 분포시키면서 유목·수렵 사회의 여러 종족을 통제했는데 변경의 안정을 유지하는 데 급급했다. 사정이 이러하므로 고구려를 공격하는 데 필요한 군수 보급이 용이할 수 없었다.

598년 고구려와 수의 전쟁 위기가 이를 단적으로 보여준다. 고구려의 영양왕嬰陽王이 요서의 영주총관부營州摠管府를 공격하자 수 문제는 30만의 육군과 수군을 동원하여 대대적인 반격을 시도했다. 육군은 영주총관부가 소재한 유성柳城, 즉 지금의 랴오닝성 차오양朝陽에 집결하여 요하를 건너려고 했다. 그러나 마침 닥친 여름 장마로 인해 교통이 마비되면서 군수 보급이 차단되었고 병력은 요서 지역에 고립되었다. 이 와중에 전염병까지 유행했다.[28] 수의 육군 중에서 죽은 자가 열에 여덟아홉이었다고 한다. 수군은 동래東萊, 지금의 산둥성 옌타이烟台에서 바다로 나아가 평양성으로 향했지만 태풍을 만나는 바람에 다수의 선박이 표몰漂沒되었다. 결국 아무런 전과 없이 귀환할 수밖에 없었다. 육상 교통로와 해상 교통로 모두 미비했기에 수의 고구려 공격은 불발에 그치고 만 것이다.

차후 고구려 공격을 구상한 수 양제는 이 문제를 해소하기 위해 고심했다. 608년 영제거永濟渠의 개통은 그러한 노력의 일환이었다.[29] 영제거는 황하에서 탁군涿郡, 즉 지금의 베이징 일대를 잇는 운하로, 고구려 공격을 용이하게 하기 위한 목적도 있었다.[30] 영제거를 통해 수는 남북을 관통하는 대운하를 완비했다. 강남江南의 물자를 낙양洛陽 일대에 결집하고 영제거를 통해 이를 다시 탁군까지 운송했다. 대운하를 축조하여 수상 교통로를 정비함으로써 고구려 공격의 물적 기반을 구축했다.[31]

선박의 건조에도 착수했다. 동래의 해구海口에 대규모 조선소를 설치하고 300척 이상의 대형 선박을 건조했다. 그리고 묘도군도廟島群島─요동반도를 거쳐 패수浿水, 즉 대동강까지 이어진 해상 교통로를 확보하고자 했다.[32] 이 교통로를 통해 선박을 이용하여 군대와 함께 대량의 군수물자까지 수송하고자 한 것이다. 이에 따라 612년 전쟁에서는 수의 "선박 고물과 이물이 이어진 것이 수백 리였다"고 한다. 수군사령관 내호아來護兒가 평양성 공격에 동원한 정예군사만 4만이었다. 해상 교통로를 통한 군대와 군수물자의 수송 능력이 향상된 결과였다.

이처럼 612년 고구려─수 전쟁에서 수나라의 113만 대군이 공격에 나설 수 있었던 데는 육상·수상 교통로와 해상 교통로의 정비가 뒷받침되었다. 물론 앞서 언급한 645년 당 태종의 발언을 통해 알 수 있듯이 교통 사정이 획기적으로 개선되지는 못했다. 이를테면 612년 전쟁을 위해 녹거부鹿車夫 60여 만을 징발해 미곡을 운송했을 때는 후량餱糧, 즉 운송에 소요되는 식량으로 쓰기에도 충분하지 못했다고 한다.[33] 부작용도 상당했다. 교통로 정비와 군수 보급을 위한 인력과 물자의 동원은 전국적인 민란 폭발의 주된 이유 중 하나 였다. 게다가 선박이 건조된 산동 지역에서는 대홍수가 발생했고 민생고가 가중되었다. 결국 수 왕조는 몰락했다.[34]

그럼에도 불구하고 7세기를 통해 전쟁과 관련한 육상 교통로와 해상 교통로는 점차 개선되고 있었다. 660년 당의 백제 공격은 해상 교통로를 통해 이루어졌다. 10만이 넘는 당의 대군은 성산成山, 지금의 산동성 룽청榮成에서 바다를 건너 백제를 공략했고, 이후 다시 바다를 통해 귀환했다. 당은 바닷길을 오가며 지배를 도모했다. 고구려를 공격하는 데에도 해상 교통로가 더욱 중요해졌다. 당은 무려 36개 주에서 선박을 건조했다.[35] 648년 당은 심지어 검남劍南, 즉 지금의 쓰촨성四川省 지역에서 대형 선박을 건조해 산동 지역까지 운송하도록 했다.[36] 민의 고통은 여전했지만 결과적으로 중원 지역의 남북 교통과 동서 교통이 발달했다. 반드시 고구려와 직결된다고 할 수는 없지만, 북방 장성長城의 축조는 내륙아시아−동북아시아 지역으로 통하는 제반 교통시설의 정비를 동반했다. 교통은 수·당이 전국 각지에서 대규모의 병력을 동원할 수 있었던 또 하나의 배경이었다.

기원전 109~108년 고조선과 한漢의 전쟁이 비교된다. 한은 5만 이상의 죄수 병사를 동원하여 고조선을 공격했는데, 그들은 구체적으로 제군齊郡·요동군遼東郡·연국燕國·대군代郡 출신이었다.[37] 다수의 병력이 고조선과 인접한 한의 동북방 지역에서 징발되었다.[38] 기원전 2세기 고조선과 한의 전쟁이 주로 발해渤海와 동아시아 동북부를 무대로 했다면, 7세기 고구려와 수·당의 전쟁은 황해와 동아시아−내륙아시아로 무대가 넓어진 셈이다.

수의 고구려 공격은 광역의 교역망 건설과 무관치 않았다.[39] 예컨대 수대 배구裴矩의 『서역도기西域圖記』는 양제의 서역 경략에 호응하여 풍속과 산천의 험이險易를 조사하여 저술한 지리서로, 교역과 전쟁에 활용되었다.[40] 배구의 『고려풍속高麗風俗』도 그와 같은 목적의 저술로, 고구려 방면의 교역과 전쟁에 기초 자료로 제공되었을 것으로 추정한다. 641년 고구려에 사행을 다녀온 진대덕陳大德은 『고려기高麗記』를 저술했는데 역시 전쟁을 예비한 저술이었다.[41] 『수서』와 『구당서』·『신당서』, 『한원翰苑』 등 『고려풍속』과 『고려기』를 인용한 문헌을 분석해보면 수대보다 당대에 수집된 지리 정보가 더 구체적이다. 전쟁을 준비하면서 지리 정보가 확대된 것이다.

지리 정보뿐 아니라 교통도 발달했다. 『신당서』와 『무경총요武經總要』에 인용된 가탐賈耽(730~805)의 『고금군국현도사이술古今郡國縣道四夷述』·『황화사달기皇華四達記』를 보면 8세기 중원 지역에서 동북아시아 지역으로 통하는 육상·해상 교통 노선이 자세하다. '영주입안동도營州入安東道', 즉 요서에서 요동으로 통하는 요서 횡단로가 대표적이다.[43] 7~8세기 교통의 발달은 고구려와 수·당의 전쟁 및 이를 전후하여 확대된 지리 정보와 무관치 않았다. 전쟁과 지리 정보의 확대, 그리고 교통의 발달이 상호작용했던 것이다.

동북아시아 지역 내에서도 교통이 발달했다. 7세기 고구려·백제·신라·왜와 수·당은 상호 간의 교섭이 증진되었는데, 이러한 교섭은 해상 교통로에 의지했다. 신라와 당은 바다를 넘어 군사동맹까지 맺었다. 삼국 간의 전쟁이 격화되면서 각지의 수상·내륙 교통도 발달했다. 예컨대 신라에서는 6세기를 전후해 본격적으로 산성이 축조되기 시작했는데, 산성을 운영·유지하기 위해 관도官道를 정비했다. 왕경이 위치한 지금의 경주에서 서북쪽으로 한강 유역까지 교통로가 구축되었다.[44] 신라는 교통로 정비를 통해 변경과 요지에 축조된 산성에 군대와 군수물자를 공급할 수 있었고, 이를 바탕으로 고구려·백제와 각축하였다.

천리장성千里長城을 비롯한 고구려의 여러 성도 마찬가지의 관점에서 주목된다. 수·당과의 전쟁에서 고구려의 여러 성이 상호 유기적으로 입체적인 방어 체계를 형성한 점이나[45] 주요 교통로를 중심으로 성이 축조된 사실이 이를 짐작게 한다.[46] 물론 전후戰後의 정치·사회적 동요 및 사회경제적 파탄으로 교통의 발달이 지속적으로 이루어졌다고 할 수는 없다. 다만 좀 더 장기적인 추이에서 볼 때 7세기 전쟁은 동아시아-동북아시아 교통 발달의 강력한 촉진제와 같았다고 생각한다.

다른 지역도 그러하였지만 동북아시아 지역 또한 교통로를 중심으로 고대 국가를 형성했다. 사람과 물자를 이동시킬 수 있어야 국가적인 수취를 추구할 수 있고 중앙의 지방 지배가 가능했기 때문이다. 특히 운송의 효율성이 높은 수상 교통로가 더욱 중요했다. 송화강·압록강·대동강·한강·낙동강 등 주요 수계水系를 중심으로 국가와 사회가 번영했다. 4세기 이후 해상 교통은 문물 이동의 공간적 범위를 크게 확장시켰다. 3~4세기 고구려는 서안평西安平, 즉 압록강 하구를 장악하고 황해로 나아가 동아시아 국제 무대에 동참했다. 5~6세기 백제와 신라 역시 황해를 통해 국제관계를 구축했다. 3~6세기 삼국의 동아시아 문물 수용과 국가 체제 정비는 황해의 해상 교통에서 활력을 얻었다.

이와 같은 추이에서 보건대 7세기 전쟁이 추동한 교통의 발달은 이후 동아시아 여러 나라의 문물 교류와 국가 체제 정비에 중요한 바탕이 되었다고 생각한다. 한층 발달된 교통은 서로의 문물을 더 신속히 수용하고 더욱 폭넓고 깊이 있게 이해하도록 했다. 일찍이 니시지마 사다오西嶋定生는 이를 동아시아라는 역사세계의 형성으로 설명했다. 이른바 '동아시아세계론'이었다.[47] 동아시아세계론에서 7세기 전쟁은 자기운동自己運動의 산물로, 중원 왕조 중심의 책봉 체제를 운동의 동력으로 설명했다. 그런데 책봉이라는 국제관계의 형식이 실상을 반영할까 의문이다.[48] 국제관계의 형식이 과연 전쟁과 같은 실존 문제를 좌우했을까 싶다. 6세기 후반에서 7세기 전반만 보아도 수·당이 동아시아의 국제관계를 시종일관 주도하지는 못했다. 다만 7세기 전쟁을 통해 보건대 동아시아라는 역사세계의 설정은 일정한 시사점을 갖는다. 전쟁과 이를 전후한 교통의 발달로 동아시아 각지는 이전보다 한층 긴밀히 움직였고, 각지의 문명은 공통적인 요소를 늘려갔기 때문이다. 적어도 동아시아의 국제관계망은 더욱 확대되고 긴밀히 구축되었다고 이해된다.

4 고대사회의 변화 속에서 7세기 전쟁의 의미 찾기

7세기 전쟁은 동아시아 여러 나라의 중앙집권성을 강화했고 교통의 발달을 동반함으로써 동아시아 국제관계망을 확대했다. 고구려의 멸망은 이와 같은 역사적 변화의 결과였다. 중앙집권성의 강화에 내재된 모순과 국제관계망의 확대가 가져온 국제적 갈등이 복합적으로 작용했던 것이다. 그럼에도 불구하고 변화는 지속되었다. 고구려의 멸망 이후 동아시아의 주요 국가는 중앙집권적 국가 체제를 한층 정비했다. 신라와 발해, 그리고 일본은 당제唐制를 수용하여 중앙집권적 국가 체제 정비에 활용했다. 그리고 한자漢字에 기초한 각종 문물을 공유하며 한층 보편적인 문명세계를 지향했다.

문제는 이와 같은 변화의 동력이다. 기왕의 연구를 돌이켜보건대 동아시아각 사회의 내부를 간과해서는 안 된다고 생각한다. 동북아시아 여러 나라의 중앙집권적 국가 체제는 전쟁이라는 외적 요소에서 자극받아 강화된 측면이있지만, 기본적으로 내부의 사회경제적 변화에 토대를 두고 있었다.

중원 왕조에서 형성된 문물, 특히 당제의 수용 또한 이 같은 관점에서 이해된다. 다시 말해 동아시아라는 역사세계를 상정할 수 있다면, 그 동인으로 각지의 사회 변화를 중시해야 한다고 생각한다. 그와 같이 이해했을 때, 동북아시아의 여러 사회, 예컨대 중앙집권적 국가 체제를 지향하지 않고 오래도록 부락部落 단위의 유목·수렵 사회를 영위해간 말갈 제부諸部의 주체성도 고려할 수 있을 것이다.

이상과 같이 이해하고 보면 7세기 전쟁은 동아시아 각지의 사회 변화에 바탕을 두었고 다시 각지의 사회 변화를 견인해갔다고 할 수 있다. 물론 사회 변화의 구체적인 내용은 논의가 분분하다. 한국사에서 7세기 후반부터 8세기 전반을 고대와 중세의 분기점으로 보느냐 아니냐는 논쟁이 이를 함축한다.[49] 다만 적어도 7세기가 동북아시아 고대사회의 일대 전환기였다는 데는 대부분이 공감할 것이다. 이 점에서 7세기 전쟁이 갖는 역사적 의미는 고대사회의 전환기에 위치해 변화를 촉구했다는 데서 찾을 수 있다. 고구려의 멸망과 동아시아 국제 정세의 재편이 갖는 역사적 의미 또한 이 지점에서 이해된다. 앞으로 다양한 논의를 통해 이해의 지평이 더욱 넓어질 수 있기를 기대한다.

이정빈

충북대학교 역사교육과 부교수. 한국 고대사를 전공했다. 고구려와 수·당의 전쟁을 중심으로 동아시아 국제관계사와 군사사에 관심을 두고 있다. 『고구려 - 수 전쟁—변경 요서에서 시작된 동아시아 大戰』, 『고대 동북아시아 교통사』(공역), 「6~7세기 고구려의 욕살과 군사 운용」 등의 저서와 논문이 있다.

7세기 만주·한반도 전쟁과
지정학 구도의 재편

_여호규

1 7세기 만주·한반도 전쟁을 둘러싼 최근 연구 동향

만주와 한반도를 무대로 전개된 '7세기 전쟁'은[1] 한국사에서 가장 치열한 논쟁이 이루어지는 주제 가운데 하나이다.[2] 1980년대 이후 논의는 크게 신라에 의한 '삼국통일전쟁론'과 '백제통합전쟁론'으로 대별된다. 삼국통일전쟁론이 신라의 삼국통일로 한민족 형성의 토대가 마련되었다고 이해하는 반면,[3] 백제통합전쟁론은 7세기 전쟁이 백제만을 통합한 신라 및 고구려 고지에서 건국한 발해가 병존하는 남북국의 성립으로 귀결되었다고 본다.[4]

삼국통일전쟁론이 현재를 기준으로 한민족의 외연이 일차적으로 확정된 시점을 중시한다면, 백제통합전쟁론은 삼국 시기를 기준으로 만주와 한반도를 아울렀던 한국 고대사의 공간 범주를 강조한 것이다. 두 견해는 한국사의 조망 시점時點과 한민족의 형성 시기를 다르게 상정하지만,[5] 7세기 전쟁의 성격을 기본적으로 한민족사의 틀 내에서 고찰하고 있다. 특히 두 견해 모두 7세기 전쟁의 국제전적 양상을 지적하면서도[6] 전쟁의 성격을 파악할 때는 삼국의 각축전을 별도로 분리했다. 이런 점에서 양자의 논의는 '민족사'적 인식의 당위를 공유하는 '민족사'와 '민족사'의 논쟁이라 할 수 있다.[7]*

그런데 최근 삼한일통 의식이 9세기에 성립되었다는 견해가 제기되었다. 종래 삼국통일전쟁론은 삼한일통 의식을 삼국통일전쟁의 역사적 산물로 이해한 반면,[8] 백제통합전쟁론은 7세기 말 태종무열왕의 묘호를 둘러싼 당과의 외교전에서 파생된 허위의식이라고 보았다.[9] 이에 대해 '삼한일통 의식 9세기 성립론'은 청주 운천동 사적비의 건립 시점,[10] 태종무열왕 시호 논변 기사 중 '일통삼한一統三韓' 표현의 성립 시점,[11] 김유신이 말했다는 '삼한이 일가가

*이 책 178~181쪽.

되었다(三韓爲一家)'라는 표현의 성립 시점[12] 등을 검토한 뒤 삼한일통 의식은 9세기에 성립되었다고 파악했다.[13]* 그런 다음 7세기 전쟁에서는 신라가 백제 영토를 확보하는 데 그쳤다며,[14] 고려가 9세기에 성립한 삼한일통 의식을 기반으로 후삼국을 통일한 사실을 강조했다.[15] '삼한일통 의식 9세기 성립론'이 사실상 백제통합전쟁론으로 귀결된 것이다. 이로 인해 삼국통일전쟁론과 백제통합전쟁론의 논쟁이 재점화되는 가운데 삼한일통 의식의 성립 시기가 주요 관심사로 떠올랐다.[16] 7세기 전쟁의 성격을 한민족사와 연관지어 파악하는 연구 경향이 더욱 심화된 것이다.

이러한 경향은 2019년부터 진행된 『역사비평』의 지상 논쟁에서도 확인된다. 7세기 전쟁의 성격을 고찰한 글만 본다면, 삼국통일전쟁론과[17] 백제통합전쟁론이[18] 반론과 재반론을 주고받는 가운데 삼한일통 의식의 성립 시기를 둘러싼 논의가 주를 이루었다.[19] 이 과정에서 주요 쟁점이 선명하게 부각되고 각 견해의 논거가 보완되기도 했지만 전체적으로 기존의 연구 경향을 강화하는 방향으로 논의가 이루어졌다.

그런 점에서 7세기 전쟁의 성격을 한민족사에 국한해 파악한 기존 논의의 문제점을 지적하면서 삼국 이외에 전쟁 당사자였던 당이나 왜 등을 포괄하기 위해 전쟁의 명칭을 '7세기 중·후반 동북아시아 전쟁'으로 명명하기를 제안한 견해가 주목된다.[20]** 또한 7세기 전쟁과 관련한 나당 관계의 전반적인 추이,[21] 당의 대외 정책과 전략 목표,[22] 왜국(일본)의 인식[23] 등을 다룬 연구도 향후 논의의 폭을 확장하는 데 기여할 것으로 기대된다.

7세기 전쟁은 삼국뿐 아니라 중원 왕조, 몽골 초원과 만주 일대의 여러 족

---

* 이 책 25~36쪽.
** 이 책 178~181쪽.

속, 왜 등이 참전한 대규모 국제전이었다. 한국사 연구자라면 당연히 7세기 전쟁이 한국사에 미친 영향을 다각도로 검토해야 한다. 그렇지만 전쟁의 성격을 한민족사에 국한해 고찰한다면 전쟁의 성격은 물론이고 한국사에 미친 영향도 제대로 파악하지 못할 위험성이 있다. 이에 이 글에서는 7세기 전쟁이 대규모 국제전이었다는 관점을 견지하면서 전쟁의 촉발 시점과 그 배경, 주요 참전국의 전략 목표, 전쟁 종결 이후 만주와 한반도의 지정학 구도의 재편 양상 등을 검토하고자 한다. 이를 통해 7세기 전쟁이 한국사와 동아시아사에 미친 영향을 지정학이라는 측면에서 새롭게 이해하고, 전쟁의 역사적 성격을 재조명하고자 한다.

2 603년 고구려의 남진정책 재개와 만주·한반도 전쟁의 촉발

7세기 전쟁의 개전開戰 시점에 대해 종래 다양한 견해가 제기되었는데,[24] 삼국통일전쟁론과 백제통합전쟁론은 각각 641년과 642년에 주목했다. 삼국통일전쟁론은 641년에 당의 사신이 고구려를 방문하여 고창국 멸망 소식을 알린 이후 삼국의 정세가 급변했고 이러한 정세 변화가 648년 나당동맹으로 이어진 사실에 주목했다.[25] 이에 대해 백제통합전쟁론은 642년 대야성 함락 이후에 신라가 백제를 통합하기 위한 청병 외교를 전개한 결과 648년에 나당 연합이 체결된 사실에 주목한다.[26]

삼국통일전쟁론과 백제통합전쟁론 모두 나당동맹(또는 나당연합) 체결의 계기를 7세기 전쟁의 개전 시점으로 설정한 것이다.[27] 이러한 관점은 최근 제기된 7세기 중·후반 동북아시아 전쟁론에서도 엿볼 수 있는데, 신라가 당에 원군을 요청한 643년을 개전 시점으로 설정했다.[28]* 물론 나당동맹의 체결이 7세기 전쟁에서 중요한 변곡점을 이루며 나당연합군이 핵심적인 역할을 수행한 것은 사실이다.

다만 나당동맹을 지나치게 강조하다 보면 전쟁의 성격을 신라 중심으로 파악하기 쉬운데, 현재의 논쟁이 신라에 의한 '삼국통일전쟁론'과 '백제통합전쟁론'을 중심으로 전개되고 있다는 사실은 이를 단적으로 보여준다. 이러한 연구 경향은 여러 참전국의 역할이나 입장을 충분히 고려하기 힘들고 전쟁의 가장 중요한 특징도 간과할 위험성이 있다.

7세기 전쟁의 가장 중요한 특징은 삼국의 각축전과 중원 왕조의 동방 원정이 맞물리며 전개된 장기간의 대규모 국제전이라는 점이다. 물론 7세기 이전에도 대규모 국제전이 발발했다. 그렇지만 삼국의 각축전과 중원 왕조의 동방 원정이 직접 맞물리면서 장기간의 국제전으로 전개된 적은 없었다. 이에 필자는 7세기 전쟁의 촉발 시점과 관련하여 고구려가 신라의 북한산성을 공격한 603년에[29] 주목하고자 한다.

당시 고구려는 서북방에서 수의 군사적 압박에 직면한 상황이었다. 수는 589년에 중원 대륙을 재통일한 뒤 요서에 영주총관부를 설치하여 고구려의 서북방에 대한 영향력을 강화하는 한편, 돌궐의 동쪽 지역에까지 손길을 뻗으며 고구려를 봉쇄하려 했다. 이에 고구려가 말갈병 1만을 동원해 요서를 선제공격하자(598년 2월), 수는 기다렸다는 듯이 30만 대군을 동원하여 반격에 나섰다. 수의 공격은 장마로 인해 실패했지만 언제든지 대규모 원정을 감행할 수 있음을 천명한 것이다.[30]

그런데 국제 정세는 고구려에 더욱 불리하게 전개되었다. 당시 통일제국

---

*이 책 162쪽.

수를 견제할 만한 세력으로는 돌궐이 유일했는데 수의 이간책으로 여러 세력으로 분열된 상태였다. 동돌궐은 도람가한과 돌리가한으로 분열되었고, 서돌궐은 달두가한이 다스리고 있었다. 599년 2월 돌리가한이 도람가한과 달두가한의 협공을 받자 수에 도움을 요청했다. 이에 수는 돌리가한에게 계민가한啓民可汗이라는 중국식 칭호를 내려준 다음, 그를 활용해 도람가한을 괴멸시키고(599년 10월) 서돌궐을 지속적으로 공략했다. 마침내 603년 서돌궐마저 괴멸되고 달두가한은 토욕혼으로 도망가기에 이르렀다.[31]

이로써 돌궐에 대한 수의 영향력은 더욱 강화되었고, 돌궐 방면에서 새로운 상황이 전개될 가능성은 희박해졌다. 고구려가 서북 방면으로 세력을 확장한다거나 다른 세력과 연합하여 수를 견제하는 것이 더욱 힘들어졌다. 603년 8월 신라 북한산성에 대한 고구려의 공격은 이러한 상황에서 이루어졌다. 서북방에서 수의 군사적 압박이 더욱 거세지는 가운데 고구려가 신라 공격에 나선 것이다. 그럼 고구려는 서북방에서 위기가 더욱 고조되는데 왜 신라를 공격했을까?

이와 관련하여 온달이 신라에 빼앗긴 영토를 되찾겠다며 아단성阿旦城 공격에 나섰다는 이야기가 주목된다.[32] 아단성은 본래 백제의 성곽으로 서울 광진구의 아차산 일대로 비정되는데, 신라의 북한산성도 아차산성으로 비정된다. 또 603년 북한산성 공격은 고구려가 554년 이후 처음으로 전개한 대남방 군사작전이다. 이런 점에서 온달 설화에 나오는 아단성 공격은 603년의 북한산성 공격과 동일한 사건을 지칭한다고 생각된다.

온달은 출정에 앞서 "계립현鷄立峴(하늘재)과 죽령竹嶺의 서쪽을 되찾지 않으면 돌아오지 않겠다"고 맹세했다. 온달은 고구려가 6세기 중반에 상실했던 한강 유역을 수복하기 위해 출정한 것이다. 이렇게 본다면 고구려는 한강 유역 수복이라는 기치를 내걸고 603년부터 남진정책을 재개했다고 파악된다.[33] 고구려가 남진정책 재개를 통해 한강 유역을 수복하려 했으며 이를 바탕으로 수에 맞서려는 대외 정책을 추진한 것이다.[34]

실제 고구려는 603년 이후 대남방 군사작전을 본격적으로 전개했다. 607년에 백제의 송산성과 석두성을 공격하고, 608년에는 신라의 북쪽 국경을 급습하여 8천 인을 노획하고 우명산성을 함락했다.[35] 고구려가 554년 이후 반세기 가까이 지속된 신라나 백제와의 휴전을 깨고 남진정책을 재개한 것이다. 고구려는 대남방 군사작전에서 상당한 전과를 거두었지만 서북방에서 수의 군사적 압박을 더욱 거세게 받았다. 고구려가 서북방과 남방 두 방면에서 동시에 전쟁을 수행한 것인데, 이러한 양상은 7세기 이전에는 거의 확인되지 않는다.

가령 고구려는 369년부터 남진정책을 추진했는데, 그에 앞서 전연과의 우호 관계를 통해 서북방 국경지대를 안정시켰다. 5세기 전반에는 평양 천도를 단행하여 남진정책을 추진하려다가, 북위의 동방 진출이 본격화되자 이를 저지하기 위해 남진정책을 중단했다. 5세기 중반에 접어들면서 백제, 신라, 가야, 왜 등이 고구려에 대항하는 연합전선을 형성하자 462년부터 북위와 외교 관계를 개선하여 서북방 국경지대를 안정시킨 다음 다시 남진정책을 추진했다. 6세기 중엽에는 남방과 서북방에서 동시에 위기가 몰려오자 신라와 밀약을 맺어 남방 국경지대를 안정시킨 다음 서북방에 군사력을 집중했다.

7세기 이전에는 고구려의 서북방과 남방에서 동시에 전선이 형성된 경우가 없었던 것이다. 오히려 고구려는 두 방면에서 동시에 위기가 몰려오면 외교 교섭을 통해 한쪽을 안정시킨 다음 다른 쪽에 군사력을 집중하여 위기를 극복했다. 세력 확장을 도모할 때도 외교 교섭을 통해 어느 한쪽 국경지대를 안정화한 뒤 다른 방면에서 군사작전을 전개했다. 이로 인해 삼국의 각축전 및 고구려와 중원 왕조의 전쟁이 고구려를 매개로 직접 맞물리며 대규모 국

제전의 양상으로 비화하지 않았다.[36]

　그런데 7세기 초에는 수의 군사적 압박이 거세지는 가운데 고구려가 남진 정책을 추진했기 때문에 서북방과 남방에서 동시에 전선이 형성되기 시작했다. 이러한 고구려의 대외 정책 전환은 삼국의 각축전과 수의 동방 원정이 직접 맞물리는 계기를 제공했다. 실제 고구려의 공격을 받은 백제와 신라는 수에 고구려 원정을 요청했다.[37] 이에 수도 양국에 사신을 보내서 고구려를 협공하기 위한 방안을 모의했다.[38] 삼국의 각축전과 수의 고구려 원정이 직접 맞물리며 대규모 국제전으로 비화하기 시작한 것이다.[39]

　603년 고구려의 남진정책 재개는 만주와 한반도 방면에서 각기 별도로 전개되던 전쟁을 상호 연계시켜 대규모 국제전으로 확전되는 데 결정적 계기를 제공했다. 삼국의 각축전이 고구려의 남진정책 재개를 계기로 동아시아 국제전으로 비화한 것이다. 이러한 점에서 603년 남진정책 재개라는 고구려의 대외 정책 전환은 7세기 국제전을 촉발시킨 역사적 사건이라 할 수 있다. 그럼 고구려의 남진정책 재개가 어떻게 대규모 국제전의 서막을 열 수 있었을까?

　이와 관련하여 만주와 한반도의 지정학적 특성에 주목할 필요가 있다. 만주 중남부와 한반도 북부는 신석기시대 이래 농경 발달과 함께 하나의 문화권을 이루었다. 다만 두 지역 사이에는 험준한 산간지대가 가로놓여 있어서 내륙의 육로로 내왕하기는 쉽지 않았다. 이에 주로 서해나 동해 연안의 육로 또는 해로를 통해 내왕했는데, 동해 방면은 선진 문화가 늦게 보급되어 정치적 성장이 상당히 지체되었다. 그에 따라 서해안에 인접한 요동 지역과 서북한 일대가 긴밀하게 연계되면서 선진 지역으로 부상했는데, 이를 바탕으로 고조선이 고대국가로 성장했다.

　요동 지역과 서북한 지역이 이제 만주·한반도 일대의 지정학적 중심지로 부상했다. 이에 한나라가 고조선을 멸망시킨 이래 중원 왕조는 두 지역에 동시에 군현을 설치하여 만주와 한반도 일대에 강력한 영향력을 미쳤다. 4세기 초 서진의 붕괴 이후 서북한과 요동 지역은 잠시 고구려와 전연·전진·후연에 의해 분할 점령되었다가, 고구려가 5세기 초에 요동 지역까지 석권함에 따라 다시 하나의 권역으로 긴밀하게 연계되었다. 특히 고구려는 두 지역을 바탕으로 만주와 한반도 일대에 독자적인 세력권을 구축했다.

고구려는 요동 지역을 교두보로 삼아 중원 왕조나 유목제국과 다양한 교섭을 전개하는 한편 서북한 일대를 기반으로 남진정책을 추진했다. 다만 전술한 바와 같이 7세기 이전에는 서북방과 남방의 두 방면에서 동시에 위기가 조성될 경우 고구려는 외교 교섭을 통해 한쪽을 안정시킨 뒤 다른 쪽에 군사력을 집중하여 위기를 해결했다. 그 결과 7세기 이전에는 한반도를 무대로 전개된 삼국의 각축전 및 요동 방면에서 전개된 고구려와 중원 왕조의 전쟁이 직접 맞물리면서 전개되지는 않았다.

그런데 서북방에서 수의 군사적 압박이 고조되자 고구려는 603년부터 남진정책의 재개를 통해 위기를 돌파하고자 했다. 종전과 전혀 다른 대외 정책을 추진한 것이다. 그에 따라 고구려는 요동 방면에서 수에 맞서는 한편 한반도 방면에서는 신라나 백제와 각축전을 벌여야 했다. 이에 백제와 신라가 수에 고구려 원정을 요청하고, 수는 양국에 사신을 보내 고구려 협공 방안을 모색하기에 이르렀다. 삼국의 각축전이 수의 동방 원정과 직접 맞물리며 국제전으로 비화하기 시작한 것이다.

고구려가 만주와 한반도 전체의 지정학적 중심지인 요동 및 서북한 지역을 동시에 장악했기 때문에 남진정책의 재개는 곧 7세기 국제전을 촉발하는 계기로 작용했다. 수 양제는 "고구려는 본래 중국의 군현 지역이었다"는 배구裴矩의 논리를 받아들여[40] 고구려 도성인 평양성 함락을 목표로 대규모 원정을 세 차례나 감행했다.[41] 수 양제도 종전의 중원 왕조나 고구려처럼 요동과 서북한 지역을 동시에 장악하여 만주와 한반도 전체에 강력한 지배력을 행사하려 한 것이다.

3 645년 당군의 고구려 원정 목표와 삼국의 대응

당은 건국 직후 중원 대륙의 재통합이 급선무였기 때문에 강경한 대외 정책을 펴기 힘들었다. 628년 중원 대륙을 재통합한 이후에도 서북방의 동돌궐, 토욕혼, 고창 등을 차례로 제압해나갔는데, 고구려에 대해서는 강온 양면 전략을 폈다. 이에 고구려도 당에 화친으로 화답하며 외교적 유화책을 펼치면서도 군사방어책을 병행했다. 수와 군사 대결을 벌이던 상황과 비교한다면 서북방 국경지대가 많이 안정된 것이다.

그렇지만 고구려는 대남방 군사작전을 계속 추진했다. 625년경에 백제나 신라가 당에 사신을 보내는 것을 방해하는 한편 신라를 자주 공격했다. 이 무렵 백제도 신라를 공격하여 여러 성곽을 공취했다. 이에 신라가 당에 사신을 보내서 고구려의 외교 방해와 침공을 호소하고 백제 또한 고구려의 외교 방해를 호소하자, 당은 삼국에 화해를 종용했다. 고구려는 당에 사죄를 표하면서도 신라를 지속적으로 공격했다.[42]

630년대 이후 고구려와 백제는 신라를 더욱 거세게 공격했다. 백제는 632년 신라를 공격한 이래 신라의 서곡성(633), 독산성과 옥문곡(636) 등을 공격했고, 642년에는 대야성을 비롯하여 신라 서변의 40여 성을 공취했다. 고구려도 630년대 후반에 신라를 공격하여 원산만 일대를 수복했으며, 신라의 칠중성을 공격했다(638). 고구려와 백제가 신라를 협공하는 양상이 심화된 것이다.

신라는 642년 백제에게 대야성을 함락당하자 고구려에 원병을 요청했다. 그러나 고구려는 "죽령 서북의 땅을 돌려주면 원병을 보내주겠다"며 사실상 신라의 요청을 거절했다.[43] 644년 당이 고구려에 사신을 파견하여 신라 공격을 중단하라고 요구했지만, 고구려는 "신라에 빼앗긴 옛 땅을 회복하려는 것"이라며 물러설 뜻이 없음을 분명히 했다.[44] 이처럼 당 건국 이후에도 고구려가 대남방 군사작전을 강력하게 추진했기 때문에 언제든지 삼국의 각축전과 당의 고구려 원정이 맞물리며 대규모 국제전이 전개될 수 있었다.

당은 동돌궐(630), 토욕혼(635), 고창국(640) 등을 차례로 괴멸한 뒤 641년에 군사정보를 총괄하던 진대덕을 고구려에 사신으로 파견해 고창국 멸망 소식을 전하면서 고구려의 의중을 떠보고 지리와 군사정보를 정탐했다. 당이 본격적으로 고구려 원정 준비에 나선 것이다.[45] 진대덕의 보고를 받은 당 태종은 수 양제가 그랬던 것처럼 "고구려는 본래 (중국 왕조의) 사군四郡이었다"라면서 고구려 원정 의사를 내비쳤다.[46]

마침내 당 태종이 644년 11월 "요동은 중국의 옛 땅이었으며, 따라서 연개소문을 문죄하겠다"라면서 고구려 원정을 강행했다.[47] 그해 12월에는 신라, 백제, 해, 거란에게 고구려를 공격하라는 조서를 내렸다.[48] 신라의 구원 요청이 고구려 정벌의 이유 가운데 하나라며, 거란과 해는 이적李勣 군대의 요동 공격을, 백제와 신라는 장량張亮 군대의 평양 진격을 도우라고 했다.[49] 당은 토욕혼과 전쟁을 치를 때부터 주변국의 군사력을 본격적으로 동원했는데,[50] 고구려 원정에도 이를 적용한 것이다. 특히 신라에 대해서는 평양으로 비정되는 낙랑과 동해안 방면의 옥저 쪽을 공격하라고 구체적인 전략을 하달했다. 백제에 대해서는 고구려와의 연계를 의심하여 군량을 짊어지고 대기하라고 했다가, 645년 1월 백제가 해명하고 나서자 이를 받아들이면서 당군을 적극적으로 도우라고 했다.[51] 수 양제가 백제와 신라에 사신을 보내서 고구려 협공을 모의했듯이, 당 태종도 고구려 주변국에게 구체적인 전략을 내리며 참전을 독려했다.

그런데 당은 645년 초에 백제 의자왕과 신라 선덕여왕에게 내린 조서에서 삼국의 영역과 주민을 '삼한지역三韓之域'과 '오군지경五郡之境',[52] '삼한지맹三韓之氓'과 '오군사서五郡士庶'[53] 등으로 표현했다.[54] 종래 이 조서의 '삼한'과 '오군'은 대구적인 표현으로 고구려, 나아가 삼국을 지칭한다고 이해되었다.[55] 필자도 '삼한'이 고구려를 포함하여 삼국을 지칭하는 표현으로 사용되었다는 점에 동의한다. 그렇지만 이 조서에서 '오군'은 삼국 전체를 지칭한다고 보기 어렵다. '오군'은 당 태종이 진대덕의 보고를 받고서 "고구려는 본래 사군四郡이었다"고 했던 '사군'에 요동군을 합친 표현으로 파악된다. 오군은 한사군에 요동군을 합친 표현으로서 구체적으로 당시 5군의 판도를 장악하고 있던 고구려를 지칭하는 것이다. 이와 관련하여 '삼한'과 '오군'의 주민이나 영역을 나타내는 표현이 다르다는 사실이 주목된다.

주민에 대한 표현 중 '오군사서'의 '사서士庶'가 '사인士人과 일반 백성'을 지칭한다면, '삼한지맹'의 '맹氓'은 '다른 나라나 지방에서 이주해온 백성'을 가리킨다. '사서'가 중원 왕조의 군현 지배를 받던 지역의 주민을 지칭한다면, '맹'은 군현 지배를 받지 않던 지역의 원주민을 가리킨다고 볼 수 있다. 따라서 영역을 표현할 때도 '삼한'에 대해서는 중원에서 멀리 떨어진 '절역絶域'이나 '극지極地' 등의 뜻을 내포한 '역域' 자를 사용하여 '삼한지역三韓之域'이라 했다.

이 조서만 놓고 볼 때 '오군'이 한사군과 요동군의 판도를 영유한 고구려를 지칭한다면 '삼한'은 중원 왕조의 군현 지배를 받은 적이 없던 지역의 백제나 신라를 지칭한다고 파악된다. '오군'과 '삼한'이라는 표현에는 본래 중원 왕조의 군현이었던 지역에 위치한 고구려만 정토 대상이고, 백제나 신라는 그

바깥에 존재하는 독립국으로서 정토 대상이 아니라는 뜻을 내포한다. 그러니 백제나 신라는 안심하고 당의 고구려 원정에 적극 협조하라는 말이다.[56]

요컨대 당 태종은 중원 왕조의 군현이 설치되었던 요동 지역과 서북한 지역을 점령하기 위해 고구려 원정을 단행한 것이다. 실제 당 태종은 644년 12월 조서와[57] 645년 1월 조서에서[58] 당군이 '요동(遼左)'과 '평양'을 모두 점령하기 위해 고구려 원정을 단행했음을 밝혔다.[59] 당도 만주와 한반도의 지정학적 중심지인 요동 지역과 서북한 지역을 동시에 장악하여 이 지역 전체에 강력한 지배력을 행사하려는 전략 목표를 세운 것이다.

당의 이러한 전략 목표는 달성되지 않았다. 당은 고구려의 군사정보를 정탐하는 등 치밀하게 준비한 덕에 요동의 여러 성곽을 함락했지만, 고구려의 강력한 항전과 설연타의 홍기 등으로 인해 퇴각할 수밖에 없었다.[60] 게다가 백제와 신라에 여러 차례 조서를 내리며 구체적인 전략까지 하달했음에도 이들의 참전을 적극적으로 이끌어내지 못했다. 오히려 신라와 백제는 상반된 행보를 보였다.

신라는 당의 요청을 받아들여서 5만(3만) 대군을 동원하여 고구려의 수구성水口城을 함락했다.[61] 그렇지만 백제가 그 틈을 타서 신라의 서변을 공격하여 7성을 획득했다.[62] 백제는 당 태종의 참전 요청을 거부하며 당의 고구려 원정으로 조성된 국제 정세를 활용해 신라를 공격함으로써 세력 확장을 도모했다. 그 때문에 신라도 고구려를 적극적으로 공략하기 힘들었다. 수의 고구려 원정 시기와 비교해보면, 이때는 신라가 고구려를 공격하며 당에 협조한 것에 반해 백제는 신라를 공격하며 당에 반기를 든 것이다.

이 같은 양상은 삼국의 역학 관계가 종전과 많이 달라진 데서 기인한다. 수가 고구려 원정을 추진하던 시기만 하더라도 삼국의 각축전은 상호 치열하게 전개되었다. 그런데 630년 이후 신라에 대한 고구려와 백제의 협공이 심화되었고, 신라가 당에 이를 알리며 원병을 요청했다. 실제 당 태종은 백제 의자왕에게 내린 조서에서 고구려와의 연계를 의심하기도 했다. 이런 상황에서 당 태종은 백제의 해명을 받아들이고 고구려 공격을 독려했지만,[63] 백제로서는 당에 협력할 필요성을 크게 느끼지 못했다. 오히려 신라가 당의 요청에 부응하여 고구려를 공격하자, 이를 틈타 신라를 공격하여 실리를 확보했다.

4 648년 나당 군사동맹의 체결과 점령지 분할 밀약의 함의

645년 당의 고구려 원정은 실패로 끝났다. 오히려 고구려가 당군을 격퇴하며 군사적 저력을 과시하여 국제적 위상을 높이는 한편 백제와의 연계를 더욱 강화할 계기를 마련했다. 반면 당은 백제나 신라로부터 충분한 협조를 얻는 데 실패했을 뿐만 아니라 자국의 요청에 협력한 신라를 더욱 위기로 몰아넣었다. 당의 협조를 거부한 백제의 행보는 탄력을 받은 반면, 신라는 고구려와 백제의 협공을 받으며 궁지에 몰렸다.[64] 당이나 신라 모두 전략을 수정해야 하는 상황에 내몰린 것이다.

648년 윤12월 신라와 당의 군사동맹은 이러한 상황에서 체결되었다.[65] 이때 양국이 맺은 밀약의 핵심 내용이 671년 문무왕이 설인귀에게 보낸 이른바「답설인귀서答薛仁貴書」에 나온다.

대왕(문무왕)이 (설인귀에게) 답서를 보내어 이르기를 "선왕(태종무열왕)께서 정관 22년(648)에 입조하여 태종문황제를 뵙고 은혜로운 칙명을 받았는데, '짐이 지금 고구려를 정벌하려는 것은 다른 까닭이 있는 것이 아니고 너희 신라가 두 나라 사이에 끼어 있어서 매번 침략을 당하여 편안한 날이

없는 것을 불쌍히 여기기 때문이다. …… 내가 두 나라를 평정하면 평양이

남 백제토지는 모두 너희 신라에 주어 길이 편안하게 하고자 한다(我平定兩

國, 平壤已南, 百濟土地, 並乞你新羅, 永爲安逸)'고 이르시며 계책을 내려주고 군

사작전 기일을 알려주었습니다."라고 하였다.[66]

당 태종이 고구려와 백제 양국을 평정한 다음 '평양이남平壤已南, 백제토지
百濟土地'를 신라에게 주겠다고 약조했다는 것인데, 이 구절의 의미를 둘러싸
고 각양각색의 견해가 제기되었다. 삼국통일전쟁론자는 '평양 이남과 백제
토지'로 해석하여 신라가 대동강 남쪽에서 고구려의 영역 일부와 백제를 차
지하며 삼국통일을 이루었다고 이해했다.[67] 반면 백제통합전쟁론자는 '평양
이남의 백제 토지'로 해석하여 신라가 임진강 이남에서 백제만을 통합한 것
으로 이해했다.[68]

이에 대해 삼한일통 의식 9세기 성립론자는 이 구절이 전쟁 당시의 영역 점
유 상황을 나타낸 것이 아니라 역사적 연고 의식을 기준으로 영토의 귀속을
표현한 것으로 보았다. 신라가 백제의 영토 인식을 수용하여 평양=패하=대
동강 이남을 백제 영토로 보고 신라에 귀속되어야 한다고 주장했다는 것이
다. 또한 신라는 675년 당시뿐 아니라 대동강 이남 지역을 모두 확보한 735년
에도 백제의 영토만 영유한 것으로 인식했다는 것이다.[69]*

이러한 논의는 『역사비평』의 지상 논쟁에서 되풀이되었다. 삼국통일전쟁
론을 지지하는 경우, 이 구절의 '並'은 복수를 지칭하므로 '평양 이남(의 고구
려 토지)과 백제 토지'로 해석해야 하며,[70]** 또한 이 구절이 평양 이남의 백제

* 이 책 19~21쪽.
** 이 책 48~54쪽.

토지만 지칭한다면 '평양이남'이라는 구절은 사족이 되어버린다는[71]* 견해를 제기했다. 백제통합전쟁론을 지지하는 경우, 이 구절의 '평양'은 고구려를 가리키는 환유換喩로서 '평양=고구려 이남, 즉 백제 토지'로 해석해야 한다고 보았다.[72]** 이에 더해 백제통합전쟁론자와[73] 삼한일통 의식 9세기 성립론자가[74] 삼국통일전쟁론에 재반론을 폈지만 종전의 논의를 반복하는 양상을 띠었다.

그런데 종전 논의에서는 각 논자가 여러 시점의 상황을 구분하지 않고 상기 구절을 해석하는 경향이 강했다. 특히 대부분의 논자가 이 구절을 근거로 나당전쟁의 전개 양상을 해석했다. 각 논자가 자신의 입론에 맞추어 상기 구절을 해석한 것이다. 상기 구절을 좀 더 정확하게 해석하기 위해서는 다음 두 가지 원칙을 견지할 필요가 있다. 첫째, 상기 구절은 문무왕이 설인귀에게 보낸 편지에 나오는 표현인 만큼 「답설인귀서」의 다른 문장과 비교하여 이 구절에 나오는 지명이나 용어를 해석해야 한다. 둘째, 상기 구절은 나당전쟁 시기의 상황이 아니라 밀약 체결 당시인 648년의 상황에 기반하여 해석할 필요가 있다.

이 구절에 대해 648년 당 태종과 김춘추가 실제로 맺은 밀약이 아니라 671년에 신라 문무왕이 꾸며낸 변명이나 날조로 보기도 한다.[75] 그렇지만 이 구절이 나오는 편지는 문무왕이 설인귀에게 보낸 공식 문서의 성격이 강하다는 점에서 신라가 648년에 맺지도 않은 밀약을 임의로 꾸미거나 날조했다고 보기는 어렵다. 특히 661년에 백제 부흥군의 지도부도 "당이 백제 고지를 신라에 넘겨주기로 서약했다"는 사실을 인지하고 있었던 것으로 확인된다.[76] 이

*이 책 77쪽.
**이 책 235~236쪽.

구절은 648년 당시 당 태종과 김춘추가 고구려와 백제에 대한 공략 방안을 논의한 뒤 이를 토대로 체결한 밀약으로 보는 것이 타당하다.[77]*

먼저 '평양이남, 백제토지'라는 구절은 「답설인귀서」의 다른 표현과 비교하여 이해할 필요가 있다. 이와 관련하여 설인귀도 문무왕에게 보낸 편지에서 김춘추가 "서쪽으로 백제의 침략을 두려워하고, 북쪽으로 고구려의 노략질을 방비하기 위해"[78] 당을 방문했다고 지적한 점에 주목해보자. 나당 군사 동맹은 고구려나 백제 가운데 어느 한 나라가 아니라 양국 모두를 평정하기 위해 체결되었음을 말한다. 이 점은 "너희 신라가 두 나라 사이에 끼어 매번 침략을 당하는 것을 불쌍히 여겨 고구려를 정벌하려고 한다"는 당 태종의 언설에서도 확인된다.

그러므로 이 구절은 신라와 당이 고구려와 백제 양국을 평정한 다음, 그 점령지를 어떻게 처리할 것인가에 관한 밀약이라 할 수 있다. 이에 문무왕은 「답설인귀서」에서 나당연합군의 군사작전 때 신라가 수행한 역할을 상세히 기술한 뒤 "신라는 백제를 평정할 때부터 고구려를 평정할 때까지 충성과 힘을 다했다"라고 언급했다.[79] 「답설인귀서」의 667년 기사에는 당시 신라와 고구려의 국경선을 지칭하는 '계수界首'라는 표현이 나오는데 "고구려의 칠중성을 격파하고 나서 도로를 개통했다"고 했다.[80] 「답설인귀서」 작성자는 667년 고구려와 신라의 국경선을 임진강 일대로 인식한 것이다.

「답설인귀서」에는 '평양平壤'이라는 단어가 14번 나오는데 모두 고구려 도성인 평양과 그 주변 지역을 지칭하는 지명으로 사용되고 있다. 예컨대 662년 1월의 '평양대군平壤大軍'은 '평양 지역에 주둔한 당의 대군'을 뜻한다. 668년 고구려 멸망 순간을 묘사한 "영공이 다시 신라의 용감한 기병 500인을 거

*이 책 264~265쪽.

느리고 먼저 성문에 들어가서 마침내 평양을 격파하고 대공을 이루었다"는 구절의 '평양'도 역시 고구려 도성인 평양성을 가리킨다. '고려'라는 단어는 8 번 나오는데 모두 고구려라는 국가를 지칭한다. 특히 "신라는 백제를 평정할 때부터 고려를 평정할 때까지 충성을 다하고 온 힘을 다 쏟았다"라고 하여 고구려 멸망을 명확하게 '정고려定高麗'라고 표현하고 있다.

백제통합전쟁론자가 제기한 것처럼 상기 구절의 '평양'이 고구려를 지칭하는 환유로 보기는 어려운 것이다. 이 구절의 '평양'은 당시 고구려 도성인 평양성과 그 주변을 지칭하는 지명으로 보아야 한다. 따라서 '평양이남平壤已南, 백제토지百濟土地'는 나당연합군이 백제와 고구려 양국을 평정한 다음, 고구려 도성인 '평양'을 경계로 점령지를 분할하기로 약속한 밀약이라고 해석된다. 또한 「답설인귀서」의 작성자가 667년 고구려와 신라의 국경선을 임진강 일대로 인식하고 있었던 만큼 '평양이남'은 임진강보다 북쪽에 자리한 '평양 이남의 고구려 영역'을 뜻한다고 볼 수 있다. 이 구절은 '평양 이남(의 고구려 영토)과 백제 토지'를 뜻한다고 해석하는 것이 가장 타당하다.

그렇다면 648년에 신라와 당은 왜 '평양'을 경계로 점령지 분할의 밀약을 맺었을까? 또 이러한 점령지 분할 밀약은 어떠한 함의를 지니는가? 백제통합전쟁론자는 '평양'은 안동도호부가 설치될 곳이므로 당이 이 지역을 분할하여 신라에 양도하려 했다고 보기는 어려울 것이라고 이해한다.[81] 이에 반해 삼국통일전쟁론자는 신라가 675년에 기존 국경선인 임진강을 넘어 고구려 영역의 일부인 예성강 유역까지 장악했으므로 '평양이남'은 '평양 이남의 고구려 영역'을 뜻한다고 해석했다.[82]* 양자 모두 밀약이 체결되던 648년이 아닌 고구려 멸망 이후의 상황을 근거로 상기 구절을 해석하고 있다. 그렇지만

* 이 책 41~48쪽.

당과 신라의 점령지 분할 밀약은 고구려 멸망 이후가 아니라 그 이전인 648년 윤12월에 이루어진 것이다. 상기 구절은 648년의 상황에 근거하여 해석할 필요가 있다. 그래야 신라와 당이 '평양'을 경계로 점령지 분할의 밀약을 맺은 이유와 그에 담긴 역사적 함의를 정확하게 파악할 수 있을 것이다.

전술했듯이 신라는 645년에 당의 요청을 받아들여 고구려를 공격했지만 그 와중에 오히려 백제에게 7성을 함락당했다. 신라가 더욱 곤경에 빠진 것이다. 신라는 선덕여왕 측근 세력과 반대파 진골 세력이 극심하게 대립하던 중 647년에 비담의 난이 일어났다. 김춘추와 김유신 일파가 비담의 난을 평정하고 권력을 장악했으나 백제의 공세는 더욱 거세졌다.[83] 김춘추와 김유신 일파가 정권을 공고히 다지려면 새로운 타개책이 필요했다. 이에 김춘추가 당으로 건너가 648년 윤12월에 당 태종과 대면한 것이다.

한편 당이 고구려 원정에 실패하자 설연타를 비롯해 몽골 초원의 여러 족속이 당에 반기를 들었다. 이에 당은 646년에 대대적인 군사작전을 펼쳐 6월에 설연타를 괴멸하고, 8월에 철륵鐵勒 여러 부족의 투항을 받았다.[84] 647년 1월에는 철륵 지역에 도호부와 도독부를 설치하여 기미지배羈縻支配를 시행했다.[85] 당이 북변의 위험성을 제거하고 고구려 원정을 재추진할 기반을 다진 것이다.[86]

이에 당 태종은 647년 2월 조정에 고구려 정벌 전략을 논의하도록 지시했다. 이때 당은 고구려 성곽의 견고함 때문에 645년의 원정이 실패했다고 진단하고, 소규모 부대를 자주 보내서 요동 지역을 황폐화시키는 국지전(장기 소모전)을 전개하기로 결정했다.[87] 이 전략에 따라 당은 소규모 부대를 빈번히 파견하여 고구려를 공략했다. 다만 당의 작전 지역은 소자하 유역의 남소성과 목저성, 요동반도의 석성과 적리성, 압록강 하구의 박작성 등 요동 지역에 국한되었다.[88]

당은 647년 12월 쿠차龜兹를 격파하고 안서도호부를 설치하는 등 서북방에 대한 기미지배를 더욱 강화했다.[89] 당 태종은 648년 6월 장기 소모전을 통해 고구려를 충분히 피폐시켰다고 판단하고 이듬해에 고구려에 대한 대규모 원정을 단행하겠다며 제반 준비를 지시했다.[90] 마침 거란과 해 등이 투항하자 당은 이들을 송막도독부松漠都督府와 요락도독부饒樂都督府로 편제하여 기미지배를 시행했다.[91] 당이 고구려 정벌에 서북방의 거란과 해까지 동원할 수 있는 여건을 갖춘 것이다.[92]

이러한 상황에서 신라의 김춘추가 당 태종을 방문했다. 당은 645년의 고구려 원정 직전 당시와 마찬가지로 북방의 주요 세력을 제압하고, 더욱이 이제는 거란과 해의 투항까지 받은 상황이었다. 그런데 645년의 군사작전에서는 요동 평원의 고구려 성곽 일부만 점령하는 데 그쳤고, 그 이후의 장기 소모전에서도 요동 지역을 공략하는 데 머물렀다. 당으로서는 요동 지역과 서북한 지역을 동시에 공략할 수 있는 명확한 전략을 수립하지 못한 상황이었다.

앞서 서술했듯이 당은 644년 12월에 주변국에게 참전을 독려하면서 신라에게는 평양으로 진격하는 장량 군대를 도와 평양으로 비정되는 낙랑과 동해안 방면의 옥저 쪽을 공격하라고 전략 지침을 내린 바 있다.[93] 이렇게 본다면 648년 김춘추와 당 태종은 백제 공략 방안과 함께 고구려의 서북한 지역에 대한 군사작전도 논의했고, 신라가 평양 이남의 고구려 지역에서 대대적으로 군사작전을 전개한다는 데 합의했을 것이라 추정된다.

'평양이남, 백제토지'라는 구절은 신라와 당이 648년의 상황에 기반하여 고구려를 공략할 군사작전을 수립한 결과인 것이다. 당의 입장에서 본다면 요동 지역과 서북한 일대를 동시에 공략하기 힘든 상황에서 신라의 군사력을 최대한 활용하여 요동 지역을 장악하면서 서북한 일대도 분할 점령할 수 있는 전략이었다. 신라의 입장에서 본다면 당의 군사적 조력을 받아 백제를 제거하는 동시에 평양 이남의 고구려 영토도 점령할 수 있는 전략이었다. '평양'을 경계로 하는 점령지 분할 밀약은 양국 모두에게 매력적인 전략이었던 것이다.

그런데 김춘추나 당 태종이 의식했는지는 알 수 없지만 이 밀약에는 만주와 한반도의 지정학 구도를 근본적으로 재편할 만한 요인이 내포되어 있었다. 앞서 서술했듯이 고조선 이래 요동 지역과 서북한 지역은 만주와 한반도 일대의 지정학적 중심지로 부상했다. 이에 고조선이나 그 이후의 중원 왕조, 고구려 등은 두 지역을 동시에 장악하여 이를 중심으로 만주와 한반도 일대를 하나의 권역으로 묶어서 강력한 영향력 또는 지배력을 행사했다. 648년의 밀약대로 신라와 당이 평양을 경계로 분할 점령한다면 만주와 한반도 일대의 지정학 구도는 재편될 수밖에 없었다. 서북한 지역은 평양을 경계로 분할되기 때문에 지정학상의 중심성이 약화되고 요동 지역과의 연계성도 떨어질 수밖에 없다. 서북한과 요동 지역의 연계성이 약화된다면, 두 지역을 매개로 하나의 권역을 이루었던 만주와 한반도 일대는 별개의 권역으로 분리될 수 있었다.

그렇다면 이러한 지정학 구도의 재편은 신라와 당에게 어떠한 영향을 미치게 될까? 신라의 경우, 단독으로 서북한 지역 전체를 장악한다는 것은 현실적으로 불가능했다. 이러한 상황에서 서북한 지역을 분할 점령할 수 있다면, 이를 방파제로 삼아 한반도 중남부에 대한 지배권을 더욱 강화할 수 있었을 것이다. 반면 당의 경우, 서북한을 분할 점령한 상태에서 한반도 중남부에 영향력을 행사하기는 쉽지 않다.[94] 당의 대외 정책이 만주와 한반도 전체에 강력한 지배권을 구축하려는 방향으로 전환된다면 평양을 경계로 하는 점령지 분할 밀약은 파기될 수밖에 없었다. 648년 김춘추와 당 태종의 밀약은 양국의 대외 정책에 따라 언제든지 파기될 수 있는 가변성을 안고 있었던 셈이다.

5 698년 만주·한반도 전쟁의 종결과 지정학 구도의 재편

649년 5월 당 태종 사망 이후 나당 군사동맹은 추진 동력을 급격히 상실했다. 태종이 고구려 원정을 중단하라는 유언을 남겼을 뿐만 아니라 장손무기長孫無忌 정권이 유화책으로 전환했기 때문이다. 그에 따라 고구려와 당의 전쟁도 소강상태로 접어들었다. 다만 고구려는 당과의 화친을 모색하기보다 주변 지역에 대한 군사작전을 더욱 공세적으로 전개했다. 고구려는 654년경에 서요하 중·상류의 거란을 공략하는 한편,[95] 백제·말갈과 함께 신라 북변의 33성을 공취했다.[96] 이때 고구려는 백제·말갈 등과 연합하여 종전보다 더욱 조직적으로 신라를 협공했다.

한편 654년 일본열도에서는 친신라적인 고토쿠孝德 정권이 붕괴되고, 친백제 노선의 나카노오에中大兄 정권이 성립했다.[97]* 당이 유화책을 펴는 동안 동방 지역에서는 신라에 더욱 불리한 국제 정세가 조성된 것이다. 이에 신라가 655년 1월 당에 구원을 요청하자 당이 고구려 공략에 나서며 화답했다.[98] 나당 군사동맹을 복원할 단초가 마련된 것인데, 이는 당의 정국 변화에서 기인했다. 654년경에 장손무기 정권이 실각하고 측천무후를 중심으로 하는 허경종許敬宗 정권이 성립한 것이다.

장손무기 정권이 유화책을 추진하는 동안 서돌궐 지역에서는 아사나하로阿史那賀魯가 천산天山산맥 일대에 유목제국을 재건하고 중앙아시아 일대까지 영향력을 미쳤다. 이에 새로 들어선 허경종 정권은 신라의 구원 요청을 받아들여 고구려를 공략하는 한편 서돌궐 정벌에도 나섰다. 658년 2월에 아사나하로를 노획하여 서돌궐을 궤멸시키고[99] 곤릉도호부崑陵都護府와 몽지도호

---

* 이 책 283쪽.

부濛池都護府를 설치하여 기미지배를 시행했다.[100] 당이 동방정책을 강력하게 추진할 기반을 마련한 것이다.

당은 서돌궐 궤멸을 전후하여 백제 선공책을 핵심으로 하는 동방 전략을 확정하고 658년 6월부터 고구려의 주력군을 요동 방면에 묶어두는 양동작전 陽動作戰을 전개하면서 백제 원정에 착수했다.[101] 그리하여 659년 3월 서돌궐 의 잔여 세력을 격파한 다음[102] 11월에 백제 원정군을 편성했다.[103] 이때 당은 왜의 사절을 억류하고,[104] 659년 10월까지도 신라에 백제 공격 계획을 알려주 지 않을 정도로[105] 극비리에 백제 원정을 추진했다.

나당연합군의 백제 공격이 사실상 당의 주도 아래 진행된 것이다. 이는 이 무렵 신라와 당의 상황이 나당 군사동맹을 처음 체결하던 648년과 많이 달라 졌기 때문이다. 신라의 경우, 고구려와 백제의 협공이 더욱 거세진 데다 일본 열도에도 친백제 정권이 들어섰기 때문에 당에 더욱 의존할 수밖에 없었다. 반면 당은 서돌궐을 궤멸했고 고구려에 대한 양동작전에서도 상당한 전과를 올렸다. 또 650년대를 거치며 정복 지역에 기미부주羈縻府州를 설치하는 기 미지배 정책이 일반화되었다.[106] 당으로서는 '평양'을 경계로 하는 648년의 점령지 분할 밀약을 꼭 준수해야 할 필요가 많이 사라져버렸다. 신라도 이러 한 상황 변화를 인지했을 것이다. 660년 7월 나당연합군이 백제를 멸망시킨 뒤 당이 백제 고지에 웅진도독부 등 5개 기미주를 설치하며 점령지 분할 밀약 을 파기했지만, 신라는 별다른 이의를 제기하지 않았다.

더욱이 당은 661~662년에 자국 주도로 고구려 원정에 나섰다가 실패한 이 후,[107] 663년 4월에 신라를 계림주대도독부로 삼고 문무왕을 계림주대도독으 로 책봉했다.[108] 백제 부흥군을 평정한 다음에는 664년 2월과 665년 8월에 잇 따라 신라에게 웅진도독부와 회맹하도록 강요했는데, 이때 웅진도독부와의 경계를 확정짓도록 했다.[109] 신라를 웅진도독부와 대등하게 대하며 당의 기

미주로 삼겠다는 야욕을 드러낸 것이다.[110]

신라로서는 당의 기미지배 정책을 받아들일 수 없었지만,[111] 고구려가 멸망하지 않은 상황에서 나당동맹을 파기하기도 힘들었다. 그 때문에 나당동맹을 유지하여 당과 함께 고구려를 협공하는 한편, 고구려 멸망 이후를 대비하는 것이 최선의 방안이었다. 실제 신라는 고구려 멸망 이전부터 백제 고지를 공략할 방안을 마련하면서 다른 한편으로는 적대 관계였던 왜와 외교 관계를 개선하는 등 고구려 멸망 이후를 대비했다.[112]

668년 9월 나당연합군이 고구려를 멸망시킨 뒤 당은 그해 12월에 평양성에 안동도호부를 설치하고 고구려 고지를 9도독부 42주 100현으로 편제했다.[113] 도호부는 당의 기미부주 가운데 최상급 기관이다. 당이 평양성의 안동도호부를 거점으로 삼아 백제 고지의 웅진도독부 및 신라에 설치하겠다고 통보한 계림주대도독부를 통제하려 한 것이다. 648년의 밀약과 달리 당은 '평양'을 점령지 분할의 경계가 아니라 동방 지역에 대한 기미지배를 총괄하는 거점으로 삼으려 한 것이다.[114]

요컨대 당은 고조선, 한-서진대의 중원 왕조, 고구려 등과 같이 요동 지역과 서북한 지역의 지정학적 위상을 활용하여 만주와 한반도 전체에 기미지배 체제를 구축하려 했다. 만약 당의 의도가 관철된다면 신라는 정치적 독립성을 상실할 수도 있었다. 신라로서는 당에 맞설 수밖에 없는 상황에 직면한 것이다. 이에 신라는 고구려 멸망 이전부터 준비했던 대비책을 바탕으로 669년 4월경부터 백제 고지를 공략했고 670년 3월부터 고구려 부흥군을 지원하여 당군의 남하를 저지했다.

나당전쟁의 서막이 오른 것인데,[115] 설인귀와 문무왕은 이러한 상황에서 편지를 주고받았다. 설인귀는 671년 초 웅진도독부 지원에 나섰다가 그해 6월 사비성 일대에서 신라군에게 대패하며 궁지에 몰렸다. 이에 설인귀는 문무왕에게 편지를 보내서 신라의 웅진도독부 공략을 '반역(叛逆)'이라고 몰아붙이며 고구려 안승의 투항을 받아들인 것도 문제 삼았다. 이에 문무왕이 답서를 보내 648년 김춘추와 당 태종이 '평양'을 경계로 점령지를 분할하기로 했던 밀약을 상기시키며 신라 군사작전의 정당성을 주장했다.

설인귀가 동방 지역 전체를 지배하려는 당의 기미정책에 따라 문무왕에게 편지를 보냈다면, 문무왕은 648년의 점령지 분할 밀약에 기초하여 답서를 보낸 것이다. 따라서 나당전쟁은 당의 대외 정책이 648년 나당동맹 체결 당시와 달라졌기 때문에 발생했다고 할 수 있는데, 백제와 고구려 고지, 즉 점령지 처리 문제가 핵심 현안이었다.

신라는 설인귀와 편지를 주고받은 뒤 얼마 지나지 않은 671년 10월에 당의 병참 보급선을 격파하여 백제 고지에서 당군을 축출했다. 672년 초에도 미평정 지역을 공략하여 백제 고지를 대부분 장악했다. 고구려 부흥군을 지원해 당군의 남하를 저지하고 이를 기회로 백제 고지를 전격적으로 장악한다는 신라의 전략이 성공한 것이다. 신라는 사비성에 소부리주를 설치하여 백제 고지가 신라의 영역으로 편입되었음을 공식적으로 천명했다.

한반도에서 밀려난 당은 고구려 부흥군을 토벌하면서 신라 공격에 본격적으로 착수했다. 당시 고구려 부흥운동은 크게 요동과 서북한 두 지역을 중심으로 전개되었는데, 당은 먼저 요동 지역의 고구려 부흥군을 격파하고 이후 서북한 일대로 진격했다. 당군은 672년 7월에 평양성에 도착하여 그해 8월부터 황해도 방면으로 진격했고, 673년 하반기에는 멸악산맥 이북의 서북한 일대에서 고구려 부흥군을 대부분 격파했다.[116]

당은 674년 1월에 문무왕의 책봉호를 삭탈했으며 유인궤를 계림도대총관으로 삼아 본격적으로 신라 공략에 나섰다.[117] 나당전쟁이 673년까지는 백제 고지의 웅진도독부나 고구려 부흥군을 매개로 전개되었다면, 이제는 당과 신라의 전면전으로 전환된 것이다. 양국은 임진강 일대에서 치열한 공방전을 벌였는데 신라가 매소성에서 당군을 격파함으로써 육지에서의 전쟁이 일단락되었다(675년 9월). 당은 다시 수군을 보내 상륙작전을 펼쳤으나 금강 하구의 기벌포에서 신라에게 대파당했다(676년 11월).[118]

이로써 신라가 나당전쟁에서 승리를 거두었다. 결국 당은 한반도에서 전면 철수했고, 평양에 설치했던 안동도호부의 치소도 요동성으로 옮겼다가(676년 2월) 다시 신성으로 옮겼다(677년 2월). 평양을 거점으로 삼아 동방 지역에 기미지배 체제를 구축하려던 계획을 수정한 것이다. 신라의 입장에서 본다면 '평양'을 경계로 하는 648년의 점령지 분할 밀약을 실현시킬 계기를 마련했다고 할 수 있다.

나당전쟁에서 패하고 군대도 철수했지만 당은 만주와 한반도 일대를 기미지배하려는 계획을 포기하지 않았다. 안동도호부를 신성으로 옮긴 뒤 당의 내지로 이주시켰던 보장왕과 고구려 유민을 그곳으로 돌려보내 요동 지역을 안정시키려 했다.[119] 또 요동의 건안성에 웅진도독부를 교치僑置하고 백제 유민을 이주시켰다.[120] 실제 당은 678년 9월에 신라 정벌을 추진하려다가 토번의 위협 때문에 중단한 바 있다.[122]

이렇듯 당이 676년 이후에도 한반도에 대한 기미지배 계획을 포기하지 않은 상황에서 신라가 임진강 유역을 넘어 서북한 일대로 진격한다면, 그것은 곧 당에 공격의 빌미를 줄 수 있었다. 나당전쟁은 674년부터 신라와 당의 전면전으로 전환되었는데, 이때 양국은 임진강 유역에서 치열한 공방전을 주고받았다. 임진강 유역은 고구려 멸망 직전까지 신라와 고구려의 국경이었기 때문에 신라는 당의 공격에 대해 자국 영토를 방어한다는 명분을 내세울 수 있었다. 그렇지만 신라가 임진강 유역에서 더 북상하여 서북한 지역으로 진격할 경우, 이는 당에 대한 선전포고로 인식될 우려가 있었다.

즉, 당이 한반도에 대한 기미지배 야욕을 포기하지 않았기 때문에 신라로서는 당군을 한반도에서 축출했음에도 불구하고 648년에 맺었던 '평양'을 경계로 하는 점령지 분할 밀약을 실행에 옮기기 힘들었던 것이다. 신라가 임진강 유역에서 더 북상하지 않은 이유는 바로 여기에 있다. 이에 비춰볼 때 신라가 나당전쟁을 통해 "백제의 영토를 많이 공취하고, 마침내 고구려의 남쪽 국경에 이르렀다(미쳤다)"는 기사는[123] 나당전쟁 직후의 상황을 반영한다는 점에 유의하면서 해석할 필요가 있다. 이 기사는 신라가 나당전쟁을 통해 당군을 격퇴하고, 종전에 고구려와의 국경선이었던 임진강 유역까지 영역을 확보한 사실을 총괄하여 기술한 것이다.[124] 648년과는 제반 정세가 많이 바뀐 나당전쟁 직후의 상황을 반영한다는 점에서, '평양'을 경계로 점령지를 분할하기로 한 648년의 밀약을 해석하는 논거로 삼기는 힘들다. 648년 나당동맹 체결 당시의 밀약 내용과 676년 나당전쟁 직후의 상황을 분리하여 이해할 필요가 있다.

즉, 이 기사는 나당전쟁 직후의 상황을 반영한다는 점에서, 신라가 처음부터(본래) 고구려를 통합할 의도는 없었고 백제만 통합하려 했다는 백제통합전쟁론의[125] 직접적인 논거로 삼기 힘들다.[126] 또 이 기사의 '남경南境'을 '남쪽 경역'으로 해석하여 신라가 676년에 이미 임진강을 넘어 예성강 유역까지 장악했다며 삼국통일전쟁론을 보완하려는 견해도[127]* 성립하기 힘들다. 더욱이 이 기사를 735년의 상황으로 보아 대동강이 고구려와 백제의 국경이었다고 보는 견해는[128]** 기사의 성립 시점 자체를 잘못 파악한 것이다.

다시 말해 상기 기사는 신라가 나당전쟁 직후에 고구려와의 기존 국경선

*이 책 41~48쪽.
**이 책 23쪽, 99쪽.

이던 임진강 유역까지 영역으로 확보한 난 뒤 당과의 전면전을 회피하기 위해 더 이상 북진하지 않고 있던 상황을 반영한다. 당이 한반도까지 기미지배하려는 야욕을 포기하지 않는 한 신라로서는 섣불리 서북한 일대로 진격하기 힘들었던 것이다. 678년에 신라 정벌을 반대했던 당의 장문관張文瓘이 "신라가 비록 순종하지는 않았지만 일찍이 변경을 침범하지도 않았다"라고 한 언설은[129] 이러한 상황을 말한다.[130] 그에 따라 서북한 일대는 신라와 당의 완충지대로서 무인지경으로 변모하며[131] 지정학적 중심지로서의 위상을 상실하기 시작했다.

그런데 나당전쟁 이후 당의 기미지배 체제가 점차 와해되었다. 티베트고원의 토번이 당을 거세게 공격하는 가운데 돌궐과 거란 등이 679년부터 당에 항거하기 시작했다. 이 무렵 보장왕도 말갈과 연대하여 고구려 부흥운동을 도모하다가 발각되었다. 특히 돌궐은 680년대 중·후반에 고비사막 북쪽으로 이동하여 유목제국을 재건하기에 이르렀다. 당의 기미지배 체제가 붕괴되고,[132] 다원적인 국제질서가 다시 형성되기 시작한 것이다.[133]

이런 와중에 거란이 696년 5월부터 당에 반기를 들고 부흥운동을 전개했으며, 요서와 요동 지역의 고구려 유민들 또한 광범위하게 부흥운동을 전개했다. 이로 인해 당의 통제력이 급격히 약해지면서 고구려 고지에 대한 기미지배 체제가 와해되기 시작했다. 마침내 고구려 유민들이 말갈과 연합하여 만주 중·동부에서 발해를 건국하기에 이르렀고, 당은 안동도호부를 안동도독부로 강등시킬 수밖에 없었다.[134]

안동도호부를 거점으로 만주와 한반도 일대에 기미지배를 시행하려던 당은 그 계획을 포기했다.[135] 당으로서는 발해의 세력 확장을 저지하면서 요동 지역에 대한 지배력을 유지하는 것이 급선무로 떠올랐다. 신라의 입장에서 본다면 서북한 일대로 진격하여 '평양'을 경계로 하는 점령지 분할 밀약을 실현할 여건이 다시금 마련된 것이다. 발해 건국에 따른 국제 정세 변화가 서북한 지역을 둘러싼 신라와 당의 대립을 해소시켰다고 할 수 있다.

이로써 7세기 전쟁의 주요 당사자였던 백제와 고구려가 멸망하고, 전쟁 과정에서 심화된 신라와 당의 대립도 사실상 해소되었다. 이러한 점에서 7세기 전쟁은 698년에 발해가 건국하고 당이 안동도호부를 안동도독부로 강등시킴으로써 사실상 마무리되었다고 할 수 있다. 603년 고구려의 남진정책 재개와 함께 촉발된 만주와 한반도 일대의 대규모 국제전이 1세기 가까이 지속되다가 마침내 종전을 맞은 것이다.

7세기 전쟁의 종전과 더불어 만주·한반도의 지정학 구도가 근본적으로 재편되었다. 전술했듯이 고조선 이래 만주와 한반도 일대에서는 요동 지역과 서북한 지역이 지정학적 중심지로 부상했다. 이에 고조선, 중원 왕조, 고구려 등은 두 지역을 동시에 차지한 다음 만주와 한반도 일대를 하나의 권역으로 묶어 막강한 영향력을 행사했다.

그런데 7세기 전쟁이 끝난 이후 735년에 당이 발해를 견제하기 위해 신라의 대동강 이남 영유를 인정함에 따라[136] ‘평양’을 경계로 하는 648년의 점령지 분할 밀약이 이루어졌다. 다만 신라와 국경을 접한 당사자는 당이 아니라 발해였다. 또 요동 지역도 당과 발해의 완충지대로 변모하면서[137] 지정학적 중심지로서의 위상을 상실했다. 서북한과 요동 지역이 각각 국경지대와 완충지대로 변모함에 따라 만주와 한반도 일대를 하나의 권역으로 묶어주던 지정학적 중심지가 사라진 것이다.

그에 따라 만주와 한반도는 지정학적으로 분리되기 시작했다. 발해사의 귀속 문제를 제외한다면, 7세기 전쟁의 종전 이후 만주와 한반도 일대의 역사는 양 지역에서 각각 별개의 국가가 형성되는 형태로 전개되었다고 할 수 있다. 8세기 이후 양 지역을 동시에 장악하여 관할한 국가가 더 이상 출현하지 않은 것이다. 한반도에 국한하여 본다면 한반도 지역 국가의 완성 과정이라 할 수 있는데, 조선이 4군 6진 개척을 통해 한반도 전역을 관할하는 국가를 완성하였다. 특히 조선은 한반도의 중심부에 자리한 한강 유역을 거점으로 삼아서 조운 체계 등 한반도 전역을 가장 효율적으로 통치하는 국가 시스템을 구축했다.

이상과 같이 7세기 전쟁은 만주와 한반도를 무대로 전개된 국제전으로 이 지역의 지정학 구도를 근본적으로 재편하는 결과를 낳았다. 7세기 전쟁은 만주와 한반도 일대 역사의 물줄기를 바꾼 역사적 사건이라고 평가할 수 있다. 이에 필자는 7세기 전쟁이 만주와 한반도를 무대로 전개된 국제전이고 여러 국가의 이해관계가 대립하는 가운데 이 지역의 지정학 구도를 재편했다는 점에서, '7세기 만주·한반도 전쟁'이라고 명명하는 안을 제안하고자 한다.[138] 이를 통해 7세기 전쟁을 더 이상 한민족사의 틀에 가두지 않고, 삼국을 비롯해 수·당, 왜 등 여러 전쟁 당사자의 '만주·한반도 지역'에 대한 이해관계를 중심으로 다각도로 고찰하면서 전쟁의 성격도 더욱 명료하게 규명할 수 있을 것으로 기대한다.[139]

여호규

한국외국어대학교 사학과 교수. 서울대학교 국사학과와 동 대학원을 졸업했다. 고구려사를 중심으로 고대 정치사와 국제관계사, 공간사를 다각도로 연구하고 있다. 대표 저서로 『고구려 성』 I·II, 『한국 고대국가와 중국왕조의 조공·책봉관계』(공저), 『삼국시대 고고학개론 1 — 도성과 토목 편』(공저), 『고구려 초기 정치사 연구』 등이 있다.

7~8세기
나당 관계의 추이

__김종복

1 역사 용어로서 '나당동맹'의 문제점

한국사에서 6세기 중반부터 치열해진 고구려·백제·신라 삼국 간의 항쟁은 중원 대륙을 통일하며 중국적 세계질서를 표방한 수와 당이 개입하면서 동아시아 국제전의 양상을 띠게 되었다. 백제의 공세를 극복하려는 신라와 고구려 원정을 성공시키려는 당은 서로 이해관계가 일치하여 마침내 나당연합군을 결성해 백제와 고구려를 멸망시켰다. 그러나 양국은 백제 고지의 지배를 둘러싸고 충돌하였다. 나당전쟁의 결과 신라는 백제 고지를 차지하고 일부 고구려 유민을 포섭함으로써 일통삼한을 표방하였다.

이처럼 나당연합에 의한 백제와 고구려 멸망에서 나당전쟁에 이르는 과정을 한국사에서는 신라의 삼국통일로 파악하고, 삼국을 통일한 신라를 통일신라라고 불러왔다. 여기서 신라의 삼국통일 또는 통일신라란 신라가 백제와 고구려를 하나로 통합했다는 의미이다. 그런데 이른바 통일신라의 영역은 실제로는 백제를 통합한 데 불과하므로 고구려까지 통합했다고 보기는 어렵다. 여기서 삼국시대에 뒤이은 시대를 '통일신라와 발해'로 부를 것인가, 아니면 신라와 발해가 양립한 '남북국시대'로 부를 것인가 하는 논쟁이 등장하여 현재까지 진행 중이다.[1]

7세기 이후의 한국사를 대조적으로 바라보는 두 시각, 즉 통일신라론과 남북국시대론은 각론으로서 이른바 통일신라의 영역, 일통삼한 의식의 실재 여부, 그리고 나당 관계의 표현에서도 상당한 차이를 보인다.

먼저 이른바 통일신라의 영역에 대해서 전자에서는 676년 나당전쟁의 승리 이후 신라가 대동강~원산만을 차지했다고 보지만,[2] 후자에 따르면 676년 이후 신라의 서북쪽 경계는 임진강이었다가 735년에 대동강으로 확대되었다.[3] 그리고 전자에서는 일통삼한 의식을 실재의 반영물로 보는 반면,[4] 후자에 따르면 중대 왕실을 비롯한 진골귀족의 허위의식에 불과하다.[5] 또한 백제와 고구려를 멸망시키기까지 신라와 당의 관계를 표현하는 경우도 서로 다르다. 후자는 양국의 합동 군사작전을 의미하는 나당연합군의 줄임말로 '나당연합'을 사용하는 반면,[6] 전자는 '나당동맹'을 선호한다.[7]

해방 이후 남한의 대표적인 한국사 개설서는 처음에 백제의 압박을 받은 신라가 고구려에 원병을 요청했다가 실패한 뒤 "당의 원조를 요구"했다고 서술했지만, 나중에 "당과의 동맹을 요구"했다고 수정하였다.[8] 이를 토대로 한 고대사 개설서에도 "당과의 동맹을 추진"했다고 서술하였다.[9] 이 고대사 개설서의 공저자 역시 신라의 외교정책을 다룬 글에서 '군사동맹', '동맹외교', '나·당동맹' 등의 용어를 쓰고 있다.[10]

동맹은 동등한 관계를 의미하기 때문에, 이러한 표현상의 변화는 통일신라를 긍정하고 신라의 주체성을 강조하려는 의도에서 나왔음을 짐작할 수 있다. 그 후 '나당동맹'은 고등학교 한국사 교과서들에 수록되었듯이 역사 용어로 정착되었다고 해도 과언이 아니다. 신라와 당의 관계를 대등한 입장에서 취해진 군사동맹의 성립으로 보는 것은 지나치게 현재적이고 일방적인 해석이라고 비판하는 연구자조차 '나당동맹'을 사용하고 있기 때문이다.[11]

이처럼 양국 관계를 나당동맹으로 보는 경우에 그 파탄의 이유를 신라마저 지배하려 했던 당의 야심에서 찾는데, 신라가 이를 몰랐다면 신라의 외교적 미숙이 되어버린다. 신라의 주체성을 강조하려는 의도가 오히려 신라의 수동성을 부각하는 결과를 낳게 되는 것이다. 그러나 신라는 고구려와 달리 당이 요구하는 중국적 세계질서를 받아들였기 때문에 신라와 당은 결코 동등한 관계가 아니었다. 신라의 주체성은 이 불평등한 관계를 자신에게 유리하게 이용한 데서 찾을 수 있는 것이 아닐까?

그런 점에서 나당연합의 성사에만 초점을 맞출 것이 아니라, 연합의 조건과 결렬 이유, 그리고 그 과정에서 신라가 취한 외교 전략 등까지 살펴볼 필요가 있다. 이를 통해 신라의 애초 목적이 무엇이었는지, 그것을 어떻게 획득하였는지가 드러날 것이다.

2 나당연합의 결성 과정

김춘추의 입당과 나당연합의 성사

642년 후반에 신라는 큰 위기를 맞았다. 그해 7월에 백제가 신라의 40여 성을 함락하였고, 8월에는 고구려와 함께 당항성을 공격하여 신라의 대당 교통로를 차단하려고 시도하는 한편, 군사적 요충지인 대야성까지 함락했기 때문이다. 이때 신라는 단독으로 보복하지 못하고 김춘추를 고구려에 보내서 군사를 요청했지만 실패하였다.[12]

다시 신라는 643년 9월에 고구려와 백제가 자신을 공격할 계획이 있음을 인지하고 당에 구원병을 요청하였다.[13] 그러나 이 또한 실패하였다. 이때 당 태종이 조롱하듯이 남겼다는 말, 즉 '신라는 여왕으로 인해 주변국의 침략을 받는다'는 언급을 명분으로 신라에서는 647년 구귀족 세력인 비담·염종이 난을 일으켰는데, 실제로는 김춘추와 김유신 같은 왕실 측근의 신귀족 세력을 제거하기 위한 것이었다.[14]

그러나 내란은 신귀족 세력의 승리로 귀결되었고, 이들은 곧바로 648년 겨울에 한질허와 김춘추·문왕 부자를 당에 파견하였다.[15] 당 태종이 한질허에게 신라의 독자적인 연호 사용을 질책하자, 한질허는 중국이 정삭正朔을 반포하지 않았기 때문이며 당이 중국식 연호 사용을 요구한다면 따르겠다고 답변하였다. 한편 김춘추는 먼저 국자감을 방문하여 석전釋奠과 강학을 참관하고 당 태종의 친필들과 새로 편찬한 『진서晉書』를 하사받았다. 드디어 당 태종을 알현하는 연회에서는 당의 군대 파견을 요청하여 허락받았다.

여기서 643년의 청병 외교가 실패했던 반면 648년에는 성공한 이유를 당시 사신들의 발언을 통해 살펴보자.

⑦ 고구려와 백제가 침략하여 저희 나라는 여러 차례 수십 성을 공습당하였습니다. 양국이 힘을 합쳐 반드시 취하고자 이번 9월에 크게 군사를 일으키려고 하니 저희 나라의 사직이 반드시 온전하지 못할 것입니다. 삼가 저를 보내 대국에 귀의하니, 원컨대 약간의 군사를 내어서 보살펴 구원해 주십시오.

④ 신의 본국은 멀리 바닷가에 치우쳐 있지만 천자의 조정을 섬긴 지 여러 해 되었습니다. 그런데 백제는 강성하고 교활하여 누차 멋대로 침략하였습니다. 하물며 작년에는 대규모 군사로 깊이 쳐들어와서 수십 성을 함락해 천자께 조회하는 길을 막아버렸습니다. 만약 폐하께서 천자의 군대를 빌려주어 흉악한 것을 없애버리지 않으면 저희 인민은 모두 포로가 될 것이고, 산 넘고 바다 건너 (신하의) 직무를 보고하는 일조차 다시는 바랄 수 없게 될 것입니다.

⑦에 뒤이어 당 태종이 특별한 계책(奇謀)을 물었지만 신라 사신은 아무 대답도 못하였다. 이어서 당 태종이 다음의 3가지 계책, 즉 첫째 당이 거란과 말갈의 군사를 동원하여 요동(=고구려)을 공격함으로써 일시적으로 신라에 대한 압박을 완화시키는 것, 둘째 당이 준 군복과 깃발을 신라의 변경에 배치함으로써 실제로 당군이 있는 것처럼 고구려와 백제를 기만하는 것, 셋째 당이

백제를 공격하는 한편 신라의 여왕 대신 당의 왕족을 왕으로 세우는 것 등을 제시했지만 신라 사신은 역시 대답을 못하였다. 결국 신라는 당의 구원을 요청했을 뿐 구체적 전략이 없었던 것이다. 더구나 이때는 신라의 구원 요청이 당에 어떤 이익이 되는지에 대한 언급조차 없었다.

반면 ㉯에서는 백제의 침략으로 신라가 위험에 빠질 뿐만 아니라 당에 조공할 수 없게 된다는 점을 강조하였다. 더구나 귀국한 뒤 곧 신라가 당의 연호와 의관衣冠 제도를 채택하겠다는 의사까지 표명하였다. 또한 이때는 당 태종이 안시성 패전 이후 두 차례(647년 3월과 648년 9월)나 시도했던 요동에 대한 장기 소모전조차 실패한 직후였다.[16] 김춘추의 요청에 대한 당 태종의 답변은 나당 간의 전면전이 임박한 671년 7월에 문무왕이 설인귀에게 보낸 편지 「답설인귀서」의 서두에 다음과 같이 구체적으로 인용되어 있다.[17]

> 선왕이 정관 22년(648)에 입조하여 직접 태종문황제의 은혜로운 칙명을 받았는데(先王貞觀二十二年入朝 面奉太宗文皇帝恩勅), (그것은) "짐이 지금 고(구)려를 정벌하려는 것은 다른 이유가 아니라 너희 신라가 양국에 끼어 있어 매번 침략을 받고 편안한 때가 없음을 불쌍히 여기기 때문이다. 산천과 토지는 내가 탐하는 바가 아니고 재물과 사람은 내가 갖고 있는 바이다. 내가 양국을 평정한 후 평양 이남의 백제 토지를 모두 너희 신라에게 준다면 길이 평안하리라."고 하셨습니다.(朕今伐高麗 非有他故 憐你新羅攝乎兩國 每被侵陵 靡有寧歲 山川土地 非我所貪 玉帛子女 是我所有 我平定兩國 平壤已南 百濟土地 並乞你新羅 永爲安逸)

㉯에서는 김춘추가 백제 정벌만 요청한 것처럼 보이지만, 실제 논의 과정에서는 고구려 정벌까지 포함되었다. 그래서 당 태종은 고구려 정벌을 전제

로 백제 정벌까지 언급한 것이다. 앞서 ㉑에 대한 답변에서 당 태종은 요동 공격과 백제 공격을 분리하여 생각했었지만, 이제 당 단독으로는 고구려 공격이 실효가 없음을 깨닫고 백제와 고구려 정벌을 연계하기로 전략을 수정하였다. 당은 고구려 정벌의 선결 조건으로 백제 정벌에 주목하였고, 바다 건너 백제를 정벌하는 데는 인접한 신라의 지원이 절대적으로 필요하였다. 따라서 양국의 멸망 이후 그 전과는 "평양 이남의 백제 토지를 모두 너희 신라에게 준다"에서 보듯이 신라가 백제를, 그리고 당이 고구려를 차지하는 조건으로 나당연합이 성사되었던 것이다.

이 결과를 가지고 김춘추가 귀국한 이후 신라는 당의 의관 제도 및 연호 시행과 같은[18] 친당 정책을 적극적으로 추진하였다. 한편 당 태종은 이미 648년 7월 무렵부터 이듬해에 30만 대군을 동원하여 고구려를 공격할 계획을 세웠다.[19] 따라서 나당연합의 군사작전은 649년에 실행하기로 예정되었겠지만 그해 5월에 당 태종이 사망함으로써 연기되었다. 654년에 김춘추가 신라왕으로 즉위하고 당으로부터 받은 개부의동삼사·낙랑군왕·신라왕이라는 책봉호는[20] 나당연합이 여전히 유효함을 보여준다. 개부의동삼사는 종1품의 최고위 문산관으로서 독자적인 막부를 개설할 수 있는 권한을 의미하는데 태종무열왕이 처음으로 받았기 때문이다.

"평양이남의 백제토지"에 대한 해석

그런데 당 태종이 언급한 "평양 이남의 백제 토지"를 '고구려 영역 중 평양 이남과 백제 토지'로 해석하는 견해도 있다.[21] 고구려를 정벌하려는 당 태종이 비록 고구려 토지에 대해서는 언급하고 있지 않지만, 백제 토지를 신라에게 주겠다고 한 발언에는 고구려가 당의 차지임이 전제되어 있다. 더구나 고구려의 수도인 평양은 그 자체가 고구려를 가리키는 일종의 환유換喩인 만큼 당이 고구려 영역의 일부를 신라에게 준다는 해석은 부자연스럽다. 따라서 '평양 이남'과 '백제 토지'라는 대구對句를 통해 반복적으로 강조함으로써 '평양(=고구려) 이남, 즉 백제 토지', '평양(=고구려) 이남에 위치한 백제 토지'를 의미하는 것이 분명하다.

반면 '모두(並)'라는 단어가 '둘 이상의 어떤 대상을 총칭'하거나[22] '병렬적인 별개의 대상을 가리킨다고 이해하는'[23] 입장에서는 '평양 이남과 백제 토지'라는 통일신라론에 기반한 해석을 지지한다. 이에 따르면 '평양 이남, 즉 백제 토지'로 해석한다면 '평양 이남'은 사족이거나[24] 수식어 또는 동의어가 되어버리니 굳이 쓸 필요가 없었을 것으로 파악한다.[25] 또한 「답설인귀서」에 14번 나오는 '평양'은 고구려 도성인 평양과 그 주변 지역을 지칭하는 지명으로 사용되었으므로 고구려를 지칭하는 환유로 보기 어렵다는 지적도 나왔다.[26]

세 가지 이견에 대해 역순으로 답변하자면, 먼저 「답설인귀서」의 서두와 본문은 시점과 화자가 다르다. 즉 서두는 648년의 시점에서 당 태종의 칙명을 인용한 것이고, 그 다음부터는 671년의 시점에서 문무왕이 답변하는 내용이다. 따라서 서두와 본문에 등장하는 모든 '평양'들의 지시 대상이 동일할 수는 없다.

다음으로 「답설인귀서」는 변려문騈儷文, 즉 4언구와 6언구를 기본으로 하여 대구만으로 문장을 구성하면서 각종 전고典故를 교묘하게 배열하는 화려

* 이 책 54쪽.
** 이 책 77쪽.
*** 이 책 77쪽.
**** 이 책 267쪽.
***** 이 책 215~216쪽.

한 문체로 쓰여졌다는 점이다. 특히 대구를 통해 운율을 맞춤으로써 그 뜻을 거듭 드러내는 의도로 쓰인 "평양 이남의 백제 토지"의 '평양 이남'을 사족 또는 불필요한 구절로 보는 것은 이러한 문체적 특징을 간과한 해석이다. 또한 한문 고문에서 동어 반복을 피하는 작법을 고려하면, 서두에서 '고(구)려'가 나왔기 때문에 바로 뒤에서는 '평양'으로 대체하였던 것으로 보인다. 이처럼 평양을 고구려의 환유로 보아 문제의 구절이 실제로는 '고(구)려 이남高麗已南의 백제 토지百濟土地'를 의미한다면, '고구려의 남쪽 지방과 백제 토지'라고 해석하기는 어렵다.

이렇듯 문제의 구절을 '평양 이남의 백제 토지', 좀 더 구체적으로는 '평양 이남, 즉 백제 토지'로 해석하는 것이 맞다면, 뒤이어 나오는 신라에게 '모두(並) 준다는 것은 '백제 토지' 이외에 무엇을 가리킬까? 여기서 '백제'보다 '토지'에 방점을 두어, '토지'가 거듭 나오는 바로 앞 구절 "산천과 토지는 내가 탐하는 바가 아니고 재물과 사람은 내가 갖고 있는 바이다(山川土地 非我所貪 玉帛子女 是我所有)"에 주목하고 싶다. 이 구절도 대구법을 사용하여 지배의 대상을 영역과 그 영역에 속한 인민 및 생산물로 나누어 표현한 것이다. '산천과 토지'의 '토지'가 '평양 이남의 백제 토지'의 '토지'와 같은 범주라면, 후자에 뒤이은 '모두(並)'는 전자에 뒤이은 '재물과 사람', 즉 백제의 인민 및 생산물을 함축한다.

그렇다면 문제의 구절을 다음 구절까지 연결해서 읽으면 '평양(=고구려) 이남, 즉 백제 토지는 (물론이고 그 안의 인민과 생산물까지) 모두 너희 신라에게 준다'라는 의미가 된다. 그러나 이는 문장상의 해석일 뿐이다. 사실 당 태종의 발언은 문서보다는 통역을 통해 김춘추에게 전달되었을 것이다. 그리고 김춘추가 귀국해서 국내에 전한 이 발언은 신라인에 의해 다시 한문으로 번역되어 설인귀에게 전달되었다. 따라서 시차를 두고 두 차례 번역되는 과정에서 왜곡되었을지도 모르는 당 태종의 발언을 원래 그대로 복구하는 것은 현실적으로 어렵다. 그렇다면 여기서 중요한 것은 당 태종이 648년에 했던 발언에 대한 자구적 해석을 넘어 그것을 신라가 671년에 굳이 인용한 의도이다.

나당연합의 균열이 웅진도독부의 설치로부터 비롯된 점을 감안하면, 「답설인귀서」의 찬자는 '평양 이남의 백제 고지'를 전부 신라에 주기로 한 과거 당 태종의 발언을 인용함으로써, 그와 달리 지금 고종은 웅진도독부를 설치하여 그 전부를 주지 않았음을 환기시키고 있다.[27] 이를 통해 나당 간의 군사적 충돌이라는 사태를 초래한 원인은 결국 신라가 아니라 당에 있다고 완곡하게 비난하는 것이다.

3 나당연합의 균열과 나당전쟁

계림대도독부로서의 신라와 웅진도독부의 취리산회맹

나당연합군의 군사작전은 당 태종의 사망으로 연기된 지 10년 만에 실행되었다. 태종무열왕이 659년 4월에 군대 파견을 요청하는 사신을 당에 보냈지만 10월까지 답변이 없어 노심초사하던 중 장춘과 파랑의 혼령이 알려줬다는 일화는[28] 역설적으로 그가 당군의 파견을 확신하고 있었음을 보여준다. 당은 군사 파견을 결정하고 12월 3일에 정보 유출을 우려하여 왜의 사신을 억류하였다.[29] 660년 3월, 신구도 행군대총관에 임명된 소정방은 13만 대군을 이끌고 출발하여 덕물도(지금의 덕적도)에 도착한 후(6월), 우이도 행군총관에 임명된 태종무열왕이 파견한 신라의 5만 대군과 합류하여(7월) 백제 수도 사비성과 웅진성을 연이어 함락하고, 마침내 7월 18일에 의자왕의 항복을 받았다.[30]

당 고종이 신라 태종무열왕을 책봉한 사실과 양국이 동원한 병력의 차이를 감안할 때, 전후 점령 정책을 주도한 것은 당연히 당이었다. 당은 5부 37군 200성으로 이루어진 백제의 행정구역을 그대로 인정하여 5도독부 37주 250현으로 재편하고 백제의 지배층을 도독, 자사, 현령에 임명하려 하였다.[31] 이처럼 현지의 지배층을 통한 간접 지배는 한대漢代의 기미지배 이념을 계승한 것이지만, 당은 분할통치를 위해서[32] 중국식 지방 제도를 적용하여 기미부주羈縻府州를 설치했다는 차이가 있다. 그래서 기미지배보다는 기미주 지배 또는 기미주 체제라고 부르는 것이 적합하다.

당은 이러한 기미주 지배를 고구려에도 적용하여 9도독부 42주 100현을 설치하였고, 이들을 총괄하는 기구로 안동도호부安東都護府를 설치하였다. 그렇다면 백제의 경우에도 도호부를 설치했을 가능성이 높다. 소정방이 귀국한 이후 백제 고지를 책임진 유인원의 직함이 도호都護라는 점, 또한 그가 주둔한 사비성을 부성府城으로 불렀다는 점이 이를 방증한다. 다만 도호부의 명칭이 확인되지 않으므로 편의상 백제도호부 또는 사비도호부로 부른다.[33]

그러나 곧바로 백제 부흥군이 일어났기 때문에 당의 기미주 지배는 계획에 그치고 실현되지 못하였다. 당의 계획은 백제 고지에 대한 신라의 지분을 고려하지 않았다는 점에서 갈등의 요소를 안고 있었다. 소정방이 의자왕 및 백제 지배층 93인과 백성 12,000명을 압송해 간 후 백제 고지에 남은 당군은 1만, 신라군은 7천이었다.[34] 신라 주둔군의 숫자 못지않게 주목되는 사실은 태종무열왕이 귀국할 때 백제 포로를 압송하지 않았다는 점이다.[35] 이는 백제 부흥군의 진압과 고구려 멸망이라는 다음 과제가 해결되면 648년의 약속대로 평양 이남의 백제 토지를 신라가 차지할 수 있다고 믿었기 때문이다.

당은 백제를 멸망시킨 자신감으로 12월에 고구려 공격에 나서서 이듬해 1월 평양까지 진격했으나 실패하였다.[36] 661년 6월에는 다시 나당연합군이 결성되어[37] 고구려 공격에 나섰다. 이때 유인원도 백제도호부의 병력을 이끌고 참전했을 만큼[38] 대규모 병력이 조직적으로 동원되었음에도 결국 이듬해 2월에 퇴각하였다. 그동안 백제 부흥군의 기세는 더욱 거세졌다. 그 결과 유인원은 백제도호에서 웅진도독으로 직함이 강등되었고 그에 따라 사비에서 웅진으로 퇴각하여 대방주 자사 유인궤와 합류하였다.

당 고종은 평양의 당군이 퇴각한 직후에 이들에게 웅진을 고수하지 말고 신라에 의지하거나 당으로 귀환하라고 지시하였다. 이에 대해 유인궤는 고구려를 정벌하려면 먼저 백제 부흥군을 평정해야 하므로 웅진을 포기해서는 안된다고 주장하며 추가 병력을 요청하였다. 결국 유인궤의 강경책이 채택되어 662년 7월에 7천 병력이 파견되었다.[39] 663년 8월 백(촌)강에서 대규모 왜군을 격파한 나당군이 9월에 주류성을, 그리고 11월에 임존성을 함락함으로써 백제 부흥군은 진압되었다.

한편 당 고종은 백제 부흥군을 평정한 후에 당의 기미주 지배에 포섭된 백제 유민(=웅진도독부)과 신라는 회맹(盟會)하라는 조칙을 내렸다. 663년 9월 주류성을 함락한 직후에 당의 두대부杜大夫(두상杜爽)는 임존성을 제외하고 거의 평정하였으므로 맹서盟誓할 만하다고 제안하였다. 이에 대해 신라는 임존성이 함락되지 않았고 백제가 반복무상하다는 두 가지 이유를 들어 거부하였다. 임존성 함락 직후 일시 귀국하였던 유인원은 백제 태자였던 부여융과 함께 664년 10월에 돌아와서 신라를 질책하고 다시 회맹을 요구하였다.[40] 결국 664년 12월 웅령에 이어 665년 8월에 취리산에서 유인원의 주재 아래 문무왕과 웅진도독 부여융이 서로 변경을 침범하지 않겠다고 맹서하였다.[41]

여기서 다음의 몇 가지 사실들을 확인할 필요가 있다. 첫째, 웅진도독부의 관할 영역이다. 『삼국사기』 지리지 말미에 전하는 1도독부 7주 51현이 여기에 해당하며, 이는 충남–전북–전남의 서해안 지역과 청주–전주–남원 이서 지역으로 추정된다.[42] 둘째, 663년부터 당이 요구한 회맹의 참석 주체 중 하나인 웅진도독부를 신라는 백제의 부활로 인식했다는 점이다. 셋째, 당이 663년 4월에 신라를 계림대도독부로 편제하고 문무왕을 계림주대도독에 임명한 점이다.[43] 이에 따르면 당이 요구한 회맹의 당사자는 승전국으로서의 신라와 패전국으로서의 백제가 아니라, 당 중심의 세계질서에 편입된 동일한 기미주로서의 계림대도독부와 웅진도독부였던 것이다.[44]

당의 의도는 부여융을 웅진도독으로 임명함으로써 백제 유민을 회유하고 나아가 웅진도독부와 계림대도독부의 회맹을 통해 후방을 안정시킴으로써 고구려 정벌을 성공시키려는 것이었다. 웅진도독부의 영역 51현은 당이 애초 계획했던 5도독부 37주 250현과 비교할 때 1/5에 불과하다. 이는 당도 648년의 약속을 염두에 두었음을 의미하지만, 신라로서는 웅진도독부라는 형태로 백제가 부활하는 것이 우려되는 상황일 뿐만 아니라 이를 기반으로 당이 신라마저 지배할지 모른다는 의심을 품지 않을 수 없었다. 여기서 나당연합의 균열이 발생하였다.

당의 논리를 이용한 신라의 대응

나당연합의 균열을 초래하는 당의 요구에 대해 신라는 당과의 충돌을 피하고 나당연합의 목표 달성을 내세웠다. 그래서 이제껏 당의 요구에 따라 고구려 공격에 수동적으로 참여했던 신라가 666년 4월에 먼저 고구려 정벌을 요구했던 것이다.[45] 한편 당은 고구려 멸망을 위해 단기 점령 전략 → 장기 소모 전략 → 백제 고지를 거점으로 한 평양 직공책 등 다양한 전략을 구사하였음에도 모두 실패하자, 고구려의 방어 역량을 와해시키는 공작을 벌여 666년 6월 남생을 당에 투항하도록 만들었다.[46] 그리고 2년간의 총공세 끝에 마침내 고구려를 멸망시켰다. 신라도 당연히 참전하였지만 당은 그 공적을 인정하지 않았다.[47] 나당연합의 균열이 더 벌어졌다.

당은 고구려 고지를 9도독부 42주 100현으로 재편하고 고구려 지배층을 도독·자사·현령에 임명하는 기미주 지배를 실시하되, 백제 고지에서와 달리 당 관리를 현지 지배에 참여시키는 한편 총괄 기구로 안동도호부를 설치하고 병력 2만을 주둔시켰다. 또한 앞서 경험한 백제 유민의 반발 같은 사태를 미리 방지하기 위하여 고구려 유민 3만여 호를 당으로 강제 이주시켰다. 이러한 조치들은 고구려를 영역화하려는 당의 의도를 보여준다.[48]

그런데 신라는 병력을 주둔시키지 않고 고구려 포로 7천 명을 데리고 귀환하였다.[49] 백제 지역에 7천 군사를 주둔시키고 포로를 압송하지 않은 것과도 대조적이다. 이는 신라가 백제와 고구려 정벌에 나선 목적이 서로 달랐음을 의미한다. 그럼에도 불구하고 당은 고구려 원정에서 신라의 공적을 인정하지 않았을 뿐만 아니라 백제 고지의 일부를 웅진도독부라는 형태로 차지하고 있었다. 그렇다고 당과 직접 대결하기도 현실적으로 불가능했던 신라가 취한 전략은 고구려 부흥군을 지원하는 한편 웅진도독부를 공격하는 것이었다. 후자와 관련하여 신라 측 주장은 「답설인귀서」에 자세히 드러나 있다. 이에 의거하여 그 주장을 소개하면 다음과 같다.

백제, 즉 웅진도독부가 먼저 경계를 넘어 신라의 영토와 백성을 노략하고 미인계로 한성도독 박도유를 회유하는 등 맹약을 위반하였다. 또한 670년 6월에 고구려 부흥군이 일어나자 신라는 자신과 웅진도독부가 황제의 신하(彼此俱是帝臣)이니 함께 토벌하자고 제안했지만 오히려 공격을 받았다. 이러한 사실을 알리려고 신라가 파견한 김흠순이 670년 7월 귀국 편에[50] 전한 당의 지시는 뜻밖에도 신라가 차지한 백제 지역마저 웅진도독부에 귀속시키라는(百濟舊地 摠令割還) 것이었다. 신라는 한번 주었다가 다시 빼앗는 당의 조치에 실망하는 한편, 이로 인해 백제가 일국으로 자립하게 되면 결국 신라를 병탄할 것이라고 우려하였다. 신라는 이미 당의 기미주이므로 두 나라로 분리될 수 없으니(新羅旣是國家之州 不可分爲兩國), 하나의 나라로 만들어야 후환이 없다. 신라는 이러한 사실을 전하기 위해 670년 9월과 그 이후에도 사신을 보냈지만 표류로 인해 되돌아왔으며, 그사이에 백제가 신라의 반역을 거짓으로 보고하였다는 것이다.

당이 백제의 말만 믿고 공격하러 왔으니 저간의 사정을 잘 살펴야 한다는 내용으로 끝을 맺는 「답설인귀서」를 보낸 후, 신라는 사비성에 소부리주를 설치하고(671년 7~9월 사이) 웅진도독부 휘하의 백제 고지를 점령해나갔다. 672년 9월에 사죄사를 보내면서 웅진도독부의 사마녜군 등 포로 170명을 송환하고 은·구리·침·우황·금 등 막대한 조공품을 진상하였으므로,[51] 이 무렵에 신라는 웅진도독부의 영역을 모두 차지했음을 알 수 있다. 이처럼 신라는 당 중심의 세계질서를 유지하기 위해 계림대도독부와 웅진도독부가 통합되어야 하며, 그 과정에서 웅진도독부의 간계를 당에 충분히 알리지 못한 것만이 잘못이라고 주장했다.

다른 한편으로 신라는 당의 강압적 기미주 지배에 반발하는 고구려 유민을 받아들였다. 문무왕은 670년 6월 안승 등을 웅진도독부에 인접한 금마저(익산)에 안치시키고 8월에는 안승을 고구려왕으로 책봉하였다.[52] 다분히 웅진도독부를 염두에 둔 조치였다. 그러자 당은 674년 1월 신라와의 전면전을 선포했다. 군대 파견과 함께 문무왕의 관작을 삭탈하고, 동생 김인문을 신라왕으로 임명하였다. 신라가 앞서 669년 5월과 672년 9월 사죄사를 두 차례 파견했을 때 당은 문무왕의 관작을 삭탈하지 않았다. 따라서 674년의 관작 삭탈 이유는 문무왕이 안승을 고구려왕으로 책봉한 데 있었다. 이는 고구려 고지에 대한 당의 기미주 지배를 부정하는 것이었기 때문이다. 결국 신라가 674년 9월 안승을 보덕왕으로 다시 책봉한 것은[53] 당의 공격 명분을 피하기 위한 조치로 추정된다.

675년 2월 칠중성 전투에서 당군은 승리했지만 9월의 매초성 전투에 대해서는 신라와 당이 상반된 기록을 전하고 있다. 당의 기록은 매초성 전투의 시점을 밝히지 않았다는 점에서 다소 의심스러운데, 여기서 패한 신라가 사죄사를 보내자 당이 문무왕의 관작을 복구시키고 김인문을 중도에서 귀환시켰다고 전한다.[54] 그러나 신라 측 기록에 의하면 전투에서 패한 것은 오히려 20만이 동원된 당군이었다.[55] 당군의 승리를 전하는 전자의 기록이 신라 사죄사의 보고에 의거했을 가능성이 높으므로 후자의 기록이 사실에 가까울 것이다. 결국 신라는 당과 전쟁하는 한편으로 종전을 위해서 당의 명분에 부합하는 사죄사 파견도 마다하지 않았던 것이다.

당은 676년 2월에 안동도호부를 평양성에서 요동성으로 이동시키고, 웅진도독부도 건안성으로 교치僑置시켰다.[56] 전자는 요동 지역에서 동요하는 고구려 유민을 무마하기 위한 것이고, 후자는 웅진도독부를 탈환하기 위한 것이었다.[57] 신라 측 기록에 전하는 676년 11월의 기벌포 전투는[58] 배후를 정비한 당이 다시 신라를 공격한 것이었다. 따라서 기벌포 전투에 뒤이은 일련의 전투에서 패한 직후인 677년 2월에 당이 안동도호부를 다시 신성으로 이동시키는 한편, 장안에 있던 보장왕과 부여융을 각각 요동도독·조선군왕과 웅진도독·대방군왕에 임명하여 고구려와 백제 유민을 다스리게 한 것도[59] 신라 공격을 위해 배후를 안정시키려 했던 조치였다.

당은 678년 9월에도 신라 공격을 논의하였다. 다만 서방의 토번 정벌이 시급한 반면 신라는 '당의 명령을 따르지 않았지만 영역을 침범하지 않았다(雖云不順 未嘗犯邊)'는 이유로 논의가 중단되었다.[60] 당의 명령을 따르지 않았다는 것은 신라가 웅진도독부(=백제 고지)를 점령하고 고구려 유민을 받아들였다는 의미이고, 영역을 침범하지 않았다는 것은 안동도호부(=고구려 고지)까지 공격하지 않았다는 의미이다. 여기서 신라가 북진하여 안동도호부의 영역을 침범한다면 당도 좌시하지 않겠다는 의지가 간취된다. 이러한 당의 방침을 신라도 알고 있었다. 따라서 안동도호부의 요동 퇴각과 기벌포 전투 이후 신라의 연이은 승리에도 불구하고 신라는 더 이상 북진하지 않았던 것이다.[61]

4   나당 관계의 개선

사료상 확인되는 나당전쟁의 마지막 전투는 676년 11월의 기벌포 전투들이다. 그렇지만 678년 9월까지 당이 신라 공격을 논의했다는 점에서 나당전쟁은 종전된 것이 아니라 휴전 중이었다. 이와 관련하여 주목할 점은 675년 9월의 매초성 전투 이후에 문무왕의 관작이 '복구'되었다고 하지만 실제로는 강등되었다는 사실이다. 「답설인귀서」에 전하는 문무왕의 관작은 계림주대도독·좌위대장군·개부의동삼사·상주국·신라왕이었지만, 복구된 관작은 신라왕·보국대장군·행좌표도위대장군·계림주도독이었다. 신문왕은 문무왕의 관작을 계승했다고 하지만 구체적인 직명이 전하지 않는 가운데, 신문왕의 관작을 계승한 효소왕과 성덕왕이 신라왕 이하의 관작을 받았기 때문이다.[62] 계림주대도독에서 계림주도독으로의 강등, 문산관 종1품의 개부의동삼사에서 무산관 정2품의 보국대장군으로의 대체 및 강등, 최고 훈호勳號 상주국의 삭제 등은 신라에 대한 당의 불만을 보여준다.

이처럼 휴전 상태였기 때문에 양국의 경계도 확정되지 않았다. 더구나 요동도독 보장왕과 웅진도독 부여융의 존재는 당이 언제든 신라를 공격할 수 있는 명분을 제공하였다. 그런데 681년 무렵 고구려 부흥을 도모했던 보장왕이 공주(사천성 공협)로 유배 갔다가 이듬해 사망하고,[63] 부여융도 같은 해인 682년에 장안에서 사망하였다.[64] 보장왕의 모반 사건으로 안동도호부 휘하의 고구려 유민은 당 내지로 강제 이주당했는데 아마 백제 유민의 처지도 같았을 것이다.

신라 공격 명분의 소멸로 신라는 더 이상 보덕국의 존재가 필요 없게 되었다. 이에 신라는 683년 보덕왕 안승에게 김씨 성을 부여하고 경주로 그를 이주시킴으로써[65] 보덕국을 해체하였다. 그 뒤 685년에 전국을 9주로 편제하였다. 그런데 9주 중 북방에 위치한 한주, 삭주, 명주의 치소가 각각 지금의 하남, 춘천, 강릉이었다는 점과 이들 3주에 설치된 지방군이 각각 남천정(이천)과 골내근정(여주), 벌력천정(홍천), 이화혜정(청송)이었다는 점에서 서북 경계선은 임진강이었다.[66] 안동도호부의 퇴각이라는 유리한 조건에도 불구하고 신라가 더 이상 북진하지 않은 이유는 백제 고지의 확보라는 자신의 목표를 달성했고, 임진강 너머로 북진할 경우 나당전쟁이 재개될 것을 우려했기 때문이다.

한편 안동도호부가 676년에 요동성을 거쳐 신성으로 옮겨진 뒤 평양을 포함한 한반도 서북부에 대한 당의 지배력은 약화될 수밖에 없었다. 그러나 안동도호부는 고구려 고지를 지배하기 위해 설치되었다는 점에서 한반도 서북부도 여전히 당이 관할하였다. 이 지역에 대한 공식적 포기는 698년에 안동도호부가 안동도독부로 강등된 이후이다. 이처럼 한반도 서북부 지역은 명목상 안동도호부의 관할이었지만 실질적으로 방치되었기 때문에 결국 양국 간의 완충지대로 기능했던 것이다. 따라서 나당 관계의 개선 없이는 신라가 임진강 너머로 진출할 수 없었다.

681년에 신문왕이 즉위하자 당 고종은 책봉사를 파견하여 태종무열왕의 묘호 변경까지 요구하는 강경한 자세를 취하였다.[67] 반면 692년에 효소왕이 즉위하자 주周 측천무후는 조문 겸 책봉사를 파견하고, 694년에는 당에서 사망한 김인문의 시신도 보냈다.[68] 측천무후가 권력을 장악하기 위하여 대외적으로 취한 유화정책의 일환이었다. 신라의 호응은 주의 역법을 수용하는 과정에서 확인된다. 주는 11월을 세수歲首로 하는 주력周曆을 690년에 시행하였는데, 신라가 이를 채택한 것은 몇 년 뒤 김인문의 시신을 받은 직후인 695년이었다.[69] 반면 주가 1월을 세수로 하는 하력夏曆을 700년에 복구했을 때에는 신라도 바로 그해에 채택했던 것이다.[70]

이러한 우호적인 관계를 토대로 성덕왕은 40회나 사신을 파견하였고, 당은 그의 관직을 세 차례나 승진시켰다. 703년에 성덕왕이 측천무후로부터 받은 책봉호는 선왕과 같았지만, 당 중종은 707년(성덕왕 6)에 그중 보국대장군(정2품) 품계를 표기대장군(종1품)으로 올려 승진시켰다.[71] 그리고 현종은 713년(성덕왕 12) 10월에 표기대장군·특진·행좌위위대장군·사지절使持節·대도독계림주제군사大都督雞林州諸軍事·계림주자사雞林州刺史·상주국·낙랑군공·신라왕에 새로 책봉하였다.[72] 733년(성덕왕 32) 7월에는 개부의동삼사·영해군사寧海軍使를 다시 수여하였다.[73] 713년의 대도독계림주제군사는 계림주대도독을 의미하므로 강등 이전 문무왕의 관작에 근접한 셈이다. 그리고 733년의 개부의동삼사를 통해 성덕왕은 문무왕의 관작을 회복하였다. 이로써 나당 관계는 완전히 복구된 것이다.

신라에 대해 당이 우대 정책으로 선회하게 된 배경은 멀리는 당의 동북방 이민족에 대한 기미주 지배의 파탄, 가까이는 그 결과로서 발해의 등장에 있었다. 707년에 당 중종은 돌궐을 공략하기 위해 주변 이민족들과 연계를 추진하면서 앞서 진국왕振國王을 자칭한 대조영을 회유하고 책봉하려 하였으며,[74] 신라의 성덕왕도 표기대장군으로 승진시켰다. 또한 713년 2월 당 현종은 대조영을 좌효위대장군·홀한주도독·발해군왕에 책봉한[75] 직후 성덕왕도 다시 책봉하였다. 특히 이때 책봉한 사지절은 독자적 군사권을 뜻하고, 대도독계림주제군사는 독자적 권한으로 통제할 수 있는 군사 지역을 의미하기 때문에,[76] 당은 신라에게 발해를 견제할 수 있는 군사적 권한을 인정했던 것이다. 끝으로 733년의 추가 수여는 전년에 발해로부터 등주를 기습당한 당이 반격할 때 신라에게 동참을 요구하면서 준 선물이었다.

5 신라의 영역 확대

신라는 대당 관계의 개선 속에서 서북방으로 진출하기 시작했다. 김인문의 시신이 도착한 직후인 694년 겨울에 신라는 임진강을 넘어 송악(지금의 개성)과 우잠(우봉) 2성을 쌓았다.[77] 또한 동북방으로 681년에 점령한 비열홀[78](지금의 함경남도 안변)에도 698년에 축성하였다.[79] 한편 발해 건국을 전후한 698년 6월에 당은 안동도호부를 안동도독부로 강등하면서[80] 요동 지역을 유지하는 데만 치중하였다.

여기서 백제 고지에 대한 당의 통치기구가 백제(사비)도호부에서 웅진도독부로 강등됨에 따라 그 통치 범위도 1/5로 축소되었음을 환기할 필요가 있다. 당은 713년 10월에 성덕왕을 책봉할 때 사지절·대도독계림주제군사를 수여하여 신라에게 발해를 견제하도록 하였다. 이로써 계림대도독부로서 신라는 안동도독부의 관할 범위 밖에 있는 고구려 고지로 진출할 수 있는 명분을 확보하였다. 그 결과 신라는 713년 12월 예성강에 인접한 개성(지금의 개풍)까지 진출하여 축성할 수 있었던 것이다.[81] 이처럼 북방 경계선이 확대됨에 따라 후방을 안정시키기 위해 718년 10월에는 한산주도독 관내에 여러 성들을 쌓았다.[82]

733년 당은 성덕왕에게 개부의동삼사·영해군사를 수여할 때 정절旌節도 하사하면서 발해를 토벌하라고 명령하였다.[83] 앞서 667년 12월에도 당은 문무왕에게 고구려 원정을 도우라고 명령하면서 대장군 정절을 하사한 바 있었다.[84] 그해 겨울의 출병이 실패로 끝난 뒤 735년 봄에 신라는 다시 발해를 공격한다는 명분으로 패강(대동강)에 군사 주둔을 요청하여 허락받았다.[85]

그런데 736년 6월 신라 하정사의 답변에 인용된 당 현종의 조칙에는 "패강이남은 의당 신라가 안치하도록 한다(浿江己南 宜令新羅安置)"라고 되어 있다.[86] 여기서 '안치'는 군대 배치를 통한 안정화를 의미한다. 패강 이남에 신라군의 주둔을 허용한 것은 역으로 그 이북이 당의 관할임을 표명한 것이기도 하다. 당은 압록강 이남의 평양 지역을 방치했지만 만약 이조차 신라에게 허용한다면 고구려 멸망이라는 자신의 위업을 스스로 포기하는 셈이 되기 때문이다.

한편 성덕왕은 "신에게 영토를 하사하고 마을을 넓혀주어서 드디어 개간할 시기를 갖게 되고, 농사짓고 누에 칠 장소를 얻게 되었습니다"라고 감사하는 표문을 올렸다. 군대를 주둔시켜 발해를 견제하려는 당의 의도와 그런 당의 조치를 영역 인정으로 간주하여 감사를 표하는 신라의 태도 사이에는 미묘한 차이가 있다. 정월에 입당한 하정사의 표문이 6월에 접수된 것은 미묘한 외교적 마찰이 있었으며 결국 당이 마지못해 허락했음을 의미한다.[87]

신라는 백제 및 고구려와의 모순을 해결하기 위해 당 중심의 세계질서를 인정함으로써 당과 연합하여 양국을 멸망시켰다. 이러한 외교정책은 백제 고지를 둘러싼 당과의 전쟁이나 임진강에서 대동강으로 영역을 확대하는 과정에서도 일관되게 유지되었다. 그런데 후자와 관련하여 신라는 발해와 당의 긴장 관계를 이용해 나당 간의 완충지대를 당이 허락하는 범위 내에서 확보했을 뿐 고구려 고지를 차지한다는 의도는 없었다.

신라가 표방한 일통삼한의 근거는 백제 영토 및 인민의 복속, 고구려 왕족 안승의 책봉 및 일부 고구려 유민의 포섭에 있었다. 전자가 백제 전체에 대한 실질적 통합이라면, 후자는 고구려 일부에 대한 부분적 통합을 전체 통합으로 관념화한 것이다. 따라서 양자를 결합하여 성립한 일통삼한 의식은 실재의 전체가 아니라 일부의 반영물이기 때문에 허위의식인 것이다. 그리고 이를 의식한 신라는 고구려 고지에서 고구려 유민이 말갈족을 규합하여 건국한 발해를 미개한 말갈로 치부함으로써 일통삼한을 견지해나갔다.[88]

김종복
안동대학교 사학과 교수. 한국 고대사를 전공했고, 발해를 중심으로 한 8~10세기 동아시아 국제관계사와 근대 동아시아 삼국의 발해사 인식에 관심을 갖고 있다. 대표 논저로 『발해정치외교사』, 『정본 발해고』 등이 있다.

당의 입장에서 본
신라의 통일
__이기천

1   잊힌 조연, 당

한국사의 전개 과정에서 7세기 후반은 중요한 의미를 갖는다. 삼국 간의 영
토 전쟁이 치열한 가운데 한강 유역을 차지한 신라는 고구려·백제와 국경선
을 마주하며 두 나라의 공격에 노출되었다. 북·서방으로 세력 확장에 성공했
던 당은 645년 고구려와 벌인 전쟁에서 패배했다. 신라와 당은 서로 이해관
계가 일치하여 648년 나당연합을 체결하게 된다. 나당연합군은 660년 백제
를, 668년 고구려를 차례로 멸망시켰다. 그러나 백제 고지의 처리 문제로 신
라와 당 사이에 갈등이 생기고, 한반도의 지배권을 놓고 나당전쟁이 발발한
다. 당이 676년 11월 기벌포 전투에서 신라에 패배하여 한반도에서 철군함으
로써 전쟁은 마무리된다. 일반적으로 나당연합에 의한 삼국 분립의 종식에서
나당전쟁의 승리에 이르는 과정을 신라의 삼국통일이라고 부른다.

그런데 통일신라의 영역에 고구려의 고지 대부분은 포함되지 않았고 유민
의 포섭 역시 일부에 지나지 않았다는 한계점도 존재한다. 이러한 이유에서
신라가 고구려를 통일의 대상으로 인식했는가의 여부에 따라 삼국통일로 보
는 견해,[1] 백제를 병합한 것에 불과하다고 보는 견해가[2] 양립한다. 전자는 삼
국을 하나로 아우르는 일통삼한一統三韓 의식이 존재했고, 이것이 7세기 전쟁
을 수행한 이념적 기반이라고 설명한다.[3] 후자는 다시 일통삼한 의식의 성립
시기에 대한 견해 차이로 나뉘는데, 나당전쟁 이후 만들어진 허위적 이념으
로 보는 입론,[4] 9세기에 출현했다는 입론[5] 등이다.

활발한 논쟁에도 불구하고 신라의 통일을 둘러싼 한국사학계의 논쟁에서
당은 소외된 경향이 있다. 통일 혹은 병합의 주인공인 신라의 존재만큼 나당
연합군의 편성과 백제·고구려의 멸망 및 나당전쟁 등에서 조연으로서 당이
수행한 역할도 적지 않다. 그럼에도 불구하고 최근의 논쟁은 지나치게 한국

사 내부의 문제에 천착하는 측면이 있다.

최근 삼국통일론 혹은 백제통합론으로는 신라의 통일(통합)을 둘러싼 당·신라·백제·고구려·왜·말갈·거란 등 여러 나라들이 참여한 전쟁의 성격을 온전히 설명할 수 없다는 문제 제기가 있었다.[6] 필자 역시 일국사, 민족사를 넘어 좀 더 넓은 시야에서 조망하자는 문제의식에는 동의한다. 그러나 몇 가지 재고할 점도 있다. 해당 연구에서 제안한 '7세기 중·후반 동북아시아 전쟁'이라는 명명은[7*] 전쟁의 주·객체를 모호하게 만들며, 전쟁에 영향을 준 토번과 설연타 등을 고려하면 '동북아시아' 대신 '동부 유라시아'라는 더 넓은 개념이 합당해 보인다. 거대한 세계를 바라보려는 선행 연구들이 결국 '한국사' 또는 '민족사'로 회귀했던 문제를 지적하는 만큼,[8**] 한국사의 영역에서 다소 거리를 두고 전쟁의 당사자였던 당의 입장을 살펴보는 후속 연구가 절실하다.

한편 중국 학계에서는 자국 중심적 해석이 전제되어 있다. 나당전쟁과 관련된 중국사 사료의 기술이 소략하고 연구자들의 관심도 적기 때문에[9] 나당전쟁과 신라의 통일 과정보다는 백제·고구려의 멸망 후 출현한 동아시아의 국제관계에 연구가 집중되어 있다.[10] 그 논조 역시 백제·고구려의 멸망은 당이 주도했으며 신라는 부수적인 존재라는 가벼운 인식이다.[11] 신라의 통일을 전론한 연구로만 보자면, 『고려사』의 기록을 근거로 삼아 '삼한'을 마한·변한·진한으로 한정하여 신라는 삼한에 해당하지 않는 고구려를 점거할 의도가 없었을 뿐만 아니라, "당대唐代 요동, 즉 압록강 남북의 고구려 고지 주요 부분은 여전히 중원 왕조에 속해 있었고, 발해는 단지 고구려 고지의 일부만 점거

---

*이 책 180쪽.
**이 책 180~181쪽.

했다. 그러므로 이른바 '통일신라와 발해의 상호 대립은 남북으로 분열된 국가와 매우 비슷하다'는 표현은 역사적 오해이다"라는 주장도 있다.[12]

필자는 한국학계의 중국사 연구자로서 한국사 내부의 문제에 집중한 나머지 소홀했던 당의 역할을 조명하는 동시에 중국 학계의 자국 중심적 연구 경향을 비판적으로 재검토하고자 한다. 삼국통일을 둘러싼 선행 연구는 개별적으로 다기한 관점에서 전개되었기에 한 편의 글에서 그 성과를 종합적으로 검토하기에는 곤란한 점이 있다. 그러므로 주요 논점을 당의 시각에서 검토함으로써 삼국통일에 관한 후속 연구를 다양하고 입체적으로 진전시킬 수 있는 기반을 마련하고자 한다.

이를 위해 2장에서는 660년대 나당연합군이 수행했던 전쟁을 630년부터 시작된 당의 세력 확장의 연속선상에서 검토할 것이다. 대외 전쟁 명분의 발전 양상과 병력 동원의 양상 등을 살펴보면 이른바 '7세기 중·후반 동부 유라시아 전쟁'에서 보이는 당·신라·백제·고구려·왜·말갈·거란 등 다양한 국가가 참가한 국제전의 양상이 당 전기 보편적인 현상이었음을 확인할 수 있다. 이러한 검토를 통해 신라 통일전쟁의 성격을 가늠할 수 있고, 당 태종이 주장한 고구려 침략의 근거인 '사군구지론四郡舊地論'의 전제 조건을 파악할 수 있기 때문이다.

3장에서는 645년 고구려 침략의 실패 요인과 당·신라의 현안을 분석하여 나당연합이 체결된 배경을 검토할 것이다. 그리고 연합의 결과물인 양국 간 영토 구획에 태종의 전쟁 명분인 사군구지론이 어떻게 반영되었는지를 짚어 보고자 한다. 이러한 분석을 통해 당과 신라에게 연합이 갖는 각자의 의미를 도출할 것이다.

마지막으로 나당전쟁의 원인인 백제·고구려 고지에 대한 당의 기미지배, 나당전쟁의 결말인 당의 철군 배경을 4장에서 다룬다. 전자에 대해서는 태종과 고종 사이에 고구려·백제 공격의 목적이 미묘한 차이를 보이지 않았을까라는 가설을 제시하고 이를 검토할 것이다. 후자에 대해서는 그동안 간과되었던 당의 전략적 입장과 선택을 수·당대 세력 확장의 방향성과 연계하여 논의를 전개하고자 한다.

2 당 전기 세력 확장의 관념적 토대

건국 직후 당의 대외 정책 기조는 '무취신속無取臣屬', 즉 주변국을 신하로서 예속시키지 않고, '각보강역各保疆場', 즉 각국의 독자적 세력권을 인정하는 것이었다.[13] 그 배경은 "3년간 계속 요동을 정벌하면서 화를 자초했고, 국력을 모두 탕진했던" 수의 과오를 되풀이하지 않겠다는 의지에서 비롯된 것이다.[14] 이처럼 소극적인 대외 정책하에서 당 고조는 622년 고구려 영양왕에게 화친을 천명하였고,[15] 625년과 626년 백제와 신라의 고구려 견제 요청에도 불구하고 삼국 간의 강화를 중재하는 데 머물렀다.[16]

당시 동부 유라시아의 패권은 돌궐이 쥐고 있었다. 사서에 돌궐의 강성함이 "활시위를 당기는 병사가 100여 만"이라고 묘사되었을 정도다.[17] 수 말 혼란기 당 고조를 비롯한 중원의 군웅들이 스스로 돌궐의 신하라고 칭하였으며, 돌궐은 그들을 가한可汗, 샤드(shad)[18] 등 돌궐의 관직에 책봉하였다.[19] 622년부터 돌궐은 매년 당의 변경을 침략했고 624년에는 당조에서 천도를 논의하기도 했다.[20]

태종은 즉위하면서 북방의 위협 요소인 돌궐 문제를 적극적으로 해결하고자 했다. 그는 돌궐이 이해관계에 따라 결집된 부족연합체이며 물자 분배에 따라 내부 결속력이 이완될 수 있다고 판단했다.[21] 당은 재물을 활용하여 돌궐이 자멸하도록 유도하면서 그들이 패망할 수 있는 결정적 계기를 기다리는 전략을 선택한다. 이 무렵 돌궐은 내부적으로 현저한 동요를 보이기 시작했다. 627년 설연타薛延陀, 회흘廻紇 등 돌궐의 종속 집단이[22] 반란을 일으켰고, 이 반란 진압의 실패로 인해 돌궐의 핵심 집단인 아사나씨阿史那氏의 내부 갈등이 격화되었다.

629년 11월 당은 10만의 군사를 동원해 돌궐을 공격하여 이듬해 3월 15일 힐리가한頡利可汗을 생포했다. 당의 건국 직후부터 국가 안위에 중대한 위협이 되었던 돌궐이 개전 4개월 만에 멸망한 것이다. 돌궐에 대한 승리는 당의 세력 팽창에 전환점이 되는데 다음과 같은 사실에 주목할 필요가 있다.

첫째, 대규모의 유목민이 교전 없이 당에 투항했다는 사실이다. 628년 동몽골 지역에서 거란(契丹)·해奚·습習 등의 부족을 지배했던 돌리가한突利可汗이 힐리가한을 공격해줄 것을 당에 요청했다. 이듬해 12월 그는 휘하의 유목 수령들과 함께 부락민을 이끌고 당에 투항했다. 629년 9월에는 부족장에 해당하는 사근俟斤들이 3천의 기병을 이끌고 당에 투항했을 뿐만 아니라, 발야고拔野古·복골僕骨·동라同羅 등의 유목 부족도 당에 내항했다. 당시 당에 투항하고 귀부한 사람이 120만여 명이라는 기록은[23] 면밀한 검토가 필요하지만 유목 수령들이 적지 않은 규모의 부락민을 이끌고 당에 투항했다는 기록은 사실일 것이다.

"사이四夷가 스스로 복종한" 상황에서 당은 유목 수령들에 대한 적절한 대우와 항호降戶의 활용 방안을 모색해야 했다.[24] 전쟁의 책임을 부도덕한 군주 개인에게 전가하는 한편, 다수의 항호는 당의 '신민臣民'으로 포용했다. '이적무신夷狄無信'의 배타적인 화이관華夷觀은 지양되어야 했던 까닭에 태종은 중화와 이적을 구분하지 않는다는 '무격화이無隔華夷'의 다민족 통일질서를 천명한다.[25]

이러한 이상을 실현했던 방안 가운데 하나가 번장蕃將의 활용이다. 번장이란 이민족 가운데 당의 장군으로 임명된 자를 가리킨다. 당은 번장과 그 휘하의 부락민을 동원하여 대외 전쟁에 참여시켰다. 번장의 입장에서는 획득한 전리품을 부락에 분배함으로써 자신의 세력 기반을 공고히 할 수 있었다.[26] 한편, 당은 번장의 참전을 통해 병력 충원 및 전투력 제고 등의 문제를 해결할 수 있었다.[27]

둘째, 돌궐 평정의 결과물로서 천가한天可汗이라는 호칭을 얻게 되었으며, 이는 당의 세력 확장에 새로운 근거를 제공했다. 630년 돌궐이 멸망한 후 당을 둘러싼 대외 관계에 대해 사서는 다음과 같이 기록하고 있다.

> 이때 여러 번蕃의 군주들이 궁궐에 이르러 이마를 땅에 대면서 태종에게 천가한이 되기를 청하였다. 태종은 "나는 대당大唐의 천자天子인데 다시 아래로 가한의 일을 행하겠는가?"라고 하였다. 여러 신하 및 여러 이민족들이 모두 만세를 불렀다. 이후 새서璽書를 서역과 북방의 군주들에게 내릴 때는 모두 '황제천가한'이라 칭하였다. 여러 이민족의 군주가 사망했을 때는 반드시 황제천가한의 조서로써 그 후사를 세웠다. 사이를 통령한 것은 이때부터이다.[28]

'천가한'은 유목 세계를 통치하는 가한 중의 가한, 즉 텡그리 칸으로서 당뿐만 아니라 주변국을 아우르는 종주宗主를 뜻한다.[29] 태종이 천가한의 호칭을 받게 된 것은 동부 유라시아의 구심점이 돌궐에서 당으로 넘어왔음을 의미한다. 관념상 황제는 이민족을 포함한 인간 세상의 주재자 역할을 담당하는 '천자'였다. 그러나 현실에서 이적夷狄은 황제의 직접적인 통치 대상에 포함되지 않았고 책봉 관계를 통해 맺어진 외신外臣에 불과했다.

"사이가 스스로 복종하고" 태종에게 천가한의 존호를 올린 상황에서 이적을 외신으로만 치부할 수는 없었다. 당의 정치적 범위가 화이華夷를 아우를 정도로 확대된 상황에서 당에 투항한 외신을 내신화內臣化하기 위해서는 '애지여일愛之如一' 할 수 밖에 없었다. 천가한의 호칭이 태종에게 '무격화이'를 실현한다는 명분을 더해줌으로써 당의 대외 전쟁은 당(華)과 주변국(夷)을 포괄하는 국제전으로 확대될 수 있었다.[30]

당은 천가한이 수행하는 전쟁으로 선전하면서 그 세력 범위를 서쪽으로 더욱 확장해나갔다. 북방의 위협 요소를 해결한 태종은 635년 토욕혼吐谷渾을 시작으로 640년에 고창高昌, 644년 언기焉耆를 차례로 복속시켰다. 서역 원정 중에 당은 '조민벌죄弔民伐罪'라는 이념적 명분을 마련하고 번장 및 주변국을 동원함으로써 국제전의 양상을 한층 강화했다.

'조민벌죄'는 본래 백성을 위로하고 죄인을 징벌한다는 의미이지만, 태종은 이를 '무격화이'와 연결지었다. 즉 "화이의 백성들이 같은 마음으로 분하고 원통해하기 때문에" 무격화이를 자임하는 태종은 당의 국제질서를 거스르는 군주만을 죄인으로서 징벌하여 이적의 백성들은 안무按撫하겠다는 것이다. 639년 12월에 반포된 고창왕 국문태麴文泰를 토벌하는 조서에서 피해를 입은 대상으로 당뿐만 아니라 이오와 언기 등 주변국도 포괄하고 "이적의 군장들 가운데 국문태를 칼로 찌르기를 청하는 자가 줄을 이으니", "응당 화·이의 마음을 따라 이로써 조벌의 법도를 펼치겠다"고 설명했다.[31]

군사적으로는 634년 토욕혼과의 전쟁에서부터 꾸준하게 번장들과 그 휘하의 부락병이 당군으로 동원되었다. 서역 원정에서 돌궐 추장 출신의 집실사력執失思力,[32] 철륵鐵勒 추장으로서 632년 당에 귀부한 계필하력契苾何力[33] 등의 번장이 활약했다. 특히 계필하력은 635년 적수赤水에서 토욕혼에게 포위된 설만균·설만철 등의 한인 장군을 구원하고, 1천의 기병으로 가한 모용복

윤慕容伏允을 습격하여 수천의 토욕혼 병사를 격파하고 20여 만의 가축 및 가한의 식솔을 붙잡았다. 계필하력이 구해낸 한인 지휘관들도 '무략武略'을 갖추었다고 평가받는 숙장宿將으로서 수말당초에 내지의 통일전과 돌궐 원정에서 활약했다.[34] 그런데 돌궐의 멸망 이후 당의 전쟁 목표는 한족漢族에서 비한족으로 그 대상이 변화했다. 번장 계필하력은 유목민의 "성곽을 갖고 있지 않고 물과 풀을 쫓아서 옮겨 다니는" 습속에 밝았기 때문에,[35] 당에서는 비한족을 대상으로 한 대외 전쟁에 그와 같은 번장들을 중용했던 것이다.

640년 고창을 평정한 후 태종은 이 지역에 내지와 동일한 주·현을 설치하고자 하였다. 신료들은 경제적 비용과 기미지배의 원칙을 근거로 반대했다. 이를 무마하기 위해 태종은 '무격신구無隔新舊'라는 새로운 논리를 창안한다. 당시 반포한 조서에 따르면, 고창의 주민들은 진대晉代 중원의 혼란으로 인해 이주한 자들로서 "과거 중국의 사람(舊是中國之人)"이다. 그러므로 중화의 문화를 유지하고 있는 고창의 백성들은 부모인 태종이 안무할 대상이라는 것이다. '무격화이'는 종족과 국가를 초월하여 당의 전쟁을 국제전으로 확장할 수 있는 디딤돌이었다. 이에 더해 '무격신구'는 비록 유민들의 후손(新)이 현재 이적의 땅에 거주하지만 그 조상(舊)은 본래 "중국의 사람"이었기 때문에 당이 그 지배권을 내세울 수 있다는 주장이다. 환언하면 '무격화이'가 당의 세력 확장에 공간적 근거를 제공했다면, '무격신구'는 역사적 당위성을 제공한 것이다.[36]

고창에 대한 직접 지배 조치가 마무리되면서 당의 고구려 정책에 변화의 조짐이 보이기 시작한다. 고구려의 조공에 대한 답례사로 파견되었던 진대덕陳大德이 641년 8월에 귀국하자 태종은 다음과 같이 속내를 드러냈다.

고구려는 본래 4군郡의 땅일 뿐이다. 내가 병사 수만 명을 동원하여 요동을 공격하면 저들은 반드시 나라를 기울여서 이를 구원할 것이니, 별도로 수군을 파견하여 동래東來에서 출발시켜 바닷길로 평양을 향해 수륙으로 세력을 합치면 그들을 빼앗는 것은 어렵지 않다. 다만 산동 지역 사람들이 피로해진 것이 아직 회복되지 않아서 내가 그들을 수고롭게 하려 하지 않을 뿐이다.[37] (이하 밑줄—인용자)

태종은 이미 이때부터 고구려를 침략할 계획이 있었다. 진대덕의 사행은 외교적 목적 외에도 정보 수집을 겸하였다. 출국 전 태종은 그에게 뇌물로 고구려 관리들을 꾀어 고구려의 실정을 상세히 파악하도록 지시했다.[38] 요동을 통한 육군의 진격과 동래를 거점으로 한 수군의 출격 등 비교적 구체적인 운용 노선까지 구상되었다. 다만 당의 국내 사정으로 인해 당장 고구려와 전쟁을 수행할 수는 없었던 것이다.

주목할 점은 고구려 침략의 명분으로 '사군구지론'이 제기되었으며, 그 시점이 고창에 서주西州를 설치한 지 1년 후라는 사실이다.[39] 고창에 대한 직접 지배의 논리로 창안된 '무격신구'에서 태종은 중국 사람이 거주했던 종족적 영역을 당의 영토와 융합시켰다. '무격신구'의 "과거 중국의 사람"이라는 인적 요소를 영토, 즉 중국 왕조가 직접 지배했던 지역이라는 공간적 요소와 치환하면, 과거 중국 왕조의 지배를 받았던 지역에 대해서도 당의 영토라는 주장을 도출할 수 있다.[40] 이것이 바로 태종이 고구려 침략 과정에서 주장한 '사군구지론'이다.

물론 태종의 '사군구지론'은 그 자신이 반면교사로 삼았던 수 양제의 고구려 전쟁 명분을 답습했다는 점에서 한계를 지니며, '사군구지론' 자체도 논리적으로 모순된다. 하지만 태종이 많은 이민족을 포섭하고 이들을 군사적으로 동원하여 세력 확장에 성공할 수 있었던 배경 가운데 하나가 '무격화이'에서 발전한 '조민벌죄', '무격신구' 등의 전쟁 명분이었다. 아울러 '사군구지론'은 갑자기 제시된 것이 아니라, 국제전의 양상으로 이끌기 위해 당이 고안한 이전의 전쟁 명분들을 전제로 출현한 것이다.

3 태종의 고구려 공격 실패와 신라와의 연합

643년 9월 신라는 당에 사신을 파견했다. 백제가 신라의 40여 성을 공격해 빼앗았으며 고구려와 백제가 군사 연합을 했다는 사실을 알리고, 군사원조를 청하기 위해서였다. 태종은 상리현장相里玄獎을 고구려로 파견해 철군을 명령하고 이를 어길 시 출병할 수 있다고 경고하였다.[41] 644년 정월 연개소문은 상리현장에게 "수가 고구려를 공격했을 때 신라가 그 틈을 타서 고구려의 영토 500리를 침략하였는데, 그 땅을 돌려주지 않으니" 공격을 멈출 수 없다고 주장하였다. 이에 상리현장은 고구려의 영토인 "요동이 본래 중국의 군현이었다"고 반문하며, 현재 당이 적극적으로 영유권을 주장하지는 않지만[42] 언제든 '사군구지론'을 꺼내 들어 고구려를 압박할 수 있음을 내비쳤다. 그러나 협상은 결렬되었고, 당은 본격적으로 고구려와의 전쟁을 준비한다.

644년 10월 태종은 전쟁 선포 조서에서 "먼 곳의 거친 잡초를 베지 않으면 중화를 깨끗이 할 수 없다"는 논리를 전개한다.[43] 연개소문에 의한 피해가 고구려에 그치는 것이 아니라 당이 구축한 국제질서, 즉 '중화'에까지 미칠 수 있다는 주장이다. 과거 서역 원정과 마찬가지로 고구려와의 전쟁도 국제전으로 확장하고자 했다. 고구려를 공격할 무렵 태종이 '조민벌죄'를 운운하며 백제와 신라의 참전을 독려했던 것도 이러한 배경에서 비롯되었다.[44] 이 요구에 백제는 응하지 않았지만, 신라는 5만의 병력을 동원하여 고구려 남계南界로 들어가서 수구성水口城을 공격해 항복을 받았다.[45] 『삼국사기』의 기록을 살펴보면, 수구성은 고구려와 신라 사이에 군사·교통의 요충지였던 수곡성水谷城으로 추정된다.[46] 이로써 신라는 당의 번신蕃臣임을 분명히 표명하였고 고구려 영토 잠식에 대한 의지와 능력을 드러냈다.

영주도독 장검張儉은 도독부 소속 병사, 이민족 병력인 성방城傍,[47] 초유招誘한 거란 등을 이끌고 선봉대로서 먼저 요동을 공격했다. 장량張亮은 강남에서 징발한 4만, 장안·낙양에서 모병한 3천의 병사를 이끌고 해로를 통해 평양으로 진격했다. 이적李勣은 6만의 기·보병과 감숙성 일대의 항호를 이끌고 요동으로 향했다. 태종은 6군의 본대를 이끌고 645년 2월 낙양을 출발하여 요동으로 진격했다. 고구려군이 미처 조직적인 반격에 나서기도 전에 당군은 기습 공격으로 기선을 제압한 뒤 요동의 주요 성을 집중 공격했다. 6월에 당의 선봉군과 태종의 본군이 안시성 부근에서 합류했다. 이들은 곧바로 고구려 역사상 최대 규모인 15만 병력을 이끈 고연수·고혜진의 군대와 정면 대치하게 되었다. 당군은 장기간 유목민과의 전투 경험으로 장창대를 활용하여 기병의 돌진을 저지하는 전술에 익숙했다. 결국 고구려군의 기병 돌격 전술은 실패했고, 당황한 고구려군은 당군에 포위되어 제압당했다. 전쟁 초기 당군은 전술과 기동력에서 압도적인 우세를 보였다.[48]

그러나 안시성 공격이 장기화되면서 전세는 기울기 시작했다. 우선, 산성이라는 지형적 요인이 당군에게 장애 요소였다. 요동성 같은 평지성에서와 달리 당의 공성 병기가 효과적이지 않았고, 고구려는 전시에 산성에 들어가 방어하는 전술을 구사했다.[49] 당군은 60여 일 동안 토산을 쌓아 공략하려고 했지만 안시성은 끝내 함락되지 않았다.

또 다른 장애 요인은 당의 본토에 대한 이민족의 침략 위협이었다. 645년 11월과 12월에 북방의 설연타가 태종의 고구려 공격을 틈타 황하 이남으로

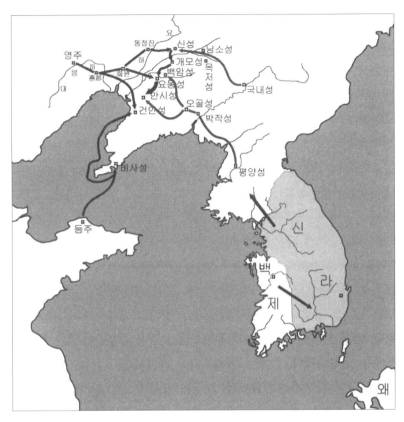

〈그림 1〉 645년 전쟁도

출처: 盧泰敦, 『삼국통일전쟁사』, 서울대학교 출판부, 2009, 92쪽, 그림 7.

건너와 하주夏州를 노략질하였다.[50] 사전에 태종이 번장 집실사력으로 하여금 돌궐 항호를 이끌고 하주를 지키도록 대비책을 강구했지만, 하주는 수도 장안을 방어하는 북방의 군사 요충지이기에 원정군으로서는 신경이 곤두서지 않을 수 없었다.

한반도 남부의 전황도 당군에게는 불안 요소였다. 신라가 당에 호응하여 수곡성을 공략했지만, 백제는 신라군의 북진으로 취약해진 서부 국경선을 공격하여 신라의 7성을 빼앗았다.[51] 결국 신라군은 회군하여 백제군 수비에 주력할 수밖에 없었다. 추위와 군량 보급의 문제까지 더해져 결국 당군은 요동의 현토·횡산·개모 등 10성을 함락하는 성과만 거두고 퇴각한다.[52]

친정의 실패에도 불구하고 태종은 다시 고구려와의 전쟁을 고집하며 647년 2월 고구려 공략 계획을 중신들과 논의한다. 그러나 647년 3월과 648년 9월, 소규모 정예부대를 이용한 교란 작전은 별다른 성과를 거두지 못했다. 태종으로서는 645년 고구려 공격의 실패 요인을 해결하지 못한다면 고구려와의 전쟁에서 성공할 수 없었다. 그 전기를 마련한 것이 648년 12월 신라 김춘추의 입조이다. 김춘추는 백제의 침략으로 신라가 멸망에 이를 수 있을 뿐만 아니라 당도 조공이 끊기는 불이익을 받을 수 있음을 강조하며, 당의 연호와 의관을 따르겠다는 의사까지 표명하는 적극적인 청병 외교를 펼쳤다.[53]*

당시 김춘추의 구체적인 외교 활동을 전하는 자료가 671년 신라 문무왕이 당의 행군총관 설인귀에게 보낸 「답설인귀서答薛仁貴書」이다. 이 편지에는 648년 당에 사신으로 파견된 김춘추에게 태종이 고구려·백제를 평정한 후 신라에게 사여할 영역에 대한 약속이 인용되어 있다. 이 기록은 660년 나당 연합군 편성의 배경, 670년 나당전쟁이 발발하는 단초, 신라 통일의 성격 등을 확인할 수 있는 자료라는 점에서 주목된다.

> 선왕(신라 무열왕)께서 정관貞觀 22년(648)에 입조하여 태종문황제를 직접
> 뵙고서 은혜로운 칙명을 받았는데, (조칙에서 이르길) "내가 지금 고구려를
> 치려는 것은 다른 이유가 있어서가 아니라, 너희 신라가 두 나라(고구려·백
> 제) 사이에 끼어 매번 침략을 당해 편안할 때가 없음을 가엾게 여기기 때문

---

*이 책 234쪽.

이다. 산천과 토지는 내가 탐내는 바가 아니고 ㉠보배와 사람들은 나도 가지고 있다. 내가 두 나라를 평정하면 ㉡평양이남平壤已南 백제토지百濟土地를 ㉢모두(並) 너희 신라에게 주어 오래도록 편안하게 하겠다"고 하시고는 계책을 전해주시고 ㉣군사행동의 약속을 내려주셨다. ㉤신라 백성들은 모두 은혜로운 칙명을 듣고서 사람마다 힘을 기르고 집집마다 쓰이기를 기다렸다.[54]

주요 논점을 중심으로 살펴보면, 우선 신빙성 논쟁이 있다. 중국 학계는 문무왕이 인용한 648년 합의를 실제 태종의 언사가 아니라 671년 문무왕의 자기변호 혹은 날조로 해석한다.[55] 그 근거로 중국사 사료에는 해당 기록이 보이지 않고, "보배와 사람들"을 운운하는 ㉠의 표현은 태종의 화법과 다르며, 당시 태종은 백제를 공격할 계획이 없었고, ㉣과 같은 군사기밀을 ㉤에 서술한 구문에 보이는 것처럼 백성들에게 쉽게 알려줄 수 없다는 점 등을 들었다.

그러나 『삼국사기』 외에 편지에 대한 기록을 찾을 수 없다는 점이 그 사실성을 부정하는 근거가 될 수는 없다. 이 합의가 양자 간의 대화에서 이루어진 것이라면 별도의 공식 기록을 남기지 않았을 가능성도 있다.[56] 한편 661년 백제 부흥운동을 이끌던 도침이 당군에게 "당이 신라와 약속하기를, 백제를 격파하면 노소를 가리지 않고 다 죽인 후 나라를 신라에게 넘겨준다고 들었소"라며[57] 항전의 이유를 밝혔던 점을 고려하면, 나당 간의 합의는 실재했으며 적어도 백제에서는 그 사실을 알고 있었던 것으로 보인다. 그리고 2장에서 살펴본 태종의 전쟁 선포 조서들에서도 ㉠과 같은 표현은 종종 등장한다. 648년 합의와 660년 나당연합군 출병 간의 시간 차를 고려하면, ㉤의 칙명에는 구체적인 작전 계획 대신 당과 신라 사이의 연합 체결만 언급되었을 것이다. 그리고 한반도 남부의 전선이 태종의 실패 요인 중 하나였다는 점을 상기하면, 태종이 신라를 통해 이 문제를 해결하고자 했음을 짐작할 수 있다.

ⓒ의 "평양이남 백제토지"와 관련된 논점은 문법구조상 '평양이남'과 '백제 토지'를 어떻게 풀이할 것인가의 문제로 귀결된다. 신라의 '통일'로 보는 견해에서는 양자를 병렬 관계로 보아, "(고구려 영역 중) 평양 이남의 지역과 백제 토지"라고 해석하여 신라의 통합 대상에 고구려의 영토도 포함되어 있었다고 설명한다.[58] 반면, 백제병합론에서는 이를 수식 관계로 보아 "평양 이남의 백제 토지"로 해석하면서, 김춘추가 백제 외에 당이 점령하려는 고구려까지 아우를 의도를 가지고 입당한 것으로 보기 어렵고 평양 이남 지역에 대해 신라 귀속을 요구할 처지도 아니었다고 본다.[59]

최근 이에 대한 다양한 문법적 접근도 이루어졌다. '평양이남'은 공간적 구분을, '백제토지'는 국가적 귀속을 매개로 한 영역이라는 점에서 양자의 층위가 다르기 때문에, 이를 병렬적으로 해석하기 곤란한다는 견해가 있다. 이 문구를 "평양 이남이 백제 토지에 해당하기 때문에 이것을 신라에게 준다"는 의미로 해석하여 신라가 백제 토지에 대해서만 영유권을 주장했다고 보는 입론이다.[60] 한편 고구려를 가리키는 일종의 환유로 '평양'을 보아, '평양이남'과 '백제토지'는 대구법으로서 '평양(=고구려) 이남, 즉 백제 토지', '평양(=고구려) 이남에 위치한 백제 토지'로 해석하기도 한다.[61]* 또 한편, 둘 이상의 대상을 총칭하는 ⓒ의 '병並'에 주목하여, 서신의 화자인 문무왕과 당시 신라인들은 '평양이남'과 '백제토지'를 별개로 이해했기 때문에 "평양 이남의 고구려 영토와 백제 토지를 모두 신라에게 준다"고 풀이하는 연구도 있다.[62]**

그런데 문법상 '평양 이남의 백제 토지', '평양 이남=백제 토지', 환유·대구

*이 책 236쪽.
**이 책 54쪽, 77~78쪽.

법 등으로 해석할 경우 '평양이남'이라는 문구는 불필요하다. 648년 합의 무렵 삼국의 영토를 상기하면, 당시 백제의 영토는 모두 평양 이남이었으며 백제와 고구려 사이에 신라가 끼어 있는 형국이었다. 이러한 상황에서 굳이 수식어나 동의어로서 '평양이남'을 쓸 필요는 없었을 것이다. 그러므로 ⓛ은 '(고구려의 영토인) 평양 이남과 백제 토지'로 해석하는 것이 타당하다고 생각한다.

그렇다면 어떠한 배경에서 평양 이남과 백제 토지로 구획한 것일까? 선행 연구에서는 이 문제에 큰 관심을 두지 않았다. ⓛ의 해석과 관련해서는 근본적으로 해당 기록의 시점을 합의 당시인 648년으로 볼 것인가, 아니면 나당전쟁의 귀책 사유를 논하는 서신이 작성된 671년으로 볼 것인가의 문제가 내재되어 있다. 그리하여 '평양이남'의 해석을 둘러싼 논쟁에서 평양 이남에 대한 백제인들의 고토故土 의식, 675년 신라의 영토가 고구려 남경南境에 이르렀다는 기록 등이 주목을 받았다. 백제병합론에서는 안동도호부가 요동 고성으로 옮겨간 676년부터 당에게 대동강 이남의 영유를 공인받은 735년까지 신라가 고구려 고토를 장악하려는 적극적인 조치가 적었다는 점을 논거로 삼는다. 그러나 이러한 논쟁은 실제 신라의 의지와 다소 시간 차를 보일 수 있는 후대의 결과물을 대상으로 한 것이다. 결과적으로 통일신라의 영역은 대동강에서 원산만으로 확정되었다. 그리고 이러한 구획은 이미 648년에 '(고구려의 영토인) 평양 이남과 백제 토지'로 설정되었던 것이다. 즉 신라의 통일은 648년 합의된 영토 구획에 따라 진행되었고, 비록 적지 않은 시간이 소요되었지만 소기의 목표를 달성한 셈이다.

선행 연구에서는 합의 주체 중 하나인 당의 입장을 간과한 경향도 있다. 태종은 648년 이전에도 신라의 고구려 영토 쟁탈을 용인한 바 있다. 644년 정월 연개소문이 문제 제기했던 500리의 고구려 영토, 645년 획득한 수구성 등이 그 예이다. 그런데 태종은 648년 합의에서 고구려 영토에 대해서는 언급하지 않고 '평양이남'만 명시했다. 고구려 침략의 근거로 태종은 이미 '사군구지론'을 여러 차례 주장한 바 있다. 즉, 태종에게 동방 원정은 빼앗긴 중국 영토의 탈환을 의미했다. 따라서 애초에 태종은 김춘추에게 사군 중 하나인 옛 진번군眞番郡 지역에 대한 지배권도 주장했을 것이 분명하다. 그런데 정작 최종적으로 결정된 영토 구획선은 "평양이남 백제토지"였다. 그렇다면 영토 구획에 대한 합의 과정에서 태종과 김춘추 간의 양보와 타협이 존재했을 것으로 생각된다. 그 결과 고구려 연합 공격은 태종에게 한사군의 중심지였던 낙랑군 고지, 즉 평양 이북과 요동을 회복한다는 구지 탈환전舊地奪還戰의 의미이며, 신라에게는 고구려 남부와 백제를 통합하는 삼국통일전三國統一戰의 의미를 지녔다고 볼 수 있을 것이다.

4 고종의 백제·고구려 공격 목적과 당의 철군 배경

648년 12월 김춘추와 나당연합을 합의한 태종은 이듬해 5월 고구려와의 전쟁을 중지하라는 유조를 남기고 사망한다. 천가한으로서 북벌과 서역 원정에 성공했던 태종에게 고구려 공격은 미완인 상태로 마무리되었다. 사실 당의 동방 원정은 실익이 크지 않았다. 중신 방현령房玄齡은 고구려가 신절臣節을 위배한 것도 아니고 당을 침략한 것도 아니며 영구히 당에 해가 되지도 않는데, 연개소문에게 시해당한 영류왕의 원한을 갚겠다는 명분 및 대외적으로 신라를 위해 원수를 갚는다는 이유로 군이 군대를 일으키는 것은 소탐대실이라며 전쟁을 강력히 반대했다.[63]

그렇다면 당이 이처럼 명분이 모호하고 실익도 적은 전쟁을 감행한 목적은 무엇이었을까? 태종의 유조를 어기면서까지 고종시대에도 전쟁이 되풀이되고, 한 걸음 더 나아가 태종이 주장했던 사군구지의 영역이 아닌 백제까지 멸망시켰다는 점에서 고종시대 전쟁에는 좀 더 포괄적인 의도가 내재해 있었을 것으로 보인다.

고구려 침략에 실패했던 수 양제의 사례를 살펴보자. 612년 양제는 번국의 의무인 조공을 어지럽힌다는 조서를 반포한 뒤 약 113만의 대군을 이끌고 고구려를 공격하지만 육·수군 모두 고구려군에 대패한다. 이듬해 2차 원정은 양현감의 반란으로 실패하고, 전국 각지에서는 전쟁 부담으로 인한 민중 봉기가 발생했다. 614년 3차 원정에서는 고구려의 화의 제안으로 성과 없이 회군한다. 세 차례에 걸친 고구려 원정이 실패했음에도 615년 정월 양제는 각국의 사절단을 불러들여 성대한 연회를 베푼다. 같은 해 8월에는 장성을 넘어 북벌에 나섰다가 안문雁門에서 돌궐에 포위되기에 이른다. 이러한 양제의 기행은 천자로서 추락한 권위를 제고하기 위해 이민족의 복속에 몰두할 수밖에 없는 황제 권력의 모순적 단면으로 이해할 수 있지 않을까.

고종 개인에게는 병약한 황태자라는 콤플렉스가 존재했다. 그는 진왕晉王 시절부터 나약하여 사직을 지킬 수 없다는 평가를 받았다. 게다가 위왕 이태李泰, 오왕 이각李恪 등 영단英斷한 이복형제들이 존재했기에 모반의 위험성도 있었다. 반면, 중신들은 신권臣權을 강화하려는 의도에서 진왕 이치李治의 태자 책봉을 고집하였다.[64] 일설에는 태종이 고구려 친정에 성공하면 그 성망을 이용해서 재차 새로운 황태자 책립을 시도하려는 속내를 갖고 있었다고 한다.[65]

고종 역시 이러한 인식을 잘 알고 있었다. 661년 3월 고종은 직접 고구려 전쟁에 나설 것을 계획함으로써 나약하다는 평가를 스스로 탈피하고자 했다. 출정에 앞서 고종은 소정방蘇定方, 아사나충阿史那忠 등 과거 태종의 고구려

친정에 참여했던 숙장들과 이민족을 모아 연회를 펼치면서 일융대정악一戎大
定樂을 관람하게 하였다. 대정악은 고구려를 친히 정벌하여 천하를 평정하는
형상이었다고 전해진다.[66]

고종에게 고구려 평정은 이에 실패했던 수 문제와 양제뿐만 아니라 자신
의 아버지 태종을 뛰어넘을 수 있는 성과임이 분명했다. 이에 그치지 않고 당
의 사방 중 동방 정책을 완수함으로써 당이 구축한 중화질서에 따라 '천하통
일'을 완수한다는 의미이기도 했다. 즉 648년 신라와 연합할 당시 태종이 구
지 탈환을 목적으로 동방 원정을 계획했다면, 고종의 동방 원정은 천하통일
을 완수함으로써 황제의 권위를 제고하기 위한 것으로 풀이할 수 있다. 태종
에게 백제 정벌은 고구려 침략을 위해 한반도 남부 전선의 위협 요소를 제거
한다는 의미였다. 그가 주장했던 사군구지론에 백제 전 지역의 지배는 포함
되지 않았다. 반면, 고종은 백제를 멸망시킨 이듬해 고구려 공격을 계획하면
서 천하 평정을 상징하는 대정악을 숙장들에게 관람케 했다. 이는 고종의 목
표가 백제를 아우른 천하 평정이었음을 시사한다.

이처럼 태종과 고종의 동방 원정 목적이 서로 달랐으므로 백제·고구려를
멸망시킨 후 그 고지에 대한 처리 계획도 상이했던 것이다. 그리고 648년 태
종과 김춘추 사이의 합의가 문서화되어 있지 않았을 가능성과 태종이 고구려
공격을 멈추라는 유조를 남겼다는 사실을 상기하면, '(고구려의 영토인) 평양
이남과 백제 토지'의 구획선에 대해 고종이 알지 못했거나 모른 체했을 가능
성이 있다. 따라서 고종이 648년의 합의를 일방적으로 파기했다고 단정하기
는 어렵다. 다만 한 가지 추정해볼 수 있는 점은, 고종의 목표에는 사군구지론
을 넘어 백제 고지에 대한 지배까지 사전에 포함되었을 가능성이 있다는 것
이다. 660년 8월 2일 의자왕이 나당연합군에 항복 의례를 마치고, 13일 뒤 백
제 고지에 5도독부 37주 250현의 기미주羈縻州가 설치되었다. 6월 21일 당군

이 덕물도에 도착했다는 사실을 상기해보건대 한반도에 상륙한 지 2개월만에 백제의 멸망과 그 고지에 대한 당의 기미지배가 실현된 것이다. 이처럼 기미주의 빠른 설치는 당조에서 이미 출정 전에 기미지배에 대한 계획을 구체적으로 마련했기에 가능했던 것이다.[67]

660년 9월 3일 당은 의자왕을 비롯한 왕족, 고관 및 백성 12,807명을 포로로 잡아 당으로 압송한다. 흥미로운 점은 중국사와 한국사 사료 간의 기록 차이다. 중국사 사료에는 의자왕과 왕족 및 대신을 당의 수도로 압송했다는 기록만 보이며, 백제의 '유민'보다는 '백제 고지'에 대한 지배에 중점을 두고 있다. 반면, 의자왕 등과 함께 당으로 압송된 백제의 백성들을 포함한 구체적인 포로의 수치는 『삼국사기』에만 등장한다.[68] 이는 압송된 백제의 백성들이 지배층과 달리 수도까지는 끌려가지 않았으며, 그들의 압송 목적도 당에서 그들을 구체적으로 활용하기 위해서라기보다는 고지에 남아 당의 기미지배를 방해하지 못하도록 하기 위해서였으리라는 추론을 가능케 한다. 중국사 사료들이 백제 부흥운동의 전개와 좌절, 백제·고구려 고지에서 기미지배 실패에 많은 지면을 할애한 데 반해, 당의 내지로 천사遷徙, 즉 강제로 옮겨진 백제·고구려 유민에 대한 기록이 영성하다는 사실도 이러한 추론을 방증한다.[69]

㉮-A (669년 4월) 고구려의 백성들 가운데 이반離叛하는 자들이 많아서 칙령을 내려 고구려의 호구 38,200을 장강과 회수의 남쪽 및 산남과 경서에 있는 여러 주의 텅 빈 땅으로 천사하고, 그들 가운데 가난하고 약한 사람들을 남겨서 안동(도호부)을 지키게 하였다.[70]

㉮-B (669년 5월) 고구려 사람 28,220호, 수레 1,080승, 소 3,300두, 말 2,900필, 낙타 60두를 옮겨 장차 내지로 들여보내기 위해 내주萊州와 영주

覇州의 두 주에서 차례대로 나누어 보냈다. 강회 이남과 산남 및 병주并州·
양주凉州 이서의 여러 주의 텅 빈 곳(空閑處)에 헤아려 안치하였다.[71]

㉮는 고구려 멸망 후 그 유민을 당의 내지로 천사한 기록이다. 당은 일정한
기준에 따라 유민들을 구분하여 천사 여부를 결정했다(㉮-A). 가난하고 약한
사람들은 안동도호부, 즉 기미지배가 이루어지는 고구려 고지에 남겨졌다.
그렇다면 이반한 대가로 당의 내지로 천사된 자들은 빈약한 자에 대응되는
사람들, 즉 당의 기미지배에 방해가 되는 유력자 계층으로 해석함이 합리적
일 것이다. ㉮-A에서 "가난하고 약한 사람들을 남겨서 안동(도호부)을 지키
게 하였다"라는 표현은 위협이 되지 않는 자들만 남겨두어서 당의 기미지배
가 효과적으로 추진되길 기대했다는 의미로 보인다.

㉮-A와 ㉮-B는 천사된 호구의 수치상 차이는 있지만 고구려 고지에서(㉮
-A) 당의 내지로 옮겨오는(㉮-B) 과정을 연속적으로 보여준다. 주의할 점은
내주와 영주는 고구려 유민이 천사된 지역이 아니라 내지로의 천사를 위한
육·해로상의 정류지라는 사실이다. 고구려 유민의 천사 지역은 일반적인 유
목민족 항호들처럼 변경이 아니라 당의 내지 중심부에 해당한다. 이러한 천
사 방식을 통해 기미주나 변경 지역의 경우와 달리 문화적으로나 정치적으로
한인漢人과 비교적 쉽게 동화되어 고구려 고유의 풍습과 집단적 동질감을 유
지하기 더욱 어려웠을 것이다.[72] 또한 이곳으로 천사된 유력자들은 고구려 고
지와 접촉할 가능성이 차단되었으므로 당의 기미지배를 저해할 수도 없었다.
즉, 당은 백제·고구려의 '고지'에 대한 지배에 중점을 두었다. 그에 대한 조치
로 백제·고구려의 지배층과 일반 백성들의 거주 지역을 달리 설정하였던 것
이다. 전쟁 포로로 끌려간 유민들 가운데 왕족을 비롯한 일부 대신, 달솔을
역임했던 흑치상지가 입조하자 경조부京兆府 만년현萬年縣에 편적編籍되었던

사례처럼[73] 장안과 낙양 등으로 옮겨졌다.[74]

한편, 신라는 백제 포로를 신라로 압송하지 않았다. 그 배경은 백제 부흥운동의 진압과 고구려 멸망 등의 과제가 해결되면 648년의 합의대로 백제를 신라가 차지할 수 있다고 믿었기 때문이었다.[75]* 하지만 앞서 살펴보았듯이 고종은 태종과 달랐다. 백제 고지마저 기미지배하여 '천하통일'을 이루는 것이 동방 원정의 목적이었다. 고종은 백제 부흥운동을 평정한 후 신라와 백제 유민에게 회맹하라는 조칙을 내린다. 이는 신라에게 큰 위협 요소였다. 왜냐하면 신라의 입장에서 회맹의 상대인 웅진도독은 곧 백제의 부활을 의미했으며, 신라왕에게 주어진 계림주대도독의 지위는 신라가 연합군의 일원이 아닌 당의 기미지배 대상 중 하나로 전락한 것을 의미하기 때문이다.[76]** 결국 648년의 합의를 둘러싼 갈등으로 인해 670년 나당전쟁이 발발하게 되었다.

당의 기미지배는 그 대상들 간의 결합을 저지하기 위해 기미주로 분할하여 (Divide) 인위적으로 세력 균형을 조정하는 통치 방식(Rule)에 중점을 둔다. 만약 당의 의도대로 백제·고구려 고지에서도 기미지배가 성공적으로 이루어졌다면 한국사에서 통일국가의 형성은 더 늦어졌을 것이다. 역설적으로 부흥운동과 신라의 개입 등으로 인해 당의 기미지배가 좌절되었기 때문에 신라가 백제·고구려를 통합할 수 있는 조건이 마련되었다고도 볼 수 있다. 결국 676년 2월 당은 안동도호부를 평양성에서 요동성으로 옮기고, 웅진도독부도 건안성으로 이동시켰다. 11월에 기벌포 전투에서 신라군에 패한 당은 이제 한반도에서 완전히 철수할 수 밖에 없었다.

여기에서 당의 세력 팽창의 방향성에 주목할 필요가 있다. 나당전쟁에서

---

*이 책 239쪽.
**이 책 240~241쪽.

676년 당이 패퇴하게 된 원인에 대한 단서를 제공해줄 수 있기 때문이다. 국내 학계도 나당전쟁 당시 서남의 토번 전선과 동북의 신라 전선 사이의 관계에 주목한 바 있다.[77] 그러나 670년 대비천大非川 전투에서 참패한 이후 당은 수세적인 전략을 구사했고 주력부대가 서남 전선으로 이동했다는 설명에 그치거나, '한반도 방기론'으로서 부정적인 시각에서 바라보기도 한다.

동·서 양 전선에 모두 집중할 수 없던 상황에서 당이 서부 전선으로 주력군을 이동시키는 선택을 했다는 사실은 당의 전략적 우선순위가 존재했음을 시사한다. 실제로 당의 세력 팽창은 '북→서→동'의 방향성을 뚜렷하게 보인다. 당은 629년 돌궐과의 전쟁을 시작으로 북벌을 단행하여 630년 돌궐을 멸망시켰다. 이후 당의 세력 팽창 방향은 서쪽으로 이동했다. 635년 토욕혼을 복속시켰고, 640년에는 고창을 정복한 후 그 지역을 직접 지배하였으며, 644년에는 언기를 침략했다. 서역 원정이 대략 마무리된 후 당의 새로운 목표는 동방의 고구려였다. 645년 태종의 친정은 실패했지만, 태종의 뒤를 이은 고종이 660년 백제, 668년 고구려를 멸망시킴으로써 당의 동방 원정은 잠정적으로 마무리되었다.

이러한 방향성은 수의 대외 전쟁에서도 확인된다. 583년 수 문제는 돌궐 내부의 계승 분쟁, 자연재해로 인한 경제적 타격, 종속 집단인 기타 유목민들의 반란 등을 기회로 북벌을 단행했다.[78] 사발략가한沙鉢略可汗이 "갑옷을 벗어버리고 도망쳤다"고 기록될 정도로 돌궐군은 큰 피해를 입었다.[79] 585년 6월 문제는 여전히 적대적인 돌궐의 도발에 대비하여 장성의 수리를 명령했다. 문제는 북방 문제를 근본적으로 해결하기 위해 600년부터 3년에 걸쳐 돌궐과 전쟁을 전개하였다. 비록 돌궐을 완전히 복속시키지는 못했지만, 수와의 계속된 전쟁으로 부락민을 안정시키지 못한 달두가한達頭可汗의 지배가 와해됨으로써 북방의 직접적인 위협을 방어할 수 있는 기초를 마련하였다.[80]

마침내 607년 돌궐이 수 양제에게 신속함으로써 북방 문제는 가시적인 성과를 거두었다.

이후 양제는 608년 토욕혼에 대한 공격을 시작으로[81] 서쪽 방면의 대외 팽창에 나선다. 609년 4월 양제는 고창·이오·당항·강 등을 순행하면서 위세를 과시했으며, 5월에는 현재의 칭하이성靑海省 지역까지 서진하면서 토욕혼의 잔여 세력을 포섭하고 그 지역에 군·현을 설치하였다.[82] 북방과 서역의 안정을 도모한 양제는 중화질서를 더욱 강력하게 확립하기 위해 고구려의 신속까지 얻어내려고 했다.

중국 통일왕조의 대외 정책에서 최우선 과제는 북방의 유목국가를 방비하는 일이었다. 한대漢代의 흉노匈奴, 수·당 전기의 돌궐은 국가의 존립을 위협할 수 있었던 탓에 늘 북방 문제에 신경을 쓸 수밖에 없었다. 한편 서역 전쟁은 동서 교역로의 안정적 확보라는 경제적 이익에서 비롯되었다. 배구裵矩는 "서쪽 이민족들에게는 보물이 많습니다. 토욕혼은 병탄하기 쉽습니다"라며 수 양제에게 서역 원정을 부추겼다. 당은 실크로드의 주요 거점을 정복한 후 이주伊州, 서주西州, 정주庭州를 설치하여 일반적인 기미지배와 달리 내지와 동일하게 직접 지배했다. 그리고 서역 경영의 최상급 기관으로 안서도호부를 설치하고, 방어 시설인 안서 4진을 설치했다.

그 결과 고종시대 당의 영토는 좁은 하서회랑河西回廊을 경유하여 서쪽으로 지나치게 부풀어 있는 형국이었다. 토번은 212년간 200여 회나 당에 사신을 파견하면서도 장기간 간헐적인 전쟁을 지속했다. 해발고도 4,000m에 위치한 토번은 지형·기후적 요인상 당이 직접 공격하여 복속시키기에는 계륵과 같았다. 그런 이유로 토번은 반복적으로 하서회랑을 습격하여 안서도호부를 비롯한 실크로드의 거점을 차지하였다. 실크로드의 요충지인 하서회랑이 끊기면 안서 지역은 고립되기 때문에 당은 방어에 주력할 수밖에 없었다. 즉,

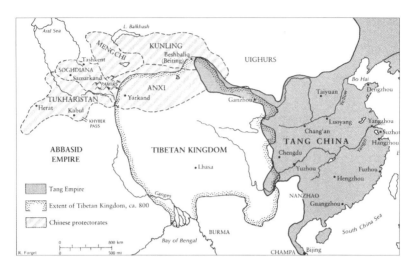

<그림2> 당의 최대 판도

출처: J.K. Fairbank, *China: A New History*, Belknap Press of Harvard University Press, 1992, p. 80, map 9.

당은 한반도를 방기한 것이 아니라 지정학적 요소와 실크로드의 확보라는 실질적인 이익을 고려하여 전략적으로 철군하고 신라와의 전쟁을 마무리한 것으로 이해할 수 있다.

5　신라의 통일이 갖는 역사적 의미

이상 여기까지 한국사의 영역에 천착하여 상대적으로 당에 대한 관심이 소홀했던 한국사학계의 연구 경향, 또한 자국 중심적인 해석이 적지 않은 중국학계의 연구 시각에 대한 문제 제기를 하면서, 일국사적 관점에서 벗어나 동부 유라시아 세계의 구성원이자 삼국통일전쟁의 조연이었던 당의 입장에서 신라의 통일 과정을 살펴보았다. 그 주요 논지를 정리하면 다음과 같다.

당은 대외 전쟁을 천가한이 수행하는 전쟁으로 선전하며 화이를 아우르는 국제전으로 발전시켰다. 그리고 단계적으로 전쟁 명분을 발전시키면서 세력 확장의 공간적 근거와 역사적 당위성을 마련했다. 그 토대 위에서 고구려 침략의 명분인 '사군구지론'이 마련된 것이다. 고구려 친정에 실패한 태종은 648년 신라와의 연합을 체결한다. 협약 속 영토 구획선은 사군구지론을 주장했던 당 태종과 삼국을 통일하고자 했던 신라 김춘추 사이의 양보와 타협의 결과물이었다. 태종에게는 한사군의 중심지였던 낙랑군 고지, 즉 평양 이북과 요동을 회복한다는 구지 탈환전의 의미를 지니게 되었고, 신라에게는 고구려 남부와 백제를 통합하는 삼국통일전의 의미를 지녔다고 볼 수 있다.

그러나 고종시대의 전쟁은 태종시대와 차이가 있었다. 당 고종에게는 '병약한 황태자'라는 인식을 극복할 필요가 있었다. 황제 권력의 모순적 단면 중 하나가 추락한 천자의 권위를 제고할 목적으로 이민족의 복속에 몰두하는 것이었다. 백제를 평정한 후 고구려 공격을 앞두고 고종은 친정을 계획하면서 태종시대 숙장들을 모아 천하를 평정한다는 의미인 대정악을 관람하도록 했다. 실제로 고종은 출정 전부터 백제 고지에 대한 기미지배를 계획하고 있었고, 신라왕 역시 계림주대도독으로 책봉하는 등 외형상 삼국을 기미지배할 심산이었다. 반면, 태종의 입장에서 백제는 고구려 공격을 위한 한반도 남부 전선의 위협 요소일 뿐 사군구지론에 백제 전 지역에 대한 지배는 포함되지 않았다.

한편, 신라는 백제 부흥운동의 진압과 고구려의 멸망이 이루어지면 648년의 합의대로 백제를 차지할 수 있다고 믿었다. 그러나 고종은 백제 고지를 기미지배했고, 신라와 백제 유민 사이의 회맹을 독촉했다. 신라의 입장에서 웅진도독을 회맹 상대로 마주하는 것은 백제의 부활을 뜻했으며, 신라왕이 계림주대도독의 지위가 된다는 것은 신라가 연합군의 일원이 아닌 당의 기미지배 대상으로 전락함을 의미했다. 결국 한반도의 지배권을 두고 670년 나당전쟁이 발발했다. 당은 백제·고구려 고지에 대한 기미지배에 실패하고 676년 신라군에 패배하자 한반도에서 완전히 철수하게 되었다. 그 과정에서 동서 교역로의 안정적 확보와 하서회랑 지역의 지정학적 요소 등 당의 전략적 고려도 반영되었을 것이다.

그렇다면 동부 유라시아의 시야에서 나당연합군의 편성, 백제·고구려의 멸망, 나당전쟁 등이 전개된 640~670년대는 어떻게 평가할 수 있을까? 당의 입장에서 보자면, 660년 백제의 멸망과 668년 고구려의 멸망은 630년대 이래 '북 → 서 → 동'으로 연이어 진행된 세력 확장이 정점을 향해간 시기였다. 그러나 당의 이민족 지배 방식 중 하나였던 기미지배는 백제·고구려 고지에서 성공하지 못했다. 당의 기미지배가 최초로 좌절된 사례였다. 연이어 몽골 고원에서 당의 기미지배를 받던 돌궐이 679년에 반란을 일으켰고, 당의 기미지배가 붕괴하며 682년 돌궐이 부활했다. 하서회랑 지역은 659년부터 간헐적으로 토번의 공격에 노출되었다. 이렇게 보자면 신라의 통일은 단순히 평양 이남의 고구려·백제 고지를 통합한 것에 그치지 않고 당의 이민족 지배를 변화시킨 도화선으로 해석할 수도 있을 것이다. 다만 이 글에서 상론하지 못한 사항도 적지 않은데, 이 부분은 후속 연구를 통해 더 면밀히 검토하여 논의를 진전시키고자 한다.

이기천
서울대학교 인문학연구원 책임연구원. 중국 고중세사를 전공했고, 서울대 동양사학과에서 박사학위를 취득했다. 최근의 관심 분야는 대외 관계사와 군사사이다. 대표 논문으로 「8세기 국제질서의 변화와 唐의 三受降城 운영」, 「東亞佛教的中心與邊緣: 中古時期中國僧人眼中的韓國血統求法僧」, 「唐代高句麗·百濟系蕃將的待遇及び生存戰略」 등이 있다.

왜국(일본)에서 본
백제·고구려의 멸망
__이재석

1 이 글의 주안점

이 글은 7세기 중·후반기의 백제와 고구려 멸망이라는 일련의 흐름을 왜국(일본)의 시선으로 살펴보는 것이다. 한국 고대사학계에서는 주지하는 것처럼 일찍이 이 일련의 과정과 역사적 의의를 신라의 '삼국통일'이라는 개념으로 이해하는 흐름이 있는 반면, 다른 한편에서는 신라-발해의 남북국 시대로의 재정립을 강조하면서 삼국통일보다는 신라의 '백제통합' 전쟁으로서의 성격에 주목하고자 하는 흐름이 있다.[1] 대표적인 논객으로서 노태돈과 김영하를 들 수 있으며,[2] 신라 삼국통일론과 남북국 재편론으로 각각 명명할 수 있는 상기 두 논점의 대립은 7세기 한국사의 체계적 이해에 중요한 화두를 제공하고 있다.[3]

세부적인 논점은 차치하고라도 논쟁의 큰 줄거리는 다음의 두 가지이다.[4] 첫째, 7세기 중·후반기의 전쟁은 삼국통일전쟁인가, 백제통합전쟁인가? 둘째, '일통삼한一統三韓' 의식은 신라 지배층의 허위의식이었는가? 물론 고려부터 근현대에 이르는 시기의 고대사 인식에 대한 문제도 중요 쟁점 중의 하나지만, 이 글에서는 일단 시기적으로 고대에 한정하며 이것은 일본사의 영역에 대해서도 마찬가지이다.[5]

백제·고구려의 멸망은 동아시아의 질서와 세력 재편을 불러온 국제적인 대사건이었던 만큼 주요 당사자(유민, 당, 신라, 왜국)의 입장과 시각이 제각각 존재할 수밖에 없었다. 신라의 지배층에게는 '일통삼한'의 인식이 필요했을지 모르나 왜국의 지배층이 '일통'을 자각적으로 인식해야 할 당위성은 없었다고 생각한다. 삼한을 바라보는 입장의 차이가 있었기 때문이다. 과연 왜국(일본)은 당시 이러한 한반도의 상황 변화를 어떻게 인식하고 있었을까? 신라를 삼국통일의 실체로서 주목하였을까? 아니면 발해의 존재까지 의식하여 삼한(고구려-백제-신라)의 권력 주체들이 여전히 분열되어 있다고 인식했을까? 백제·고구려의 멸망은 신라-당의 연합군에 의해 이루어졌는데 왜국은 이 과정을 누구의 주도로 인식하고 있었을까? 이 글의 주안점은 일차적으로 바로 이러한 왜국의 입장 또는 인식의 확인에 있다.

2 백제·고구려 멸망 과정에 대한 왜의 인식

백제·고구려 멸망의 주체를 보는 시선

660년 백제의 멸망은 신라-당 연합군의 공격으로 이루어진 사건이었다. 당시 왜국은 이 사건의 주도자로 신라와 당 중에서 어느 쪽을 핵심으로 간주하고 있었을까? 백제의 멸망 소식이 처음 언급되어 있는 『일본서기』 사이메이천황齊明天皇 6년(660) 7월 을묘조는 그 분주分註에 『일본세기日本世記』와 『이길련박덕서伊吉連博德書』의 다음과 같은 내용을 인용하고 있다.

고구려의 사문沙門 도현道顯의 『일본세기』에 "7월에 운운, ㉠춘추지春秋智(김춘추)가 대장군 소정방蘇定方의 손을 빌려서 백제를 협공하여 멸망시켰다"라고 하였다. ㉡어떤 사람은 "백제가 스스로 망하였다. 임금의 대부인은 요사스럽고 간사한 여자로, 무도하여 마음대로 국가의 권력을 빼앗았으며 훌륭하고 어진 신하들을 죽였기 때문에 이러한 화를 불렀다. 삼가지 않을 수 있겠는가. 삼가지 않을 수 있겠는가"라고 하였다. ㉢그 주注에 "신라의 춘추지는 (고구려의) 내신 개금蓋金에게 청한 것이 받아들여지지 않자 당에 사신으로 가서 천자에게 자기 나라 풍속의 의관을 버리고 당조의 것을 따르겠다고 청하여, 이웃 나라에 화를 끼치고 그 의도를 이루었다"라고 하였다. ㉣『이길련박덕서』에 "경신년 8월 백제를 이미 평정한 후 9월 12일 본국(당)에서 사신들을 풀어주었다. …… 11월 1일에 장군 소정방 등이 사로잡은 백제왕 이하 태자 융隆 등 여러 왕자 13명, 대좌평 사택천복沙宅千福, 국변성國辨成 이하 37명, 모두 50여 명을 조당朝堂에 바쳤다. 급히 인도하여 천자에게 나아가니 천자는 은혜로운 칙명으로 보자마자 풀어주었다."라고 하였다. (㉠~㉣표시―인용자)

『일본서기』의 편자는 고구려의 사문 도현이 지은 『일본세기』를 빌려 신라 김춘추가 당을 끌어들여 백제를 멸망시켰다는 신라 주도설(㉠과 ㉢)과 백제 자멸설(내부 원인 제공, ㉡)을 소개하고 있으며, 당에 왜의 사신으로 파견되어 있던 이길련박덕의 글에는 당이 주도한 것처럼 묘사되어 있다(㉣). 백제 멸망의 원인론은 사실 이 세 가지에 모두 드러나 있다. 신라 주도설은 백제 멸망 직후 왜국에 온 사미沙彌 각종覺從 등의 발언에서도[6] 보이므로 당시 왜국은 한반도 상황의 전개에 대해 신라가 당을 끌어들여 백제를 멸망시키고자 한 것으로 받아들였던 듯하다.

그런데 그해 10월 백제 부흥운동을 주도하기 시작한 귀실복신鬼室福信(복신)이 왜국에 당의 포로 100여 명을 바치고 아울러 군대 지원과 왕자 풍장豊璋(부여풍)의 송환을 요청하면서 "당나라 사람들이 우리의 해충 같은 적(蝥賊: 신라를 지칭)을 거느리고 와서 우리 영토를 흔들어 우리의 사직을 전복하고 우리의 임금과 신하를 포로로 삼았다"고 하였다.[7] 복신의 이러한 인식은 당이 신라를 데리고 와서 백제를 멸망시켰다는 당 주도설에 기반하고 있다. 포로가 당인唐人만이 아니었을 터인데 일부러 당인만 포로로 보내면서 당이 핵심 주적임을 강조하는 복신의 행동 이면에는 아마도 그 나름의 정치적 함의, 예컨대 당이 주적인 만큼 상황의 엄중함과 그에 대항할 만한 지원군 규모의 안배를 왜 측에 촉구하는 정치적 메시지가 담겨 있었다고 보는 것이 타당하다.

신라-당 연합군의 결성과 그들의 백제 공격 가능성에 대한 왜국의 염려는 이미 650년대에 그 단초가 형성되어 있었다. 주지하듯이 648년 신라 김춘추와 당 태종 사이에 백제·고구려 평정 및 "평양이남 백제토지"를 신라에게 준다는 밀약이 맺어졌으며,[8] 당시 김춘추를 통해 신라-당과 밀착하려 했던 왜국의 고토쿠孝德 정권은 647년 김춘추의 왜국 방문 이후[9] 신라에 의해 추진되는 이러한 전개 가능성에 의구심을 품게 되었고, 급기야 653년 고토쿠천황과 나카노오에中大兄 황자(뒤에 덴지천황天智天皇)의 정치적 결별을 초래하여[10] 나카노오에中大兄파의 승리로 귀결되었다.[11] 645년 친백제 노선의 소가蘇我씨 정권을 무너뜨리고 친신라-당 노선으로 기울었던 고토쿠 정권이 다시금 친백제 노선의 나카노오에 정권으로[12] 회귀하게 된 결정적 계기를 제공해준 것이 바로 이 밀약의 여파였다.

다만 이 밀약이 언제 실행에 옮겨질지는 당시로서는 미지수였다. 649년 당 태종의 죽음 및 고구려 정벌을 중지하라는 유언으로[13] 생전의 결정이 계속 유효하다고 장담할 수 없는 일이었으나, 결과적으로는 660년 실행에 옮겨진 셈이다. 그렇지만 그 과정에서 왜국은 이미 신라-당과의 친선 관계에서 이탈한 후였다. 왜국은 이 무렵 한반도의 유사시에 백제를 지원한다는 방향으로 정치적 노선을 정리하고 있었다.

주지하듯이 왜국은 복신 등의 요청대로 왕자 부여풍장과 지원군을 보냈으며, 백제 부흥을 둘러싼 운명의 전투는 663년 8월 부흥군의 본거지인 주류성과 백(촌)강에서 벌어졌다. 이 과정을 상론할 필요는 없지만 한 가지 흥미로운 것은 『일본서기』에는 당에 대한 직접적인 적대 표현이 별로 보이지 않는다는 점이다.[14]

예를 들어 주류성 최후 전투의 경우, 그 공격의 주체는 신라로만 되어 있지 당은 보이지 않는다.[15] 또한 백촌강을 향해 진격해가는 왜의 수군에 대해『일본서기』는 전장군前將軍 상모야군치자上毛野君稚子 및 중·후장군으로 하여금 2만 7천 명을 이끌고 "신라를 치게 했다"고[16] 적었으며, 백제 구원을 위해 함선을 만드는 것을 "백제를 위해 장차 신라를 치고자 함"이라고[17] 했다. 당과 싸우기 위해 출병한다는 표현은 어디에도 보이지 않으며, 마치 당은 배제되어 있는 듯한 인상을 준다. 또한『일본서기』는 신라를 '적賊'이라고 표현하지만 당을 그렇게 표현한 곳은 없다.[18] 백촌강 전투에서도 '일본'과 '대당大唐'이라는 표현으로 일관하고 있다.[19] 복신이 강조점을 두었던 '백제 멸망=당의 주도'라는 주장에 비해『일본서기』의 기술 태도는 당을 주적으로 표현하지 않고 의도적으로 절제하고 있다는 느낌을 떨쳐버릴 수 없다. 이러한 기술은 아마도 720년대『일본서기』의 편찬에 즈음하여 최종적으로 조율된 표현이었을 가능성이 크다.

한편, 고구려의 멸망 건에 대해서는 어떨까? 신라−당 연합군의 대對고구려 공격에 대해서는 당과 신라가 고구려를 정벌했다는 기사도 있지만,[20] 전체적으로 고구려 멸망과 직접적인 인과관계에 있는 668년의 고구려 공격에서는 주로 당의 역할이 부각되어 있다. 신라의 존재감은 거의 나타나지 않는다고 해도 과언이 아니다. 물론 고구려의 멸망에 실제 신라의 조력이 없었던 것은 아니지만『일본서기』의 기술에서는 철저히 당의 주도로 일관하고 있다.『일본서기』에서 고구려의 멸망을 전하는 마지막 기사는 "대당의 대장군 영공英公(이적李勣)이 고려를 쳐서 멸하였다"이다.[21]

양국 멸망과 왜국의 논리

『일본서기』에는 백제와 고구려의 멸망을 암시하는 전조와 같은 몇 가지 기사가 실려 있다. 온 나라 백성들이 아무런 까닭도 없이 무기를 소지하고 거리를 오간다거나(백제)[22] 쥐가 말 꼬리에 새끼를 낳았다는(고구려)[23] 것이 모두 멸망의 전조로 해석되고 있으며, 왜인들도 구원 실패 및 양국의 멸망을 예감하는 전조를 경험했다는 기사도[24] 있다. 그런데 이러한 전조 기사가 왜 『일본서기』에 설정되어 있는 것일까? 그 전조대로 양국이 멸망함에 따라 향후의 귀추, 특히 왜국이 짊어져야 할 역할은 무엇으로 설정되어 있는지에 관해 주목해보자.

홍미로운 점은 『일본서기』에 왜국이 백제와 고구려 모두로부터 구원을 요청받고 구원군을 파견했다고 서술되어 있는 점이다. 백제 구원군의 파견은 전술한 바와 같이 복신의 요청으로 이루어진 것이며, 고구려에 대해서도 다음과 같이 나온다.

> (덴지천황 원년 3월) 이달 당인·신라인이 고구려를 정벌했다. 고구려가 조정(國家)에 구원을 청했으므로 군장을 보내서 소류성疏留城에 웅거하게 했다. 이로 말미암아 당인唐人들이 그 남쪽 경계를 초략할 수 없었고 신라는 그 서쪽 성루를 함락할 수가 없었다.[25]

고구려 구원군이 웅거했다는 소류성은 곧 백제 부흥군의 근거지인 주류(유)성으로 추정되며,[26] 따라서 실제로 왜국에서 고구려 지원군이 별도로 파견된 것은 아닌 듯하다. 하지만 그들은 백제 가파리빈加巴利濱에 주둔 운운하면서 '일본구고려군장日本救高麗軍將'으로 등장하고 있다.[27] 백제 지원과 부여풍장을 송환하기 위해 일차로 파견되었던 병력의 역할을 '일본구고려군장'이라 표현한 것은 당시 백제뿐만 아니라 고구려도 신라-당과 적대하고 있었던 만큼 백제 구원과 고구려 구원을 동일한 행위로 간주했을 여지가 있다.[28] 그러나 고구려 지원 명목으로 실제 파견하지도 않았고 오히려 백제 지원군을

'일본구고려군장'으로 표기한 것은 무언가 정치적 의도에 의해 포장된 후대의 추기追記로 보아도 좋을 것이다. 게다가 특별한 군사행동을 한 것도 아니며 단지 주류성에 웅거하는 것만으로도 당·신라의 고구려 공략이 저지되었다는 것은 사실 기술이 아니라 왜군의 역할을 과대평가하기 위해 의도적으로 설정되었을 가능성이 농후하다.

이렇게 양국에 대해 구원군으로 자임했던 왜국에게 귀결된 것은 무엇일까? 『일본서기』에서 백제 부흥전쟁의 마지막 피날레는 아래의 기사로 마무리되어 있다.

> 백제의 주유성이 비로소 당에게 항복했다. 이때 나라 사람(國人)들이 서로 말하기를 "주유가 항복했으니, 일이 어쩌할 수 없게 되었다. 백제의 이름이 오늘에 이르러 끊어지게 되었다. 조상의 무덤이 있는 곳에 어떻게 다시 갈 수 있겠는가. 다만 테례토禮성으로 가서 일본의 군장들과 만나 서로 현 상황에서 긴한 것을 도모할 수밖에 없다"라고 하였다. 드디어 처음부터 침복기성枕服岐城에 있던 처자들로 하여금 나라를 떠나려는 마음(去國之心)을 알게 하였다. …… 비로소 배가 출항하여 일본으로 향하였다.[29]

즉, 백제의 부흥이 좌절되고 백제라는 이름이 끊어져버렸으니 이제 일본으로 가는 수밖에 없다는 것이 백제인들의 마지막 결단이었다는 말이다. 그런데 고구려의 경우에도 이와 유사한 기사가 있다.

> 4월. 쥐가 말의 꼬리에 새끼를 낳았다. 석釋 도현이 점을 쳐서 말하기를 "북국北國의 사람들이 장차 남국南國에 붙으려고 한다. 아마도 고구려가 패망하여 일본에 복속하는 것인가"라고 하였다.[30]

쥐와 말은 12간지의 자子와 오午로서 방위상 북과 남을 의미하며, 도현 스님은 앞에서도 『일본세기』의 작자로 나오므로 위의 기사 역시 전체적으로는 『일본세기』에 근거한 것으로 보인다.[31] 여기서 북국이 고구려임은 분명한데, 남국에 대해서 도현은 일본으로 해석하였다. 물론 남국이 반드시 왜국(일본)이란 법은 없지만[32] 당·신라에 의해 고구려가 망한다는 점을 감안하여 왜국을 남국의 최적 후보로 생각한 듯하다.

위 백제와 고구려의 사례를 통해 볼 때 고구려가 망하면 왜국에 복속할 것이라는 내용과 백제 주유성이 패망했으니 백제인이 왜국에 귀속하려 했다는 내용에는 동일한 논리가 작동하고 있음을 알 수 있다. 즉, 『일본서기』는 고구려·백제가 망하면 그 백성들이 왜국에 의지하려고 몰려들 것이라는 논리를 펴고 있다. 그런데 이에 앞서 백제와 고구려 모두 왜국에 구원을 요청했다는 기사가 설정되어 있다. 이 구원의 논리와 귀속·복속의 논리가 『일본서기』 속에서 서로 연계되어 있음을 감안하건대, 여기서 유추할 수 있는 왜국의 입장이란 양국에 구원군을 파견한 것이 왜국이었으며 이 두 나라가 잘못되었을 때 그 백성들을 끌어안은 것도 왜국 자신이라는 것이다.

달리 말하면 신라-당 연합군에 의한 백제·고구려의 멸망이라는 동북아시아의 일대 정치적 격변에 대하여 『일본서기』는 구원과 복속이라는 일종의 왕권의 위엄을 드러낼 수 있는 논리 장치로서 왜국의 정치적 입장을 대변하고자 했다고 할 수 있다. 현실에서는 백제의 멸망을 막는 것이 왜국의 정치적 이익과 직결된다고 판단하여 왜국은 실제로 백제 지원군을 파견하고 신라-당 연합군과도 싸웠다. 그러나 결과적으로 백제·고구려는 허망하게 멸망해버렸다. 이러한 상황 전개에 대해 왜국은 최대한 자신의 정치적 입장을 합리화하고 이를 역사 기록물에 반영하고자 했다. 이를 위해 고안된 자기 합리화 논리가 바로 구원과 복속이었다.

3 친당〈백제〉, 친신라〈고구려국〉의 등장

앞에서 백제 부흥전쟁과 고구려의 멸망에 관해 서술했는데, 이로써 백제와 고구려는 역사의 무대에서 정말 사라졌을까? 사실은 그렇지 않다. 백제와 고구려가 멸망했음에도 불구하고 『일본서기』에는 여전히 왜국의 외교 무대에 백제와 고구려가 등장하고 있다. 이 백제는 웅진도독부 관할하에 있는 백제(이하 친당〈백제〉로 표현)였으며, 고구려는 신라에 의해 책봉된 안승의 고구려국(이하 〈고구려국〉으로 표현)이었다.

학계 일각에는 친당〈백제〉의 존재 의의를 백제 부흥의 관점에서 평가하는 시선이 존재한다. 예컨대 이도학,[33] 김수태[34] 등의 연구가 그러하며, 필자도 기본적으로 이러한 시각에 찬성한다. 부여융의 귀환도 그런 맥락에서 볼 수 있지 않을까 한다.[35] 필자가 부여융의 귀환을 새로운 노선의 백제 부흥운동의 일환으로 자리매김하려는 이유는 부여풍장의 백제 부흥운동이 실패로 돌아간 후 전개된 웅진회맹熊津會盟과 취리산회맹就利山會盟의 의미를 적극적으로 평가하고자 하기 때문이다.

664년 2월 신라의 김인문 등은 칙사 유인원 및 부여융과 함께 웅령熊津에서 백제와 신라의 경계를 획정하기 위한 회맹을 했으며,[36] 이듬해 665년 8월에는 신라 문무왕과 당의 칙사 유인원, 웅진도독 부여융이[37] 웅진에서 만나 소위 취리산 맹약을 맺었다.[38] 이 맹약은 부여융이 백제의 제사를 수호하며 신라와는 각각의 경계를 확정하여 서로 화친한다는 것이었다. 요컨대 부여융을 중심으로 백제를 재건하며, 이에 대해서 신라로 하여금 맹약을 통해 인정하게 한 것이다. 비록 당의 기미정책을 전제로 한 것이었지만 결과적으로 친당〈백제〉는 웅진도독부 체제를 바탕으로 일정한 영토를 확보한 하나의 국가로 재생하는 데 성공한 듯이 보였다. 친당〈백제〉 안에는 예군禰軍·수미首彌·

장귀長貴·법총法聰 등 도독부 소속의 백제 관료들이 움직이고 있었고,[39] 또 백제 출신 추거酋渠로 도독都督−자사刺史 및 현령縣令을 삼았다는 기록 등에서 상당수의 백제 현지인이 이 지배 체제에 참가하고 있었음을 알 수 있다.[40]

드디어 이 친당〈백제〉가 당과 함께 다시 왜국의 외교 무대에도 등장하였다. 664년 4월에 웅진도독부의 백제진장百濟鎭將 유인원이 조산대부朝散大夫 곽무종郭務悰 등을 왜국에 파견하였다.『선린국보기善隣國寶記』에 인용되어 있는 '해외국기海外國記'에 따르면, 당의 대사大使 조산대부상주국朝散大夫上柱國 곽무종 등 30인과 백제좌평百濟佐平 예군禰軍 등 100여 명이 대마도에 도착했다고 하며, 왜국은 이들을 백제진장의 사사私使로 간주하여 사행의 취지를 구두로만 보고하게 한 후 12월에 첩서牒書를 주어 돌려보냈다고 한다.[41] 신라의 왜국 접촉이 고구려 멸망이 가시화된 668년 직후에 본격화되는 것을 감안하면 매우 신속한 대왜 교섭이었다. 그 후에 전개된 친당〈백제〉와 당의 대왜국 외교는 672년 5월 곽무종 일행의 귀국 기사를 마지막으로 거의 매년 이루어지고 있었다고 해도 과언이 아니다.

친당〈백제〉와 당이 왜국에 접근한 목적은 추측하기 어렵지 않다. 아마도 웅진회맹과 취리산회맹의 결과(친당〈백제〉의 성립)를 알려 왜국의 승인을 얻고, 그에 기초하여 친당〈백제〉−당과 왜국이 새로이 우호 관계(나아가 군사적 제휴 관계)를 맺어 고구려와 신라를 동시에 견제할 수 있다면, 그것으로 대왜국 외교의 일차적 목적은 달성하는 것이라 여겼을 터이다. 그렇지만 친당〈백제〉의 수명은 오래가지 못했다. 신라가 671년 소부리주를 설치하면서[42] 친당〈백제〉를 병합해버린 것이다.

한편,『삼국사기』에 의하면 〈고구려국〉은 669년 안승의 신라 투항 이후 670년 신라로부터 안승이 고구려왕으로 책봉되었으며 684년까지 존속했다. 이 〈고구려국〉은 674년에 보덕국報德國으로 바뀌었다. 683년에는 안승이 신라 왕성인 김씨 성을 하사받고 신라 도성으로 이주당했는데, 이듬해인 684년 안승의 아들이 반란을 일으키면서 최종적으로 신라에 의해 소멸되었다.[43]

『일본서기』에 보이는 〈고구려국〉과 왜국의 외교 관계는 671년 상부上部 대상가루大相可婁의 왜국 방문을 시작으로 685년 왜국 사신의 귀환까지 관련 기사가 이어지고 있다. 이 기간 동안 〈고구려국〉의 왜국 방문은 671~682년까지 674, 677, 678년을 제외하고는 매년 이루어졌으며[44] 왜국 사신의 〈고구려국〉 방문은 681년과 684년에 한 차례씩 2회 이루어졌다.[45]

흥미로운 점은 〈고구려국〉의 국명이 도중에 '보덕국'으로 바뀌었음에도 『일본서기』에는 일관되게 '고려'로 나온다는 것이다. 이는 신라 내부적으로는 보덕국이라 칭해도 외교 무대에서는 관행적으로 '고려' 국명을 계속 사용했거나, 아니면 왜국 측에서 의도적으로 보덕국 국명을 피하고 '고려'를 계속 사용했을 수 있는데, 둘 중 하나일 가능성이 크다. 필자는 전자일 가능성에 무게를 두고 있다.

어쨌든 〈고구려국〉은 왜국과 684년까지 관계가 이어지고 그 국명 표기 또한 공식적으로 '고려'를 사용했기 때문에 왜국은 이를 통해 '고려'의 존속을 현실로서 받아들였을 가능성이 있다. 즉, 평양의 고구려는 망했지만 금마저의 고구려가 존속하고 있었기 때문에 왜국에게는 아직 고구려가 완전히 사라진 국가는 아니었던 것이다. 이는 신라로서도 마찬가지일 것이다. 평양의 고구려는 자신들과 당이 협력하여 멸망시켰지만 자신들 스스로 〈고구려국〉을 만들어 존속시키는 한, 한반도에는 여전히 고구려가 — 신라의 힘으로 — 명맥을 유지당하고 있었다. 명목상으로는 아직 완전한 삼국통일 상태가 아니었던 셈이다.

〈고구려국〉은 단명한 소국이었으나 그 존재 의의는 신라에게 결코 작지 않았다.[46] 안승의 책봉은 첫째, 고구려 유민의 대당 항쟁이 신라에 유리하게 작용하도록 하는 매개체가 되었으며, 둘째, 당의 백제왕(도독) 옹립·책봉에 대항하는 조치였고, 나아가 당의 고구려 지배에 대항하여 신라의 고구려 지배에 대한 연고권과 근거를 제공해주었다. 즉, 당에 대한 대항이라는 정치적 성격이 강하였던 것이다. 또한 셋째, 신라왕이 고구려왕을 책봉하는 위치에 있다는 것을 보여줌으로써 신라 대왕(태왕)의 위상을 높이는 정치적 효과가 있었다고 생각된다. 그동안 동아시아에서 고구려가 차지하고 있던 위상을 감안하면, 비록 안승의 〈고구려국〉이 왜소하다 하더라도 고구려왕에 대한 책봉 권리를 신라왕이 확보하였다는 점은 그 상징적 의미가 결코 작다고 할 수 없을 것이다.

한편, 왜국과의 관계에서도 그 의의를 생각해볼 수 있다. 신라와 고구려의 연합을 의미하는 신라의 고구려왕 책봉은 구舊 고구려와 군사적 협력 관계에 있던 왜국에 고구려 사신을 파견함으로써 과거 신라와 왜국 사이의 불편한 적대적 관계를 완화해주는 효과가 있었다. 즉, 신라로서는 과거 고구려와 왜국의 친선 관계를 안승의 〈고구려국〉을 통해 계승시켜 결과적으로 신라에게 유리한 국제관계가 조성되도록 하였다. 또한 고구려사의 왜국 파견을 통해 신라의 위상을 왜국에 과시할 수 있었다. 그것은 그야말로 소제국小帝國 신라의 위용을 드러내는 행위였다고 할 수 있을 것이다.

이상과 같이 백제 멸망과 부흥전쟁 직후에 모습을 드러낸 친당〈백제〉와 고구려 멸망 직후에 등장한 친신라〈고구려국〉은 당시 신라와 당의 각축전이 얼마나 치열하게 전개되고 있었는가를 단적으로 보여준다. 또한 당과 신라의 대왜국 외교전뿐만 아니라 친당〈백제〉와 〈고구려국〉도 종주국의 대왜국 외교전에 동원되었는데, 이들과 대면한 왜국은 다시 한 번 정치적 선택의 기로에 서게 되었다.

예컨대 친당〈백제〉 세력은 친당–반신라를 표방하고 있었다. 그런데 과거 왜국이 지원하였던 부여풍장 세력은 반당–반신라 세력이었다. 따라서 친당 〈백제〉와 화친한다는 것은 곧 그 배후에 있는 당과 화친한다는 것을 의미했다. 결과적으로 왜국의 대외 노선은 672년 임신壬申의 난에서 승리한 덴무天武 천황의 즉위 이후 친신라 노선으로 결정되었다. 여기에는 671년 신라의 친당 〈백제〉 해체 작업이 영향을 미쳤을지도 알 수 없다. 덴무천황은 당과 일체의 관계를 단절하고 주로 대신라–〈고구려국〉 관계를 중심으로 외교를 운용함으로써 일단 외정外政의 안정을 기하고자 했다. 그러나 왜국에게 한반도의 상황 자체가 안정적으로 보였을 리는 만무하다.

한반도의 정치적 안정은 당–신라 관계에 달려 있었는데, 이것은 7세기 말 8세기 초 발해의 성립 및 대두와 그로 인한 당–신라 관계의 안정화 시기까지 기다려야 했다. 하지만 그동안 왜국은 율령국가의 건설이라는 정치적 지향점을 향해 달려가기 시작했다. 덴무·지토持統천황 시기 정어원령淨御原令의 제정, 최초의 도성인 후지와라쿄藤原京의 조영, 천황의 신격화, 국사 편찬 사업 착수 등 정치적 지배 체제의 정비가 급속히 이루어지기 시작한 것이다.

4 '삼한일통'과 '삼한복속'

일본의 고대국가는 천황을 정점으로 하는 고대 천황제 국가의 모습으로 형성되었다. 그것은 중국 수·당의 율령제를 모델로 한 지배 체제의 형태로 정비되어갔다. 그 과정에서 고구려·백제의 멸망, 그리고 새로이 등장한 친당 〈백제〉와 〈고구려국〉의 사례는 왜국의 고대국가(율령국가) 형성 과정 및 지배 이데올로기의 성립에도 일정한 영향을 미친 것으로 생각된다. 예컨대 백제의 멸망 이후 벌어진 663년 백촌강 전투의 패전은 당시 왜국 지배 체제의 총체적 개혁 필요성에 대한 자각을 불러일으켰으며, 이것이 율령제 국가 형성의 기폭제가 되었다는 것이 오늘날 일본 학계의 통설적 이해이기도 하다.[47]

주지하는 바와 같이 신라의 경우 고구려·백제의 멸망 이후 '일통삼한' 혹은 '일통삼국' 의식이 가시화되기 시작했다. 물론 처음부터 이런 의식을 가지고 백제·고구려의 멸망을 추진했는가에 대해서는 의문점이 많다. 하지만 시간이 경과함에 따라 이러한 의식이 형성되어갔다는 사실은 부인하기 어렵다.[48] 고구려·백제의 멸망이 비록 당과의 연합으로 일궈낸 성과라 하더라도 신라가 자의식에 따라 스스로의 행위를 합리화할 대의명분을 창출해내는 것은 신라에게 남겨진 몫이었을 것이다. 이 동북아 전쟁에 참여했던 주체들은 제각각 자기 나름의 합리화 권리를 갖고 있었기 때문이다.

그렇다면 신라의 '일통삼한' 또는 '일통삼국'에 대응할 만한 왜국의 논리는 무엇이었을까? 그것은 '삼한복속'이 아닐까 생각한다. 진구황후神功皇后의 소위 삼한 정벌 전승에 그것이 단적으로 나타나 있다.

> 화이진和珥津에서 출발하였다. …… 신라왕은 뜻밖의 군사들이 나타나 장차 신라를 멸망시키려 하는 것이라 여기고 두려워하여 전의를 상실하였다. 마침내 정신을 차리고 "내가 듣자 하니 동쪽에 신국神國이 있는데 일본이라고 한다. 또한 성왕聖王인 천황天皇이 있다고 한다. 틀림없이 그 나라의 신병神兵일 것이다. 어찌 군사를 일으켜 막을 수 있겠는가."라고 말하였다. 즉시 백기를 들어 스스로 항복하고 흰 줄로 손을 뒤로 묶었다. 도적圖籍을 봉인하고 왕선王船 앞에 와서 항복하였다. 그리고 머리를 조아리며 "지금 이후부터 길이 천지天地와 더불어 사부飼部(미마카이)가 되겠습니다. 배의 키가 마를 사이 없이 해마다 말빗과 채찍을 바치겠습니다. 또 바다를 사이에 두고 멀리 떨어져 있다는 것을 꺼리지 않고 해마다 남녀의 조調를 바

치겠습니다."라고 말하였다. …… 이로써 신라왕은 항상 80척의 조調를 일본국에 바쳤는데 이것이 그 연유이다. 고려와 백제 두 나라의 왕은 신라가 도적을 거두어 일본국에 항복하였다는 말을 듣고 몰래 그 군세를 엿보도록 하였다. 그러고는 도저히 이길 수 없음을 알아차리고 스스로 영외營外로 나와서 머리를 조아리며 "지금 이후부터는 오래도록 서번西蕃이라 칭하고 조공을 그치지 않겠습니다"라고 했다. 이로써 내관가內官家로 정하였다. 이것이 이른바 삼한三韓이다. 황후는 신라에서 돌아왔다.[49]

여기서 "삼한"은 고구려·백제·신라를 지칭하지만 특히 복속의 대상으로 지목된 것은 신라이다. 게다가 복속의 논리로 동원된 것이 "동쪽에 신국이 있는데 일본"이라는 소위 신국 논리이다. 『일본서기』에서 '신국'이라는 표현이 나오는 곳은 여기가 유일하다. 앞서 신라-당 연합군에 의한 백제·고구려 멸망에 대해 『일본서기』의 대응 논리가 백제·고구려에 대한 왜국의 구원과 복속이었음을 언급했는데, 그것이 바로 위에 보이는 신국 일본의 위엄과도 일맥상통하는 것임을 알 수 있다. 전술했듯이 왜국(일본)에서는 삼국의 통일 여부가 별다른 정치적 함의를 갖지 못했다. 왜국에게 중요한 것은 삼국이든 남북국이든 그들이 왜국(일본)과 어떤 관계를 맺으며 존재하고 있는가(존재해야 하는가)였다. 그것이 곧 신국 일본의 위상과 그 일본을 다스리는 천황의 위광을 드러내는 중요한 문제였기 때문이다.

종래 일본의 번국관蕃國觀을 담아낸 논리로 주목받은 것이 중국의 화이사상華夷思想과 왕화사상王化思想이지만,[50] 『일본서기』 등에 보이는 번국의 생성 논리는 진구황후의 삼한 정벌 전승에 단적으로 나타나듯이 신국사상에 기반한 정치적 상하-화이 관계로부터 파생하는 것이었다. 이것은 일본의 번국관·대국관의 형성과 전개가 단순히 중국에서 유입된 율령제적 관념을 전제

로 이루어지지 않았음을 단적으로 보여준다.[51]

　일본은 신라가 안승을 고구려왕에 책봉하며 신하 반열에 위치시켰듯이 왜국에 망명한 부여선광 일족에게 '백제왕'의 칭호(뒤에는 성씨로 바뀌게 됨)를 부여하며[52] 천황의 신하 반열에 위치시켰다. 또한 약광若光에게 '고려왕'이라는 성을 하사한 것도[53] 같은 맥락이었다. 이미 망국의 군주 칭호를 왜국(일본) 내부에 소생시켜놓고 천황이 그 위에 지존의 군주로서 군림하는 왕조의 구조가 7세기 후반 동아시아의 격동기를 거친 연후에 등장한 왜국(일본) 스스로의 자리매김이었다.

　738년(천평 10) 성립한 것으로 추정되는 대보령의 주석서 『고기古記』는 일본의 주변국을 번국蕃國과 인국隣國으로 구분하고, 인국의 사례로 당을, 번국의 사례로 신라를 들었다.[54] 물론 현실 세계에서 신라가 일본의 이러한 자기 인식을 그대로 수용해주었던 것 같지는 않다. 번국과 인국의 개념 또한 그 훈이 '도나리노쿠니となりのくに'로서 한자어 표기와 달리 훈으로 새겨 말하자면 양자 똑같이 '이웃 나라'라는 의미일 뿐이다. 법적인 의미 구분과 달리 현실에서는 철저한 상하 차별 개념과 어느 정도 거리가 있었을 것임도 유추할 수 있다.[55] 다만, 현실과의 괴리감이 존재하는 명분상의 자기 합리화일지라도 7세기 후반 고대국가 형성기의 일본에게는 신국 일본의 천황이라는 자기규정이 내부적으로 필요한 논리였다고 하겠다.

5 자기만족의 타자상, 삼한복속

이 글에서는 백제·고구려의 멸망과 그 이후 동아시아의 질서 재편에 대해 왜국(일본)의 기본 관점이 무엇이었는가라는 문제를 중심으로 생각해보았다.

한국 고대사학계에서는 신라-당 연합의 한 축이었던 신라의 행동과 현실의 상황 전개를 삼국통일의 관점에서 볼 것인가, 남북국으로의 재편이라는 관점에서 볼 것인가를 중심으로 다양한 논의의 심화가 이루어졌다. 이에 대해 시점의 주체를 왜국(일본)으로 변환시켜놓은 경우에 논점이 반드시 신라의 그것과는 일치하지 않는 측면이 있다.

거듭 말하지만 신라의 지배층에게는 '일통삼한(삼국)' 인식이 중요한 함의를 지니고 있었다. 하지만 왜국의 지배층에게 7세기 동북아 상황의 격동적인 변화에서 중요한 것은 그렇게 변화한 상대방에 대한 자기 자신의 자리매김이었다. 그리하여 신라 지배층에게는 '일통삼한(삼국)'의 정치적 의미였지만, 왜국 지배층에게는 '삼한복속'이라는 이데올로기의 설정이 중요한 의미를 지니고 있었다. 그것이 고대국가 일본의 성립에 필요한 자기 합리화이자 자신에 대한 자리매김이었던 것이다.

8세기 들어 성립한 발해는 일본과의 외교 관계에서 스스로 고(구)려의 계승국임을 표방했다. 그렇지만 그렇다고 일본에서 동북아의 정치적 상황을 남북국의 대치라는 개념으로 생각했다는 징후는 보이지 않는다. 하다못해 신라와 발해가 서로 정통성을 주장하면서 치열한 대립과 갈등을 수반하는 관계였다면, 양국을 바라보는 일본의 시선도 달라졌을지 모른다. 하지만 신라와 발해 자체가 그렇게 활발한 교류가 있었던 것 같지는 않다. 발해도 고구려의 후예를 자청했는데 신라를 접수한 왕건은 나라 이름을 아예 '고려'라고 하였다. 그렇다면 일본은 고려의 성립을 과거 고구려의 부활이라고 받아들였을까? 또한 발해와 고려가 일시적으로 공존하던 시기에는 두 개의 고려가 존재하고 있다고 받아들였을까? 적어도 일본에서는 이러한 질문이 그리 큰 의미를 가지지 못한다. 일본에게 중요한 것은 타자에 대한 자신의 위상과 자리매김 그 자체였기 때문이다.

이 글에서는 8세기 이후의 양상에 대해서는 충분히 언급할 수가 없었다. 논지의 완결을 위해서는 신라·발해 및 후삼국에 대한 일본의 인식이나[56] 일본 내부에 산견하는 '고려'·'백제'(인)의 의미와 그 존재 의의에 대한 검토가 필요하며, 그렇게 할 때 비로소 고대 일본의 대對삼한 인식의 연속성과 구체상이 드러날 수 있을 것이다. 후일을 기하고 싶다.

이재석

한성대학교 역사문화학부 교수. 주 전공은 일본 고대사이며, 동아시아의 관점에서 본 역사상의 재구축에 관심을 갖고 일련의 연구를 진행하고 있다. 대표 저서로 『고대 한일관계와 일본서기』, 『일본 고중세사』(공저) 외 다수가 있다.

물질문화로 보는 삼국통일
― 고고학적 접근
_홍보식

1 삼국통일과 물질자료의 변화

660년 백제 멸망, 668년 고구려 멸망, 676년 당군 축출로 신라에 의해 삼국이 통일되었다. 당시 사람들은 이를 '삼한일통'으로 받아들였다. 신라의 삼국통일에 대한 역사적 평가는 주로 문헌사학자들에 의해 논의되어왔다. 신라의 삼국통일을 긍정 혹은 부정으로 평가하거나 긍정과 부정의 양 측면을 평가하는 견해가 제시되었다.[1]

신라의 삼국통일에 의하여 물질자료의 구성과 양상, 그리고 삼국의 생활문화와 매장문화가 융합되거나 재편됨으로써 통일인들의 삶의 방향이 어떻게 바뀌었는지에 관한 연구는 매우 중요한 주제이다. 물질자료를 소재로 한 연구 대부분은 개별 자료 또는 특정 주제를 대상으로 삼국통일 이후의 변화 양상에 집중되었고, 삼국통일 전후를 비교하여 물질자료의 변화상에 대한 역사적 평가는 이루어지지 않았다.

물질자료에는 해당 시대의 특징들이 반영되어 있음이 분명하지만, 정치·제도·경제·사상 등 사회 제반의 민감하거나 미세한 부분에 나타나는 변화를 파악하기 어렵고, 부정적인 부문들의 추출은 더욱 어려운 게 사실이다. 또한 물질문화는 선진성이 있다 하더라도 지배적인 문화에 종속되어 현저하게 사라지는 문화 보편성의 관점에서 보면, 지배적인 문화가 확산되는 모습은 뚜렷이 나타나지만 피지배국의 문화가 어떻게 유지되는지를 파악해내기는 어렵다.

삼국통일 이후 전개되는 물질자료의 구성과 변화, 특히 신라의 물질자료가 삼국통일 이후 정복 지역에 어떤 모습으로 수용·정착되며, 고구려와 백제의 물질자료가 신라의 물질자료에 어떻게 수용·융합되어 통일신라 문화로 발전하였는지에 대한 접근은 어느 정도 가능할 것으로 추정된다. 다만 신라는

553년 한강 점령 이후부터 668년 고구려 멸망에 이르는 기간에 한강 이북과 임진강 사이 지역에 대한 지배를 강화하였고, 고구려의 도성이 자리했던 대동강 수계에 대한 실질적인 지배는 735년 이후에 이루어진 점을 감안해야 한다. 그뿐만 아니라 고구려 멸망 이후 옛 고구려 지역의 상황을 파악할 수 있는 정보가 없기 때문에 사실상 검토가 어렵다.

따라서 이 글은 신라 왕경과 점령지인 옛 백제 지역에서 나타나는 양상을 분석하여 위에서 제기한 문제에 접근한다. 삼국통일 직후 신라 도성에서 나타나는 가장 뚜렷한 물질자료를 통해 그 무렵 신라 왕실이 명확하게 표현하고자 한 물질자료가 무엇이었는지, 또한 어떻게 실천하였는지를 파악할 수 있을 것이다. 그리고 부여와 익산 지역의 특징적인 물질자료 검토를 통해 피정복지에서 전통문화의 존재 양태와 지배적 문화의 확산 및 수용 양상을 어느 정도 파악할 수 있을 것으로 기대한다.[2]

2   신라 동궁 창조와 왕궁 확장

신라 왕경에 격자 모양의 계획도시 건설이 시작된 시기를 둘러싸고 자비마립간기인 5세기 말, 지증왕대인 6세기 초, 황룡사 창건기인 6세기 중엽, 신문왕의 달구벌 천도 실패 시기인 7세기 말 등 여러 설이 제기되었다. 필자는 황룡사 1차 가람이 화공되는 553년을 전후한 6세기 중엽 황룡사지 일대의 비교적 좁은 지역에 계획도시가 건설되었다고 파악한 바 있다.[3]

황룡사지 동편에서 확인된 왕경 1방을 포함하여 이곳에 계획도시가 본격적으로 건설된 것은 선덕여왕대인 7세기 전반기이다. 이때 건설된 계획도시는 현재의 동궁과 월지가 위치한 범위까지 포함되었을 것으로 추정된다. 이 사실을 알려주는 자료가 동궁지 일대의 조사에서 확인된 토기들이다.

월지 동북편 일대의 발굴조사를 통해 동궁지가 위치한 곳에서는 매립하기 이전의 층인 뻘층과 그 뻘층을 메운 1차 성토대지층에서 동서도로와 도로 북측의 석축열을 만들면서 채운 매립토기가 확인되었다. 뻘층과 매립토에서 출토된 토기의 종류로는 고배·뚜껑·파수부옹편·병 몸통 편·접시 등이다.

자연퇴적된 뻘층과 2호 석축유구 내부 매립토층, 동서도로 면 등에서 출토된 토기에는 시차가 있다. 정삼각 형태의 삼각집선무늬가 베풀어진 뚜껑과 방형 투창고배(1군), 삼각집선무늬 + 컴퍼스에 의한 반원점무늬가 베풀어진 뚜껑, 돌대가 있는 파수부옹(2군), 상하엇갈림투공고배, 찍은 삼각집선무늬 + 반원점무늬가 베풀어진 뚜껑, 목이 좁은 병(3군), 찍은 이중반원점무늬 또는 이중반원점무늬 + 물방울무늬가 베풀어진 뚜껑(4군) 등으로 나뉜다. 1군은 6세기 전반(2/4), 2군은 6세기 후반(4/4), 3군은 7세기 전반(2/4), 4군은 7세기 후반(3/4~4/4) 등으로 구분된다(그림 1 참고).

1군과 2군의 토기는 출토된 개체 수가 적다. 7세기 2/4분기 이전 시기의 토기 개체 수는 불과 몇 점뿐인데, 주위에서 쓸려 들어왔을 것으로 추정된다.

3군의 토기인 찍은 반원점무늬와 찍은 삼각집선무늬가 베풀어진 개체 수는 12점이고, 같은 시기로 보이는 여타 기종의 개체 수도 상대적으로 많다. 동일한 형식의 토기 수량이 많은 점은 매립하여 성토한 시점에 소비된 토기가 3군이었을 가능성을 높인다. 이곳을 대지로 조성하기 위한 토목공사가 7세기 2/4분기에 시작되었다는 의미다.

이곳 일대가 도시공간으로 변화되는 시기를 보여주는 자료가 1차 유구층에서 확인된 동서도로이다. 동서도로는 2차 매립층 위의 유구로 인해 그 전모가 드러나지 않았지만 동궁지의 건물로 추정되는 건물지 하부에서 확인되었으므로 동궁 건설 이전에 조성되었음은 명확하다. 도로는 동편의 1호 건물지

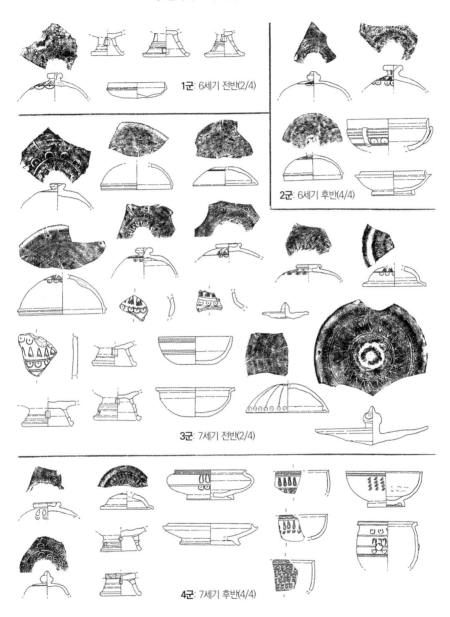

〈그림 1〉 동궁과 월지 출토 토기

1군: 6세기 전반(2/4)

2군: 6세기 후반(4/4)

3군: 7세기 전반(2/4)

4군: 7세기 후반(4/4)

하부에서 끊겼는데, 확인된 길이는 약 19m이다. 황룡사지 동편에 위치한 왕경 방 남측의 동서도로는 황룡사지 담장에 의해 일부가 차단되었다. 이 차단된 동서도로와 동궁지 하층에 조성된 동서도로가 연결되었을 가능성이 있다.

동서도로와 동일하게 1차 매립성토층 위의 유구층에서 확인된 석축유구는 방향이 동−서이고, 확인된 길이가 77.4m이지만 대략 100m 이상으로 추정한다.[4] 석축은 북쪽이 바깥 면으로서 북측 면이 가지런하다. 석축유구는 동서도로로부터 북쪽으로 3m 정도 이격되어 있으며 내측은 냇돌로 채워져 있다. 따라서 이 석축은 동서도로의 가장자리 면을 따라 설치되었을 것으로 추정된다.

동궁지 일대의 조사에서 확인된 도로와 석축의 존재로 볼 때, 동궁지 일대는 황룡사지 동편 일대와 동시에 계획도시로 조성되었을 가능성이 높다. 동궁이 조성되기 이전 이곳에 동서도로가 개설되었다는 것은 왕궁 내부가 아닌 도시공간이었음을 나타낸다. 도시공간이지만 도로와 석축 외의 시설, 특히 건물지는 확인되지 않았다. 이는 계획도시가 조성되었으나 본격적인 생활공간으로 전환되지는 않았음을 나타낸다.[5]

4군 토기의 특징은 다음과 같다. 고배 대각은 크기가 아주 작은 네모꼴 구멍이 다리 위쪽에 배치되었고, 구멍 아래에 두툼한 돌대가 2줄 돌려져 있다. 다리 끝이 두툼하거나 치켜들렸다. 뚜껑과 항아리, 합 등에 물방울무늬와 이중원무늬, 하나 또는 세 개의 무늬가 있는 무늬새기개로 찍은 말발굽무늬가 장식되었다. 물방울무늬는 월지 임해전지의 건물지 아래에 지진구로 묻은 뚜껑에 베풀어진 물방울무늬나 부여 부소산성에서 출토된 가장 빠른 신라 토기의 물방울무늬와 유사하다. 임해전은 월지의 북서쪽에 위치하며, 월지 조성 차원에서 건축된 전각으로 건축 시기는 월지가 완공되는 674년 직전일 가능성이 있다.[6] 4군의 토기들은 동궁 건설과 관련되었을 수 있다.

신라 왕궁에 동궁이 설치된 시기는 679년이다. 월지가 완성된 시점으로부터 5년 후의 일이다. 월지가 동궁보다 먼저 완성되었다. 처음부터 월지가 동궁의 부속 시설로 조성되었는지는 향후 면밀히 검토해봐야겠지만, 월지에서 "東宮衙鎰"(동궁아일)이라 새겨진 자물쇠와 "龍王辛審"(용왕신심)이라 새겨진 토기 등이 출토되어 동궁에 소속된 시설이었을 가능성이 있다.

674년 이곳에 월지를 조성하고 679년에 동궁을 조성함으로써 이전의 일상생활공간이 왕궁공간으로 전환되고, 왕궁이 월성 외부까지 확장되었다. 통일 직전 이곳에 조성된 계획도시 구간이 왕궁역에 포함되면서 당초 계획된 공간은 그 기능을 상실하였다.

삼국통일 직후 건설된 지 얼마 지나지 않아 계획도시 공간 일부를 왕궁역으로 전환하게 된 배경은 무엇일까? 이곳까지 왕궁 범위로 확장하려는 계획이 통일 이전에 수립되었다면 동서로 이어지는 도로를 개설하지는 않았을 것이다. 그러므로 이곳을 왕궁으로 조성하려는 계획은 통일전쟁 중 또는 직후에 수립되었을 것이다. 이를 나타내는 자료가 "儀鳳四年皆土"(의봉4년개토)라고 새겨진 기와의 명문이다. 이 명문 기와는 월지·동궁지·월성해자 등 왕궁 범위에 포함된 지역에서 주로 출토되었다. 의봉 4년인 679년에 월성 북편 일대를 대상으로 대규모 토목공사가 이루어졌음을 나타낸다. 이해는 동궁이 건설된 해이기도 하다. 요컨대 계획도시를 만든 후 얼마 지나지 않아 그 기능을 없애고 왕궁의 공간을 확장하여 월지를 만들고 동궁을 설치한 것이다. 이는 통일 이후 넓어진 영토와 불어난 인민을 통치하는 신라 왕실의 위상을 대내외적으로 알리기 위한 토목공사였다고 추정된다.

월성 북동쪽에 동궁을 건설함으로써 왕궁의 범위는 종래의 반월성을 벗어나 동으로는 황룡사 서편, 북쪽으로는 첨성대 북편, 서쪽으로는 계림 동편, 남쪽은 현 경주박물관 남편에서 남천을 잇는 범위로 확장되었다. 동궁의 건설로 왕궁의 범위 확장만 이루어진 것이 아니라 왕궁의 평면 형태가 방형을 갖

新羅王京復原圖

후지시마 가이지로藤島亥治朗의 〈신라왕경복원도新羅王京復原圖〉에 신라 왕궁 범위 표기.

추게 되었다(그림 2에 A로 표시한 부분). 당시 중국 수·당의 대흥성과 장안성, 낙양성은 모두 평면 형태가 방형을 이루고 그 내부의 궁성도 방형을 띠었으며, 궁성의 동서남북 각각에는 궁으로 출입하는 문을 달았다. 이와 같은 수·당의 도성과 궁성은 고대 전제왕권의 천하관을 표상할 뿐만 아니라 권위를 나타내는 전형으로 동아시아 각국의 도성 형태로 정착되었다.

『삼국사기』에 따르면, 문무왕 "19년(679) 2월에 궁궐을 매우 웅장하고 장려하게 중수하였으며, 같은 해 8월에는 동궁 창조와 함께 궁궐 안팎 여러 문에써 걸어놓을 이름을 처음으로 정했다"고 한다.[7] 이는 문무왕이 중국 당나라의 황성과 유사하게 통일왕조의 왕성을 만들고자 하였음을 나타낸다.

3 백제 건축 기법의 승계

백제 사비기의 주요 건물지의 기둥 자리는 성토 대지를 되파기한 뒤 그 내부에 흙을 채워 다져서 적심을 만든 구조이다. 이를 토적심 또는 토상적심이라고도 부른다.[8] 토적심의 사례는 백제 사비기의 대표적 건물지인 부여 관북리의 대형 전각 건물지, 화지산 유적의 건물지, 왕흥사지 건물지, 익산 왕궁리 유적의 전각 건물지와 방형 건물지, 제석사지 금당지·강당지, 공주 공산성 내의 사비기 건물지 등 도성과 지방의 주요 거점 건물지와 불교사원의 건물지 등 상당수에 이른다.

신라는 황룡사 창건 때부터 성토 대지를 되파기한 구덩이에 돌을 두텁게 채워 만든 적석적심을 조성하였다. 신라 특유의 적석적심은 왕궁은 물론 관아, 지배층의 가옥과 불교사원의 주요 건물에 이르기까지 사용된 일반적인 건축 기법이었다.

옛 백제의 주요 지역 발굴조사에서 확인된 적석적심 건물지의 사례는 익산 왕궁리 유적의 통일신라 금당지와 강당지, 공주 공산성 내부의 통일신라 건물지, 익산 미륵사지, 보령 성주사지 건물지 등이다. 이 가운데 익산 왕궁리 유적의 금당지와 강당지를 제외하면, 대부분 8세기 후반 이후나 9세기에 세워진 건물지들이다.

익산 왕궁리 유적의 통일신라 금당지와 강당지의 초건 시기는 정확하지 않지만 8세기 전반에 세워졌을 가능성이 있다. 이곳에서 확인된 금당지는 동서 길이가 남북 길이보다 긴 장방형이다. 건물지 규모는 정면 5칸, 측면 4칸이다. 기둥을 세울 지점의 대지를 원형으로 되파기한 뒤 그 내부에 돌을 채운 적석적심이다. 적심 규모가 크지 않고 적석 두께가 얇은데, 금당이 폐기된 이후 대지가 삭평된 탓에 적심부가 훼손되었을 가능성도 배제할 수 없다.

금당지 북편에 위치한 강당지도 동서 길이가 남북 길이보다 긴 장방형이다. 정면 5칸, 측면 4칸이다. 중앙부의 적심이 주변에 배치된 적심보다 규모가 더 크다. 이곳의 적심 역시 금당지와 동일하게 적석적심이다. 후대에 삭평이 되었다고 해도 적심 깊이가 얕다(그림 3).

익산 왕궁리 유적의 예를 제외하면, 백제 사비기의 주요 유적인 부여 관북리와 부소산성 내부, 화지산, 능산리사지, 익산 제석사지, 미륵사지 등의 유적에서 7세기 말~8세기 전반에 해당하는 적석적심의 사례는 확인되지 않는다. 마치 7세기 말에서 8세기 전반에 해당하는 건축물이 존재하지 않는 것처럼 보이기도 한다. 하지만 이 시기에 해당하는 신라 토기들이 위의 유적들에서 출토되는 점을 볼 때, 백제 멸망 이후에도 동일하거나 유사한 기능이 지속되었거나 다른 기능을 수행하는 공간으로 전환되면서 건물들이 존재했을 것이다. 멸망되기 이전에 세워진 건물들을 계속 사용한 사례들도 있었을 것으로 충분히 예상되지만, 건물이 전혀 신축되지 않았다고 보기에도 주저된다. 통일 직후에 건축물이 건축되지 않은 것이 아니라 아직 우리가 인지를 못하고 있기 때문은 아닌가 짐작해본다.

671년 부여 지역에는 소부리주가 설치되었다. 소부리주 설치는 옛 백제의 수도를 신라가 지방의 일부로 편입시켰다는 의미로, 옛 백제 지역에 대한 점령정책이 본격화되었음을 뜻한다.[9] 신라는 685년에 웅주(공주)와 전주에 군사 거점을 두었는데, 전주에 완산주를 설치하고, 그해 3월 청주에 서원소경, 남원에 남원소경을 설치하면서 신라의 지방민들을 그곳으로 이주시키는 등 지배정책을 견고하게 구축하였다. 또 사비의 소부리주를 다시 웅주로 옮기고

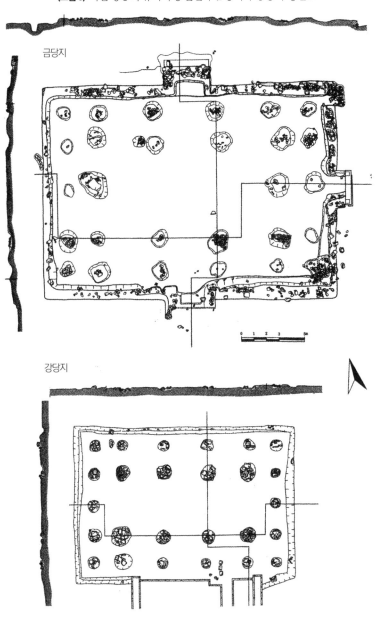

금당지

강당지

사비는 군으로 격하하는 등 옛 백제 지역에 대한 행정조직 설치와 개편을 본격화했다.[10] 신라 문물의 본격적인 확산 역시 이와 같은 신라의 옛 백제 지역에 대한 지배정책 구축과 궤를 같이하였을 것이다.

옛 백제 도성인 사비에는 14년이라는 짧은 기간 동안 주가 존속하였다. 그런데 부소산성을 대상으로 실시한 지금까지의 발굴조사 결과, 백제 사비기의 부소산성 일부를 활용하여 축성하는 등 금강 중류 쪽 주요 지역으로서 여전히 중시되었기 때문에 다수 주민들의 이주와 함께 관아 건물도 세워졌을 것으로 추정된다. 그럼에도 불구하고 그 점이 입증될 만한 구체적인 예가 부소산성 내부에서 보이지 않는다. 다만 최근 국립부여문화재연구소에 의한 부소산성 내부의 지속적인 발굴조사가 이루어지는 가운데 부소산성 정상부에서 백제 사비기의 와적기단 건물지 상부에 통일신라 건물지가 확인되었다. 향후 이곳의 조사를 통해 이 문제에 대한 일말의 실마리가 풀릴 것으로 기대된다.

웅주의 치소가 있었던 공주의 공산성 내부에서도 7세기 말에서 8세기 전반의 적석적심 사례는 확인되지 않았다. 익산 지역은 신라가 고구려의 안승을 이곳에 거주케 하고 보덕국을 세웠을 만큼 중시한 곳이었다. 왕궁리 유적의 적석적심이 설치된 금당지와 강당지는 지금까지의 사례에 비춰봤을 때 매우 예외적이다. 제석사지와 미륵사지 등의 불교사원은 백제 멸망 이후에도 그 기능을 수행하였으나 8세기 전반 이전으로 추정되는 적석적심 건물지는 확인되지 않았다.

신라가 점령한 옛 백제 지역에 신라 건물의 상징처럼 보이는 적석적심 건물지 중 8세기 전반 이전의 사례가 확인되지 않는 것은, 이 지역이 신라의 지배하에 들어갔더라도 건축 기술과 기술자 집단은 백제 사비기의 그것을 그대로 승계하였음을 나타낸다. 이는 백제가 멸망했어도 백제 고유의 건축 기술 체계와 건축 기술자 집단이 유지되면서 동원되었기 때문으로 추정된다. 현재까지 이루어진 발굴조사에서 신라 특유의 적석적심 건축이 확인되지 않는 점은 감독자나 설계자의 출신지와 무관하게 백제 사비기 이래의 건축 기법과 기술이 그대로 유지되었음을 드러내고 있다.

삼국통일을 달성한 신라는 통일 이후 일정 기간 점령지 고유의 기술을 인정하고 수용하는 정책을 실시했다. 이처럼 신라에 의해 통일되었더라도 곧바로 정복 지역에 신라 문화가 획일적으로 적용되지는 않았고, 해당 지역의 전통적인 기술문화가 일정 부분 유지된 과도적인 모습도 확인할 수 있다.

4 일상용기 통합과 고구려·백제 조리기 수용

일상용기 통합

백제 사비기의 주요 토기 종류로는 개배, 유개합, 완, 직구호, 몸통에 띠가 장식된 통형기대 등이 있다. 이 가운데 유개합은 식기로서 사비기에 보편적으로 사용되었다. 백제 사비기의 토기들은 표면에 문양이 거의 없다. 뚜껑은 꼭지손잡이가 다리 모양이거나 보주 모양이다. 토기의 표면 색상은 일률적이지 않지만 회백색이 대부분이고, 표면에 자연유가 부착되지 않았다. 이런 토기들은 주로 왕궁지·불교사원지·가옥·관방시설 등 일상적인 생활이 이루어지는 공간에서 소비되었고, 도성 외곽에 조영된 고분에는 거의 부장되지 않았다.

삼국통일 전후 신라 토기의 주요 종류로는 뚜껑·유개합·대부완·부가구연장경호·세경병·호 등이 있다. 뚜껑은 손잡이꼭지가 굽 모양, 끝이 내측으로 감긴 모양, 보주 모양, 삿갓 모양 등이 있다. 그리고 표면의 일부 또는 전면에 삼각집선무늬·반원점무늬·(이중)반원점무늬·(이중)원점무늬·물방울무늬·

국화무늬, 이빨이 3개인 도구로 눌러 찍은 말발굽무늬 등이 베풀어진 개체가 많다. 전체적인 형태는 반구이거나 반타원형이고, 구연은 홑구연이거나 안쪽에 턱이 있는 내구연이다. 합은 아가리 아래 바깥면에 1~3줄의 횡침선이 있고, 그 아래에 (이중)반원점무늬 또는 (이중)원점무늬·말발굽무늬·물방울무늬 등이 베풀어졌다. 몸통은 반구형이고, 끝이 들리거나 평탄면을 가진 굽이 부착되었다. 대부완·세경병·부가구연장경호 등은 백제 토기에서는 확인되지 않고 신라 토기에만 있는 종류들이다. 토기 표면 색상은 일률적이지 않지만 대개 회흑색 또는 옅은 회청색이며, 자연유가 부착된 예가 다수 있다.

백제 토기와 신라 토기에는 유사 기종이 일부 있다. 그러나 전체적인 형태와 표면 색상, 문양 유무를 비롯하여 세부적인 부분을 살펴보면 옛 백제 지역에서 출토되었더라도 명확하게 구분이 될 정도로 현저한 차이가 있다.

옛 백제 지역에서 신라 토기는 주로 건물지, 불교사원지, 관방유적 등의 생활유적과 분묘 유구에서 출토된다. 부소산성·관북리·정림사지·능산리사지 등 백제 사비도성의 주요 유적에서 7세기 말의 신라 토기가 다수 확인된다. 생활유적에서는 백제 사비기의 특징을 가진 토기와 신라 토기들이 함께 나온 사례가 많아 동일 시기에 소비되고 폐기되었는지 다소 불분명하고, 층위적으로 구분하기 어려운 부분도 있다. 그럼에도 불구하고 특정 층위에서 신라 토기만 출토되거나 유구 바닥에서 신라 토기가 출토된 움집터 사례도 있어 백제 멸망 이후의 어느 시기부터 신라 토기로 대체되었음을 추정할 수 있다.

부여 지역에서 출토된 신라 토기의 사례와 시기에 대해서는 이미 여러 편의 논고가 발표되었다.[11] 이 논고들은 부여 능산리사지 일대와 3호 건물지, 정림사지 연지, 부소산성 내 서남편 지역 1호 움집터, 북문지 동편 일대의 나지구 6·7호 움집터에서 출토된 신라 토기의 특징을 검토하여 옛 백제 도성 지역으로 신라 토기가 본격적으로 유입된 시기를 파악하였다.[12]

부여 능산리사지 일대에서 출토된 신라 토기는 뚜껑과 합이 많다. 뚜껑은 아가리 안쪽에 턱이 있는 형식이 대부분인데, 안 턱과 바깥 턱의 길이가 거의 같은 특징을 보인다. 표면에는 도장으로 찍은 이중반원무늬·반원점무늬·물방울무늬들이 베풀어졌다. 합은 아가리가 직립하고, 직하에 2줄의 횡침선이 있고, 그 아래에 이중반원무늬·반원점무늬·물방울무늬들이 베풀어졌다. 굽바닥 안쪽 면이 사면을 이루어 단면 형태가 삼각형이다.

정림사지 연지에서 출토되어 보고된 신라 토기의 개체 수는 총 19점이다. 19점 모두 같은 특징을 보이지는 않으며 시기가 늦은 것들도 포함되어 있다. 19점 중 안 턱과 바깥 턱 길이가 거의 같은 뚜껑과 아가리가 직립하는 합의 표면에 이중반원점무늬·반원점무늬·이중반원무늬·물방울무늬 등이 베풀어진 개체들도 포함되어 있다. 이러한 특징의 토기들은 앞서 검토한 능산리사지 출토 신라 토기와 같은 모습이다.

부소산성에서는 신라 토기(편 포함) 개체가 많이 출토되었고, 백제 멸망 이후부터 9세기에 이르는 것들도 포함되어 있다. 부소산성 북문지 동편 일대와 서남편 지역에서 확인된 움집터 바닥면에서 출토되는 신라 토기들은 뚜껑과 합이 대부분이다. 뚜껑은 안 턱이 뚜렷하고, 합은 아가리가 직립한다. 표면에 이중반원무늬·이중원무늬·물방울무늬 등이 베풀어졌다(그림 4).

능산리사지, 정림사지 연지, 부소산성 등 백제 사비기 도성을 구성한 주요 유적에서 많은 수량이 나온 신라 토기는 백제가 멸망한 660년 이후 이곳에서 소비되었음을 알 수 있는, 명백하게 실제 연대 설정이 가능한 자료들이다. 현재 7세기 신라 토기의 실제 연대 자료가 부족하고 불분명한 상태인데, 위 유적들에서 출토된 신라 토기들은 이 부분을 메워줄 수 있는 중요한 자료이다. 적어도 부여 지역에서 출토된 신라 토기들의 상한 연대가 660년임은 모두 인정할 수 있을 것이다. 그렇다고 부여 지역에서 출토된 신라 토기의 연대가 모

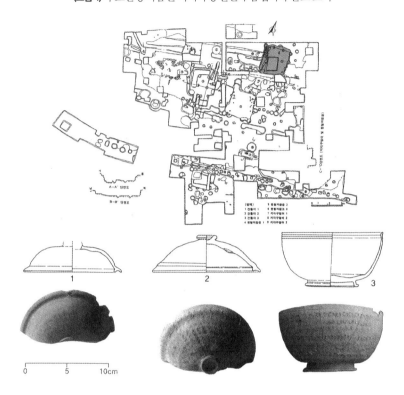

〈그림 4〉 부소산성 서남편 지역의 통일신라 움집터와 출토 토기

두 백제 멸망 직후라는 의미는 결코 아니다. 출토 자료들 중 형식적으로 가장 빠른 토기들의 연대가 그렇다는 말이다.

능산리사지, 정림사지 연지, 부소산성 등에서 출토된 신라 토기 중 앞서 설명한 토기들이 부여 지역에서 출토된 신라 토기들 가운데 형식적으로 가장 앞선다는 사실은 이미 여러 연구자가 검증하였으므로 이에 대해서는 상론하지 않는다. 다만 부여 지역 출토 신라 토기 중 앞선 형식의 실제 연대에 대해서는 연구자 간에 미세한 차이가 있음을 밝혀둔다. 예를 들면 660년부터 신라가 소부리주를 설치한 671년 사이에 부여 지역에 유입된 것으로 이해하거나,[13] 능산리사지는 660년 백제 멸망 직후까지 어느 정도 명맥을 유지하다가 백제 지역이 신라로 완전 귀속되는 671년경에 폐사된 후 신라 토기가 유입되었을 것으로 추정하기도 한다.[14]

양 견해의 시기 차이는 10년 정도로 아주 짧지만, 백제 도성이었던 부여 지역에서 신라 토기의 소비, 나아가서는 옛 백제 지역에서 신라 토기의 소비가 660년 백제가 멸망하자마자 바로 이루어졌는지를 따지는 문제와 밀접한 관련을 가질 수밖에 없다. 전자의 견해를 따르면 660년 백제 멸망과 동시에 옛 백제 전 지역에 신라 토기가 유입·소비되었을 것으로 보이지만, 후자의 견해를 따르면 660년 백제가 군사적으로 멸망했으나 신라의 실효적 지배가 이루어지는 시기부터 본격적으로 신라 토기가 소비되었을 것으로 보인다.

백제 멸망 이후 백제의 도성이었던 사비뿐만 아니라 신라가 점령한 옛 백제 지역으로 신라 토기를 포함한 신라의 다양한 문물이 광범위하게 확산되었을 것은 분명하다. 신라 문물의 옛 백제 지역으로의 확산은 백제 멸망 이후에 이루어졌을 것으로 추정하지만 멸망 직후 곧바로 이루어지기는 어려웠을 것이다. 신라가 백제 멸망 직후부터 백제 전역을 지방행정 체제로 편제하지 못한 것은 옛 백제 지역의 각지에서 전개된 백제 부흥운동의 저항과 당나라의 기만정책, 그리고 신라의 대고구려 전쟁으로 인해 여력이 없었기 때문으로 추정된다. 백제 부흥운동이 실패하고 나당연합군이 고구려 멸망 전쟁을 끝낸 후, 신라는 당나라와 전쟁에 돌입하면서 후방의 안정을 위해 백제의 도성인 사비에 소부리주를 설치하였다.

소부리주 설치 이후부터 옛 백제 지역으로 신라 문물이 본격 확산되었을 것으로 보는 게 합리적이다. 신라는 백제를 멸망시킨 후 곧바로 신라 문물을 확산시키는 강공책을 구사하기보다 점령지 상황이 어느 정도 안정된 후부터 신라화하는 점진적인 문화정책을 실시하였다. 이는 3장에서 이미 검토한 바다. 백제 멸망 직후 신라 문물이 부여를 비롯한 옛 백제 지역에 부분적으로 침투했을 가능성이 있지만 이는 어디까지나 극히 부분적일 뿐이고, 옛 백제인은 여전히 사비기의 그것을 소비하였을 것이다. 신라 문물이 본격적으로 확산된 것은 671년 소부리주가 설치되는 시점 이후, 특히 680년대 이후였을 것이다.[15]

위에서 검토한 부여 지역 일대에서 출토된 신라 토기는 장식된 문양이 정형성을 띠지 않는데, 이를 과도기의 현상으로 이해하기도 한다.[16] 부여 지역에서 시기가 가장 빠른 신라 토기의 문양 특징이 동일 시기 신라의 다른 지역, 특히 문양의 정형성이 분명한 신라 왕경에서도 나타난다면, 이와 같은 이해는 매우 타당하다. 하지만 문양 시문의 비정형성이 왕경의 토기에는 나타나지 않고 부여 지역 등 당시 신라의 지방으로 편입된 곳에서만 나타난다면, 그것은 다르게 해석해야 한다.

신라 토기에 대한 현재의 연구 성과에 비춰보면, 왕경의 신라 토기에는 이러한 현상이 거의 확인되지 않으므로 비정형성을 신라 토기 전체의 과도기적 현상으로 보기 어렵다. 부여 지역에서 7세기 말 이후 나타나는 문양 시문의 비정형성 현상은 부여 지역 신라 토기의 한 특징으로 보인다.

능산리사지, 정림사지 연지, 부소산성 등 단위 유적이 다름에도 불구하고 부여 지역 일대에서 출토된 신라 토기들이 공통적으로 문양의 비정형성을 보인다면, 이는 생산지가 동일했음을 뜻한다. 부여나 그 주변 지역에서 신라 토기 생산이 시작되었음을 나타내는 자료일 가능성이 있다. 옛 백제의 도공들이 신라 토기를 완벽하게 소화하지 못해 나타난 현상이다. 옛 백제 지역이 신라의 지방으로 편제되었지만 신라 문물로의 재편은 시행착오를 거쳐 이루어졌을 것으로 추정되며, 부여 지역에서 출토된 신라 토기의 비정형성은 이를 상징적으로 나타내는 사례이다. 그럼에도 불구하고 신라의 삼국통일에 의해 일상생활용기가 통합된 점은 부정할 수 없다.

찜 조리기의 변화

고구려와 백제 사비기의 찜 조리기인 시루는 동이 모양의 몸통이고, 바닥 중앙부에 원형의 증기공과 그 주변에 지름 1.5~2.5cm 내외 크기의 원형 또는 삼각형의 증기공이 배치되었고, 몸통 중간 높이 지점에 좌우대칭으로 판상의 반원형 손잡이가 부착된 형식이다.

삼국통일 이전의 신라, 특히 왕경의 지배층에서 사용한 시루는 바닥이 둥글고, 몸통 위쪽에서 목으로 가면서 축약되었다가 아가리를 향해 벌어지는 독 모양이고, 몸통 가운데에 쇠뿔 모양의 손잡이가 좌우대칭되는 곳에 붙어 있다. 바닥 가운데에는 예새로 길게 짼 증기 구멍을 3~4개 배치하고 그 주위에 예새로 짼 장방형 또는 삼각형의 증기 구멍을 배치하거나, 바닥에 지름 1cm 내외 크기의 증기공을 배치한 형식으로 차이가 있다.

통일 이후 왕경에는 통일 이전에 사용하던 시루의 형식이 계승되는 한편, 새로운 형식의 시루가 도입되었다. 전자는 통일 이전 신라 왕경의 전통적인 시루 속성을 계승하면서도 바리 모양의 말각평저로 바뀌었고 규모도 커지는 등의 변화가 이루어졌다(그림 5의 좌측). 한편 새로운 형식의 시루는 바리 모양의 편평한 바닥이고, 바닥 중앙에 둥근 증기 구멍을 배치하고 주위에 삼각형의 증기공을 배치한 형태이다. 이 새로운 형식의 시루는 고구려와 백제의 시루 형태이다(그림 5의 우측).

앞서 설명하였듯이 신라의 전통적인 시루는 고구려나 백제의 시루보다 크기가 상대적으로 작고 잘록한 목이 있으며 짼 증기 구멍이 있다. 통일 이후에는 증기 구멍 형태와 배치는 그대로지만 규모가 커지고 바리 모양의 말각평저 형태로 변하였는데, 이는 고구려나 백제의 시루 요소를 수용한 결과였다.

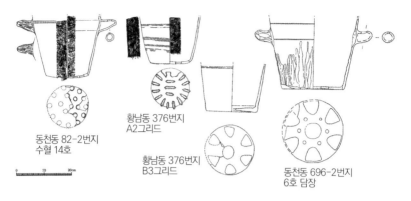

동천동 82-2번지
수혈 14호

황남동 376번지
A2그리드

황남동 376번지
B3그리드

동천동 696-2번지
6호 담장

삼국통일 이후 왕경의 지배층이 전통적인 시루 요소를 부분적으로 계승하면서 고구려와 백제의 좀 더 발달된 시루 요소들을 수용하여 개량했거나 고구려와 백제의 시루 형태를 수용하여 취사 방식과 취사 완성물의 개선을 도모했음을 의미한다. 고구려와 백제의 시루 형태를 수용함에 따라 증기 구멍의 면적이 커져서 수증기가 조리물에 직접 닿는 면적이 넓어져 한꺼번에 많은 양의 찜 조리가 가능하게 되었다. 신라 왕경인들이 고구려와 백제의 시루 형태를 수용한 배경에는 늘어난 인구의 부양과 함께 완성도가 좀 더 높은 찜 요리를 섭취하여 영양 효율을 높이고자 한 바람이 작용하였을 것이다.

신라는 백제와 고구려가 늦어도 6세기 전반 이후부터 앞서 설명한 형태의 시루를 사용하고 있다는 사실을 인지하고 있었음에도 수용하지 않다가 통일 이후에야 수용하였다. 이는 문화 전파로 보기보다는 삼국통일을 계기로 선진적인 고구려와 백제의 취사도구를 채용한 것으로 보아야 한다. 신라 왕경인들이 고구려와 백제의 발달된 형태의 시루를 수용한 것은 자신들의 식생활 개선을 도모하기 위해서였는데, 여기에는 좀 더 큰 의의도 있다. 즉, 피정복지

의 선진 문화요소들을 수용함으로써 식생활에서 삼국민이 통합되는 계기가
이루어진 것이다.

5 삼국통일과 물질문화의 통합

신라는 삼국통일 이후 우선적으로 동궁을 건설하여 왕궁을 확장하면서 평
면 형태를 방형으로 조성하였다. 동궁 건설은 통일 이전의 월성, 즉 반달 모양
의 평면 형태에서 만월, 즉 방형의 평면 형태로 변화를 가져왔다. 왕궁을 확장
하면서 방형으로 평면 형태를 만든 배경에는 동아시아 왕궁의 정형을 갖추어
통일왕조 왕권의 천하관을 대내외에 표상하려는 의도가 있었다.

신라의 문물은 삼국통일 직후 곧바로 점령지에 수용되지 못하고 어느 정도
시간을 가지면서 완만하게 진행되었다. 이는 옛 백제 지역, 특히 백제 도성이
었던 부여 지역 건물지의 양상을 통해 파악할 수 있었다. 이 글에서는 검토하
지 못했지만, 부여·청양 지역의 통일신라 분묘의 축조 시기와 양상을 통해 이
지역에 통일신라 양식의 분묘가 축조되는 시기를 8세기 전반 이후로 추정한
연구 성과[17]도 있다. 이는 앞서 필자가 검토·분석하여 얻은 결론과 맥을 같이
한다. 백제가 멸망했음에도 불구하고 건물이나 분묘 등 토목구조물은 용기나
도구 등의 소프트웨어에 비해 오랫동안 전통을 유지하여 정치적인 변화에 민
감하게 반응하지 않았음을 알 수 있다. 옛 백제 지역의 신라 문물 수용 양상은
옛 고구려 지역에서도 동일했거나 유사했을 것으로 추정된다.

통일신라 사회는 삼국이 발전시킨 음식문화를 융합하여 오늘날 우리나라
의 전통적인 상차림에 기본적인 토대를 마련했다. 인류는 생존을 위해 먹는
행위로써 에너지를 흡수하지만, 먹는 행위는 단순히 섭취를 넘어서 문화로

기능한다. 함께 음식을 먹는 행위는 이질적인 존재가 한 집단이나 사회의 구성원으로 참여한다는 일차적 의미를 가지며, 나아가 구성원 간의 친목을 다지기 위한 행위의 일환으로서 중요한 정치사회적 의미를 지닌다.[18] 일상용기인 신라 토기가 고구려와 백제의 일상용기를 대체하고 신라 왕경인들의 식생활 도구인 시루(찜 조리기)는 고구려나 백제의 방식을 수용했다는 것은 그런 의미에서 중요하다. 이는 식생활 문화의 공유를 통해 서로의 이질감을 완화하는 촉매제 역할을 했다.

향후, 신라의 삼국통일 이후 옛 백제 지역에서 백제 문화가 신라 문화로 이행하는 물질자료의 사례들을 정치하게 분석하여 삼국의 문화가 어떻게 융합되어 통일신라 사회를 이끌어갔는지 해명해야 할 필요가 있다.

홍보식

공주대학교 사학과 교수. 한국의 역사시대 고고학을 전공했고, 최근에는 삼국의 관계와 백제 고고학에 관심을 갖고 있다. 대표 논저로 『신라 후기 고분문화 연구』, 「나제동맹기 백제-신라의 문화교류」 등이 있다.

미주
참고문헌

미주

신라의 영토의식과 삼한일통 의식 | 윤경진

1 이호영, 「신라 삼국통일에 관한 재검토—통일의식을 중심으로」, 『史學志』 15, 1981; 盧
泰敦, 「三韓에 대한 認識의 變遷」, 『韓國史研究』 38, 1982; 邊太燮, 「三國統一의 民族史
的 意味—'一統三韓'意識과 관련하여」, 『新羅文化』 2, 1985; 李昊榮, 「新羅의 統一意識
과 '一統三韓' 意識의 成長」, 『東洋學』 26, 1996; 노태돈, 『삼국통일전쟁사』, 서울대학교
출판부, 2009.

2 金瑛河, 「新羅의 百濟統合戰爭과 體制變化」, 『韓國古代史研究』 16, 1999; 김병남, 「신라
의 삼국통일의식과 그 실제」, 『韓國思想과文化』 2, 2004; 김영하, 「一統三韓의 실상과
의식」, 『韓國古代史研究』 59, 2010.

3 박승범, 「7세기 전반기 新羅危機意識의 실상과 皇龍寺9층木塔」, 『新羅史學報』 30,
2014; 김수태, 「신라의 천하관과 삼국통일론」, 『新羅史學報』 32, 2014; 김수태, 「일연
의 삼한·삼국통일론」, 『서강인문논총』 43, 2015; 전진국, 「'九韓'의 용례와 '韓'에 대한
인식」, 『新羅史學報』 36, 2016①; 전진국, 「三韓의 용례와 그 인식」, 『韓國史研究』 173,
2016②; 노태돈, 「삼한일통 의식의 형성 시기에 대한 고찰—일본서기 '삼한' 기사의 분
석을 중심으로」, 『木簡과 文字』 16, 2016; 권덕영, 「고대 동아시아의 삼한-삼국 계승의
식의 정립 과정」, 『역사와경계』 99, 2016; 박남수, 「신라 문무대왕의 삼국통일과 宗廟制
정비」, 『新羅史學報』 38, 2016; 김영하, 「신라의 '백제통합'과 '일통삼한' 재론—최근의
사료 비판과 해석을 중심으로」, 『韓國古代史研究』 89, 2018.

4 윤경진, 「三韓一統意識의 성립 시기에 대한 재론—근거 자료에 대한 검토를 중심으로」,
『韓國史研究』 175, 2016①.

5 윤경진, 「671년 「答薛仁貴書」의 '平壤已南 百濟土地'에 대한 재해석—백제의 영토의식
과 浿河의 새로운 이해」, 『역사문화연구』 60, 2016②.

6 『三國史記』 권7, 新羅本紀7 文武王 11년 7월, "朕今伐高麗 非有他故 憐你新羅攝乎兩國
每被侵陵 靡有寧歲 山川土地 非我所貪 玉帛子女 是我所有 我平定兩國 平壤已南百濟
土地 並乞你新羅 永爲安逸."

7 『高麗史』권114, 列傳27 池龍壽, "凡遼河以東本國疆內之民大小頭目官等 速自來朝 共享爵祿 如有不庭 鑑在東京."

8 『三國史記』권23, 百濟本紀1 溫祚王 13년 8월.

9 『高麗史』권1, 太祖 10년 12월, "所期者 掛弓於平壤之樓 飮馬於浿江之水."

10 이 글은 신라의 '삼국통일'이 원론적으로 성립하지 않는다는 인식을 바탕에 깔고 있다. 따라서 7세기 전쟁 이후의 신라를 '통일신라'로 부르는 것 또한 적절치 않다고 보기 때문에 이를 대신할 수 있는 용어가 필요하다고 본다. 앞서 필자는 '통합신라'를 제안했지만(『역사비평』 126호, 2019), '통합'이 '통일'과 같은 의미로 사용되기도 하므로 혼선의 우려가 있다. 또한 해당 용어가 사용되는 여러 층위에 대한 고려도 필요하다. 이에 의견을 수정 보완하여 제시하고자 한다. 시대구분의 측면에서 발해와 신라의 병존을 지칭하는 용어로 '남북국시대'가 일반적으로 사용되고 있어 이를 수용할 수 있다. 실상 발해를 우리 역사로 인정하는 시각에서 '통일신라'는 적절한 용어라고 보기 어렵다. 신라사의 시기 구분이라는 측면에서 7세기 전쟁을 기점으로 '전기'와 '후기'로 나눌 수 있으며, 이 경우 '통일신라시대'는 '신라 후기'로 지칭하는 것이 보편적 측면에서 적절하다고 본다. 한편 '삼국의 하나로서 신라'와 '전쟁 이후의 신라'를 구분할 때 무엇으로 부를 것인가의 문제가 남는다. 기존 '통일신라'는 삼국이 신라로 통일되었다는 의미에서 만들어진 것이다. 그에 상응하여 신라가 백제만 병합한 것이라는 의미로 개념을 구성한다면 '병제倂濟신라' 정도가 될 것이다. 생소한 용어이기는 하지만, 그 함의가 분명하므로 하나의 안으로 제시하고자 한다.

11 삭주朔州 소속 내령군奈靈郡, 奈己郡(경북 영주시)만 백제로 분속되어 있으나 이는 '고구려高句麗'의 오기로 판단된다.

12 윤경진, 「『三國史記』 地理志 수록 군현의 三國 分屬」, 『韓國史學報』 47, 2012.

13 『三國史記』권7, 新羅本紀7 文武王 15년 2월.

14 윤경진, 「買肖城 전투와 羅唐戰爭의 종결―『三國史記』 신라본기 675년 2월 기사의 분석」, 『史林』 60, 2017①.

15 買肖城은 통상 '매소성'으로 읽고 임진강 유역으로 비정하는 경우가 많았다. 그러나 임진강 이북 지역에서 '買'를 사용한 지명은 매차홀買且忽(수곡성水谷城: 신계)이 유일하고 '且'와 '肖'의 음운이나 자형의 상관성을 고려할 때 신계에 비정하는 것이 타당하다.

16 윤경진, 「고구려 '南平壤'의 실체와 출현 배경」, 『서울과 역사』 95, 2017②.

17 『日本書紀』 19, 欽明 12년, "是歲 百濟聖明王親率衆及二國兵〈二國謂新羅任那也〉往伐高麗 獲漢城之地 又進軍討平壤 凡六郡之地 送復故地."

18 『日本書紀』 19, 欽明 13년, "是歲 百濟棄漢城與平壤 新羅因此入居漢城 今新羅之牛頭方尼彌方也〈地名未詳〉."

19 윤경진, 「'청주운천동사적비'의 건립 시기에 대한 재검토」, 『史林』 45, 2013①.

20 윤경진, 「고려 건국기의 三韓一統意識과 '海東天下' 인식」, 『한국중세사연구』 55, 2018.

21 『譯註羅末麗初金石文』, 無爲寺先覺大師碑.

22 『譯註羅末麗初金石文』, 瑞雲寺了悟和尙碑.

23 『三國史記』 권8, 新羅本紀8 神文王 7년 4월.

24 윤경진, 「新羅 太宗(武烈王) 諡號 논변에 대한 자료적 검토—原典에 대한 이해를 중심으로」, 『歷史와 實學』 51, 2013②.

25 『三國史記』 권8, 新羅本紀8 神文王 12년.

26 『三國遺事』 권1, 紀異 太宗春秋公.

27 윤경진, 「新羅 中代 太宗(武烈王) 諡號의 追上과 재해석」, 『韓國史學報』 53, 2013③.

28 위의 글.

29 윤경진, 앞의 글, 2016①.

30 『舊唐書』 권71, 列傳 21 魏徵.

31 윤경진, 「신라 통일기 금석문에 나타난 天下觀과 歷史意識—三韓一統意識의 성립 시기 고찰」, 『史林』 49, 2014.

32 윤경진, 「신라 興德王代 체제 정비와 金庚信 追封—三韓一統意識 출현의 일 배경」, 『史林』 52, 2015①.

33 윤경진, 「신라 神武 – 文聖王代의 정치 변동과 三韓一統意識의 출현」, 『新羅文化』 46, 2015②.

34 『三國史記』 권44, 列傳4 金陽.

35 윤경진, 「신라 景文王의 통합 정책과 皇龍寺九層木塔의 改建—9세기 三韓一統意識의 확립과 관련하여」, 『韓國史學報』 61, 2015③.

36 윤경진, 앞의 글, 2018.

37 고려의 체제 이념으로서 삼한일통 의식의 의미는 자신의 '개국'을 왕건의 즉위가 아니라 후삼국 통일에서 찾은 것에서 단적으로 드러난다. 윤경진, 「고려의 三韓一統意識과 '開國' 인식」, 『한국문화』 74, 2016③.

신라는 삼국을 통일하려고 하였을까 | 전덕재

1 이재환, 「7세기 중·후반 동북아시아의 전쟁을 어떻게 부를 것인가」, 『역사비평』 126, 2019.

2 노태돈, 『삼국통일전쟁사』, 서울대학교 출판부, 2009; 노태돈, 「7세기 전쟁의 성격을 둘러싼 논의」, 『한국사연구』 154, 2011; 김수태, 「신라의 천하관과 삼국통일론」, 『신라사학보』 32, 2014; 주보돈, 「신라사의 시기구분과 흐름」, 『신라사총론』(신라 천년의 역사와

문화 연구총서1), 경상북도, 2016.

3 김영하, 『신라중대사회연구』, 일지사, 2007; 김영하, 「신라 통일론의 궤적과 함의」, 『한국 고대사의 인식과 논리』, 성균관대 출판부, 2012; 김영하, 「7세기 동아시아 정세와 전쟁」, 『신라사학보』 38, 2016; 김영하, 「신라의 '백제통합'과 '일통삼한' 재론」, 『한국고대사연 구』 89, 2018; 윤경진, 「신라의 영토의식과 삼한일통의식」, 『역사비평』 126, 2019①; 윤 경진, 「삼한일통의식은 7세기의 이념인가」, 『한국고대사연구』 92, 2019②; 김종복, 「7~8 세기 나당관계와 추이」, 『역사비평』 127, 2019.

4 신라의 삼국통일(통합)을 인정하는 연구자들은 신라가 삼국을 통일한 이후에 고구려 유 민 일부가 발해를 건국하여 통일신라와 병존하였다고 이해한 반면, 백제병합(통합)전 쟁을 지지하는 연구자들은 고구려 옛 지역에서 고구려 유민이 따로 발해를 건국하여 백제를 병합한 신라와 남북국시대를 이루었다가 고려가 두 나라를 통합한 최초의 통일 왕조가 되었다고 보고 있다.

5 김영하, 앞의 논문, 2018, 252~254쪽. 한편 백제통합전쟁을 주창한 윤경진은 '고구려 남 경'은 당이 패강 지역을 사여한 성덕왕대 이후에 신라가 최종 확보한 영토의 상한인 대 동강을 가리킨다고 이해하였다. 윤경진, 앞의 논문, 2019②, 276~282쪽.

6 宗福邦·陳世饒·蕭海波主編, 『故訓匯纂』, 商務印書館, 2003, 442쪽에서 '境'은 '疆', '界', '壤'의 뜻이 있다고 하였고, 단국대학교 동양학연구소, 『한한대사전』 3, 2000, 664쪽에 서는 '境'은 국경, 변경이란 뜻과 더불어 장소, 구역, 지역이라는 뜻이 있다고 하였다.

7 이기동, 「신라 하대의 패강진―고려왕조의 성립과 관련하여」, 『한국학보』 4, 1976; 이기 동, 『신라 골품제사회와 화랑도』, 일조각, 1984, 213~215쪽.

8 박성현, 「신라의 거점성 축조와 지방 제도의 정비 과정」, 서울대학교 박사학위논문, 2010, 205~206쪽; 김영하, 「신라의 '통일' 영역 문제―교과서 내용의 시정을 위한 제언」, 『신라 사학보』 56, 2014, 25쪽 및 김종복, 앞의 논문, 2019, 254쪽에서 이와 비슷한 견해를 제 기하였다.

9 『삼국사기』 권제7 신라본기 제7 문무왕 21년 정월.

10 『資治通鑑』 권202 唐紀18 高宗 儀鳳 3년 9월 辛酉.

11 박남수, 「신라 문무왕대의 삼국통일과 종묘제 정비」, 『신라사학보』 32, 2016, 308쪽에서 신라가 나당전쟁 중에 임진강을 건너 고구려의 남쪽 경역으로 진출하였다고 보았다.

12 신라는 한산주 소속의 아진압현과 철원군, 부양현, 승량현, 공목달현, 부여군, 소읍두현 등을 문무왕 15년 이전에 신라의 영토로 편제하였다.

13 김춘추와 당 태종이 평양을 기준으로 고구려와 백제 영토를 분할하여 영유하기로 합 의하였다는 기록이 중국 사서에 전하지 않기 때문에 중국 학자는 이와 같은 합의가 애 초에 존재하지 않았다고 보기도 한다(拜根興, 「신라 문무왕대의 대당외교」, 『신라문화』 16, 1999, 87~88쪽). 그러나 문무왕이 671년에 당나라 장수 설인귀에게 보낸 편지에서

직접 언급한 내용이므로, 편지를 받는 설인귀도 이와 같은 합의 사항을 인지하고 있었
다고 보는 것이 합리적이다.

14 노태돈, 앞의 논문, 2011, 331쪽.

15 김영하, 앞의 책, 2012, 180쪽.

16 윤경진, 앞의 논문, 2019①, 15~16쪽.

17 전덕재, 「신라 중고기 주의 성격 변화와 군주」, 『역사와 현실』 40, 2001, 63~66쪽.

18 『책부원귀』 권995 외신부 교침 태종 정관 17년; 『자치통감』 권197 당기13 태종 정관 17
년 및 18년; 『구당서』 신라전.

19 윤경진, 「671년 '답설인귀서'의 '平壤已南 百濟土地'에 대한 재해석」, 『역사문화연구』
60, 2016, 29~30쪽.

20 『일본서기』 권19 欽明天皇 16년 2월 기록에 554년 관산성전투에서 신라군에게 성왕이
죽임을 당하자, 왜의 관리가 '나라를 세운 신(建邦之神)'에 대한 제사를 철폐하고 지내지
않기 때문이라고 말하고, 다시 그에 대한 제사를 받들어 올리면 국가가 번창할 것이
라고 언급한 내용이 보인다. 여기서 나라를 세운 신은 온조를 가리키는 것으로 보이며,
이를 통해 6세기 후반 또는 그 이후 시기에 다시 온조를 시조로 바꾸어 인식하였음을
추론할 수 있다.

21 노태돈, 『고구려사연구』, 사계절, 1999, 395~435쪽.

22 『삼국사기』 권제5 신라본기제5 진평왕 30년 및 33년.

23 『삼국사기』 권제5 신라본기제5 선덕여왕 12년 9월 및 13년 정월.

24 『구당서』와 『신당서』 신라전에는 당 태종이 645년에 고구려를 공격하자 이에 호응하여
신라 선덕여왕이 군사 5만으로 하여금 고구려 남쪽 변경을 침략하게 하여 수구성水口城
을 함락시켰다고 하였다.

25 노태돈, 앞의 책, 2009, 250쪽에서 만주 신성에 주둔하고 있는 당군의 주력을 묶어두고,
백제 지역을 장악하기 위해 압록강을 건너 작전을 벌였다고 이해하였다.

26 『신당서』 권5 본기 제5 고종 함형 4년 윤5월 정묘; 『자치통감』 권202 당기18 고종 함형
4년 윤5월.

27 『삼국사기』 권제7 신라본기 제7 문무왕 15년 9월 기록에 '우리(신라) 군사가 당나라 군
사와 열여덟 번의 크고 작은 전투에서 모두 이겨 6,705명을 목 베고 말 200필을 얻었다'
고 전한다.

28 노태돈, 앞의 논문, 2011, 334~335쪽.

29 이재환, 앞의 논문, 2019.

'일통삼한 의식'과 표상으로서의 '삼한' | 기경량

1 이 전쟁을 가리키는 일반적인 명칭은 삼국통일전쟁이지만, 개념적으로 성립할 수 없다는 비판이 제시되면서 다른 용어들도 제시된 바 있다(이재환, 「7세기 중·후반 동북아시아의 전쟁을 어떻게 부를 것인가?」, 『역사비평』 126, 2019 참조). 여기서는 논의의 편의를 위하여 따옴표를 붙이는 형태로 '삼국통일 전쟁'이라는 표현을 사용하도록 하겠다. 관련 논의에 대한 구체적인 연구사는 장원섭, 「신라삼국통일론 논의의 연구사적 검토」, 『新羅史學報』 43, 2018 참조.

2 해당 논쟁에서는 핵심 개념을 표현할 때 '삼국통일三國統一' 의식, '삼한일통三韓一統' 의식, '일통삼한一統三韓' 의식 등의 용어가 혼용되고 있다. 이 글에서는 편의상 '일통삼한'이라는 표현을 사용하겠다.

3 李昊榮, 「新羅三國統一에 관한 再檢討—統一意識을 中心으로」, 『史學志』 15, 단국대학교 사학회, 1981; 邊太燮, 「三國統一의 民族史的 意味—'一統三韓' 意識과 관련하여」, 『新羅文化』 2, 1985; 申瀅植, 「三國統一의 歷史的 性格」, 『韓國史硏究』 61·62, 1988; 邊太燮, 「三國의 鼎立과 新羅統一의 민족사적 의미」, 『한국사 시민강좌』 5, 1989; 노태돈, 「삼한에 대한 인식의 변천」, 『한국사연구』 38, 1982; 노태돈, 『삼국통일전쟁사』, 서울대학교 출판부, 2009; 노태돈, 「7세기 전쟁의 성격을 둘러싼 논의」, 『韓國史硏究』 154, 2011; 노태돈, 「삼한일통의식의 형성 시기에 대한 고찰—일본서기 '삼한' 기사의 분석을 중심으로」, 『木簡과 文字』 16, 2016.

4 李昊榮, 앞의 글, 1981, 19~24쪽; 邊太燮, 앞의 글, 1985, 8쪽.

5 노태돈, 앞의 글, 2011, 342~343쪽.

6 김영하의 연구들. 참고문헌 목록 참조.

7 윤경진의 연구들. 참고문헌 목록 참조.

8 노태돈, 앞의 글, 1982, 132쪽. 그런데 전진국의 연구에 따르면 『위서魏書』 양고전陽固傳에 실린 「연색부演賾賦」에 "동쪽 지방을 돌며 삼한을 바라보았다"라는 글귀가 확인되는데, 이 역시 고구려 또는 동이 지역을 가리키는 용법이라 한다. 이에 따르면 6세기 전반부터 이미 지역을 가리키는 용법으로 삼한의 관용적 표현이 확인되는 셈이다(전진국, 「三韓의 용례와 그 인식」, 『韓國史硏究』 173, 2016, 6쪽). 다만 해당 용례가 집중적으로 출현하는 것은 역시 7세기 초를 전후한 시기로 볼 수 있다.

9 노태돈, 앞의 글, 1982, 132쪽.

10 『수서隋書』 권76, 열전41, 문학文學 우작虞綽, "來蘇興怨 帝自東征 言復禹績 乃御軒營 六師薄伐 三韓肅淸." 이 내용은 수 양제가 고구려를 정벌할 때 이를 수행하던 우작이 지은 글의 일부이다. 고구려 정벌을 이야기하면서 '삼한이 숙청되었다(三韓肅淸)'고 표현한 것이다. 또한 『수서』 권70, 열전35, 배인기裴仁基, "方西規奄蔡 南討流求 視總八狄之

師 屢踐三韓之域"에도 고구려 원정을 서술하며 '삼한의 땅을 여러 번 밟았다(屢踐三韓之域)'는 표현이 사용되고 있다.

11 권덕영, 「唐 墓誌의 한반도 삼국 명칭에 대한 검토」, 『한국고대사연구』 75, 2014, 131쪽.

12 노태돈, 앞의 글, 1982, 131~133쪽.

13 전진국, 앞의 글, 2016, 11~12쪽.

14 『삼국지』 동이전, 한, "名樂浪人爲阿殘 東方人名我爲阿 謂樂浪人本其殘餘人."

15 『북사』 권94, 열전82, 사이상四夷上, 신라, "新羅者 其先本辰韓種也 地在高麗東南 居漢時樂浪地."

16 『삼국사기』 신라본기1, 박혁거세, "朝鮮遺民分居山谷之間 爲六村."

17 『수서』 권29, 지24, 지리상地理上 서문, "逮于孝武 務勤遠略 南兼百越 東定三韓."

18 당 태종대에 편찬된 『진서晉書』 동이전에는 고구려와 백제가 입전되어 있지 않은데, 이를 고구려와 백제가 외역이 아니기 때문에 정벌할 수 있다는 명분으로 이해하는 해석이 제시된 바 있다(윤용구, 「隋唐의 對外政策과 高句麗 遠征 — 裴矩의 郡縣回復論을 중심으로」, 『북방사논총』 5, 2005, 65쪽). 수·당의 조정에서 전개된 실지론의 구체적 내용에 대해서는 김수진, 「隋·唐의 高句麗 失地論과 그 배경 — 對高句麗戰 명분의 한 측면」, 『韓國史論』 54, 서울대학교 인문대학 국사학과, 2008 참조.

19 『자치통감』 당기唐紀 12, 태종 정관15년 8월, "上曰 高麗本四郡地耳."

20 철학사전편찬위원회, 『철학사전』, 중원문화, 2009, '표상' 항목.

21 『구당서』, 동이열전, 백제, "至如海東三國 開基自久 並列疆界 地實犬牙 近代已來 遂構嫌隙 戰爭交起 略無寧歲 遂令三韓之氓 命懸刀俎 尋戈肆憤 朝夕相仍."

22 노태돈, 앞의 글, 1982, 132쪽.

23 『고려사』, 세가2, 태조 26년 4월, "夏不畏熱 冬不避寒 焦身勞思 十有九載 統一三韓."

24 『고려사』, 세가1, 태조총서, "於是 三韓之地 裔有大半.".

25 김영하, 「一統三韓의 실상과 의식」, 『한국고대사연구』 59, 2010, 308~319쪽. 다만 『삼국사기』 김유신 열전이 김유신의 후손에 의해 지어진 후대의 행장에 기초해 서술되었다는 점을 들어, 여기 등장하는 '삼한이 한집안이 되었다'는 표현이 7세기 당시의 인식을 전하는 것임을 보장하지 못한다는 지적이 나온 바 있다(노태돈, 앞의 글, 1982, 138쪽; 윤경진, 「신라의 영토의식과 삼한일통의식」, 『역사비평』 126, 2019a, 25~26쪽). 필자 역시 사료에 대한 이러한 비판적 접근이 타당하다고 생각한다.

26 태종무열왕의 묘호를 둘러싼 당과의 외교 분쟁이 실제로 있었는지에 대해서도 윤경진에 의해 회의적인 견해가 제출된 바 있다. 해당 사건이 발생한 시기에 대해 『삼국사기』와 『삼국유사』의 기록이 상충하는 등 그대로 믿기에는 확실히 문제점이 있는 자료이다. 다만 실제 발생한 사건일지라도 후대 전승 과정에서 정보의 혼선이 발생할 수는 있기 때문에, 이것만으로 사건의 실제 여부를 단정하기는 어렵다. 본 글에서는 이 사건의 실

제 여부를 주요 논거로 삼지는 않으므로 이에 대한 판단을 굳이 내리지는 않겠다.

27 김영하, 『신라중대사회연구』, 일지사, 2007, 241~242쪽; 김영하, 앞의 글, 2010, 319~320쪽.

28 『삼국사기』 권7, 신라본기7, 문무왕 11년(671) 가을 7월 26일, "先王貞觀二十二年入朝 面奉太宗文皇帝恩勅 朕今伐高麗 非有他故 憐你新羅攝乎兩國 每被侵陵 靡有寧歲 山川 土地非我所貪 玉帛子女是我所有 我平定兩國 平壤已南百濟土地 並乞你新羅 永爲安逸 垂以計會 賜以軍期."

29 노태돈, 앞의 책, 2009, 30쪽; 노태돈, 「7세기 전쟁의 성격을 둘러싼 논의」, 『韓國史研究』 154, 2011, 331쪽.

30 김영하, 『한국고대사의 인식과 논리』, 성균관대 출판부, 2012, 180쪽.

31 윤경진, 「671년 「答薛仁貴書」의 '平壤已南 百濟土地'에 대한 재해석」, 『역사문화연구』 60, 2016; 윤경진, 앞의 글, 2019a, 14~15쪽; 윤경진, 「三韓一統意識은 7세기의 이념인 가—백제병합론의 반론에 대한 재론」, 『韓國古代史研究』 93, 2019b, 270쪽.

32 이 구문의 전문은 다음과 같다. 『고려사』 권114, 열전27, 제신, 지용수, "무릇 요하 이동 본국 강역 안의 백성과 크고 작은 두목 등은 속히 스스로 내조하라. 모두 벼슬과 녹봉을 받을 수 있을 것이다(凡遼河以東 本國疆內之民 大小頭目等 速自來朝 共享爵祿)."

33 윤경진, 앞의 글, 2019a, 15쪽.

34 김영하, 「신라의 '백제 통합'과 '일통삼한' 재론—최근의 사료 비판과 해석을 중심으로」, 『韓國古代史研究』 89, 2018, 248~249쪽.

35 윤경진, 앞의 글, 2019b, 274쪽.

36 김영하, 앞의 글, 2018, 251~253쪽.

37 위의 글, 253~254쪽.

38 윤경진, 「三韓一統意識은 7세기의 이념인가—백제병합론의 반론에 대한 재론」, 『韓國 古代史研究』 93, 2019, 280~281쪽.

39 노태돈, 앞의 글, 1982, 137~138쪽.

40 윤경진, 「청주운천동사적비의 건립 시기에 대한 재검토」, 『사림』 45, 2013.

41 박승범, 「7세기 전반기 新羅 …… 危機意識의 실상과 皇龍寺 9층 木塔」, 『新羅史學報』 30, 2014, 332쪽; 전진국, 앞의 글, 2016, 16~19쪽; 전진국, 「「청주운천동신라사적비」의 제작 연대 검토—서체와 주변 환경을 중심으로」, 『韓國史研究』 184, 2019.

42 윤경진, 「三韓一統意識의 성립 시기에 대한 재론—근거 자료에 대한 검토를 중심으로」, 『韓國史研究』 175, 2016, 39~40쪽.

43 윤경진, 「신라 興德王代 체제 정비와 金庾信 追封—三韓一統意識 출현의 일 배경」, 『사림』 52, 2015.

44 위의 글, 134~137쪽.

45 윤경진, 「신라 神武 ― 文聖王代의 정치 변동과 三韓一統意識의 출현」, 『新羅文化』 46, 2015, 231쪽.

46 이종욱, 「삼한통합과 대신라 왕국의 탄생」, 『신라의 역사 2』, 김영사, 2002, 24~25쪽; 이종욱, 『신라가 한국인의 오리진이다』, 고즈윈, 2012, 85쪽; 신형준, 『신라인은 삼국 통일을 말하지 않았다』, 학고재, 2017, 41쪽.

47 『삼국사기』에 따르면 문무왕은 670년(문무왕 10) 안승을 고구려왕으로 봉하며, "고구려의 계승자 안승(高句麗嗣子安勝)"이라는 표현을 쓰고, "선왕의 정당한 계승자는 오직 공뿐(先王正嗣 唯公而已)"이라고 하였다. 그리고 680년(문무왕 20)에는 안승을 문무왕의 조카와 결혼시키며 일가로 편입시켰다.

48 권순홍, 「역사용어에도 유효기한이 있다 ― 신라 '삼국통일'의 균열」, 『내일을 여는 역사』 75, 2019.

49 이재환, 앞의 글, 2019, 62쪽.

신라 '삼국통일' 논쟁의 논점과 방향 | 윤경진

1 윤경진, 「「청주운천동사적비」의 건립 시기에 대한 재검토」, 『史林』 45, 2013.

2 윤경진, 「三韓一統意識의 성립 시기에 대한 재론 ― 근거 자료에 대한 검토를 중심으로」, 『韓國史研究』 175, 2016①; 윤경진, 「삼한일통 의식은 7세기의 이념인가」, 『韓國古代史研究』 82, 2019①.

3 윤경진, 「신라의 영토의식과 삼한일통 의식」, 『역사비평』 126, 2019②.

4 전덕재, 「신라는 삼국을 통일하려고 하였을까」, 『역사비평』 128, 2019; 기경량, 「'일통삼한 의식'과 표상으로서의 '삼한'」, 『역사비평』 128, 2019.

5 윤경진, 「買肖城 전투와 羅唐戰爭의 종결 ― 『三國史記』 신라본기 675년 2월 기사의 분석」, 『史林』 60, 2017.

6 『三國史記』 권7, 新羅本紀7 文武王 15년 2월.

7 전덕재, 앞의 논문, 2019, 180~187쪽.

8 위의 논문, 181쪽.

9 위의 논문, 182쪽.

10 위의 논문, 182쪽.

11 위의 논문, 180쪽.

12 『三國史記』 권8, 新羅本紀8 聖德王 34년 2월, "勅賜浿江以南地."

13 전덕재, 앞의 논문, 2019, 186~187쪽.

14 박현숙, 「답설인귀서 ― 나당전쟁기 신라 외교의 표상」, 『내일을 여는 역사』 10, 2002,

236쪽.

15 전덕재, 앞의 논문, 2019, 187~193쪽.

16 위의 논문, 188쪽.

17 김영하, 「7세기 후반 한국사의 인식문제」, 『韓國史研究』 146, 2009; 노태돈, 「7세기 전쟁의 성격을 둘러싼 논의」, 『韓國史研究』 154, 2011; 김영하, 「신라의 '통일'영역 문제—교과서 내용의 시정을 위한 제언」, 『韓國史學報』 56, 2014.

18 윤경진, 「671년 「答薛仁貴書」의 '平壤已南 百濟土地'에 대한 재해석—백제의 영토의식과 浿河의 새로운 이해」, 『역사문화연구』 60, 2016②.

19 김영하, 「신라의 '백제통합'과 '일통삼한' 재론—최근의 사료 비판과 해석을 중심으로」, 『韓國古代史研究』 89, 2018.

20 윤경진, 앞의 논문, 2019①.

21 『高麗史』 권114, 列傳27 池龍壽, "凡遼河以東本國疆內之民大小頭目官等 速自來朝 共享爵祿."

22 전덕재, 앞의 논문, 2019, 190쪽.

23 『高麗史』 권1, 太祖 10년 12월.

24 『三國史記』 권23, 百濟本紀1 溫祚王 13년 8월, "遣使馬韓 告遷都 遂畫定疆場 北至浿河 南限熊川 西窮大海 東極走壤."

25 이 인근에 패강도浿江渡가 있었고 이것이 '패강'이라는 저탄의 이칭을 유도한 것으로 짐작된다.

26 『明太祖實錄』 권47, 洪武 2년 12월 21일.

27 전덕재, 앞의 논문, 2019, 191쪽.

28 위의 논문, 189쪽.

29 위의 논문, 192쪽.

30 기경량, 앞의 논문, 2019, 218쪽.

31 『高麗史』 권137 列傳50 辛禑 14년 2월.

32 "元屬元朝"는 철령 이북을 환수하는 이유로 제시된 것이다. '평양이남 백제토지' 또한 "평양이남이 백제토지'이므로' 모두 신라에게 준다"는 의미를 가진다는 점에서 같은 맥락을 띠고 있다.

33 『世宗實錄』 권32, 世宗 8년 4월 11일(甲戌).

34 윤경진, 「三韓 인식의 연원과 통일전쟁기 新羅의 天下觀」, 『東方學志』 167, 2014.

35 기경량, 앞의 논문, 2019, 210~215쪽.

36 위의 논문, 211~212쪽.

37 윤경진, 「중국·일본의 '三韓' 인식에 대한 재검토—신라 삼한일통 의식의 성립 시기와 관련하여」, 『木簡과 文字』 17, 2016③.

38 위의 논문.

39 『三國志』 권30, 魏志30 烏丸鮮卑東夷傳.

40 낙랑은 한漢이 설치한 것이다. 따라서 낙랑이 '잔여'의 요소를 가지고 있었다면 그것은 한의 멸망에 따른 결과일 것이다. 낙랑이 진이나 진한의 '잔여'가 될 이유가 없다는 점에서 이 기사는 찬자의 자의적 구성으로 보는 것이 타당하다.

41 기경량, 앞의 논문, 2019, 213쪽.

42 윤경진, 「고려 건국기의 三韓一統意識과 '海東天下' 인식」, 『한국중세사연구』 55, 2018.

43 기경량, 앞의 논문, 2019, 215쪽.

44 위의 논문, 213~215쪽.

45 『舊唐書』 권80, 列傳30 褚遂良.

46 『三國史記』 권28, 百濟本紀6 義慈王 11년.

47 기경량, 앞의 논문, 2019, 214쪽.

48 윤경진, 앞의 논문, 2016②, 22~30쪽.

49 『三國史記』 권24, 百濟本紀2 近肖古王 24년 9월 및 近仇首王 즉위 기사.

50 기경량, 앞의 논문, 2019, 220쪽.

51 『三國史記』 권5, 新羅本紀5 善德王 11년.

52 기경량, 앞의 논문, 2019, 220쪽.

53 황해도 북부 지역은 고분을 통해 고구려의 지배권 또는 영향권으로 파악되고 있다. 하지만 고구려의 지배력이 이 지역의 중요한 자연 경계인 자비령과 재령강을 얼마나 넘어섰는지 의문이다. 특히 재령강 서부 지역은 신라가 패강 이남을 공인받은 뒤에도 개척되지 않다가 고려에서 비로소 군현이 설치되었다(필자는 이 지역을 궁예가 분정한 패서 13진으로 파악한 바 있다. 윤경진, 「泰封의 지방제도 개편—군현 신설과 읍호 개정」, 『東方學志』 158, 2012 참조). 4세기 단계에 황해도 일대가 고구려와 백제에 의해 양분된 것으로 이해할 수 없는 것이다. 다만 이 문제는 본고의 범위를 벗어나고 필자의 현재 역량 밖이다. 차후 이 문제에 대한 학계의 논의가 진행되길 기대한다.

54 기경량, 앞의 논문, 2019, 220~221쪽.

55 『三國史記』 권25, 百濟本紀3 蓋鹵王 18년.

56 기경량, 앞의 논문, 2019, 223~225쪽.

57 『高麗史』 권3, 成宗 13년 2월, "伏請 大王預先指揮 從安北府 至鴨江東 計二百八十里 踏行穩便田地 酌量地里遠近 幷令築城."

58 기경량, 앞의 논문, 2019, 224쪽.

59 위의 논문, 226~228쪽.

60 전진국, 「「청주운천동신라사적비」의 제작 연대 검토—서체와 주변 환경을 중심으로」, 『韓國史研究』 184, 2019.

61 윤경진, 「「청주운천동사적비」의 건립 시기와 건립 배경―최근 비판에 대한 반론과 추가 판독」, 『韓國史硏究』 186, 2019③.

62 기경량, 앞의 논문, 2019, 229쪽.

63 윤경진, 「고려의 三韓一統意識과 '開國' 인식」, 『한국문화』 74, 2016④.

64 기경량, 앞의 논문, 2019, 229쪽.

65 윤경진, 「신라 興德王代 체제 정비와 金庾信 追封―三韓一統意識 출현의 일 배경」, 『史林』 52, 2015①.

66 윤경진, 「신라 神武―文聖王代의 정치 변동과 三韓一統意識의 출현」, 『新羅文化』 46, 2015②.

67 기경량, 앞의 논문, 2019, 229쪽.

68 위와 같음.

69 윤경진, 앞의 논문, 2019③.

김춘추, 당 태종의 협약과 '일통삼한' | 임기환

1 그동안의 논의에 대한 개략적인 개관은 장원섭, 「신라삼국통일론 논의의 연구사적 검토」, 『신라사학보』 43, 2018을 참고 바람.

2 김영하, 「新羅 三國一論의 궤적과 함의」, 『한국사연구』 153, 2011; 윤선태, 「통일에 대한 역사적 평가」, 『신라의 삼국통일』(신라천년의 역사와 문화 04), 2016.

3 최근에 『역사비평』 기획에 게재된 논고는 다음과 같다. 전덕재, 「신라는 삼국을 통일하려고 하였을까」, 『역사비평』 128, 2019; 기경량, 「'일통삼한 의식'과 표상으로서의 '삼한'」, 『역사비평』 128, 2019.

4 김영하, 「신라의 '삼국통일론'은 타당한가」, 『역사비평』 129, 2019. 김영하의 관련 논고는 여러 편이므로, 이 책의 부록 〈참고문헌〉을 참고 바람.

5 윤경진, 「신라의 영토의식과 삼한일통의식」, 『역사비평』 126, 2019. 윤경진의 관련 논고는 여러 편이므로, 이 책의 부록 〈참고문헌〉을 참고 바람.

6 임기환, 「고구려·신라의 한강 유역 경영과 서울」, 『서울학연구』 18, 2002; 임기환, 「『삼국사기』 온조왕본기 영역 획정 기사의 성립 시기」, 『역사문화연구』 47, 2013.

7 김영하, 앞의 글, 207~208쪽.

8 『資治通鑑』 199 唐紀 15 太宗 下之下 정관 22년조.

9 『新唐書』 220 列傳 145 東夷 高麗.

10 『舊唐書』 3 本紀 3 太宗 下.

11 『資治通鑑』 199 唐紀 15 太宗 下之下 정관 22년조.

12 당 태종이 정관 18년(644) 6월에 내린 조서 및 정관 19년 신라에 보낸 국서에서 엿볼 수 있다.

13 『全唐文』 9 太宗皇帝 遺詔.

14 이기천, 「당의 입장에서 본 신라의 통일」, 『역사비평』 130, 2020, 245~246쪽.

15 노태돈도 평양 이남이 신라의 군사작전 권역이라는 점에서 평양 이남의 고구려 영역을 신라에 귀속시키는 협약이 이루어졌으리라 추정하고 있다. 『삼국통일전쟁사』, 서울대학교 출판부, 2009, 32쪽.

16 『삼국사기』 권30 영류왕 11년.

17 『삼국사기』 권7, 문무왕 11년 "金欽純等至 將畫界地 案圖披撿 百濟舊地 摠令割還."

18 『삼국사기』 권45 열전 5 온달전.

19 『삼국사기』 권5 선덕왕 11년조.

20 김수진, 「隋·唐의 高句麗 失地論과 그 배경—對高句麗戰 명분의 한 측면」, 『한국사론』 54, 서울대학교 인문대학 국사학과, 2008.

21 『冊府元龜』 권974 外臣部19 襃異1.

22 김영하, 앞의 글, 2019, 213쪽.

23 전덕재는 『신당서』 신라전, 上元2년 2월조 기사에서 "靺鞨兵浮海略南境", "遂抵高麗南境"의 '남경'을 모두 남쪽 경역으로 해석했는데(전덕재, 앞의 글, 182~183쪽), 略이라는 동사에는 境을 경역이라고 해석하는 것이 타당하지만, 抵라는 동사에는 境을 경계라고 해석하는 것이 더 적절하다. 〈사료 B〉의 "及高麗南境" 기사에서도 境은 경계라는 해석이 적절하다.

24 노태돈, 「삼한에 대한 인식의 변천」, 『한국사연구』 38, 1982, 136쪽.

25 전진국, 「三韓의 용례와 그 인식」, 『한국사연구』 173, 2016, 8~9쪽.

26 노태돈, 앞의 글, 131쪽.

27 전진국, 앞의 글, 30쪽.

28 기경량, 앞의 글, 213쪽.

29 노태돈, 앞의 글, 131쪽.

30 여호규, 「책봉호 授受를 통해 본 수·당의 동방정책과 삼국의 대응」, 『역사와현실』 61, 2006, 54쪽.

31 『資治通鑑』 권196, 唐紀 12 太宗文武大聖大廣孝皇帝 中之中.

32 『삼국사기』 권9 보장왕 3년조.

33 여호규, 앞의글, 54쪽.

34 노태돈, 앞의 글, 137~140쪽.

35 9세기설은 윤경진이 제기했다. 윤경진, 「三韓一統意識은 7세기의 이념인가」, 『한국고대사연구』 93, 2019에 9세기설의 논거 및 이에 대한 비판과 반비판의 내용들이 소개되어

있으니 참고 바람.

36 『삼국사기』 권43, 열전3 김유신전 하.

37 『삼국사기』 권8, 신문왕 12년조.

38 『삼국사기』 권6, 문무왕 10년조.

39 기경량, 앞의 글, 232쪽.

40 이재환, 「7세기 중·후반 동북아시아의 전쟁을 어떻게 부를 것인가?」, 『역사비평』 126, 2019, 61쪽.

41 이기천, 앞의 글, 229쪽.

7세기 중·후반 동북아시아의 전쟁을 어떻게 부를 것인가? | 이재환

1 노태돈, 『삼국통일전쟁사』, 서울대학교 출판부, 2009.

2 위의 책, 15~24쪽; 김영하, 『新羅中代社會研究』, 일지사, 2007, 245~248쪽에 정리되어 있다.

3 金瑛河, 「新羅의 百濟統合戰爭과 體制變化—7세기 동아시아의 國際戰과 사회변동의 一環」, 『한국고대사연구』 16, 1999; 김영하, 「7세기 후반 한국사의 인식 문제—신라의 백제 통합론과 삼국통일론을 중심으로」, 『韓國史研究』 146, 2009; 김영하, 「7세기 동아시아의 정세와 전쟁—신라의 백제 통합과 관련하여」, 『新羅史學報』 38, 2016.

4 전쟁 양상에 대한 각각의 파악은 노태돈, 앞의 책, 2009; 김영하, 앞의 글, 2016 참조.

5 노태돈, 앞의 책, 2009, 51~52쪽.

6 김영하, 앞의 글, 2009, 361~362쪽.

7 고구려 정벌에 대한 논의에 대해서는 김수진, 「隋·唐의 高句麗 失地論과 그 배경—對高句麗戰 명분의 한 측면」, 『韓國史論』 54, 2008 참조.

8 『三國史記』 卷5, 新羅本紀5 善德王 14年 夏5月, "太宗親征高句麗 王發兵三萬以助之."

9 『舊唐書』 卷199上, 列傳149上, 東夷 新羅條, "六年 百濟與高句麗靺鞨 率兵侵其北界 攻陷三十餘城 春秋遣使上表求救."

10 노태돈, 앞의 책, 2009, 3쪽.

11 金瑛河, 앞의 글, 1999; 김영하, 앞의 글, 2009.

12 金瑛河, 앞의 글, 1999, 149쪽의 지정토론에 대한 답변 참조.

13 백제통합전쟁론에서 '통합'이라는 용어의 문제는 이미 김수태, 「현재적 관점에서 새롭게 서술된 한국 고대사의 흐름—김영하, 『한국고대사의 인식과 논리』, 성균관대학교 출판부, 2012」, 『한국고대사연구』 70, 2013, 404쪽; 김수태, 「신라의 천하관과 삼국통일론」, 『新羅史學報』 32, 2014, 39쪽에서 지적된 바 있다.

14 김영하, 앞의 글, 2016, 3~4쪽.

15 노태돈, 「7세기 전쟁의 성격을 둘러싼 논의」, 『韓國史研究』 154, 2011, 334쪽. 金瑛河, 앞의 글, 1999의 지정토론에서도 토론자는 '백제의 병합'이라고 표현했다.

16 김수태, 앞의 글, 2014, 40쪽.

17 김영하, 「신라의 '통일' 영역 문제―교과서 내용의 시정을 위한 제언」, 『韓國史學報』 56, 2014, 22쪽.

18 전덕재, 「신라의 北進과 서북 경계의 변화」, 『韓國史研究』 173, 2016, 113~115쪽.

19 예를 들어 이 전쟁에서 당의 입장에 주목한 연구에서조차 "신라에게는 고구려 남부와 백제를 통합하는 삼국통일전三國統一戰의 의미를 지녔다고 볼 수 있을 것이다"라고 언급하였다(이기천, 「당의 입장에서 본 신라의 통일」, 『역사비평』 130, 2020, 244쪽).

20 李丙燾, 『朝鮮史大觀』, 同志社, 1948, 492~494쪽.

21 노태돈, 앞의 책, 2009, 22쪽.

22 邊太燮, 「三國統一의 民族史的 意味―'一統三韓'意識과 관련하여」, 『新羅文化』 2, 1985, 59~60쪽.

23 申瀅植, 「新羅 三國統一의 歷史的 意味」, 『先史와 古代』 2, 1992, 7~10쪽.

24 윤선태, 「통일에 대한 역사적 평가」, 『신라의 삼국통일(신라 천 년의 역사와 문화 연구 총서 04)』, 경상북도문화재연구원, 2016, 260쪽.

25 노태돈, 앞의 책, 2009, 46쪽.

26 위의 책, 36~37쪽.

27 위의 책, 33쪽.

28 위의 책, 35~36쪽.

29 전진국, 「三韓의 용례와 그 인식」, 『韓國史研究』 173, 2016, 11~13쪽.

30 노태돈, 앞의 책, 2009, 36쪽.

31 위의 책, 25~29쪽.

32 위의 책, 25~28쪽.

33 박용운, 『고려의 고구려계승에 대한 종합적 검토』, 일지사, 2006, 55~73쪽.

34 노태돈, 앞의 책, 2009, 3쪽.

35 노태돈, 앞의 글, 2011, 329쪽.

36 이기천, 앞의 글, 229쪽.

37 '동아시아'와 '동북아시아'는 현재 거의 구분 없이 사용되고 있으며, '동아시아'에 '동남아시아'를 포함시키지 않는 것이 일반적이다. 단, 니시지마 사다오의 '동아시아 세계'는 보통 '동남아시아'로 간주하는 베트남을 포괄한다.

38 김영하, 앞의 글, 1999, 138쪽.

39 노태돈, 앞의 책, 2009, 297~299쪽.

고구려-수·당 전쟁, 무엇을 바꾸었나? | 이정빈

1 만선사 체계 속에서 고구려의 의미를 부각하기도 했지만 만선사는 편의적인 역사단위에 불과했다. 旗田巍 著, 李基東 譯, 『日本人의 韓國觀』, 一潮閣, 1983, 146~149쪽.

2 三品彰英, 『朝鮮史槪說』, 弘文堂書房, 1940, 62쪽.

3 金毓黻 지음, 동북아역사재단 옮김, 『김육불의 東北通史 下』, 동북아역사재단, 2007, 508쪽 및 512쪽.

4 과학원 력사연구소, 『조선통사(상)』, 과학원, 1956과 과학원 력사연구소, 『조선통사(상)』, 과학원출판사, 1962가 전자와 후자의 차이를 잘 보여준다. 근래의 좀 더 구체적인 논의로는 노태돈, 『삼국통일전쟁사』, 서울대학교 출판부, 2009; 김영하, 『한국고대사의 인식과 논리』, 성균관대학교 출판부, 2012 참조.

5 도면회, 「국가는 어떻게 구성되었는가?─한국 근대역사학의 창출과 통사체계의 확립」, 도면회·윤해동 엮음, 『역사학의 세기─20세기 한국과 일본의 역사학』, 휴머니스트, 2009, 194~213쪽.

6 교육위원회, 『제1차 전반적12년제의무교육강령(초급중학교)』, 교육위원회, 2013, 88~89쪽; 교육위원회, 『제1차 전반적12년제의무교육강령(고급중학교)』, 교육위원회, 2013, 100~101쪽.

7 이정빈, 「1950년대 북한 역사교과서의 민족형성 이해와 한국사 체계의 변화」 『韓國史學報』 83, 2021

8 白南雲 지음, 하일식 옮김, 『朝鮮社會經濟史』, 이론과실천, 1994, 374~375쪽; 김기흥, 『삼국 및 통일신라 세제의 연구』, 역사비평사, 1991, 227~229쪽; 김영하, 『新羅中代社會研究』, 일지사, 2007, 144~156쪽; 노태돈, 앞의 책, 2009, 299~230쪽.

9 宮崎市定 著, 任仲爀·朴善姬 譯, 『中國中世史』, 신서원, 1996, 251쪽; 가와카쓰 요시오 지음, 임대희 옮김, 『중국의 역사─위진남북조』, 혜안, 2004, 315~321쪽 및 355~357쪽.

10 누노메 조후 외 지음, 임대희 옮김, 『중국의 역사─수당오대』, 혜안, 2001, 161~163쪽; 와타나베 신이치로 지음, 이용빈 옮김, 『새 중국사1─중화의 성립』, 한울, 2023, 189~193쪽.

11 孫繼民, 『唐代行軍制度硏究』, 文津出版, 1995, 102~111쪽; 기꾸찌 히데오(菊池英夫), 「부병 제도의 전개」, 임대희 외 옮김, 『세미나 수당오대사』, 서경, 2005, 244~245쪽.

12 李基白, 『韓國史學의 方向』, 一潮閣, 1978, 194쪽.

13 여호규, 『고구려 초기 정치사 연구』, 신서원, 2014, 535~549쪽.

14 余昊奎, 「高句麗 中期의 武器體系와 兵種構成」, 『韓國軍事史硏究』 2, 國防軍史硏究所, 1999, 56~70쪽.

15 이하 본문에서 쇠뇌와 관련한 서술은 이정빈, 『고구려─수 전쟁─변경 요서에서 시작

된 동아시아 大戰」, 주류성, 2018, 266~269쪽 참조.

16 徐榮敎, 「高句麗 中期 騎兵에 關한 諸問題」, 『學藝誌』 13, 陸軍士官學校 陸軍博物館, 3~7쪽.

17 『수서』 권81, 열전46 동이 고려.

18 이문기, 「7세기 高句麗의 軍事編制와 運用」, 『고구려발해연구』 27, 2007.

19 노태돈, 『고구려사 연구』, 사계절, 1999, 437~456쪽; 임기환, 『고구려 정치사 연구』, 한나래, 2004, 282~286쪽.

20 김현숙, 『고구려의 영역 지배 방식 연구』, 모시는사람들, 2005, 345~378쪽 참조.

21 위의 책, 370~371쪽, 377쪽.

22 다만 그와 같은 시도가 성공적이었다고 단언할 수는 없다. 노태돈, 앞의 책, 1999, 481~482쪽; 임기환, 앞의 책, 2004, 299~309쪽; 김현숙, 앞의 책, 2005, 377~378쪽.

23 朴漢濟, 「七世紀 隋唐 兩朝의 韓半島進出 經緯에 대한 一考—隋唐初 皇帝의 正統性確保問題와 關聯하여」, 『東洋史學研究』 43, 1993.

24 石母田正, 『日本の古代國家』, 岩波書店, 1971, 17~19쪽.

25 『구당서』 권77, 열전27 韋挺.

26 권오중, 『요동왕국과 동아시아』, 영남대학교 출판부, 2012, 24~32쪽.

27 喬鳳岐, 『隋唐地方行政與軍防制度研究』, 人民出版社, 2013, 103~107쪽; 許偉偉, 정병준·조재우 옮김, 「당 전기의 변주 문제」, 연민수 외 지음, 『전통시대 동아시아의 외교와 변경기구』, 동북아역사재단, 2013, 166~170쪽.

28 이정빈, 「고구려-수 전쟁과 전염병」, 『韓國古代史研究』 102, 2021a, 172~180쪽 참조.

29 『수서』 권3, 제기3 양제上 대업 4년(608) 춘정월 을사(1일).

30 누노메 조후 외 지음, 임대희 옮김, 앞의 책, 2001, 35쪽; 미야자키 이치사다 지음, 전혜선 옮김, 『수양제—전쟁과 대운하에 미친 중국 최악의 폭군』, 역사비평사, 2014, 114~117쪽 참조.

31 김창석, 『한국 고대 대외교역의 형성과 전개』, 서울대학교 출판부, 2013, 153~158쪽.

32 정진술, 『한국의 고대 해상교통로』, 韓國海洋戰略研究所, 2009, 240~251쪽 참조.

33 『자치통감』 권181, 수기5 대업 7년(612) 12월.

34 이정빈, 앞의 글, 2021a, 182~185쪽.

35 『자치통감』 권201, 당기17 용삭 3년(663) 8월 무신(27일).

36 『자치통감』 권199, 당기15 정관 22년(648) 6월 계유(24일) 및 7월.

37 김병준, 「한이 구성한 고조선 멸망 과정—『사기』 조선열전의 재검토」, 『한국고대사연구』 50, 23~24쪽.

38 『사기』 권113, 남월위타열전 53을 보면 한은 남월南越을 공격할 때 죄인罪人과 더불어 강회江淮 이남의 군사를 동원했다. 남월의 인접 지역에서 징발한 군사력이 상당한 비중

을 차지했던 것이다.

39 김창석, 앞의 책, 2013, 159쪽.

40 『수서』 권67, 열전32 배구; 『구당서』 권46, 志26 經籍上.

41 武田幸男 著, 김효진 譯, 「『高麗記』와 高句麗 情勢」, 『중원문화연구』 27, 충북대학교 중원문화연구소, 245~250쪽.

42 이정빈, 「『고려풍속』과 『고려기』 ─ 수·당의 고구려 탐방과 7세기 동아시아」, 『先史와 古代』 67, 2021b, 73~79쪽 참조.

43 李成制, 「高句麗와 遼西橫斷路 ─ 遼河 沿邊 교통로와 관리기구」, 『韓國史研究』 178, 2017 참조.

44 徐榮一, 『新羅 陸上交通路 研究』, 학연문화사, 1999, 53~54쪽.

45 余昊奎, 「高句麗 後期의 軍事防禦體系와 軍事作戰」, 『韓國軍事史研究』 3, 國防軍史研究所, 53~66쪽.

46 양시은, 『고구려 성 연구』, 진인진, 2016, 200~212쪽, 222~225쪽.

47 니시지마 사다오 지음, 이성시 엮음, 송완범 옮김, 『일본의 고대사 인식 ─ '동아시아세계론'과 일본』, 역사비평사, 2008, 22~30쪽 및 44~45쪽.

48 임기환, 「국제관계」, 한국사연구회 편, 『새로운 한국사 길잡이 上』, 지식산업사, 2008, 164~165쪽.

49 조인성, 「고대사회의 해체」, 한국사연구회 편, 위의 책, 184~187쪽.

7세기 만주·한반도 전쟁과 지정학 구도의 재편 | 여호규

1 필자는 이 전쟁의 성격을 '7세기 만주·한반도 전쟁'으로 이해하지만 서술의 객관성과 논의의 편의를 위해 일단 '7세기 전쟁'이라고 지칭한다.

2 장원섭, 「신라삼국통일론 논의의 연구사적 검토」, 『신라사학보』 43, 2018.

3 노태돈, 「삼한에 대한 인식의 변천」, 『한국사연구』 38, 1982; 『삼국통일전쟁사 연구』, 서울대 출판부, 2009; 「7세기 전쟁의 성격을 둘러싼 논의」, 『한국사연구』 154, 2011.

4 김영하, 「신라의 삼국통일을 보는 시각」, 『한국고대사론』, 한길사, 1988; 「신라의 백제통합전쟁과 체제변화 ─ 7세기 동아시아의 국제전과 사회변동의 일환」, 『한국고대사연구』 16, 1999; 「7세기 후반 한국사의 인식 문제」, 『한국사연구』 146, 2009; 『7세기의 한국사, 어떻게 볼 것인가』, 성균관대학교 출판부, 2020.
필자는 『역사비평』 131호(2020 여름) 279쪽에서 상기 문장을 "백제통합전쟁론은 7세기 전쟁은 남북국의 성립으로 귀결되었고 나말여초에 한민족 형성의 토대가 확립되었다고 본다"라고 기술한 바 있다. 이에 대해 김영하 교수께서 "신라의 삼국통일에서 민족 형성의 의미를 강조하면 할수록 한국사에서 배제될 수밖에 없는 발해를 신라와 함께 남북국으로 인식하기 위한 기반으로서 '민족사'를 거론했을 뿐, 나말여초의 민족 형성에 관해서는 생각해보지 않았기 때문에 그렇게 서술한 일도 없었다."라고 밝혔다(김영하, 앞의 책, 2020, 262쪽 각주 66). 김영하 교수의 지적을 수용하여 종전 문장을 본문과 같이 수정하였다.

5 상기했듯이 김영하 교수는 최근 저서에서 "나말여초의 민족 형성에 관해 생각해보지 않았다"고 밝혔다. 다만 김영하 교수는 신라의 삼국통일론을 비판하며 남북국론의 민족사적 당위성을 여러 차례 강조한 바 있다. 특히 발해 멸망 이후의 상황에 대해 "발해의 옛 땅은 이민족인 요와 금의 지배 지역에 편입됨으로써 점차 우리의 역사 무대로부터 멀어졌지만, 동족의식에서 발로된 발해 유민의 고려 망명은 우리 민족의 근간을 형성하는 데 중요한 요소가 되었다. 바로 여기에 남북국시대를 설정할 또 다른 역사적 이유가 있다고 하겠다."라고 언급한 바 있는데(김영하, 「삼국과 남북국의 사회성격」, 『한국사(3)』, 한길사, 1994, 105쪽), 이를 통해 우리 민족의 근간이 형성된 시기를 신라의 삼국통일론보다 늦게 상정하는 것으로 유추할 수 있다.

6 두 견해 모두 7세기 전쟁이 '파미르고원 이동 지역'(노태돈, 앞의 책, 2009, 3쪽) 또는 '동아시아'(김영하, 앞의 글, 1999) 여러 국가와 족속이 관계된 국제전임을 지적했다(이재환, 「7세기 중·후반 동북아시아의 전쟁을 어떻게 부를 것인가?」, 『역사비평』 126, 2019, 59~60쪽 참조).

7 이재환, 위의 글, 2019, 59~62쪽.

8 노태돈, 앞의 글, 1982, 130~140쪽.

9 김영하, 「一統三韓의 실상과 의식」, 『한국고대사연구』 59, 2010; 『한국고대사의 인식과 논리』, 성균관대학교 출판부, 2012.

10 윤경진, 「'청주운천동사적비'의 건립 시기에 대한 재검토」, 『사림』 45, 2013a.

11 윤경진, 「신라 태종(무열왕) 시호 논변에 대한 자료적 검토―원전에 대한 이해를 중심으로」, 『역사와 실학』 51, 2013b.

12 윤경진, 「신라 중대 태종(무열왕) 시호의 추상과 재해석」, 『한국사학보』 53, 2013c.

13 윤경진, 「삼한일통 의식의 성립 시기에 대한 재론―근거 자료에 대한 검토를 중심으로」, 『한국사연구』 176, 2016a; 「신라의 영토의식과 삼한일통 의식」, 『역사비평』 126, 2019a, 19~32쪽.

14 윤경진, 「671년 '答薛仁貴書'의 '平壤已南 百濟土地'에 대한 재해석―백제의 영토의식과 패하의 새로운 이해」, 『역사문화연구』 60, 2016b.

15 윤경진, 「고려의 삼한일통 의식과 '개국' 인식」, 『한국문화』 74, 2016c.

16 김수태, 「신라의 천하관과 삼국통일론」, 『신라사학보』 32, 2014; 노태돈, 「삼한일통 의식의 형성 시기에 대한 고찰」, 『木簡과 文字』 16, 2016; 朴南守, 「신라 문무왕대의 삼국통

일과 宗廟制 정비」, 『신라사학보』 38, 2016; 전진국, 「三韓의 용례와 그 인식」, 『한국사연구』 173, 2016; 김수태, 「『삼국유사』의 편목 구성과 삼한·삼국통일론」, 『신라사학보』 41, 2017; 김영하, 「신라의 '백제통합'과 '일통삼한' 재론」, 『한국고대사연구』 89, 2018.

17 전덕재, 「신라는 삼국을 통일하려고 했을까」, 『역사비평』 128, 2019; 기경량, 「'일통삼한 의식'과 표상으로서의 '삼한'」, 『역사비평』 128, 2019.

18 김종복, 「7~8세기 나당관계의 추이」, 『역사비평』 127, 2019; 김영하, 「신라의 '삼국통일 론'은 가능한가」, 『역사비평』 129, 2019b.

19 기경량, 앞의 글, 2019; 윤경진, 「신라 '삼국통일' 논쟁의 논점과 방향」, 『역사비평』 129, 2019b.

20 이재환, 앞의 글, 2019, 59~62쪽.

21 김종복, 앞의 글, 2019.

22 이기천, 「당의 입장에서 본 신라의 통일」, 『역사비평』 130, 2020.

23 이재석, 「왜국(일본)에서 본 백제·고구려의 멸망」, 『역사비평』 130, 2020.

24 종래 7세기 전쟁의 개시 시점에 대해서는 4세기 후반, 6세기 중엽, 수·당제국 등장 시기, 642년 등이 제기되었는데, 이에 대한 논의는 노태돈, 앞의 책, 2009, 44~51쪽 참조.

25 노태돈, 앞의 책, 2009, 51~53쪽.

26 김영하, 앞의 글, 2009, 361~370쪽.

27 종전終戰 시점에 대해서는 신라의 삼국통일을 강조하는 삼국통일전쟁론은 신라가 당군을 한반도에서 축출한 676년으로 보는 데 비해, 7세기 전쟁이 남북국으로 귀결되었다고 보는 백제통합전쟁론은 발해가 건국된 698년으로 설정한다. 상세한 검토는 이 글의 제5장 참조.

28 이재환, 앞의 글, 2019, 42~43쪽.

29 『三國史記』 新羅本紀4 진평왕 25년 8월조 및 高句麗本紀 8 영양왕 14년조.

30 여호규, 「6세기말~7세기초 동아시아 국제질서와 고구려 대외정책의 변화—대수관계를 중심으로」, 『역사와 현실』 46, 2002, 27~29쪽.

31 돌궐의 동향은 정재훈, 『돌궐 유목제국사』, 사계절, 2016, 257~266쪽 참조.

32 『三國史記』 권45 열전5 온달전.

33 임기환, 「고구려와 수·당의 전쟁」, 『한국사(4)』, 한길사, 1995, 155쪽.

34 여호규, 앞의 글, 2002, 29~32쪽.

35 『三國史記』 高句麗本紀 8 영양왕 18년 5월조 및 19년 2·4월조.

36 4~6세기 고구려의 대외 정책 및 주변국과의 전쟁 양상에 대해서는 여호규, 「제4장 고구려 외교의 전개」, 『한국의 대외관계와 외교사(고대편)』, 동북아역사재단, 2019 참조. 다만 385년과 광개토왕대에 고구려는 서북방과 남방에서 동시에 군사작전을 전개했는데 이는 다소 예외적인 상황이다. 385년은 전진과 후연의 교체기로, 북중국에 강력한 중원

왕조가 잠시 사라진 상태였다. 광개토왕대에는 고구려와 접경한 후연이 극도로 약체화된 상태였다. 이러한 예외적인 상황 외에는 고구려가 7세기 이전에 서북방과 남방에서 동시에 군사작전을 전개한 사례는 확인되지 않는다.

37 『三國史記』百濟本紀 5 무왕 8년 3월, 12년 2월 및 新羅本紀 4 진평왕 30년 및 31년.

38 『隋書』권81 열전46 백제전 및 신라전.

39 다만 수의 고구려 원정 기간에 신라나 백제가 고구려를 공격한 흔적은 확인되지 않는다. 신라의 경우 611년 백제에게 가잠성을 빼앗긴 탓인지 별다른 움직임을 보이지 않았다. 백제는 말로만 수를 돕는다고 하면서 양단책을 폈다. 삼국의 각축전과 수의 동방 원정이 맞물려 전개될 조건이 조성되었지만 각국의 전략 부재로 인해 그것이 구현 단계로까지 진전되지는 않은 것이다.

40 『隋書』권67 열전32 裵矩전. 矩因奏狀曰 "高麗之地, 本孤竹國也. 周代以之封於箕子, 漢世分為三郡, 晉氏亦統遼東 ……." 帝納焉. 高元不用命, 始建征之策.

41 『隋書』권4 양제 8년 정월 壬午. 下詔曰 "…… 凡此軍, 先奉廟略, 駱驛引途, 總集平壤."

42 『三國史記』新羅本紀 4 진평왕 46년 10월, 47년 11월, 48년 8월, 百濟本紀 5 무왕 25년, 27년, 高句麗本紀 8 영류왕 9년.

43 『三國史記』新羅本紀 5 선덕왕 11년 거울.

44 『三國史記』高句麗本紀 9 보장왕 3년 정월; 『신당서』권220 열전145 고려전.

45 김영하, 「고구려 내분의 국제적 배경」, 『한국사연구』 110, 2000, 33쪽.

46 『新唐書』권220 東夷 고려전. 帝曰 "高麗地止四郡, 我發卒數萬攻遼東, 諸城必救, 我以舟師自東萊帆海趨平壤, 固易. 然天下甫平, 不欲勞人耳."

47 『資治通鑑』권197 貞觀19년 11월 庚子; 방향숙, 「7세기 중엽 당 태종의 대고구려전 전략 수립과정」, 『중국고중세사연구』 19, 2008.

48 『신당서』권220 열전145 고려전. 又發契丹.奚.新羅.百濟諸君長兵悉會.

49 『冊府元龜』권117 帝王部 117 親征 2 貞觀18년 12월 갑인조. "率其群凶之徒, 屢侵新羅之地, 新羅喪土, 憂危日深, 遠請救援, 行李相屬. ………… 先遣使持節遼東道行軍大摠管英國公勣·副摠管江夏郡王道宗, 士馬如雲, 長驅遼左, 奮夷嶽之威, 屠豕蚰於險, 乘建瓴之勢, 斬鯨鯢於鑄方. 行軍摠管執失思力·行軍摠管契苾何力, 率其種落, 隨機進討, 契丹蕃長於句折, 奚蕃長蘇支, 燕州刺史李玄正等, 各率衆, 絕其走伏. 使持節平壤道行軍大摠管張亮·副摠管常何·摠管左難當等, 舟檝相繼, 直指平壤. 新羅王金善德, 傾其城邑, 竭其府藏, 荷不貲之澤, 復累葉之讎, 出樂浪而沖腹心, 臨沃沮而蕩巢穴. 百濟王扶餘義慈, 早著丹款深識時機, 棄歷稔之私交, 贊順動之公戰, 贏糧蓄銳, 唯命是從."

50 당은 634년 토욕혼과 전쟁을 벌일 때부터 본격적으로 주변국의 군사력을 동원하기 시작했는데(이기천, 앞의 글, 2020, 235쪽), 당 태종이 고구려 원정에 앞서 주변국에게 구체적인 전략 지침을 내린 것은 이와 관련해 좀 더 적극적으로 해석될 필요가 있다.

51 『文館詞林』卷664「貞觀年中撫慰百濟王詔」; 정동준, 「의자왕대 백제에 대한 당의 인식 변화」, 『사림』 55, 2016, 40~53쪽.

52 『文館詞林』卷664「貞觀年中撫慰百濟王詔」.

53 『文館詞林』卷664「貞觀年中撫慰新羅王詔」.

54 주보돈, 「『文館詞林』에 보이는 韓國古代史 관련 外交文書」, 『慶北史學』 15, 1992, 3~9쪽.

55 노태돈, 앞의 글, 1982, 131~132쪽.

56 여호규, 앞의 글, 2006, 54쪽.

57 『冊府元龜』 권117 帝王部 117 親征2 貞觀 18년 12월 갑인조. "先遣使持節遼東道行軍大摠管英國公勣·副摠管江夏郡王道宗, 士馬如雲, 長驅遼左 …… 使持節平壤道行軍大摠管張亮·副摠管常何·摠管左難當等, 舟檝相繼, 直指平壤."

58 『文館詞林』卷664「貞觀年中撫慰百濟王詔」. "今先遣大總管特進太子詹事英國公李勣, 董率士馬, 直旨遼東. 大總管刑部尙書郳國公張亮, 總統舟艫, 徑臨平壤."

59 다만 장량張亮이 이끈 당의 수군은 산동반도의 내주萊州에서 평양을 향해 출발했지만 요동반도의 비사성을 함락하고 난 뒤에는 평양성으로 바로 진격해 들어가지 않고 건안성으로 향했다(『구당서』 권199상 고려전). 당 수군의 애초 진공 목표와 실제 진격 방향의 차이에 대해서는 향후 면밀한 검토가 필요하다.

60 서영교, 『나당전쟁사연구』, 아세아문화사, 2006, 47~61쪽; 노태돈, 앞의 책, 2009, 104~106쪽.

61 『舊唐書』 권199上 열전149上 新羅國전. 太宗將親伐高麗, 詔新羅纂集士馬, 應接大軍. 新羅遣大臣領兵五萬人, 入高麗南界, 攻水口城, 降之.

62 『三國史記』 新羅本紀 5 선덕왕 14년 5월.

63 정동준, 앞의 글, 2016, 40~53쪽.

64 김수태, 「삼국의 외교적 협력과 경쟁」, 『신라문화』 24, 2004, 13~14쪽; 정동준, 「7세기 중반 백제의 대외정책」, 『역사와 현실』 61, 2006, 122~128쪽.

65 『舊唐書』 권3 太宗下 貞觀 22년 閏12월 癸未.

66 『삼국사기』 신라본기 7 문무왕 11년 7월 26일조 「답설인귀서」.

67 노태돈, 앞의 책, 2009, 30쪽; 앞의 글, 2011, 331쪽.

68 김영하, 앞의 책, 2012, 180쪽.

69 윤경진, 앞의 글, 2016b; 앞의 글, 2019a, 13~15쪽.

70 전덕재, 앞의 글 2019, 187~193쪽.

71 기경량, 앞의 글, 2019, 218쪽.

72 김종복, 앞의 글, 2019, 243쪽.

73 김영하, 앞의 글, 2019b.

74 윤경진, 앞의 글, 2019b.

75 韓昇,「唐平百濟前後東北亞形勢」,『唐研究』1, 1995;「白江之戰前唐朝與新羅・日本關係
的演變」,『中國史研究』2005-1, 53쪽; 王小甫,「新羅北界與唐朝邊東」,『史學集刊』2005
-3, 43쪽.

76 『舊唐書』 권199상 백제전. 道琛自稱領軍將軍, …… 使告仁軌曰 聞大唐與新羅約誓, 百
濟無問老少, 一切殺之, 然後以國付新羅.

77 노태돈, 앞의 책, 2009, 141~142쪽; 이기천, 앞의 글, 2020, 240~241쪽.

78 『삼국사기』 신라본기 7 문무왕 11년 7월 26일조. "西畏百濟之侵, 北警高麗之寇."

79 『삼국사기』 신라본기 7 문무왕 11년 7월 26일조 「답설인귀서」. "且新羅自平百濟, 迄定
高麗, 盡忠効力, 不負國家, 未知何罪, 一朝遺棄."

80 『삼국사기』 신라본기 7 문무왕 11년 7월 26일조 「답설인귀서」. "至乾封二年, 聞大摠管
英國公征遼, 某往漢城州, 遣兵集於界首. 新羅兵馬, 不可獨入, 先遣細作三度, 船相次發
遣, 覘候大軍. 細作廻來, 並云 大軍未到平壤. 且打高麗七重城, 開通道路, 佇待大軍來
至."

81 김영하,「신라의 '통일' 영역문제」,『한국사학보』56, 2014, 22~23쪽; 김영하,「신라의 '백
제통합'과 '일통삼한' 재론 2」,『한국고대사연구』95, 2019a, 378쪽.

82 전덕재, 앞의 글, 2019, 180~187쪽.

83 『삼국사기』 신라본기 5 진덕왕 즉위년 10월, 2년 3월.

84 『舊唐書』 권3 太宗紀하 貞觀 20년 8월 庚午.

85 김호동,「당의 기미지배와 북방 유목민족의 대응」,『역사학보』137, 1993, 133~143쪽.

86 정재훈, 앞의 책, 2016, 384~397쪽.

87 『資治通鑑』 권198 太宗 貞觀21년 2월조; 池内宏,「高句麗討滅の役に於ける唐軍の行
動」,『滿鮮地理歷史硏究報告』16, 1941;『滿鮮史硏究』(상세제2책), 吉川弘文館, 1960,
272쪽.

88 『舊唐書』 권199상 고려전;『新唐書』 권220 고려전 참조.

89 『舊唐書』 권3 太宗하 貞觀 21년 12월 戊寅; 列傳148 西戎 焉耆傳 및 龜玆傳.

90 『舊唐書』 199상 東夷 고려전;『資治通鑑』 권198 貞觀 22년 6월 癸酉.

91 『舊唐書』 권3 太宗하 貞觀 22년 11월 庚子.

92 646~648년 당의 정세는 여호규,「7세기 중엽 국제정세 변동과 고구려 대외관계의 추
이」,『대구사학』133, 2018, 161~163쪽을 수정 보완한 것임.

93 『冊府元龜』 권117 帝王部117 親征2 貞觀 18년 12월 갑인조.

94 3세기 전반에 공손씨公孫氏 정권이 서북한 지역을 장악한 다음 한반도 중남부와 일본열
도를 통제하기 위해 평양 이남의 재령강 유역에 대방군을 설치한 사실은 이를 잘 보여
준다.

95 나동욱,「7세기 중반 고구려의 동몽고 진출과 군사전략」,『한국사연구』144, 2009.

96 『資治通鑑』 권199 永徽六年 1月 庚寅; 윤성환, 「650년대 중반 고구려의 대외전략과 대신라공세의 배경」, 『국학연구』 17, 2009, 168~174쪽.

97 이재석, 앞의 글, 2020, 264쪽.

98 『삼국사기』 신라본기 5 태종무열왕 2년 1·3월; 고구려본기 10 보장왕 1·2·5월.

99 『舊唐書』 권4 高宗紀 顯慶3年 2월 壬午; 권195 迴紇傳.

100 吳玉貴, 『突厥汗國與隋唐關係史研究』, 中國社會科學出版社, 1998, 389~397쪽.

101 노태돈, 앞의 책, 2009, 148쪽.

102 『新唐書』 권3 高宗 顯慶 4년 3월 壬午.

103 『舊唐書』 권4 高宗상 顯慶 4년 11월 癸亥.

104 『日本書紀』 권26 齊明紀 5년 7월 戊寅.

105 『三國史記』 신라본기 5 태종무열왕 6년 4월 및 10월.

106 650년대 국제 정세는 여호규, 앞의 글, 2018, 15~28쪽을 요약 정리한 것임.

107 여호규, 앞의 글, 2018, 174~184쪽 참조.

108 『三國史記』 신라본기 6 문무왕 3년 4월; 『舊唐書』 권199 신라국전 龍朔 3년.

109 『三國史記』 신라본기 7 문무왕 11년 7월 26일조 「답설인귀서」. "至麟德元年, 復降嚴勅, 責不盟誓, 卽遣人於熊嶺, 築壇共相盟會, 仍於盟處, 遂爲兩界. 盟會之事, 雖非所願, 不敢違勅. 又於就利山築壇, 對勅使劉仁願, 歃血相盟, 山河爲誓, 畫界立封, 永爲疆界, 百姓居住, 各營産業."

110 노태돈, 앞의 책, 2009, 195~205쪽.

111 「답설인귀서」의 "회맹會盟의 일은 비록 원하는 바가 아니었지만, 감히 조칙詔勅을 어길 수 없었습니다(盟會之事, 雖非所願, 不敢違勅)"라는 구절은 당시 신라의 입장을 잘 반영한다.

112 노태돈, 앞의 책, 2009, 233~240쪽.

113 『구당서』 권19 지리2 안동도호부조; 『자치통감』 권201 당기 17 고종 총장원년 12월조. 다만 당의 기미지배 정책은 고구려 유민의 반발에 부딪혀 1년 가까이 정지 작업을 거친 이후 670년 1월에 실행될 수 있었다. 노태돈, 「고구려 유민사 연구」, 『한우근박사정년 기념사학논총』, 지식산업사, 1981, 81쪽; 김종복, 『발해외교정치사 연구』, 일지사, 2009, 26~27쪽.

114 당은 647년에 첫 번째 북방 도호부인 연연도호부燕然都護府를 과거의 선우대單于臺에 설치했다가 663년에 2도호부 체제로 개편했다. 이때 막남漠南의 운중도호부雲中都護府(선우도호부)는 북방 군사 방어의 전초기지였던 운중雲中에, 그리고 막북漠北의 한해 도호부瀚海都護府(안북도호부)는 흉노의 선우정單于庭과 돌궐 가한정可汗庭이 위치했던 몽골 초원의 중심지인 셀렝게강-오르콘강 유역에 설치했다(정재훈, 앞의 책, 2016, 379~397쪽; 채지혜, 「唐 前期 北方 羈縻府州의 設置와 變化」, 『동양사학연구』 125,

2013, 145~150쪽; 김호동, 『아틀라스 중앙유라시아사』, 사계절, 2016, 37쪽, 39쪽, 77쪽, 81쪽 지도). 당이 각 방면의 기미지배를 총괄하는 도호부를 전통적인 정치적 중심지에 설치한 것이다.

115 나당전쟁의 전개 양상에 대해서는 서영교, 앞의 책, 2006; 노태돈, 앞의 책, 2009; 이상훈, 『나당전쟁연구』 주류성, 2012 등 참조.

116 『新唐書』 권220 고려전의 "於是平壤痍殘不能軍, 相率奔新羅, 凡四年乃平"라는 기사는 고구려 부흥운동이 670년에 일어나 673년까지 4년간 전개된 사실을 전한다.

117 『新唐書』 권220 신라전. 咸亨五年(674), 納高麗叛衆, 略百濟地守之, 帝怒, 詔削官爵, 以其弟右驍衛員外大將軍. 臨海郡公仁問爲新羅王, 自京師歸國. 詔劉仁軌爲雞林道大總管, 衛尉卿李弼. 右領軍大將軍李謹行副之, 發兵窮討.

118 고구려 부흥운동과 나당전쟁의 전개에 대한 서술은 여호규·拜根興, 「유민묘지명을 통해 본 당의 동방정책과 고구려 유민의 동향」, 『동양학』 69, 2017, 81~85쪽을 수정 보완한 것임.

119 『新唐書』 권220 고려전 儀鳳 2년.

120 『資治通鑑』 권202 唐紀18 儀鳳 2년 2월조.

121 노태돈, 앞의 글, 1981, 82쪽; 김종복, 앞의 책, 2009, 42쪽.

122 『資治通鑑』 권202 唐紀18 儀鳳 3년 9월 신유조.

123 『新唐書』 권220 열전145 신라전. 詔復法敏官爵. 然多取百濟地, 遂抵高麗南境矣; 『唐會要』 권95 신라. 帝復「金法敏」官爵. 旣盡有百濟之地, 及高句麗南境; 『三國史記』 新羅本紀 7 文武王 15년 2월조. 然多取百濟地, 遂抵高句麗南境爲州郡.

124 김영하, 앞의 책, 2012, 195쪽; 앞의 글, 2019b, 213~214쪽.

125 김영하, 앞의 글, 1988, 213쪽; 앞의 글, 2014, 25~26쪽; 앞의 책, 2020, 148쪽.

126 필자는 『역사비평』 131호(2020, 여름)의 303쪽에서 "이 기사를 근거로 신라가 처음부터 고구려 영역을 차지할 의도가 없었다고 보는 견해는 재고할 필요가 있다"고 기술했는데, 이 기사를 근거로 648년 나당동맹 체결 당시의 상황을 유추하기 힘들다는 점을 지적하기 위한 표현이었다. 이에 대해 김영하 교수께서 "여기에는 신라가 처음부터 고구려 영역을 차지할 의도가 없었던 것으로 해석할 내용 자체가 없기 때문에 이와 같이 해석할 수 없다."라고 지적하였다(김영하, 앞의 책, 2020, 261쪽). 필자가 이 기사와 관련한 "김영하, 앞의 책, 2012, 195쪽; 앞의 글, 2019b, 213~214쪽"의 기술 내용을 확대하여 오독誤讀했다는 지적을 받아들여 본문과 같이 수정하였다. 김영하 교수의 해석처럼 이 기사는 나당전쟁 직후의 전황을 총괄한 것이라는 점에서 이를 근거로 648년 나당 군사동맹 당시 신라나 당의 의도를 유추하는 것은 적절하지 않다. 한편 김영하 교수는 "신라가 실제로 백제 통합만을 목표로 삼은 사실은 신문왕대에 지방통치조직을 일제히 정비하는 과정에서 예성강 이북 지역을 방치한 데서 확인되고 있다"고 언급했는데(김영하,

「쟁점: 신라 삼국통일론은 타당한가」, 『역사비평』 1993년 2월호, 188~189쪽), 이를 통해 나당전쟁 직후 신라의 영역이 고구려 남경南境(임진강)까지 이르렀다는 이 기사도 신라가 본래 백제 통합만을 목표로 삼았다는 백제통합론의 유력한 논거로 삼고 있음을 유추할 수 있다. 이 점은 김영하, 앞의 글, 2014, 22~26쪽; 앞의 책, 2020, 143~148쪽에서도 확인할 수 있다.

127 전덕재, 앞의 글, 2019, 180~187쪽.

128 윤경진, 「매소성 전투와 나당전쟁의 종결—『삼국사기』 신라본기 675년 2월 기사의 분석」, 『사림』 2017; 앞의 글, 2019a, 17쪽; 앞의 글, 2019b, 230쪽.

129 『資治通鑑』 권202 唐紀18 儀鳳 3년 9월 신유조. "新羅雖云不順, 未嘗犯邊."

130 김종복, 「완충지대로서의 요동을 통해본 신라·발해·당의 관계」, 『한국고대사연구』 88, 2017, 269쪽.

131 노태돈, 앞의 책, 2009, 276쪽; 김종복, 앞의 글, 2017, 272~273쪽.

132 김호동, 앞의 글, 1993, 168쪽.

133 정재훈, 앞의 책, 2016, 414쪽.

134 『舊唐書』 권19 지리2 안동도호부조. 聖曆元年(698) 六月, 改爲安東都督府.

135 당은 705년에 안동도호부를 다시 설치하지만 이는 요서를 안정시키기 위한 조치였다 (김종복, 앞의 글, 2017, 265~267쪽).

136 『三國史記』 권8, 新羅本紀8 성덕왕 34년. 二月 …… 勅賜浿江以南地.

137 김종복, 앞의 글, 2017, 276~282쪽.

138 삼국 외에 당이나 왜 등도 7세기 전쟁의 당사자였다며 '7세기 중·후반 동북아시아 전쟁'이라 명명하자는 견해도 제기되었다. 또 나당전쟁의 전개에 큰 영향을 미친 토번의 당 공격도 고려해야 한다는 견해도 있다. 이처럼 다양한 요인을 모두 고려하여 전쟁의 명칭을 만들 경우, 7세기 전쟁의 기본 성격을 제대로 파악하지 못할 우려가 있다. 이를테면 1950~1953년의 한국전쟁에 많은 국가가 참전했지만, 이들을 모두 포괄하여 전쟁의 명칭을 명명하지는 않는다. 이에 필자는 7세기 전쟁이 기본적으로 만주·한반도 일대에 위치한 삼국과 이 지역에 이해관계를 가진 주변국들이 참전한 전쟁이었다는 점에 착안하여 '7세기 만주·한반도 전쟁'으로 명명하는 안을 제시한다.

139 7세기 전쟁이 만주·한반도 일대의 지정학 구도를 재편하는 결과를 낳았다는 필자의 견해에 대해 "인간의 역사를 지리의 문제로 환원했다"며 일제 식민사관의 한 갈래인 만선사관의 논리와 유사하다는 비판이 제기되었다(김영하, 앞의 책, 2020, 263~264쪽). 필자로서는 다소 당혹스러운 비판인데, 대륙 침략을 위해 지리적 구분을 기준으로 한반도의 역사를 만주에 예속시키거나 나아가 한반도와 만주의 역사를 분리하려는 만선사관에 전혀 동조하지 않기 때문이다. 필자는 지리적 구분만을 기준으로 역사의 범주를 설정하는 데 동의하지 않는다. 주지하듯이 지정학(Geopolitics)이라는 개념은 '지리' 그

자체를 일컫지 않으며, 지리 위치와 국제정치의 함수관계를 탐구하기 위해 고안된 것이다. 필자도 이 글에서 국제 정세 변동에 따라 만주와 한반도의 지정학 구도가 바뀌었음을 강조했다. 고조선 이래 중원 왕조나 고구려가 요동과 서북한 지역을 동시에 장악했을 때는 만주와 한반도 일대가 하나의 권역을 이루는 지정학 구도가 형성되었지만, 7세기 전쟁을 거치며 평양과 요동 지역의 지정학적 위상이 약화되면서 이러한 지정학 구도가 재편된 것으로 파악했다. 만주와 한반도의 역사가 지리적 구분에 따라 처음부터 분리되었다고 설정하는 것이 아니라, 국제 정세에 따라 지정학 구도가 변모하고 그로 인해 점차 두 개의 권역으로 나뉘었다고 이해한다. 만선사관과는 전혀 다른 논리적 구조인 것이다. 발해사의 복합적인 성격도 이러한 지정학 구도의 재편과 관련하여 더욱 다각도로 분석할 필요가 있다. 만주·한반도 지역 지정학 구도의 역사적 변천에 대한 탐구는 향후 통일한국의 국제적 위상을 모색하는 데도 중요한 시사를 줄 것으로 기대한다. 이러한 점에서 7세기 전쟁이 갖는 역사적 함의를 국제관계와 더불어 지정학적 측면에서 더욱 다각도로 분석할 필요가 있다고 생각한다.

7~8세기 나당 관계의 추이 | 김종복

1 노태돈, 『삼국통일전쟁사』, 서울대출판문화부, 2009; 김영하, 『新羅 中代社會硏究』, 일지사, 2007; 김영하, 『한국 고대사의 인식과 논리』, 성균관대학교 출판부, 2012.

2 통일신라론에 기반한 대부분의 한국사 개설서와 교과서들은 이렇게 서술하고 있다. 다만 노태돈, 위의 책, 276쪽에서는 신라가 대동강 이남에 군현을 설치하지 않고 일종의 완충지대로 두었다고 보는데, 그것은 당과의 충돌에 대비하여 방어력을 집중하기 위한 목적이었다고 하였다. 후속 논문(노태돈, 「7세기 전쟁의 성격을 둘러싼 논의」, 『韓國史硏究』 154, 2011, 333쪽)에서는 신라가 임진강 이북 방면에 대한 영유 의지를 갖고 있었고, 당이 이 지역을 735년에 하사下賜하는 형식으로 정식 승인했던 만큼 삼국통일전쟁의 결과와 전혀 무관한 지역은 아니라고 부연 설명하였다.

3 최근의 논의로는 김영하, 「신라의 '통일' 영역 문제―교과서 내용의 시정을 위한 제언」, 『韓國史學報』 56, 2014 참조.

4 盧泰敦, 「三韓에 대한 認識의 變遷」, 『韓國史硏究』 38, 1982; 노태돈, 앞의 논문, 2011.

5 김영하, 앞의 책, 2007, 242쪽; 김영하, 앞의 책, 2012, 175~207쪽. 최근에는 신라의 일통삼한 의식이 7세기가 아닌 9세기에, 그리고 허위의식이 아니라 실재했다고 보는 윤경진의 일련의 연구들이 제출되었다. 기존의 통일신라론과 남북국시대론을 종합적으로 파악하려는 시도로 보이지만, 양측으로부터 비판이 적지 않다.

6 김영하, 앞의 책, 2007, 105쪽, 133쪽, 259~260쪽.

7 노태돈, 앞의 책에서는 '신라·당 동맹'(135, 139쪽)과 함께 '군사동맹'(142쪽)도 사용하고 있다.

8 李基白, 『國史新論』, 第一出版社, 1961, 90쪽; 『韓國史新論』, 一潮閣, 1967, 86쪽. '동맹'은 改訂版(1976) 및 新修版(1990)까지 변함이 없다.

9 李基白·李基東, 『韓國史講座』 I(古代篇), 一潮閣, 1982, 290쪽.

10 이기동, 「신라의 대당 군사동맹과 삼국통일」, 『한국사 시민강좌』 36, 2005.

11 주보돈, 『김춘추와 그의 사람들』, 지식산업사, 2018, 128쪽.

12 『三國史記』 권5, 新羅本紀 5, 善德王 11년.

13 『삼국사기』 권5, 신라본기 5, 선덕왕 12년(643) 9월.

14 金瑛河, 『韓國古代社會의 軍事와 政治』, 高麗大學校 民族文化研究院, 2002, 265쪽.

15 『삼국사기』 권5 신라본기 5, 진덕왕 2년(648) 겨울 한질허와 김춘추의 입당 기사에 뒤이어 진덕왕 3년 1월에는 '始服中朝衣冠' 기사가 나온다. 중국식 의관 제도는 김춘추가 귀국한 이후에 신라에서 시행되었으므로, 648년 겨울에 입당한 김춘추가 이듬해 정월에 바로 귀국했다는 것은 현실적으로 불가능하다는 이유로 김춘추의 입당을 진덕왕 원년(647)으로 보아야 한다는 견해(權惠永, 『古代韓中外交史 ─遣唐使研究』, 一潮閣, 1997, 26~31쪽)도 있다. 그러나 진덕왕 3년 1월의 '始服中朝衣冠' 기사는 김춘추가 귀국한 이후 신라에서 시행한 중국식 의관 제도를 그해 처음부터 실시했다고 소급해서 기록했을 가능성이 높다. 주 70)에서 보듯이 주周가 700년 10월에 복구한 하력夏曆을 신라가 수용했음을 보여주는 기사('復以立寅月爲正')를 『삼국사기』는 효소왕 9년(700) 5월 기사 앞에 배치했다. 이런 사례를 감안하면 김춘추의 입당을 굳이 1년 전으로 수정해서 보아야 할 이유는 없다. 또한 『구당서』 본기와 『자치통감』 등은 김춘추의 내조來朝 시점을 정관 22년(648) 윤12월 계미라고 구체적으로 밝혔다. 그런데 648년과 달리 647년에는 윤월이 없다는 사실(平岡武夫, 『唐代의 曆』, 京都大學 人文科學研究所, 1954, 38~39쪽)도 이러한 수정 견해를 따를 수 없게 한다.

16 김영하, 앞의 책, 2007, 99~101쪽.

17 『삼국사기』 권7, 신라본기 7, 문무왕 11년(671) 7월 26일의 답서의 앞부분.

18 『삼국사기』 권5, 신라본기 5, 진덕왕 3년(649) 정월 및 4년 是歲.

19 『資治通鑑』 권199, 唐紀 15, 貞觀 22년 7월 및 『新唐書』 권220, 열전 145, 高麗, 정관 22년.

20 『冊府元龜』 권964, 外臣部 9, 封冊 2, 永徽 5년(654) 윤5월.

21 노태돈, 앞의 책, 30쪽.

22 전덕재, 「신라는 삼국을 통일하려고 하였을까」, 『역사비평』 128, 2019, 192쪽.

23 기경량, 「'일통삼한 의식'과 표상으로서의 '삼한'」, 『역사비평』 128, 2019, 218쪽.

24 위와 같은 곳.

25 이기천, 「당의 입장에서 본 신라의 통일」, 『역사비평』 130, 2020, 243쪽.

26 여호규, 「7세기 만주·한반도 전쟁과 지정학 구도의 재편」, 『역사비평』 131, 2020, 294쪽.

27 이와 관련하여 "'모두(並)'는 안동도호부의 관할 이남에서 백제 토지만큼은 기미주를 설치하거나 다시 분할하지 않고 모두 신라에게 줄 것이라는 뜻으로 해석"하는 견해(김영하, 「신라의 '삼국통일론'은 타당한가?」, 『역사비평』 129, 2019, 209쪽 및 『7세기의 한국사, 어떻게 볼 것인가』, 성균관대학교 출판부, 2020, 237쪽)도 참고된다.

28 『삼국사기』 권5, 신라본기 5, 태종무열왕 6년.

29 『日本書紀』 권26, 齊明天皇 5년(659) 7월 戊寅에 인용된 伊吉連博德書.

30 『삼국사기』 권5, 신라본기 5, 태종무열왕 7년.

31 『舊唐書』 권199上, 列傳 149上, 百濟, 顯慶 5년.

32 金浩東, 「唐의 羈縻支配와 北方 遊牧民族의 對應」, 『歷史學報』 137, 1993, 156쪽.

33 方香淑, 「百濟故地에 대한 唐의 支配體制」, 『李基白先生古稀紀念 韓國史學論叢』 上, 一潮閣, 1994, 310~316쪽; 노중국, 『백제부흥운동사』, 일조각, 2003, 68~71쪽.

34 『삼국사기』 권5, 신라본기 5, 태종무열왕 7년 9월 3일.

35 위의 책, 태종무열왕 7년 11월 22일.

36 『자치통감』 권200, 당기 16, 顯慶 5년(660) 12월 壬午 및 龍朔 원년(661) 1월 乙卯.戊午.

37 『삼국사기』 권6, 신라본기 6, 문무왕 원년(661). 6월에 당 고종의 명령을 전달받은 문무왕은 김유신 등과 함께 7월에 출동하여 도중에 백제 부흥군과 전투를 치렀다. 문무왕은 10월 29일에 당나라 칙사를 만나기 위해 귀경했다. 이때 김유신도 진격을 멈추고 당의 명령을 대기하다가 이듬해 봄에 평양으로 군량을 수송하러 떠났다.

38 『삼국사기』 권42, 列傳 2, 金庾信 中에 따르면, 661년 6월에 문무왕이 당 고종의 명령을 받고 출동하여 남천주南川州에 머물 때 유인원도 병력을 이끌고 사비에서 배를 타고 와 혜포鞋浦에서 내린 후 남천주에 주둔하였다. 주 37)에서 보듯이 신라군이 10월 말에 진격을 멈추었을 때 유인원의 병력도 사비로 귀환하였을 것이다.

39 『자치통감』 권200, 당기 16, 龍朔 2년(662) 7월 丁巳.

40 『삼국사기』 권7, 신라본기 7, 문무왕 11년(671) 7월의 「답설인귀서」의 용삭 3년(663)과 인덕 원년(664) 부분.

41 『삼국사기』 권6, 신라본기 6, 문무왕 4년(664) 2월 및 5년 8월. 단, 웅령熊嶺에서의 맹회를 전하는 문무왕 4년 2월은 12월의 오기임이 분명한데, 그 이유는 부여융이 귀국한 것이 10월이기 때문이다. 노중국, 앞의 책, 302쪽.

42 노중국, 앞의 책, 320쪽.

43 『삼국사기』 권6, 신라본기 6, 문무왕 3년(663) 4월.

44 김종복, 「백제와 고구려 고지에 대한 당의 지배 양상」, 『역사와 현실』 78, 2010, 80쪽.

45 『삼국사기』 권6, 신라본기 6, 문무왕 6년(666) 4월.

46 김영하, 앞의 책, 2007, 107~114쪽.

47 『삼국사기』 권7, 신라본기 7, 문무왕 11년(671) 추7월 「답설인귀서」의 건봉 3년(666) 부분에 의하면, 평양성 함락 이후에 이적李勣은 신라가 군기軍期를 어긴 날짜를 계산해야 한다고 했으며 당에 귀환해서는 신라가 아무런 공을 세우지 않았다고 보고했다는 소식에 신라인들이 두려워하였다고 한다. 그런데 평양성 함락 직전인 8월에 비열도총관 유인원이 고구려 정벌에 지체했다는 이유로 요주姚州로 유배 간 사실(『자치통감』 권201, 당기 17, 건봉 3년 8월 辛酉)에 비춰본다면 웅진도독부와 신라의 진격이 늦었던 것은 사실로 보인다.

48 김종복, 「완충지대로서의 요동을 통해 본 신라·발해·당의 관계」, 『韓國古代史研究』 88, 2017, 261~262쪽.

49 『삼국사기』 권6, 신라본기 6, 문무왕 8년(666) 11월 5일.

50 위의 책에 따르면, 신라는 문무왕 9년(669) 5월에 사죄사로 흠순欽純과 양도良圖를 파견하였지만, 당은 이듬해 정월에 양도는 억류하고 흠순만 귀국시켰다.

51 『삼국사기』 권7, 신라본기 7, 문무왕 12년(672) 9월.

52 『삼국사기』 권6, 신라본기 6, 문무왕 10년(670) 6월 및 7월.

53 『삼국사기』 권7, 신라본기 7, 문무왕 14년 9월.

54 『자치통감』 권202, 당기 18, 上元 2년(675) 2월 및 『新唐書』 권220, 열전 145 東夷, 新羅, 상원 2년 2월.

55 『삼국사기』 권7, 신라본기 7, 문무왕 15년 9월 29일.

56 『자치통감』 권202, 당기 18, 儀鳳 원년 2월 甲戌.

57 古畑徹, 「七世紀から八世紀初にかけての新羅·唐關係ー新羅外交史の一試論」, 『朝鮮學報』 107, 1983, 66쪽 주 37).

58 『삼국사기』 권7, 신라본기 7, 문무왕 16년 11월.

59 『자치통감』 권202, 당기 18, 儀鳳 2년 2월 丁巳.

60 『자치통감』 권202, 당기 18, 儀鳳 3년 9월 辛酉. 한편 해당 부분이 『舊唐書』 권85, 열전 35, 張文瓘에는 '雖未即順 師不内侵'으로 되어 있다.

61 김종복, 앞의 글, 2017, 272쪽.

62 『삼국사기』 권8, 신라본기 8, 神文王 즉위년 및 孝昭王 즉위년, 『唐會要』 권95, 新羅.

63 『삼국사기』 권22, 고구려본기 10, 寶藏王 開耀 원년 부분.

64 「扶餘隆 墓誌銘」.

65 『삼국사기』 권8, 신라본기 8, 신문왕 3년 10월 및 4년 11월.

66 李基東, 『新羅 骨品制社會와 花郎徒』, 一潮閣, 1984, 211쪽.

67 『삼국사기』 권8, 신라본기 8, 신문왕 12년. 이 기사의 기년 문제에 대해서는 金鍾福, 「8세기 초 나당관계의 재개와 사신 파견ー『삼국사기』 신라본기 기사의 오류 수정을 중심

으로」, 『震檀學報』 126, 2016, 5~6쪽 참조.

68 『삼국사기』 권8, 신라본기 8, 효소왕 즉위년, 3년 및 같은 책 권44, 열전 4, 金仁問.

69 『자치통감』 권202, 당기 20, 天授 원년 11월 庚辰朔 및 『삼국사기』 권8, 신라본기 8, 효소왕 4년.

70 『자치통감』 권207, 당기 23, 久視 원년 10월 甲寅 및 『삼국사기』 권8, 신라본기 8, 효소왕 9년.

71 『唐會要』 권95, 新羅.

72 『삼국사기』 권8, 신라본기 8, 성덕왕 12년 10월.

73 위의 책, 성덕왕 32년 7월.

74 魏國忠, 「大祚榮'遣子'侍唐時間考」, 『北方文物』 1985 - 4.

75 『책부원귀』 권964, 외신부 9, 봉책 2, 先天 2년 2월.

76 金翰奎, 「南北朝時代의 中國的 世界秩序와 古代韓國의 幕府制」, 『韓國古代의 國家와 社會』, 一潮閣, 1985, 132쪽.

77 『삼국사기』 권8, 신라본기 8, 효소왕 3년 겨울.

78 『삼국사기』 권7, 신라본기 7, 문무왕 21년 춘정월 및 같은 책 권35, 雜志 4, 地理 2, 朔州 井泉郡.

79 『삼국사기』 권35, 잡지 4, 지리 2, 삭주 朔庭郡. 같은 책 권8, 신라본기 8, 효소왕 7년 1월에 이찬 체원體元을 삭주의 이칭인 우두주牛頭州 총관摠管에 임명한 사실을 감안하건대 삭정군의 축성은 이때로 추정된다.

80 『당회요』 권73, 안동도호부.

81 『삼국사기』 권8, 신라본기 8, 성덕왕 12년 12월.

82 위의 책, 성덕왕 17년 10월.

83 『책부원귀』 권973, 외신부 18, 助國討伐, 唐玄宗開元 21년(734) 2월 및 『삼국사기』 권8, 신라본기 8, 성덕왕 33년 정월.

84 『삼국사기』 권6, 신라본기 6, 문무왕 7년 12월.

85 『文苑英華』 권471, 翰林制詔, 蕃書 4, 新羅書, 勅新羅王金興光書 2.

86 『책부원귀』 권971, 외신부 16, 朝貢 4, 開元 24년 6월. 한편 『삼국사기』 권8, 신라본기 8, 성덕왕 35년 6월 기사는 이 사료를 인용하면서 서두의 "平壤已南 宜令新羅安置"만 "賜浿江以南地境"로 수정하고 나머지는 그대로 전재하였다. 그리고 이 사료에 의거해 성덕왕 34년 2월에 "義忠廻 勅賜浿江以南地"을 삽입하였다. 『삼국사기』가 『책부원귀』의 칙서나 상표문을 인용할 때 대부분 전재한 데 반해, 여기서는 서두만 수정하고 이를 토대로 기사를 삽입한 것은 고려시대의 영토의식과 관련하여 추후 논의해야 할 문제이다.

87 김종복, 「8세기 초 발해·당의 긴장관계에 대한 신라의 외교전략—나당 간의 국서를 중심으로」, 『大丘史學』 126, 2017, 29~31쪽.

88 이강래, 『삼국사기 인식론』, 一志社, 2011, 292쪽.

당의 입장에서 본 신라의 통일 | 이기천

1 盧泰敦, 『삼국통일전쟁사』, 서울대학교 출판부, 2009; 申瀅植, 「삼국통일의 민족사적 의미」, 『한국고대사의 새로운 이해』, 주류성, 2009; 金壽泰, 「신라의 천하관과 삼국통일론」, 『新羅史學報』 32, 2014; 全德在, 「신라는 삼국을 통일하려고 하였을까」, 『역사비평』 128, 2019.

2 金瑛河, 「新羅의 백제 통합과 체제 변화」, 『新羅中代社會硏究』, 일지사, 2007; 金瑛河, 「신라 통일론의 궤적과 함의」, 『한국고대사의 인식과 논리』, 성균관대 출판부, 2012; 金瑛河, 「신라의 '통일' 영역 문제」, 『韓國史學報』 56, 2014; 尹京鎭, 「671년 「答薛仁貴書」의 '平壤已南 百濟土地'에 대한 재해석」, 『역사문화연구』 60, 2016; 金鍾福, 「7~8세기 나당관계와 추이」, 『역사비평』 127, 2019; 金瑛河, 「신라의 '삼국통일론'은 타당한가」, 『역사비평』 129, 2019.

3 邊太燮, 「三國統一의 民族史的 意味 ─ '一統三韓' 意識과 관련하여」, 『新羅文化』 2, 1985; 李昊榮, 「新羅의 統一意識과 '一統三韓' 意識의 成長」, 『東洋學』 26, 1996; 盧泰敦, 「7세기 전쟁의 성격을 둘러싼 논의」, 『韓國史硏究』 154, 2011; 盧泰敦, 「삼한일통의식의 형성 시기에 대한 고찰 ─ 일본서기 '삼한' 기사의 분석을 중심으로」, 『木簡과 文字』 16, 2016; 奇庚良, 「'일통삼한 의식'과 표상으로서의 '삼한'」, 『역사비평』 128, 2019.

4 金秉南, 「신라의 삼국통일 의식과 그 실제」, 『韓國思想과 文化』 24, 2004; 金瑛河, 「7세기 후반 한국사의 인식문제」, 『韓國史硏究』 146, 2009; 金瑛河, 「一統三韓의 실상과 의식」, 『韓國古代史硏究』 59, 2010; 金瑛河, 「신라의 '백제통합'과 '일통삼한' 재론」, 『韓國古代史硏究』 89, 2018; 金瑛河, 「신라의 '백제통합'과 '일통삼한' 재론 2」, 『韓國古代史硏究』 95, 2019.

5 尹京鎭, 「三韓一統意識의 성립 시기에 대한 재론」, 『韓國史硏究』 175, 2016; 尹京鎭, 「고려의 三韓一統意識과 '開國' 인식」, 『한국문화』 74, 2016; 尹京鎭, 「신라의 영토의식과 삼한일통의식」, 『역사비평』 126, 2019.

6 李在桓, 「7세기 중·후반 동북아시아의 전쟁을 어떻게 부를 것인가?」, 『역사비평』 126, 2019.

7 위의 글, 61쪽.

8 위의 글, 61~62쪽.

9 중국 학계에서 사료의 문제, 연구자들의 입장 및 학술 소양의 차이 등으로 인해 나당전쟁 관련 연구가 부진하다는 점은 이미 중국 학계에서도 지적된 바 있다. 拜根興, 「『唐羅

戰爭"關聯問題的再探討」, 『唐硏究』 16, 北京大學出版社, 2010, 92쪽.

10 신라가 당에 신속하면서 당의 국제질서를 받아들이는 동시에 당의 지배하에 있던 백제 고지를 끊임없이 잠식하여 통일을 완성하려고 했기에 양국 간의 이해관계가 충돌했다고 지적한 중국 학자도 있다. 그러나 해당 연구는 백제의 멸망을 계기로 새롭게 확립된 동아시아 국제질서에 초점을 맞추고 있다. 韓昇, 「唐平百濟前後的東亞國際形勢」, 『唐硏究』 1, 北京大學出版社, 1995; 韓昇, 「白江之戰前唐朝與新羅·日本關係的演變」, 『中國史硏究』 2005年 1期. 나당전쟁 결과 당·일본·신라의 삼국 정립의 시기가 출현했다고 평가하는 연구도 있다. 熊義民, 「圍繞著新羅統一朝鮮半島的唐日外交」, 『盛唐時代與東北亞政局』, 上海辭書出版社, 2003. 한편 나당전쟁 이후에도 양국이 우호적인 관계를 회복하게 된 것은 당이 애초에 한반도에 대한 지배 의도가 없었기 때문이라고 보는 견해도 있다. 王小甫, 「唐朝與新羅關係史論」, 『唐硏究』 6, 北京大學出版社, 2000.

11 拜根興, 『七世紀中葉唐與新羅關係硏究』, 中國社會科學出版社, 2003, 48~50쪽; 于賡哲, 「隋唐兩代伐高句麗比較硏究」, 『盛唐時代與東北亞政局』, 上海辭書出版社, 2003, 71쪽; 喬鳳岐, 『隋唐皇朝東征高麗硏究』, 中國社會科學出版社, 2010, 159쪽.

12 王小甫, 「新羅北界與唐朝遼東」, 『史學集刊』 2005年 3期, 47쪽.

13 李基天, 「7世紀初 唐의 對外戰爭 名分과 國際秩序」, 『中國古中世史硏究』 39, 2016, 219~220쪽.

14 『唐大詔令集』 卷128 綏撫 鎭撫夷狄詔, 689쪽. 이하 중국사 사료는 中華書局 標點校勘本.

15 『舊唐書』 卷199上 東夷傳 高麗, 5320~5321쪽.

16 林起煥, 「7세기 동북아시아 국제질서의 변동과 전쟁」, 『전쟁과 동북아의 국제질서』, 一潮閣, 2006, 70~74쪽.

17 『通典』 卷197 邊防典 13 突厥上, 5407쪽.

18 고대 투르크어 shad(設, 殺)는 독자적인 영역을 관리하는 군사령관 또는 부족장을 뜻한다. 護雅夫, 「東突厥國家內部におけるソグド人」, 『古代トルコ民族史硏究』 I, 山川出版社, 1967, 358쪽.

19 丁載勳, 『돌궐 유목제국사 552~745』, 사계절, 2016, 293~300쪽 참조.

20 『資治通鑑』 卷191 唐紀 7 高祖武德7年(624) 7月條, 5989쪽.

21 丁載勳, 앞의 책, 318~319쪽.

22 고대 유목국가는 정주 사회와는 상이한 사회구조를 지니며 부락 단위로 구성된 부족연합체적 성격이 강하다. 그 구성은 군주와 그의 인척 씨족으로 구성되는 '핵심 집단', 지배 집단으로 편입된 '연맹 집단', 일체감은 없지만 국가의 구성원에 포함된 '종속 집단', 정주 지역의 농경민·수공업자인 '부용 집단' 등의 피라미드 구조로 설명된다. 金浩東, 「古代 遊牧國家의 構造」, 『講座中國史』 II, 知識産業社, 1989, 270~272쪽.

23 『資治通鑑』卷193 唐紀 9 太宗貞觀3年(629)條, 6069쪽.

24 李基天, 「7세기 唐의 諸衛將軍號 수여와 蕃將의 대응」, 『東洋史學研究』 120, 2012, 76쪽.

25 李基天, 앞의 글, 2016, 224쪽.

26 李基天, 앞의 글, 2012, 89~90쪽.

27 당 전기 대외 전쟁에 번장이 참여했던 비율은 전체 56건 가운데 41건(약 73%)이며, 710년 편성된 군대의 경우 전체 병력 60만의 40%를 넘는 25만 명의 부락병이 동원되었을 정도로 병력상의 비중도 컸다. 谷口哲也, 「唐代前半期の蕃將」, 『史朋』 9, 1978, 6~8쪽.

28 『通典』卷200 邊防典 16 跋言, 5494쪽.

29 朴漢濟, 『대당제국과 그 유산』, 세창출판사, 2015, 227쪽.

30 李基天, 앞의 글, 2016, 226~227쪽.

31 위의 글, 232~233쪽.

32 『新唐書』卷110 諸夷蕃將傳 執失思力, 4116쪽.

33 『舊唐書』卷109 契苾何力傳, 3291쪽.

34 『舊唐書』卷69 薛萬徹傳, 2517~2518쪽.

35 『資治通鑑』卷194 唐紀 10 太宗貞觀9年(635) 5月條, 6112~6113쪽.

36 李基天, 앞의 글, 2016, 234~235쪽.

37 『資治通鑑』卷196 唐紀 12 太宗貞觀15年(641) 8月條, 6169~6170쪽.

38 『新唐書』卷220 東夷傳 高麗, 6187쪽.

39 『元和郡縣圖志』卷40 隴右道下 西州, 1031쪽.

40 李基天, 앞의 글, 2016, 243~245쪽.

41 『資治通鑑』卷197 唐紀 13 太宗貞觀17年(643) 9月條, 6204쪽.

42 『資治通鑑』卷197 唐紀 13 太宗貞觀17年(643) 正月條, 6206~6207쪽.

43 『唐大詔令集』卷130 蕃夷 討高麗詔, 703쪽.

44 李基天, 앞의 글, 2016, 245쪽.

45 『舊唐書』卷197上 東夷傳 新羅, 5335쪽.

46 국사편찬위원회, 『中國正史 朝鮮傳 譯註』 2, 신서원, 2004, 339쪽.

47 성방은 내부來附한 이민족에 대해 그들의 부락을 단위로 주를 설치하는 일종의 이민족 지배 방식을 뜻한다. 거란·해·말갈 등 반농반목半農半牧의 이민족들이 이러한 방식으로 당의 지배를 받았다.

48 이상 전쟁의 초기 전황에 대해서는 盧泰敦, 앞의 책, 83~100쪽 참조.

49 위의 책, 102쪽.

50 『資治通鑑』卷198 唐紀 14 太宗貞觀19年(645)條, 6232쪽.

51 『三國史記』卷28 百濟本紀 6 義慈王5年夏5月條.

52 『三國史記』卷21 高句麗本紀 寶藏王4年(645)10月條.

53 金鍾福, 앞의 글, 242쪽.

54 『三國史記』卷7 新羅本紀 7 文武王11年(671)秋7月26日條.

55 王小甫, 앞의 글, 2005, 43쪽; 韓昇, 앞의 글, 2005, 53쪽.

56 盧泰敦, 앞의 책, 142쪽.

57 『新唐書』卷145 東夷傳 百濟, 6200쪽. 『舊唐書』卷199上 東夷傳 百濟, 5332쪽에도 유사한 기록이 있다.

58 盧泰敦, 앞의 책, 30쪽.

59 金瑛河, 앞의 책, 2012, 180쪽.

60 尹京鎭, 앞의 글, 2016, 9~10쪽.

61 金鍾福, 앞의 글, 243쪽.

62 全德在, 앞의 글, 192쪽; 奇庚良, 앞의 글, 218쪽.

63 『貞觀政要』卷9 議征伐, 487쪽.

64 朴漢濟, 「七世紀 隋唐 兩朝의 韓半島進出 經緯에 대한 一考」, 『東洋史學研究』 43, 1994, 36쪽.

65 위의 글, 38쪽.

66 『資治通鑑』卷200 唐紀 16 高宗龍朔元年(661)條 6323~6324쪽; 『舊唐書』卷28 音樂志 1, 1047쪽; 『新唐書』卷21 禮樂志 11, 472쪽.

67 盧重國, 『백제부흥운동사』, 一潮閣, 2003, 68쪽.

68 『三國史記』卷28 百濟本紀 義慈王 20年(660)條.

69 백제·고구려 멸망 이후에 대한 선행 연구는 부흥운동, 유민들의 반당 행위, 당의 기미지배 실패 등에 압도적으로 편중된 반면, 당으로 옮겨진 일반 백성 계층을 전론한 연구가 盧泰敦, 「高句麗 遺民史 研究」, 『(韓㳓劤博士停年紀念)史學論叢』, 지식산업사, 1981; 金文經, 「唐代 高句麗遺民의 藩鎭」, 『唐 高句麗遺民과 新羅僑民』, 日新社, 1986; 金賢淑, 「고구려 붕괴 후 그 유민의 거취 문제」, 『한국고대사연구』 33, 2004; 金榮官, 「百濟 遺民들의 唐 移住와 活動」, 『韓國史研究』 158, 2012뿐이라는 점은 단순히 연구의 관심 문제를 넘어 사료의 부족이 큰 영향을 미쳤다고 생각한다.

70 『資治通鑑』卷201 唐紀 17 高宗總章2年(669)4月條, 6358쪽.

71 『舊唐書』卷5 高宗本紀 下 總章2年(669)五月庚子條, 92쪽.

72 盧泰敦, 앞의 글, 1981, 94쪽.

73 陳長安 主編, 『隋唐五代墓誌滙編·洛陽卷』 7, 天津古籍出版社, 1991, 147쪽.

74 장안長安과 낙양洛陽에 편적된 고구려 유민에 대해서는 金秀鎭, 「唐京 高句麗 遺民의 私第와 葬地」, 『사학연구』 127, 2017, 280~289쪽 참조.

75 金鍾福, 앞의 글, 245쪽.

76 위의 글, 246~247쪽.

77 徐榮敎, 「서역 정세의 변화와 휴전」, 『羅唐戰爭史 硏究』, 아세아문화사, 2006; 李相勳, 「신라의 승리요인과 의의」, 『나당전쟁 연구』, 주류성, 2012.

78 『隋書』 卷84 北狄傳 突厥, 1866~1867쪽.

79 『隋書』 卷54 李徹傳, 1368쪽.

80 丁載勳, 「隋 文帝(581~604)의 統一 指向과 對外政策」, 『中國史硏究』 13, 2001, 101쪽.

81 『資治通鑑』 卷181 隋紀 5 煬帝大業4年(608)條, 5641쪽.

82 『隋書』 卷83 西域傳 吐谷渾傳, 1845쪽; 『隋書』 卷24 食貨志, 687쪽.

왜국(일본)에서 본 백제·고구려의 멸망 | 이재석

1 이 주제에 관한 기존의 연구는 방대하며, 이 글에서 연구사를 새삼 일일이 소개하지는 않는다. 참고로 『역사비평』 126호(2019 봄호)부터 131호(2020 여름호)까지 게재된 특집·기획 '삼국통일과 통일신라의 재조명'에 수록된 일련의 논문들은 현재 이러한 논의의 도달점을 보여주고 있다. 또한 장원섭, 「신라삼국통일론 논의의 연구사적 검토」, 『신라사학보』 43, 2018도 최근의 연구사 정리 논고이다.

2 대표 저작으로 노태돈, 『삼국통일전쟁사』, 서울대 출판부, 2009; 김영하, 『新羅中代社會 硏究』, 일지사, 2007을 들 수 있다.

3 이영호, 「서평: '신라삼국통일론'에서 '남북국론'으로」, 『한국고대사연구』 52, 2008.

4 노태돈, 「7세기 전쟁의 성격을 둘러싼 논의」, 『한국사연구』 154, 2011.

5 예를 들어 근대 일본 역사학의 발달 과정에서 일본 학계가 보여준 한국 고대사에 대한 인식의 양상이나 경과, 아울러 일본 학계의 고안이라고 할 수 있는 소위 '통일신라'라는 용어 사용 및 그것과 식민사학의 연관성 등의 논점은 논외로 한다. 한편, 백제·고구려의 멸망을 '삼국통일'이라는 용어로 표현할 경우 이미 필자가 특정 논점에 가담하고 있음을 드러내게 되고, 또한 그 관점에서 왜국(일본)의 반응을 살핀다는 취지가 되어버린다. 따라서 학계의 쟁점과 일정 거리를 두고 처음부터 편견 없이 왜국의 입장을 생각해본다는 의미로 이 글에서는 일부러 '백제·고구려의 멸망'이라고 표현했음을 밝힌다.

6 『일본서기』 사이메이齊明천황 6년 9월 계묘조에 "금년 7월에 신라가 힘을 믿고 세를 이루어서 이웃 나라를 친하게 여기지 않고 당나라 사람을 끌어들여 백제를 멸망시켰다"고 나온다.

7 『일본서기』 사이메이천황 6년 10월조.

8 『삼국사기』 신라본기 문무왕 11년(671)조에 "大王報書云, 先王貞觀二十二年入朝. 面奉太宗文皇帝恩勑. 朕今伐高麗, 非有他故. …… 我平定兩國. 平壤已南, 百濟土地, 竝乞你

新羅, 永爲安逸. 垂以計會, 賜以軍期"이라 나오며, 진덕왕 2년(648) 겨울조에도 "春秋跪
奏曰. 臣之本國, …… 而百濟强猾, 屢肆侵凌. …… 若陛下不借天兵剪除凶惡, 敝邑人民
盡爲所虜. 則梯航述職無復望矣. 太宗深然之. 許以出師"이라고 나온다.

9 『일본서기』 고토쿠孝德천황 大化 3년 시세조.

10 『일본서기』 고토쿠천황 白雉 4년 시세조.

11 이재석, 「孝德朝權力鬪爭의 國際的 契機」, 『律令國家史論集』, 塙書房, 2010; 이재석, 「〈일
본서기〉 大化 5년의 신라사 김다수에 관한 소고」, 『동아시아 속의 한일관계사 (상)』, 제
이엔씨, 2010.

12 고토쿠천황이 654년 10월에 사망한 후 나카노오에 황자는 바로 즉위하지 않고 모친인
고교쿠皇極천황을 사이메이齊明천황으로 재즉위시켰다.

13 예를 들어 『삼국사기』 고구려본기 보장왕 8년 하4월조.

14 김현구 외, 『일본서기 한국관계기사 연구 Ⅲ』, 일지사, 2004, 208~209쪽.

15 『일본서기』 덴지天智천황 2년 8월 갑오조에 "新羅, 以百濟王斬己良將, 謀直入國先取州
柔"라고 나온다.

16 『일본서기』 덴지천황 2년 3월조에 "遣前將軍上毛野君稚子. 間人連大蓋, 中將軍巨勢神
前臣譯語, 三輪君根麻呂, 後將軍阿倍引田臣比邏夫. 大宅臣鎌柄, 率二萬七千人, 打新
羅"라고 나온다.

17 『일본서기』 사이메이천황 6년 시세조에 "欲爲百濟, 將伐新羅, 乃勅駿河國造船"라고 되
어 있다.

18 『일본서기』 덴지천황 2년 8월 戊戌조에 "賊將至於州柔, 繞其王城. 大唐軍將, 率戰船
一百七十艘, 陣烈於白村江"이라고 나온다.

19 『일본서기』 덴지천황 2년 8월 戊申조에 "日本船師初至者, 與大唐船師合戰. 日本不利而
退. 大唐堅陣而守"라고 나오며, 이어지는 동 己酉조에도 동일한 기조를 유지하고 있다.

20 『일본서기』 덴지천황 원년 3월 是月조에 "唐人·新羅人, 伐高麗. 高麗乞救國家. 仍遣軍
將, 據疏留城. 由是, 唐人不得略其南堺, 新羅不獲輸其西壘"라고 나온다.

21 『일본서기』 덴지천황 7년 10월조에 "大唐大將軍英公, 打滅高麗. 高麗仲牟王, 初建國
時, 欲治千歲也. 母夫人云, 若善治國不可得也. 但當有七百年之治也. 今此國亡者, 當在
七百年之末也"라고 나온다.

22 『일본서기』 사이메이천황 6년 5월 是月조.

23 『일본서기』 덴지천황 원년 4월조.

24 『일본서기』 사이메이천황 6년 시세조에 준하국駿河國의 함선 소동과 과야국科野國의 파
리 떼 소동 이야기, 동 덴지천황 즉위 전기(사이메이천황 7년) 시세조에는 백제 가파리
빈加巴利濱에 주둔한 '일본구고려군장日本救高麗軍將'들이 재(灰)가 변해 나는 소리가 화
살이 우는 소리 같았다는 이야기가 각각 자신들의 구원 실패 및 고구려·백제의 멸망 징

조로 언급되어 있다.

25 원문은 주 20) 참조.

26 연민수 외, 『역주 일본서기 3』, 동북아역사재단, 2013, 336쪽.

27 『일본서기』 덴지천황 원년 4월조.

28 김현구 외, 『일본서기 한국관계기사 연구 Ⅲ』, 일지사, 2004, 208~209쪽.

29 『일본서기』 덴지천황 2년 9월 정사~갑술조.

30 『일본서기』 덴지천황 원년 4월조.

31 『日本古典文學大系 日本書紀 (下)』, 岩波書店, 1965, 355쪽.

32 『일본세기』에는 왜국 조정이 '東朝'로 표현된 사례(『일본서기』 사이메이천황 7년 4월조 의 분주)가 있으며, 방위로 따지자면 신라 또한 고구려의 남국이 될 수 있다.

33 이도학, 『새로 쓰는 백제사』, 푸른역사, 1997.

34 김수태, 「웅진도독부의 백제 부흥운동」, 『백제 부흥운동의 재조명』, 서경, 2004.

35 이재석, 「7세기 후반 백제 부흥운동의 두 노선과 왜국의 선택」, 『백제연구』 57, 2013.

36 『삼국사기』 신라본기 문무왕 4년조.

37 부여융이 웅진도독으로 임명된 시점은 664년 10월이었다. 『자치통감』(당기 17) 당 고종 麟德 원년 10월 경신조 참조.

38 『자치통감』(당기 17) 麟德 2년 추7월조, 『구당서』 백제전의 麟德 2년 8월조, 『삼국사기』 백제본기 의자왕 20년조, 동 신라본기 문무왕 하 11년조.

39 『삼국사기』 신라본기 문무왕 11년 7월조의 「답설인귀서」.

40 이도학, 「웅진도독부의 지배 조직과 대일본 정책」, 『백산학보』 34, 1987.

41 『善隣國寶記』 卷上에 "海外國記曰, 天智天皇三年四月, 大唐客來朝, 大使朝散大夫上柱 國郭務悰等三十人. 百濟佐平禰軍等百餘人, 到對馬島"이라고 나온다.

42 『삼국사기』 신라본기 문무왕 11년 7월조. 다만 백제 고토에 대한 신라의 실질적인 지배 권은 672년 이후로 보는 것이 일반적이다.

43 안승의 고구려국에 관해서는 김수태, 「統一期 新羅의 高句麗遺民支配」, 『이기백 선생 고희기념 韓國史學論叢 (上)』, 일조각, 1994; 임기환, 「報德國考」, 『강좌 한국고대사 제 10권 고대사 연구의 변경』, 가락국사적개발연구원, 2003; 이재석, 「7세기 후반 報德國 의 존재 의의와 왜국」, 『일본역사연구』 31, 2010; 이미경, 「신라의 報德國 지배 정책」, 『대구사학』 120, 2015 등을 참조.

44 처음 1, 2회를 제외하고 3회째부터는 신라의 사신이 송사送使로 동행했다.

45 관련 사료의 정리는 이재석, 「7세기 후반 報德國의 존재 의의와 왜국」, 『일본역사연구』 31, 2010 참조.

46 〈고구려국〉의 존재 의의에 대한 본문의 이하 기술은 이재석, 「7세기 후반 報德國의 존 재 의의와 왜국」, 『일본역사연구』 31, 2010을 기반으로 했음을 밝힌다.

47 예컨대 森公章, 『「白村江」以後』, 講談社, 1998; 榎本淳一, 「〈東アジア世界〉における日本律令制」, 大津透編, 『律令制研究入門』, 名著刊行會, 2011.

48 김수태, 「신라의 천하관과 삼국통일론」, 『신라사학보』 32, 2014.

49 『일본서기』 진구황후神功皇后 攝政前紀(주아이仲哀천황 9년) 10월 신축조.

50 연민수, 「일본 율령국가의 신라관 형성과 실태」, 『8세기 동아시아의 역사상』, 동북아역사재단, 2011.

51 이재석, 「日本古代國家의 自畵像과 他者像」, 『일본역사연구』 24, 2006.

52 『속일본기』 天平神護 2년 6월 임자조의 百濟王敬福薨傳.

53 『속일본기』 대보 3년 4월 을미조.

54 『令集解』 公式令 詔書式條.

55 이재석, 「日本古代國家의 自畵像과 他者像」, 『일본역사연구』 24, 2006.

56 단적인 예로 922년 견훤이 일본에 사신을 파견했을 때 일본이 신라왕만을 자신의 '번왕藩王'으로서, 말하자면 한반도의 유일 정통으로 인정하며 후백제를 애써 인정하지 않으려 했던 태도는 당시 일본의 인식 태도를 엿볼 수 있는 좋은 소재이다. 견훤의 견사遺使에 대해서는 야마사키 마사토시, 「甄萱政權과 일본의 교섭」, 『한국고대사연구』 35, 2004; 박현숙, 「외교문서를 통해 본 후백제와 일본의 외교 양상」, 『역사학보』 236, 2017에 자세하다.

물질문화로 보는 삼국통일 — 고고학적 접근 | 홍보식

1 삼국통일의 역사적 평가에 대한 연구는 주로 문헌사학자들에 의해 추진되어왔으며, 고고학에서는 거의 다루어지지 않았다. 문헌사 연구자가 제기한 논쟁에 대해서는 윤진석, 「648년 당태종의 '평양이남 백제토지' 발언의 해석과 효력—'신라의 백제통합론'과 '삼한일통의식 9세기 성립설'에 대한 비판을 중심으로」, 『한국고대사탐구』 34, 한국고대사탐구학회를 참조하기 바란다.

2 물질자료를 분석하여 삼국통일의 의미를 분석한 연구가 전무하다. 이는 물질자료를 통해 삼국통일을 논하기가 매우 어렵다는 점을 나타낸다. 신라가 백제를 점령한 이후 백제의 건축 기술과 기와 제작 기술 및 양식을 수용한 사례도 확인된다. 또 칠곡 송림사지 출토 사리기에 백제 사비기의 은화관식 형태를 닮은 은제 수지형 장식품이 확인되었고, 세종시 서광암 소장 계유명삼존불상, 비암사 소장 계유명전씨아미타불상과 기축명아미타불상비, 반가사유비상, 무인명반가사유비상, 칠존불비상 등은 백제적 요소에 신라 요소가 가미된 융합적 모습이 나타나는 자료로 알려져 있다. 그러나 이 글에서는 신라의 삼국통일에 의해 전개된 신라 문화 확산과 백제·고구려 문화 수용 및 융합 등 전

반적인 양상의 논의보다는 삼국통일 이후 특정 물질자료의 검토를 통해 삼국통일의 의의를 검토한다.

3 홍보식, 「신라 도성의 건설과 구조」, 『삼국시대 고고학 개론 1』, (재)대한문화재연구원, 2014, 163쪽.

4 국립경주문화재연구소, 『발굴조사보고서 경주 동궁과 월지 II』, 2014, 164쪽.

5 위의 책, 473쪽.

6 홍보식, 「신라 후기양식 토기와 통일양식 토기의 연구」, 『가야고고학논총 3』, 가야문화연구소, 2000, 185쪽.

7 『三國史記』新羅本紀 7, 文武王 19年 "十九年 二月 重修宮闕 頗極壯麗, 秋八月 創造東宮 定始內外諸門額號."

8 적심이란 건물의 기둥이 무게 하중으로 침하되는 것을 방지하기 위해 기둥이 위치할 대지를 굴착한 뒤 그곳에 흙이나 돌을 채워서 단단하게 만든 시설을 지칭한다.

9 정재윤, 「신라의 백제 고지 점령정책」, 『국사관논총』, 국사편찬위원회, 2002, 142쪽.

10 서영교, 「통일기 신라의 백제 지역 지배」, 『백제의 멸망과 부흥운동』, 충청남도역사문화원, 2007, 346쪽.

11 홍보식, 앞의 글, 2000; 홍보식, 「통일신라 토기의 상한과 하한—연구사 검토를 중심으로」, 『嶺南考古學』 34, 영남고고학회, 2004; 김현정, 「陵山里寺址 出土 印花文土器에 대한 檢討」, 『國立公州博物館紀要 2』, 국립공주박물관, 2002; 이동헌, 「統一新羅 開始期의 印花文土器—曆年代 資料 確保를 위하여」, 『韓國考古學報』 81, 韓國考古學會, 2011.

12 본문에 열거한 유구에서 출토된 신라 토기의 형태와 문양 종류 및 시문기법의 특징에 대해 김현정(위의 글)과 이동헌(위의 글)의 선행 연구가 있다. 이 글에서는 이동헌의 분석 내용을 많이 참고하였다.

13 이동헌, 앞의 논문, 2011, 201쪽.

14 김현정, 앞의 논문, 2002, 87~89쪽.

15 서현주, 「분묘로 본 백제 고도의 신라 지배 양상—부여·청양 지역을 중심으로」, 『백제학보』 22, 부여, 백제학회, 2017, 170쪽.

16 이동헌, 앞의 글, 2011, 193~194쪽.

17 서현주, 앞의 글, 2017, 169쪽.

18 김수민, 「신라인의 의식주 2. 식생활」, 『신라 천년의 역사와 문화 17. 신라인의 생활과 문화』, 경상북도, 2016, 50쪽.

참고문헌

신라의 영토의식과 삼한일통 의식 | 윤경진

『三國史記』,『三國遺事』,『舊唐書』,『新唐書』.
韓國古代社會究所 편,『譯註韓國古代金石文』, 駕洛國史蹟開發研究院, 1992.
한국역사연구회 편,『譯註羅末麗初金石文』, 혜안, 1996.

김병남,「신라의 삼국통일의식과 그 실제」,『韓國思想과 文化』2, 2004.
김수태,「신라의 천하관과 삼국통일론」,『新羅史學報』32, 2014.
김수태,「일연의 삼한·삼국통일론」,『서강인문논총』43, 2015.
金瑛河,「新羅의 百濟統合戰爭과 體制變化」,『韓國古代史研究』16, 1999.
김영하,「一統三韓의 실상과 의식」,『韓國古代史研究』59, 2010.
김영하,「신라의 '백제통합'과 '일통삼한' 재론—최근의 사료 비판과 해석을 중심으로」,『韓國古代史研究』89, 2018.
盧泰敦,「三韓에 대한 認識의 變遷」,『韓國史研究』38, 1982.
노태돈,『삼국통일전쟁사』, 서울대학교 출판부, 2009.
노태돈,「삼한일통 의식의 형성 시기에 대한 고찰—일본서기 '삼한' 기사의 분석을 중심으로」,『木簡과 文字』16, 2016.
박남수,「신라 문무대왕의 삼국통일과 宗廟制 정비」,『新羅史學報』38, 2016.
박승범,「7세기 전반기 新羅危機意識의 실상과 皇龍寺9층木塔」,『新羅史學報』30, 2014.
邊太燮,「三國統一의 民族史的 意味—'一統三韓'意識과 관련하여」,『新羅文化』2, 1985.
윤경진,「『三國史記』地理志 수록 군현의 三國 分屬」,『韓國史學報』47, 2012.
윤경진,「'청주운천동사적비'의 건립 시기에 대한 재검토」,『史林』45, 2013.
윤경진,「新羅 太宗(武烈王) 諡號 논변에 대한 자료적 검토—原典에 대한 이해를 중심으로」,『歷史와實學』51, 2013.
윤경진,「新羅 中代 太宗(武烈王) 諡號의 追上과 재해석」,『韓國史學報』53, 2013.

윤경진, 「신라 통일기 금석문에 나타난 天下觀과 歷史意識―三韓一統意識의 성립 시기 고찰」, 『史林』 49, 2014.

윤경진, 「신라 興德王代 체제 정비와 金庾信 追封―三韓一統意識 출현의 일 배경」, 『史林』 52, 2015.

윤경진, 「신라 神武-文聖王代의 정치 변동과 三韓一統意識의 출현」, 『新羅文化』 46, 2015.

윤경진, 「신라 景文王의 통합 정책과 皇龍寺九層木塔의 改建―9세기 三韓一統意識의 확립과 관련하여」, 『韓國史學報』 61, 2015.

윤경진, 「671년 「答薛仁貴書」의 '平壤已南 百濟土地'에 대한 재해석―백제의 영토의식과 浿河의 새로운 이해」, 『역사문화연구』 60, 2016.

윤경진, 「三韓一統意識의 성립 시기에 대한 재론―근거 자료에 대한 검토를 중심으로」, 『韓國史研究』 175, 2016.

윤경진, 「고려의 三韓一統意識과 '開國' 인식」, 『한국문화』 74, 2016.

윤경진, 「買肖城 전투와 羅唐戰爭의 종결―『三國史記』 신라본기 675년 2월 기사의 분석」, 『史林』 60, 2017.

윤경진, 「고구려 '南平壤'의 실체와 출현 배경」, 『서울과 역사』 95, 2017.

윤경진, 「고려 건국기의 三韓一統意識과 '海東天下' 인식」, 『한국중세사연구』 55, 2018.

윤선태, 「'통일신라'의 발명과 근대역사학의 성립」, 『新羅文化』 29, 2007.

이호영, 「신라 삼국통일에 관한 재검토―통일의식을 중심으로」, 『史學志』 15, 1981.

李昊榮, 「新羅의 統一意識과 '一統三韓' 意識의 成長」, 『東洋學』 26, 1996.

전진국, 「'九韓'의 용례와 '韓'에 대한 인식」, 『新羅史學報』 36, 2016.

전진국, 「三韓의 용례와 그 인식」, 『韓國史研究』 173, 2016.

신라는 삼국을 통일하려고 하였을까 | 전덕재

김수태, 「신라의 천하관과 삼국통일론」, 『신라사학보』 32, 2014.

김영하, 『신라중대사회연구』, 일지사, 2007.

김영하, 「신라 통일론의 궤적과 함의」, 『한국고대사의 인식과 논리』, 성균관대 출판부, 2012.

김영하, 「신라의 '통일' 영역 문제―교과서 내용의 시정을 위한 제언」, 『신라사학보』 56, 2014.

김영하, 「7세기 동아시아 정세와 전쟁」, 『신라사학보』 38, 2016.

김영하, 「신라의 '백제통합'과 '일통삼한' 재론」, 『한국고대사연구』 89, 2018.

김종복, 「7~8세기 나당관계와 추이」, 『역사비평』 127, 2019.

노태돈, 『고구려사연구』, 사계절, 1999.

노태돈, 『삼국통일전쟁사』, 서울대학교 출판부, 2009.

노태돈, 「7세기 전쟁의 성격을 둘러싼 논의」, 『한국사연구』 154, 2011.

박남수, 「신라 문무왕대의 삼국통일과 종묘제 정비」, 『신라사학보』 32, 2016.

박성현, 「신라의 거점성 축조와 지방 제도의 정비 과정」, 서울대학교 박사학위논문, 2010.

拜根興, 「신라 문무왕대의 대당외교」, 『신라문화』 16, 1999.

윤경진, 「671년 '답설인귀서'의 '平壤已南 百濟土地'에 대한 재해석」, 『역사문화연구』 60, 2016.

윤경진, 「신라의 영토의식과 삼한일통의식」, 『역사비평』 126, 2019①.

윤경진, 「삼한일통의식은 7세기의 이념인가」, 『한국고대사연구』 92, 2019②.

이기동, 「신라 하대의 패강진—고려왕조의 성립과 관련하여」, 『한국학보』 4, 1976.

이재환, 「7세기 중·후반 동북아시아의 전쟁을 어떻게 부를 것인가」, 『역사비평』 126, 2019.

전덕재, 「신라 중고기 주의 성격 변화와 군주」, 『역사와 현실』 40, 2001.

주보돈, 「신라사의 시기구분과 흐름」, 『신라사총론』(신라 천년의 역사와 문화 연구총서 1), 경상북도, 2016.

'일통삼한 의식'과 표상으로서의 '삼한' | 기경량

권덕영, 「唐 墓誌의 한반도 삼국 명칭에 대한 검토」, 『한국고대사연구』 75, 2014.

권순홍, 「역사용어에도 유효기한이 있다—신라 '삼국통일'의 균열」, 『내일을 여는 역사』 75, 2019.

김수진, 「隋·唐의 高句麗 失地論과 그 배경—對高句麗戰 명분의 한 측면」, 『韓國史論』 54, 서울대학교 인문대학 국사학과, 2008.

김수진, 「고구려 유민 묘지명에 나타난 당인 관인의 '高句麗' 인식」, 『동서인문학』 54, 2018.

김수태, 「신라의 천하관과 삼국통일론」, 『新羅史學報』 32, 2014.

김영하, 『신라중대사회연구』, 일지사, 2007.

김영하, 「7세기 후반 한국사의 인식문제—신라의 백제 통합론과 삼국통일론을 중심으로」, 『韓國史研究』 146, 2009.

김영하, 「一統三韓의 실상과 의식」, 『한국고대사연구』 59, 2010.

김영하, 「新羅統一論의 궤적과 함의」, 『韓國史研究』 153, 2011.

김영하, 「7세기 동아시아의 정세와 전쟁—신라의 백제 통합과 관련하여」, 『新羅史學報』 38, 2016.

김영하, 「신라의 '백제 통합'과 '일통삼한' 재론—최근의 사료 비판과 해석을 중심으로」,

『韓國古代史研究』89, 2018.

노태돈, 「삼한에 대한 인식의 변천」, 『한국사연구』38, 1982.

노태돈, 『삼국통일전쟁사』, 서울대학교 출판부, 2009.

노태돈, 「7세기 전쟁의 성격을 둘러싼 논의」, 『韓國史研究』154, 2011.

노태돈, 「삼한일통의식의 형성 시기에 대한 고찰—일본서기 '삼한' 기사의 분석을 중심으로」, 『木簡과 文字』16, 2016.

박남수, 「신라 문무대왕의 삼국통일과 宗廟制 정비」, 『新羅史學報』38, 2016.

윤경진, 「新羅 太宗(武烈王) 諡號 논변에 대한 자료적 검토—原典에 대한 이해를 중심으로」, 『역사와실학』51, 2013.

윤경진, 「三韓 인식의 연원과 통일전쟁기 新羅의 天下觀」, 『東方學志』167, 2014.

윤경진, 「신라 통일기 금석문에 나타난 天下觀과 歷史意識—三韓一統意識의 성립 시기 고찰」, 『사림』49, 2014.

윤경진, 「신라 神武―文聖王代의 정치 변동과 三韓一統意識의 출현」, 『新羅文化』46, 2015.

윤경진, 「신라 興德王代 체제 정비와 金庾信 追封—三韓一統意識 출현의 일 배경」, 『사림』52, 2015.

윤경진, 「671년 「答薛仁貴書」의 '平壤已南 百濟土地'에 대한 재해석」, 『역사문화연구』60, 2016.

윤경진, 「三韓一統意識의 성립 시기에 대한 재론—근거 자료에 대한 검토를 중심으로」, 『韓國史研究』175, 2016.

윤경진, 「三韓一統意識은 7세기의 이념인가—백제병합론의 반론에 대한 재론」, 『韓國古代史研究』93, 2019.

윤경진, 「신라의 영토의식과 삼한일통의식」, 『역사비평』126, 2019.

윤용구, 「隋唐의 對外政策과 高句麗 遠征—裵矩의 郡縣回復論을 중심으로」, 『북방사논총』5, 2005.

이재환, 「7세기 중·후반 동북아시아의 전쟁을 어떻게 부를 것인가?」, 『역사비평』126, 2019.

장원섭, 「신라삼국통일론 논의의 연구사적 검토」, 『新羅史學報』43, 2018.

전진국, 「三韓의 용례와 그 인식」, 『韓國史研究』173, 2016.

전진국, 「「청주운천동신라사적비」의 제작 연대 검토—서체와 주변 환경을 중심으로」, 『韓國史研究』184, 2019.

조영광, 「7세기 중국인들의 對高句麗 '三韓' 호칭에 관하여」, 『백산학보』81, 2008.

신라 '삼국통일' 논쟁의 논점과 방향 | 윤경진

『三國史記』,『三國遺事』,『高麗史』,『朝鮮王朝實錄』,『新增東國輿地勝覽』

『後漢書』,『三國志』,『周書』,『隋書』,『北史』,『舊唐書』,『新唐書』,『唐會要』,『資治通鑑』,

『明太祖實錄』,『續日本紀』

韓國古代社會究所 편,『譯註韓國古代金石文』, 駕洛國史蹟開發研究院, 1992.

한국역사연구회 편,『譯註羅末麗初金石文』, 혜안, 1996.

기경량,「'일통삼한 의식'과 표상으로서의 '삼한'」,『역사비평』139, 2019.

김영하,「7세기 후반 한국사의 인식 문제」,『韓國史研究』146, 2009.

김영하,「신라의 '통일'영역 문제―교과서 내용의 시정을 위한 제언」,『韓國史學報』56,
    2014.

김영하,「신라의 '백제통합'과 '일통삼한' 재론―최근의 사료 비판과 해석을 중심으로」,『韓
    國古代史研究』89, 2018.

노태돈,「7세기 전쟁의 성격을 둘러싼 논의」,『韓國史研究』154, 2011.

박현숙,「답설인귀서―나당전쟁기 신라 외교의 표상」,『내일을 여는 역사』10, 2002.

윤경진,「泰封의 지방제도 개편―군현 신설과 읍호 개정」,『東方學志』158, 2012.

윤경진,「『청주운천동사적비』의 건립 시기에 대한 재검토」,『史林』45, 2013.

윤경진,「三韓 인식의 연원과 통일전쟁기 新羅의 天下觀」,『東方學志』167, 2014.

윤경진,「신라 興德王代 체제 정비와 金庾信 追封―三韓一統意識 출현의 일 배경」,『史林』
    52, 2015①.

윤경진,「신라 神武–文聖王代의 정치 변동과 三韓一統意識의 출현」,『新羅文化』46,
    2015②.

윤경진,「三韓一統意識의 성립 시기에 대한 재론―근거 자료에 대한 검토를 중심으로」,
    『韓國史研究』175, 2016①.

윤경진,「671년「答薛仁貴書」의 '平壤已南 百濟土地'에 대한 재해석―백제의 영토의식과
    浿河의 새로운 이해」,『역사문화연구』60, 2016②.

윤경진,「중국·일본의 '三韓' 인식에 대한 재검토―신라 삼한일통 의식의 성립 시기와 관
    련하여」,『木簡과 文字』17, 2016③.

윤경진,「고려의 三韓一統意識과 '開國' 인식」,『한국문화』74, 2016④.

윤경진,「買肖城 전투와 羅唐戰爭의 종결―『三國史記』신라본기 675년 2월 기사의 분석」,
    『史林』60, 2017.

윤경진,「고려 건국기의 三韓一統意識과 '海東天下' 인식」,『한국중세사연구』55, 2018.

윤경진,「삼한일통 의식은 7세기의 이념인가」,『韓國古代史研究』82, 2019①.

윤경진, 「신라의 영토의식과 삼한일통 의식」, 『역사비평』 126, 2019②.

윤경진, 「「청주운천동사적비」의 건립 시기와 건립 배경—최근 비판에 대한 반론과 추가 판독」, 『韓國史研究』 186, 2019③.

전덕재, 「신라는 삼국을 통일하려고 하였을까」, 『역사비평』 139, 2019.

전진국, 「「청주운천동신라사적비」의 제작 연대 검토—서체와 주변 환경을 중심으로」, 『韓國史研究』 184, 2019.

김춘추, 당 태종의 협약과 '일통삼한' | 임기환

권덕영, 「唐 墓誌의 한반도 삼국 명칭에 대한 검토」, 『한국고대사연구』 75, 2014.

기경량, 「'일통삼한 의식'과 표상으로서의 '삼한'」, 『역사비평』 128, 2019.

김수진, 「수·당의 고구려 失地論과 그 배경—대고구려전 명분의 한 측면」, 『한국사론』 54, 서울대학교 인문대학 국사학과, 2008.

김수태, 「신라의 천하관과 삼국통일론」, 『신라사학보』 32, 2014.

김영하, 「7세기 동아시아의 정세와 전쟁—신라의 백제 통합과 관련하여」, 『신라사학보』 38, 2016.

김영하, 「신라의 '백제 통합'과 '일통삼한' 재론—최근의 사료 비판과 해석을 중심으로」, 『한국고대사연구』 89, 2018.

김영하, 「신라의 '삼국통일론'은 타당한가」, 『역사비평』 129, 2019.

김영하, 「新羅統一論의 궤적과 함의」, 『한국사연구』 153, 2011.

김영하, 「一統三韓의 실상과 의식」, 『한국고대사연구』 59, 2010.

노태돈, 「7세기 전쟁의 성격을 둘러싼 논의」, 『한국사연구』 154, 2011.

노태돈, 「삼한에 대한 인식의 변천」, 『한국사연구』 38, 1982.

노태돈, 『삼국통일전쟁사』, 서울대학교 출판부, 2009.

박남수, 「신라 문무대왕의 삼국통일과 宗廟制 정비」, 『신라사학보』 38, 2016.

여호규, 「책봉호 수수를 통해 본 수·당의 동방정책과 삼국의 대응」, 『역사와현실』 61, 2006.

윤경진, 「671년 「答薛仁貴書」의 '平壤已南 百濟土地'에 대한 재해석」, 『역사문화연구』 60, 2016.

윤경진, 「신라 '삼국통일' 논쟁의 논점과 방향」, 『역사비평』 129, 2019.

윤경진, 「신라의 영토의식과 삼한일통의식」, 『역사비평』 126, 2019.

윤경진, 「三韓一統意識은 7세기의 이념인가」, 『한국고대사연구』 93, 2019.

윤선태, 「통일에 대한 역사적 평가」, 『신라의 삼국통일』(신라천년의 역사와 문화 04), 2016.

이기천, 「당의 입장에서 본 신라의 통일」, 『역사비평』 130, 2020.

이재환, 「7세기 중·후반 동북아시아의 전쟁을 어떻게 부를 것인가?」, 『역사비평』 126, 2019.

임기환, 「『삼국사기』 온조왕본기 영역 획정 기사의 성립 시기」, 『역사문화연구』 47, 2013.

임기환, 「고구려·신라의 한강 유역 경영과 서울」, 『서울학연구』 18, 2002.

장원섭, 「신라삼국통일론 논의의 연구사적 검토」, 『신라사학보』 43, 2018.

전덕재, 「신라는 삼국을 통일하려고 하였을까」, 『역사비평』 128, 2019.

전진국, 「三韓의 용례와 그 인식」, 『한국사연구』 173, 2016.

7세기 중·후반 동북아시아의 전쟁을 어떻게 부를 것인가? | 이재환

김수진, 「隋·唐의 高句麗 失地論과 그 배경—對高句麗戰 명분의 한 측면」, 『韓國史論』 54, 2008.

김수태, 「현재적 관점에서 새롭게 서술된 한국고대사의 흐름—김영하, 『한국고대사의 인식과 논리』, 성균관대학교 출판부, 2012」, 『한국고대사연구』 70, 2013.

김수태, 「신라의 천하관과 삼국통일론」, 『新羅史學報』 32, 2014.

金瑛河, 「新羅의 百濟統合戰爭과 體制變化—7세기 동아시아의 國際戰과 사회변동의 一環」, 『한국고대사연구』 16, 1999.

김영하, 『新羅中代社會硏究』, 일지사, 2007.

김영하, 「7세기 후반 한국사의 인식 문제—신라의 백제 통합론과 삼국통일론을 중심으로」, 『韓國史硏究』 146, 2009.

김영하, 「신라의 '통일' 영역 문제—교과서 내용의 시정을 위한 제언」, 『韓國史學報』 56, 2014.

김영하, 「7세기 동아시아의 정세와 전쟁—신라의 백제 통합과 관련하여」, 『新羅史學報』 38, 2016.

노태돈, 『삼국통일전쟁사』, 서울대학교 출판부, 2009.

노태돈, 「7세기 전쟁의 성격을 둘러싼 논의」, 『韓國史硏究』 154, 2011.

박용운, 『고려의 고구려 계승에 대한 종합적 검토』, 일지사, 2006.

邊太燮, 「三國統一의 民族史的 意味—'一統三韓' 意識과 관련하여」, 『新羅文化』 2, 1985.

申瀅植, 「新羅 三國統一의 歷史的 意味」, 『先史와 古代』 2, 1992.

윤선태, 「통일에 대한 역사적 평가」, 『신라의 삼국통일(신라 천년의 역사와 문화 연구 총서 04)』, 경상북도문화재연구원, 2016.

이기천, 「당의 입장에서 본 신라의 통일」, 『역사비평』 130, 2020.

李丙燾, 『朝鮮史大觀』, 同志社, 1948.

전덕재, 「신라의 北進과 서북 경계의 변화」, 『韓國史硏究』 173, 2016.

전진국, 「三韓의 용례와 그 인식」, 『韓國史硏究』 173, 2016.

고구려-수·당 전쟁, 무엇을 바꾸었나? | 이정빈

교육위원회, 『제1차 전반적12년제의무교육강령(초급중학교)』, 교육위원회, 2013

교육위원회, 『제1차 전반적12년제의무교육강령(고급중학교)』, 교육위원회, 2013

가와카쓰 요시오 지음, 임대희 옮김, 『중국의 역사—위진남북조』, 혜안, 2004.

권오중, 『요동왕국과 동아시아』, 영남대학교 출판부, 2012.

과학원 력사연구소, 『조선통사(상)』, 과학원, 1956.

과학원 력사연구소, 『조선통사(상)』, 과학원출판사, 1962.

崎市定 著, 任仲爀·朴善姬 譯, 『中國中世史』, 신서원, 1996.

旗田巍 著, 李基東 譯, 『日本人의 韓國觀』, 一潮閣, 1983.

김기흥, 『삼국 및 통일신라 세제의 연구』, 역사비평사, 1991.

김병준, 「한이 구성한 고조선 멸망 과정—『사기』 조선열전의 재검토」, 『한국고대사연구』 50.

김영하, 『新羅中代社會硏究』, 일지사, 2007.

김영하, 『한국고대사의 인식과 논리』, 성균관대학교 출판부, 2012.

金毓黻 지음, 동북아역사재단 옮김, 『김육불의 東北通史 下』, 동북아역사재단, 2007.

김창석, 『한국 고대 대외교역의 형성과 전개』, 서울대학교 출판부, 2013.

김현숙, 『고구려의 영역 지배 방식 연구』, 모시는사람들, 2005.

노태돈, 『고구려사 연구』, 사계절, 1999.

노태돈, 『삼국통일전쟁사』, 서울대학교 출판부, 2009.

누노메 조후 외 지음, 임대희 옮김, 『중국의 역사—수당오대』, 혜안, 2001.

니시지마 사다오 지음, 이성시 엮음, 송완범 옮김, 『일본의 고대사 인식—'동아시아세계론'과 일본』, 역사비평사, 2008.

도면회·윤해동 엮음, 『역사학의 세기—20세기 한국과 일본의 역사학』, 휴머니스트, 2009.

李基白, 『韓國史學의 方向』, 一潮閣, 1978.

武田幸男, 김효진 譯, 「『高麗記』와 高句麗 情勢」 『중원문화연구』 27, 충북대학교 중원문화연구소

미야자키 이치사다 지음, 전혜선 옮김, 『수양제—전쟁과 대운하에 미친 중국 최악의 폭군』, 역사비평사, 2014.

朴漢濟,「七世紀 隋唐 兩朝의 韓半島進出 經緯에 대한 一考―隋唐初 皇帝의 正統性確保 問題와 關聯하여」,『東洋史學研究』43, 1993.

白南雲 지음·하일식 옮김,『朝鮮社會經濟史』, 이론과실천, 1994.

徐榮敎,「高句麗 中期 騎兵에 關한 諸問題」,『學藝誌』13, 陸軍士官學校 陸軍博物館.

徐榮一,『新羅 陸上交通路 研究』, 학연문화사, 1999.

양시은,『고구려 성 연구』, 진인진, 2016.

余昊奎,「高句麗 中期의 武器體系와 兵種構成」,『韓國軍事史研究』2, 國防軍史研究所, 1999.

余昊奎,「高句麗 後期의 軍事防禦體系와 軍事作戰」,『韓國軍事史研究』3, 國防軍史研究所.

여호규,『고구려 초기 정치사 연구』, 신서원, 2014.

연민수 외 지음,『전통시대 동아시아의 외교와 변경기구』, 동북아역사재단, 2013.

와타나베 신이치로 지음, 이용빈 옮김,『새 중국사 1―중화의 성립』, 한울, 2023

이문기,「7세기 高句麗의 軍事編制와 運用」,『고구려발해연구』27, 2007.

李成制,「高句麗와 遼西橫斷路―遼河 沿邊 교통로와 관리기구」,『韓國史研究』178, 2017.

이정빈,『고구려-수 전쟁―변경 요새에서 시작된 동아시아 大戰』, 주류성, 2018.

이정빈,「고구려-수 전쟁과 전염병」『韓國古代史研究』102, 2021a.

이정빈,「『고려풍속』과 『고려기』―수·당의 고구려 탐방과 7세기 동아시아」『先史와 古代』67, 2021b.

임기환,『고구려 정치사 연구』, 한나래, 2004.

임대희 외 옮김,『세미나 수당오대사』, 서경, 2005.

정진술,『한국의 고대 해상교통로』, 韓國海洋戰略研究所, 2009.

동아시아교통사연구회,『한중관계사상의 교역과 교통로』, 주류성, 2019

한국사연구회 편,『새로운 한국사 길잡이 上』, 지식산업사, 2008.

喬鳳岐,『隋唐地方行政與軍防制度研究』, 人民出版社, 2013.

孫繼民,『唐代行軍制度研究』, 文津出版, 1995.

石母田正,『日本の古代國家』, 岩波書店, 1971.

三品彰英,『朝鮮史概說』, 弘文堂書房, 1940.

井上直樹,『帝國日本と滿鮮史―大陸侵略と朝鮮滿洲認識』, 塙書房, 2013.

7세기 만주·한반도 전쟁과 지정학 구도의 재편 | 여호규

기경량,「'일통삼한의식'과 표상으로서의 '삼한'」,『역사비평』128, 2019.

김수태, 「삼국의 외교적 협력과 경쟁」, 『신라문화』 24, 2004.

김수태, 「신라의 천하관과 삼국통일론」, 『신라사학보』 32, 2014.

김수태, 「『삼국유사』의 편목구성과 삼한·삼국통일론」, 『新羅史學報』 41, 2017.

김영하, 「신라의 삼국통일을 보는 시각」, 『한국고대사론』, 한길사, 1988.

김영하, 「쟁점 신라 삼국통일론은 타당한가」, 『역사비평』 1993년 2월호

김영하, 「삼국과 남북국의 사회성격」, 『한국사(3)』, 한길사, 1994

김영하, 「신라의 백제통합전쟁과 체제변화―7세기 동아시아의 국제전과 사회변동의 일환」, 『한국고대사연구』 16, 1999.

김영하, 「고구려 내분의 국제적 배경」, 『한국사연구』 110, 2000.

김영하, 「7세기 후반 한국사의 인식 문제」, 『한국사연구』 146, 2009.

김영하, 「一統三韓의 실상과 의식」, 『한국고대사연구』 59, 2010.

김영하, 『한국 고대사의 인식과 논리』, 성균관대학교 출판부, 2012.

김영하, 「신라의 '통일' 영역문제」, 『한국사학보』 56, 2014.

김영하, 「신라의 '백제통합'과 '일통삼한' 재론」, 『한국고대사연구』 89, 2018.

김영하, 「신라의 '백제통합'과 '일통삼한' 재론 2」, 『한국고대사연구』 95, 2019a.

김영하, 「신라의 '삼국통일론'은 가능한가」, 『역사비평』 129, 2019b.

김영하, 『7세기의 한국사, 어떻게 볼 것인가』, 성균관대학교 출판부, 2020.

김종복, 『발해외교정치사 연구』, 일지사, 2009.

김종복, 「완충지대로서의 요동을 통해본 신라·발해·당의 관계」, 『한국고대사연구』 88, 2017.

김종복, 「7~8세기 나당관계의 추이」, 『역사비평』 127, 2019.

김호동, 「당의 기미지배와 북방 유목민족의 대응」, 『역사학보』 137, 1993.

김호동, 『아틀라스 중앙유라시아사』, 사계절, 2016.

나동욱, 「7세기 중반 고구려의 동몽고 진출과 군사전략」, 『한국사연구』 144, 2009.

노태돈, 「고구려 유민사 연구」, 『한우근박사정년기념사학논총』, 지식산업사, 1981.

노태돈, 「삼한에 대한 인식의 변천」, 『한국사연구』 38, 1982.

노태돈, 『삼국통일전쟁사 연구』, 서울대 출판부, 2009.

노태돈, 「7세기 전쟁의 성격을 둘러싼 논의」, 『한국사연구』 154, 2011.

노태돈, 「삼한일통 의식의 형성 시기에 대한 고찰」, 『木簡과 文字』 16, 2016.

朴南守, 「신라 문무왕대의 삼국통일과 宗廟制 정비」, 『신라사학보』 38, 2016.

방향숙, 「7세기 중엽 당 태종의 대고구려전 전략 수립과정」, 『중국고중세사연구』 19, 2008.

서영교, 『나당전쟁사연구』, 아세아문화사, 2006.

여호규, 「6세기말~7세기초 동아시아 국제질서와 고구려 대외정책의 변화―대수관계를 중심으로」, 『역사와 현실』 46, 2002.

여호규·拜根興, 「유민묘지명을 통해 본 당의 동방정책과 고구려 유민의 동향」, 『동양학』 69, 2017.

여호규, 「7세기 중엽 국제정세 변동과 고구려 대외관계의 추이」, 『대구사학』 133, 2018.

여호규, 「제4장 고구려 외교의 전개」, 『한국의 대외관계와 외교사(고대편)』, 동북아역사재단, 2019.

윤경진, 「'청주운천동사적비'의 건립 시기에 대한 재검토」, 『사림』 45, 2013a.

윤경진, 「신라 태종(무열왕) 시호 논변에 대한 자료적 검토—원전에 대한 이해를 중심으로」, 『역사와 실학』 51, 2013b.

윤경진, 「신라 중대 태종(무열왕) 시호의 추상과 재해석」, 『한국사학보』 53, 2013c.

윤경진, 「삼한일통 의식의 성립시기에 대한 재론—근거 자료에 대한 검토를 중심으로」, 『한국사연구』 176, 2016a.

윤경진, 「671년 '答薛仁貴書'의 '平壤已南 百濟土地'에 대한 재해석—백제의 영토의식과 패하의 새로운 이해」, 『역사문화연구』 60, 2016b.

윤경진, 「고려의 삼한일통 의식과 '개국' 인식」, 『한국문화』 74, 2016c.

윤경진, 「매소성 전투와 나당전쟁의 종결—『삼국사기』 신라본기 675년 2월 기사의 분석」, 『사림』, 2017.

윤경진, 「신라의 영토의식과 삼한일통 의식」, 『역사비평』 126, 2019a.

윤경진, 「신라 '삼국통일' 논쟁의 논점과 방향」, 『역사비평』 129, 2019b.

윤성환, 「650년대 중반 고구려의 대외전략과 대신라공세의 배경」, 『국학연구』 17, 2009.

이기천, 「당의 입장에서 본 신라의 통일」, 『역사비평』 130, 2020.

이상훈, 『나당전쟁연구』, 주류성, 2012.

이재석, 「왜국(일본)에서 본 백제·고구려의 멸망」, 『역사비평』 130, 2020.

이재환, 「7세기 중·후반 동북아시아의 전쟁을 어떻게 부를 것인가?」, 『역사비평』 126, 2019.

임기환, 「고구려와 수·당의 전쟁」, 『한국사 (4)』, 한길사, 1995.

장원섭, 「신라삼국통일론 논의의 연구사적 검토」, 『新羅史學報』 43, 2018.

전덕재, 「신라는 삼국을 통일하려고 했을까」, 『역사비평』 128, 2019.

전진국, 「三韓의 용례와 그 인식」, 『韓國史研究』 173, 2016.

정동준, 「7세기 중반 백제의 대외정책」, 『역사와 현실』 61, 2006.

정동준, 「의자왕대 백제에 대한 당의 인식 변화」, 『사림』 55, 2016.

정재훈, 『돌궐 유목제국사』, 사계절, 2016.

주보돈, 「『文館詞林』에 보이는 韓國古代史 관련 外交文書」, 『慶北史學』 15, 1992.

채지혜, 「唐 前期 北方 羈縻府州의 設置와 變化」, 『동양사학연구』 125, 2013.

吳玉貴,『突厥汗國與隋唐關係史硏究』, 中國社會科學出版社, 1998.

王小甫,「新羅北界與唐朝遼東」,『史學集刊』2005-3, 2005.

韓昇,「唐平百濟前後東北亞形勢」,『唐硏究』1, 1995.

韓昇,「白江之戰前唐朝與新羅・日本關係的演變」,『中國史硏究』2005-1, 2005.

池內宏,「高句麗討滅の役に於ける唐軍の行動」,『滿鮮地理歷史硏究報告』16, 1941.

池內宏,『滿鮮史硏究』(상세제2책), 吉川弘文館, 1960.

7~8세기 나당 관계의 추이 | 김종복

『三國史記』,『舊唐書』,『新唐書』,『資治通鑑』,『冊府元龜』,

『文苑英華』,『唐會要』,『日本書紀』.

權悳永,『古代韓中外交史―遣唐使硏究』, 一潮閣, 1997.

노중국,『백제부흥운동사』, 일조각, 2003.

노태돈,『삼국통일전쟁사』, 서울대출판문화부, 2009.

金瑛河,『韓國古代社會의 軍事와 政治』, 高麗大學校 民族文化硏究院, 2002.

김영하,『新羅中代社會硏究』, 일지사, 2007.

김영하,『한국 고대사의 인식과 논리』, 성균관대학교 출판부, 2012.

김영하,『7세기의 한국사, 어떻게 볼 것인가』, 성균관대학교 출판부, 2020.

이강래,『삼국사기 인식론』, 一志社, 2011.

李基東,『新羅 骨品制社會와 花郎徒』, 一潮閣, 1984.

주보돈,『김춘추와 그의 사람들』, 지식산업사, 2018.

김영하,「신라의 '통일' 영역 문제―교과서 내용의 시정을 위한 제언」,『韓國史學報』56, 2014.

김종복,「백제와 고구려 고지에 대한 당의 지배 양상」,『역사와 현실』78, 2010.

金鍾福,「8세기 초 나당 관계의 재개와 사신 파견―『삼국사기』신라본기 기사의 오류 수정을 중심으로」,『震檀學報』126, 2016.

김종복,「8세기 초 발해・당의 긴장관계에 대한 신라의 외교전략―나당 간의 국서를 중심으로」,『大丘史學』126, 2017.

김종복,「완충지대로서의 요동을 통해 본 신라・발해・당의 관계」,『韓國古代史硏究』88, 2017.

金翰奎,「南北朝時代의 中國的 世界秩序와 古代韓國의 幕府制」,『韓國古代의 國家와 社會』, 一潮閣, 1985.

金浩東,「唐의 羈縻支配와 北方 遊牧民族의 對應」,『歷史學報』 137, 1993.

盧泰敦,「三韓에 대한 認識의 變遷」,『韓國史研究』 38, 1982.

노태돈,「7세기 전쟁의 성격을 둘러싼 논의」,『韓國史研究』 154, 2011.

方香淑,「百濟故地에 대한 唐의 支配體制」,『李基白先生古稀紀念 韓國史學論叢』上, 一潮閣, 1994.

이기동,「신라의 대당 군사동맹과 삼국통일」,『한국사 시민강좌』 36, 2005.

魏國忠,「大祚榮'遣子'侍唐時間考」,『北方文物』 1985-4.

古畑徹,「七世紀から八世紀初にかけての新羅・唐關係—新羅外交史の一試論」,『朝鮮學報』 107, 1983.

栗原益男,「七, 八世紀の東アジア世界」,『隋唐帝國と東アジア世界』, 汲古書院, 1979.

당의 입장에서 본 신라의 통일 | 이기천

金瑛河,『신라중대사회연구』, 일지사, 2007.

金瑛河,『한국고대사의 인식과 논리』, 성균관대 출판부, 2012.

盧泰敦,『삼국통일전쟁사』, 서울대학교 출판부, 2009.

朴漢濟,『대당제국과 그 유산』, 세창출판사, 2015.

丁載勳,『돌궐 유목제국사 552~745』, 사계절, 2016.

金瑛河,「7세기 후반 한국사의 인식 문제」,『韓國史研究』 146, 2009.

金瑛河,「신라의 '백제통합'과 '일통삼한' 재론 2」,『韓國古代史研究』 95, 2019.

金瑛河,「신라의 '삼국통일론'은 타당한가」,『역사비평』 129, 2019.

金鍾福,「7~8세기 나당관계와 추이」,『역사비평』 127, 2019.

盧泰敦,「7세기 전쟁의 성격을 둘러싼 논의」,『韓國史研究』 154, 2011.

盧泰敦,「삼한일통의식의 형성 시기에 대한 고찰」,『木簡과 文字』 16, 2016.

朴漢濟,「七世紀 隋唐 兩朝의 韓半島進出 經緯에 대한 一考」,『東洋史學研究』 43, 1994.

邊太燮,「三國統一의 民族史的 意味—'一統三韓'意識과 관련하여」,『新羅文化』 2, 1985.

尹京鎭,「671년「答薛仁貴書」의 '平壤已南 百濟土地'에 대한 재해석—백제의 영토의식과 浿河의 새로운 이해」,『역사문화연구』 60, 2016.

尹京鎭,「신라의 영토의식과 삼한일통의식」,『역사비평』 126, 2019.

李基天,「7세기 唐의 諸衛將軍號 수여와 蕃將의 대응」,『東洋史學研究』 120, 2012.

李基天, 「7世紀初 唐의 對外戰爭 名分과 國際秩序」, 『中國古中世史研究』 39, 2016.

李在桓, 「7세기 중·후반 동북아시아의 전쟁을 어떻게 부를 것인가?」, 『역사비평』 126, 2019.

全德在, 「신라는 삼국을 통일하려고 하였을까」, 『역사비평』 128, 2019.

拜根興, 「"唐羅戰爭" 關聯問題的再探討」, 『唐研究』 16, 北京大學出版社, 2010.

王小甫, 「新羅北界與唐朝遼東」, 『史學集刊』 2005年 3期.

韓昇, 「白江之戰前唐朝與新羅·日本關係的演變」, 『中國史研究』 2005年 1期.

왜국(일본)에서 본 백제·고구려의 멸망 | 이재석

『日本古典文學大系 日本書紀 (下)』, 岩波書店, 1965.

김현구 외, 『일본서기 한국관계기사 연구 Ⅲ』, 일지사, 2004.

연민수 외, 『역주 일본서기 3』, 동북아역사재단, 2013.

장원섭, 「신라 삼국통일론 논의의 연구사적 검토」, 『신라사학보』 43, 2018.

노태돈, 『삼국통일전쟁사』, 서울대 출판부, 2009.

노태돈, 「7세기 전쟁의 성격을 둘러싼 논의」, 『한국사연구』 154, 2011.

노태돈, 「對渤海國書에서 云謂한 "高麗舊記"에 대하여」, 『邊太燮博士華甲紀念 史學論叢』, 三英社, 1985.

김영하, 『新羅中代社會研究』, 일지사, 2007.

이영호, 「서평: '신라 삼국통일론'에서 '남북국론'으로」, 『한국고대사연구』 52, 2008.

이도학, 『새로 쓰는 백제사』, 푸른역사, 1997.

이도학, 「웅진도독부의 지배 조직과 대일본 정책」, 『백산학보』 34, 1987.

김수태, 「統一期 新羅의 高句麗遺民支配」, 『이기백 선생 고희기념 韓國史學論叢 (上)』, 일조각, 1994.

김수태, 「웅진도독부의 백제 부흥운동」, 『백제 부흥운동의 재조명』, 서경, 2004.

김수태, 「신라의 천하관과 삼국통일론」, 『신라사학보』 32, 2014.

임기환, 「報德國考」, 『강좌 한국고대사 10―고대사 연구의 변경』, 가락국사적개발연구원, 2003.

이미경, 「신라의 報德國 지배 정책」, 『대구사학』 120, 2015.

연민수, 「일본 율령국가의 신라관 형성과 실태」, 『8세기 동아시아의 역사상』, 동북아역사재단, 2011.

야마사키 마사토시, 「甄萱政權과 일본의 교섭」, 『한국고대사연구』 35, 2004.

박현숙, 「외교문서를 통해 본 후백제와 일본의 외교 양상」, 『역사학보』 236, 2017.

이재석, 「孝德朝權力鬪爭의 國際的 契機」, 『律令國家史論集』, 塙書房, 2010.

이재석, 「『일본서기』 大化5년의 신라사 김다수에 관한 소고」, 『동아시아 속의 한일관계사 (상)』, 제이엔씨, 2010.

이재석, 「7세기 후반 報德國의 존재 의의와 왜국」, 『일본역사연구』 31, 2010.

이재석, 「7세기 후반 백제 부흥운동의 두 노선과 왜국의 선택」, 『백제연구』 57, 2013.

이재석, 「日本古代國家의 自畫像과 他者像」, 『일본역사연구』 24, 2006.

森公章, 『「白村江」以後』, 講談社, 1998.

榎本淳一, 「〈東アジア世界〉における日本律令制」, 大津透編, 『律令制研究入門』, 名著刊行 會, 2011.

물질문화로 보는 삼국통일 ─ 고고학적 접근 | 홍보식

국립경주문화재연구소, 『발굴조사보고서 慶州 東宮과 月池 II』, 경주, 2012.

김수민, 「신라인의 의식주 2. 식생활」, 『신라 천년의 역사와 문화 17. 신라인의 생활과 문 화』, 경상북도, 2016.

김현정, 「陵山里寺址 出土 印花文土器에 대한 檢討」, 『國立公州博物館紀要 2』, 국립공주박 물관, 2002.

서영교, 「통일기 신라의 백제 지역 지배」, 『백제의 멸망과 부흥운동』, 충청남도역사문화원, 2007.

이동헌, 「統一新羅 開始期의 印花文土器─曆年代 資料 確保를 위하여」, 『韓國考古學報』 81, 韓國考古學會, 2011.

정재윤, 「신라의 백제 고지 점령정책」, 『국사관논총』, 국사편찬위원회, 2002.

홍보식, 「신라 후기양식 토기와 통일양식 토기의 연구」, 『가야고고학논총 3』, 가야문화연구 소, 2000.

홍보식, 「통일신라 토기의 상한과 하한─연구사 검토를 중심으로」, 『嶺南考古學』 34, 영남 고고학회, 2004.

홍보식, 「신라 도성의 건설과 구조」, 『삼국시대 고고학 개론 1』, (재)대한문화재연구원, 2014.

홍보식, 「1. 통일신라 문화 형성에 기여한 백제 유민과 문화」, 『新編 사비백제사─백제와 함께한 의자왕』 3권, 논형, 2022.